最短で合格する

韓国語能力試験
TOPIK Ⅱ

［解答・解説］**杉山明枝**
［作問］**金恩愛　朴鍾厚　金兌妍**

アルク

はじめに

　韓国語講師として、韓国語能力試験（以下、TOPIK）をはじめとした検定対策の授業を担当するようになって、15年以上になります。そんな私にも、かつて「TOPIK受験生」の時代がありました。当時はTOPIKを受験する人はまだ少数で、教材もほとんどなく、対策にとても苦労した記憶があります。また、TOPIK対策の授業（「杉山担当の厳しい授業」ということで、愛称は「スギZAP」）を行うたびに、受講生の方から「日本語で詳しい解説が載っている対策本が欲しい」という声を多くいただいてきました。

　本書は、そんな私の思いを詰め込んだ「TOPIK Ⅱ」（3級〜6級対象）の対策本です。タイトルにある通り、「最短で合格する」ためのエッセンスを盛り込みました。

　本書の最大の特長は、完全オリジナルの「そっくり模試」を2回分提供していることです。作問は、TOPIKを熟知している金恩愛先生、朴鍾厚先生、金兌妍先生が担当しました。また、試験対策に直結した「パターン別完全攻略」、試験の頻出表現が一目でチェックできる「ポイント表現」、そして検定対策だけにとどまらず、韓国社会や韓国語について深く知るためのヒントも掲載されています。

　本書で学んだ方全員が、自信を持ってTOPIK Ⅱの目標級に臨み、見事合格されますことを切に願っています。「スギZAP」受講生の中には、TOPIK6級合格が契機となり、韓国の大学院に留学した方や、韓国企業に就職をした方など、人生をポジティブに変化させた方が多数いらっしゃいます。皆さんもこうした先輩に続いて、本書で学習を進めながら、ご自分の夢を実現してください。

　最後に、作問を担当された金恩愛先生、朴鍾厚先生、金兌妍先生、そして「スギZAP」受講生の方々に深く感謝の意を表します。

2024年7月　著者を代表して　**杉山明枝**

▶ 目次

第1章 パターン別完全攻略　1時間目　聞き取り・筆記

第2章 パターン別完全攻略　2時間目　読解

第3章 模試1回目

第4章 模試2回目

音声ダウンロードについて

学習用音声は、以下の方法でお聞きいただけます。

【パソコンをご利用の場合】

「アルク ダウンロードセンター」をご利用ください。

https: //portal-dlc.alc.co.jp/

商品コード(7023028)で検索し、[ダウンロード]ボタンをクリックして、音声ファイルをダウンロードしてください。

【スマートフォンをご利用の場合】

英語学習アプリ「booco」(無料)をご利用ください。本アプリのインストール方法は、カバー袖でもご案内しています。商品コード(7023028)で検索して、音声ファイルをダウンロードしてください。(iOS、Androidの両方に対応)

本書の使い方

- ↓ DL 000 が記載されている部分は、ダウンロード音声(mp3形式)でお聞きいただけます。
- 【解答・解説】の赤字部分は、付属の赤シートで消える色を採用しています。赤シートを活用して、試験直前の単語や表現チェックを行いましょう。

TOPIK について／ TOPIK Ⅱ 試験当日の持ち物と注意事項／ TOPIK Ⅱ に合格するためのヒント

　韓国語能力試験(TOPIK)の概要や、この本で扱う TOPIK Ⅱ(3級〜6級対象)試験を前に押さえておきたい情報、そして合格を目指す人へのヒントをまとめています。第1章に取り組む前にざっと目を通しておきましょう。

　特に、「TOPIK Ⅱ 試験当日の持ち物と注意事項」は、試験1週間前に再度目を通し、試験に向けての準備の参考にしてください。

第1章　パターン別完全攻略　1時間目　聞き取り・筆記

　この章では、1時間目の「聞き取り」と「筆記」について、パターン別にサンプル問題を出題しています。このサンプル問題は、いずれも本番の試験に形式やレベルを合わせて作成された「そっくり問題」です。

　「聞き取り」のパターン問題を19パターン、「筆記」のパターン問題を3パターン収録しています。

　「問題パターン」では、どんなパターンの問題なのかを解説しています。また、「正解を導くヒント」では、パターン別に問題を解くコツを提示していますので、参考にしてください。

　「解答・解説」には「正解への道！」や「音声スクリプト＋日本語訳」(聞き取り)、「模範解答と日本語訳」(筆記)、「ポイント表現」が含まれています。問題そのものや選択肢から学べるようにしていますので、この部分についても理解を深め

ると良いでしょう。

第2章　パターン別完全攻略　2時間目　読解

　この章では、2時間目の「読解」について、パターン別にサンプル問題を出題しています。このサンプル問題は、いずれも本番の試験に形式やレベルを合わせて作成された「そっくり問題」で、19パターンを収録しています。

　「問題パターン」では、どんなパターンの問題なのかを解説しています。また、「正解を導くヒント」では、パターン別に問題を解くコツを提示していますので、参考にしてください。

　「解答・解説」には「正解への道！」や「日本語訳」、「ポイント表現」が含まれています。第1章と同様、問題そのものや選択肢から学べるようにしていますので、この部分についても理解を深めると良いでしょう。

第3章　模試1回目／第4章　模試2回目

　本書では、本番と同じ形式で作られた、完全オリジナルの「そっくり模試」を2回分収録しています。時間を計りながら解くと、本番さながらの緊張感を持ちながら取り組むことができます。「解答用紙」や「解答分析表」(聞き取り、読解)を活用しながら、何度も解いてみましょう。

解答用紙／解答分析表

　模試を解くときに活用できる「解答用紙」を用意しました。
　また、「解答分析表」は模試ごとに、聞き取りと読解について、3回分チェックできるように作成しました。模試を解いた日付を入れ、「解答」欄には自分が解答した選択肢の番号を、「正誤」欄には正解だった場合は「○」を、不正解だった場合は「×」を記入しましょう。また、全部で何分かかったかもメモしましょう。自分の実力が伸びていく様子を目でも確かめられるので、モチベーションアップにつながります。

TOPIK について

韓国語能力試験（TOPIK）の試験概要、各級の合格点などについてまとめました。ここでは、本書が取り扱う「TOPIK Ⅱ」についてより詳しく説明しますので、受験時の参考にしてください。

※以下は2024年7月現在の情報です。最新の内容については韓国語能力試験のHP（https://www.kref.or.jp/topik/）をご確認ください。

　韓国語能力試験（TOPIK）は韓国政府が認定・実施している韓国語の検定試験で、世界97カ国以上で行われています。主催は韓国政府の機関である「大韓民国教育部・国立国際教育院」です。また、日本での試験実施の際の主管は、「公益財団法人　韓国教育財団」です。

　TOPIKの試験には、初級レベルの1級と2級を対象とした「TOPIK Ⅰ」と、初中級から上級レベルの3級〜6級を対象とした「TOPIK Ⅱ」の二つがあり、6級が最上級です。

　試験会場は、北は北海道から南は沖縄まで、全国各地に設置されています。ただし、会場がない県もありますので、韓国語能力試験のHP（https://www.kref.or.jp/topik/）を必ずご確認ください。また、受験申請の方法についても、韓国語能力試験のHPをご確認の上、行ってください。

1）試験概要

TOPIK Ⅰ（初級／1級、2級）

試験内容：聞き取り30問（100点満点）、読解40問（100点満点）　計200点満点	
試験形式：マークシート形式（4つの選択肢から正解を選んでマーク）	
試験時間：100分間（休憩なし）	
受験料　：5,000円	

開催時期：4月、7月、10月の年3回
受験資格：特になし
受験申請方法：ウェブ申請。TOPIK専用システムの利用者登録後、申請を行う（顔写真のアップロードが必要）

TOPIK Ⅱ（中級・上級／3級～6級）

試験内容：【1時間目】聞き取り50問(100点満点)、筆記4問(100点満点) 　　　　　【2時間目】読解50問(100点満点)　計300点満点
試験形式：聞き取りと読解はマークシート形式（4つの選択肢から正解を選んでマーク） 　　　　　筆記は記述形式
試験時間：【1時間目】1時間50分（聞き取り60分、筆記50分） 　　　　　途中30分程度の休憩あり 　　　　　【2時間目】70分
受験料　：7,000円
開催時期：4月、7月、10月の年3回
受験資格：特になし
受験申請方法：ウェブ申請。TOPIK専用システムの利用者登録後、申請を行う（顔写真のアップロードが必要）

2）各級の合格点

TOPIK Ⅰ（初級／1級、2級）　200点満点

1級合格：80点以上139点以下
2級合格：140点以上

（不合格：79点以下）

TOPIK Ⅱ（中級・上級／3級～6級）　300点満点

3級合格：120点以上149点以下 ★目標点数★ 聞き取り：50～60点、筆記：30～40点、読解：50～60点
4級合格：150点以上189点以下 ★目標点数★ 聞き取り：60～70点、筆記：40～50点、読解：60～70点
5級合格：190点以上229点以下 ★目標点数★ 聞き取り：80～100点、筆記：50～60点、読解：80～100点
6級合格：230点以上 ★目標点数★ 聞き取り：90～100点、筆記：65～75点、読解：90～100点

（不合格：119点以下）

3）TOPIK Ⅱ　各級の評価基準について

【3級】

全　　般	日常生活を問題なく過ごせ、さまざまな公共施設の利用や社会的関係を維持するための言語（ハングル）使用が可能。文章語と口語の基本的な特性を区分し理解、使用が可能。
聞き取り	個人的な談話や、非常に身近な、平凡な社会的テーマを扱う対話や談話を聞き、内容を把握し、推論できるかを評価する。また、広告やインタビュー、天気予報などの実用談話を聞き、大まかな内容を把握し、推論できるかを評価する。
筆　　記	身近な社会的テーマの説明文や感想文を、段落単位で比較的正確、かつ適切に構成できるかを評価し、日常的な脈絡と関連する個人的テーマにおいての実用文を、格式に沿った記述ができるかを評価する。
読　　解	基本的な社会生活を維持するために必要な文章、身近な社会・文化などを扱う簡単なテーマの文面を読んで、その内容を理解し、推論できるかを評価する。また、簡単な広告、案内文などの実用文を読んで情報を把握し、文章の主な内容や細かい内容を推論できるかを評価する。

【4級】

全　般	公共施設の利用や社会的関係の維持に必要な言語（ハングル）機能を遂行することができ、一般的な業務に必要な機能を実行できる。 よく使われる慣用句や、代表激な韓国文化に対する理解をもとに、社会・文化的な内容の文章を理解でき、使用できる。
聞き取り	社会的な関係維持に必要な、一般的な社会的・抽象的なテーマを扱う対話や談話、そして、比較的平凡な内容のニュースや討論を聞き、内容を把握し、推論できるかを評価する。
筆　記	社会的な脈絡と関連する、一般的または身近な社会的テーマの説明文や感想文を、段落単位で正確、かつ適切に構成できるかを評価する。
読　解	社会生活に必要な文、経済・社会・文化の分野におけるテーマの文章を読んで内容を理解し、推論できるかを評価する。感想文、使用説明書、案内文、説明文、新聞記事、随筆などを読んで情報を把握し、内容を推論できるかを評価する。

【5級】

全　般	専門分野においての研究や業務に必要な言語（ハングル）を、ある程度理解と使用ができ、政治・経済・社会・文化などの全般にわたったテーマについて理解し、使用できる。 公式的、非公式的、かつ口語、文語的な脈絡に関する言語（ハングル）を適切に区分し、使用できる。
聞き取り	一般的な業務遂行分野における対話や、経済・社会・文化などの専門分野に関する一般的な対話や談話、身近なテーマの講演や対談を聞き、内容を把握し、推論し、時に批判的な理解が可能であるかを評価する。また、祝辞や弔辞など、特殊な状況においての談話を聞き、おおよその内容を把握し、推論できるかを評価する。
筆　記	社会的、抽象的なテーマ、または業務や専門分野と関連する論述文を、比較的正確で適切に構成できるかを評価する。

読　解	社会生活を巧みに遂行するために必要な文、一般的な業務遂行に関連する文章を読んで内容を理解し、推論でき、批判的な分析ができるかを評価する。政治・経済・社会・文化・科学など多様なテーマの説明文、記事、建議文を読んで理解でき、小説、詩などの文学作品を読んで作者の態度を把握できるか評価する。

【6級】

全　般	専門分野における研究や業務進行に必要な言語(ハングル)機能を、比較的正確に、流暢に使用でき、政治・経済・社会・文化などの全般的なテーマにおいて、身近でないテーマに対しても不便なく使用できる。 ネイティブ程度までではないが、自己表現を問題なく話すことができる。
聞き取り	ほとんどの業務遂行に必要な対話や、政治・経済・社会・文化・教育などの専門分野に関わる、多少深度の深い対話や談話、また、複雑な講演や演説、対談を聞き、内容を把握できるか、また、推論したり批判的な理解ができるかを評価する。
筆　記	社会的、抽象的なテーマ、または業務や専門分野と関連する論述文を、正確で適切に構成できるかを評価する。
読　解	ほとんどの業務遂行に関連する文、専門的な文章を読んで、その内容を把握し、推論でき、批判的に分析できるかを評価する。小説、民謡、評論などを読んで、作家の意図、心理などを把握できるかを評価する。

TOPIK II 試験当日の 持ち物と注意事項

TOPIK II 試験当日に持っていくものと、受験に際しての注意事項をまとめました。
初めて TOPIK II 試験を受ける人はもちろん、これまで何度も受けたことがある人も、この部分に目を通しておくと、落ち着いて受験できると思います。ぜひ参考にしてみてください。

執筆：杉山明枝

イラスト：hime

① 試験会場に持っていくもの

持ち物には、「必ず必要なもの」と「持っていくと役に立つもの」があります。それぞれご紹介します。

① 必ず必要なもの

受験票

　個人受験者の場合、受験票は「韓国語能力試験公式サイト（https://www.kref.or.jp/topik/）」のマイページで表示される web 受験票となります。団体受験の場合は、受験票が郵送されます。

　web 受験票は、試験日のおよそ10日前から表示されます。試験当日、自分が座る座席の場所確認に使用しますが、試験監督などによる受験票の確認はありません。スマートフォンで確認できるようにしておく（通信環境が良くない

かもしれないので、あらかじめスクリーンショットしておくことを推奨）、プリントアウトしたものを持参する、受験番号を紙に控えておくなどしておくと良いでしょう。

顔写真付き公的身分証明書 🪪

　試験中、試験監督が巡回して本人確認を行いますので、机の上に置きます。なお、顔写真付きでも、社員証などは公的身分証明書ではないので使用できません。また、有効期間内のものでない場合は無効です。

【顔写真付き公的身分証明書の例】
マイナンバーカード、運転免許証、住民基本台帳カード、パスポート、在留カード、外国人登録証、障がい者手帳、在学中の学生証（顔写真入りのみ可）、健康保険証（顔写真入りのみ可）　など

★学生の人への注意事項★
公的身分証明書がモバイル学生証しかない場合や、顔写真入りの学生証を用意できない場合は、韓国語能力試験公式サイトの「試験に関する注意事項」から「身元確認証明書」をダウンロードして、作成します。所属する学校の捺印と、受験者本人の写真貼り付け、必要事項の記入が必要となります。
身元確認証明書が完成したら、試験当日までに公式サイトの「お問い合わせフォーム」から、身元確認証明書の写真を送付しておきます。
当日は、身元確認証明書の原本が顔写真付き公的身分証明書の代わりとなりますので、必ず持参しましょう。

修正テープ 🔘

　TOPIKでは、すべての解答を専用の「答案用紙記載用サインペン」（会場で配布される。持ち帰り可）で書きます。マークシートは太字で、筆記部分は細字を使用します。そのため、文字やマークシートを修正する場合は修正テープを使用します。予備も含め、2、3個持参すると良いでしょう。

修正テープの太さは5mmのものが使いやすい（特に「MONO AIR5」の5mmがおすすめ）ですが、6、7mmのものでも大丈夫です。

　★まさか!?　修正テープを持ってきたはずなのに……★

　修正テープのつもりが、誤って「テープのり」を持ってきてしまったという失敗をした人がいます。試験会場に行く途中、急いで買ったために確認を怠ってしまったとのこと。修正テープとテープのりは似た形状のものが多いので、注意しましょう。
　こうしたミスを防ぐためにも、購入は余裕を持って、遅くとも前日までに済ませておくといいですね。

② 持っていくと役に立つもの

腕時計

　試験会場によっては、時計が設置されていない場合があります。また、設置されていたとしても、座席の位置によっては、遠すぎて見えなかったり、障害物のせいで見えなかったりすることも。会場には時計はないものと考え、腕時計を持参すると良いでしょう。なお、Apple Watchをはじめとしたスマートウォッチは持ち込み不可ですので、注意してください。

メガネ

　当日メガネを忘れたために、試験に集中できなかったという人がいました。メガネは現在の視力に合ったものを準備して（TOPIKの試験勉強で視力が落ちている場合もあるかもしれません）、必要に応じて使いましょう（特に老眼鏡ユーザーの人は忘れずに！）。

飲み物、おやつ

　TOPIK II は 1 時間目（聞き取り・筆記）と 2 時間目（読解）の間に30分間の休憩時間があります。のどが渇いたり、お腹がすいたりする状況に備えて、飲み物やおやつを持っていきましょう。試験会場によっては、近辺にコンビニエンスストアがない場合もあり得ます。できれば、自宅近くの行き慣れた場所で買っていくのがいいですね。

　飲み物は、基本的にはご自分の好きなものでいいのですが、コーヒーを避けることをおすすめします。コーヒーには利尿作用がありますので、試験途中にトイレに行きたくなるなどの支障が出る場合があるためです。

　おやつは、糖分を素早く脳に補給し、集中力アップに効果的な「ラムネ」をおすすめします。開始前と休憩時間に、それぞれ 4、5 粒ずつ食べておくと良いでしょう。

　私が教えた生徒さんの中に、こんな人がいます。毎回、読解問題の後半に差し掛かると頭痛が起こり、最後まで問題を解けずにいたそうです。それが、ラムネを食べて試験に臨んだところ、頭痛が起きず、最後まで問題を解けたとのことです。

　その他、お好みに合わせてチョコや飴、ガム、サプリタイプのお菓子なども良いでしょう。

普段使っている問題集、参考書、過去問

　試験開始前の最終確認用に持参すると良いでしょう。「試験直前にたまたま開いたページに出ていた、あの単語が出た」という経験はないでしょうか。これまで愛用してきた問題集や参考書、過去問は知識の再確認のためだけでなく、「お守り代わり」にもなるでしょう。

ポータブルオーディオプレーヤー（またはスマートフォン）

　普段使用している聞き取り学習用の機器（ポータブルオーディオプレーヤー、スマートフォンなど）を持参し、試験直前まで問題集や過去問の音声を聞いて

おきましょう。聞き取り問題1〜20番は1.5倍速、21〜50番は1.25倍の速度で聞くのがおすすめです。速めの音声を聞いた後に試験を受けると、本番の聞き取り音声がゆっくり聞こえ、落ち着いて意味を把握できます。

上着（無地のカーディガンなど）

試験会場の室温が低く、寒く感じる場合がありますので、軽く羽織れるものを持ってゆくと良いでしょう。細かいことですが、柄は無地のものがおすすめです。自分が着ているカーディガンの花柄が視界に入り、試験に集中できなかったという経験談を生徒さんから聞きました。

上履き

小学校・中学校・高校など、試験会場によっては上履きの持参が求められます。上履きを忘れたために靴下のまま（または裸足）で入室しなくてはならず、試験に集中できなかったという事例がありました。上履き持参の有無が気になる場合は、前もって韓国語能力試験公式サイトの「お問い合わせフォーム」から問い合わせておきましょう。

❷ TOPIK Ⅱ受験の際に気をつけておきたいこと

落ち着いて試験を受けるために、以下のポイントを頭の隅に入れておきましょう。

時間に余裕をもって到着しましょう

TOPIK Ⅱ の試験開始時間は13時ですが、「入室完了時間」は12時30分です。会場には余裕を持って到着するようにしましょう。「腕時計やメガネを忘れて

取りに戻る」「場所を間違えた、迷子になった」「交通機関が遅延している」など
のハプニングがあるかもしれません。こうした予期せぬ出来事は焦りをもたら
し、試験結果に大きく影響が出る可能性もあるので注意しましょう。

　TOPIKの場合、同じ試験会場で午前にTOPIK Ⅰ、午後にTOPIK Ⅱが行われ
るのが一般的です。TOPIK Ⅰの試験が終了するとTOPIK Ⅱの会場設営が行わ
れます。設営完了後、入室できます。試験会場によりますが、試験開始1時間
前ぐらいから入室できるようです。

昼食を済ませておきましょう

　TOPIK Ⅱの試験の前にあらかじめ昼食を済ませておきましょう。試験直前
に昼食を食べると、眠気が襲ってきて試験に集中できない可能性もあります。
不安要素はなるべく少なくしておくと良いでしょう。

1時間目（聞き取り・筆記）開始までの過ごし方

　いきなり本番の試験問題に接すると、耳や目にすんなりと入ってきません。
問題集、参考書、過去問などの音声を直前まで聞いたり、読んだりして「韓国
語モード」にスイッチしておきましょう。

　17ページでもお伝えしたとおり、聞き取り問題1〜20番は1.5倍速、21〜50
番は1.25倍の速度で聞くのがおすすめです。

問題用紙について

　問題用紙の表紙の右上に、「짝수형」あるいは「홀수형」という表示があります。
受験番号が偶数の人には「짝수형（偶数型）」、奇数の方には「홀수형（奇数型）」が
配布されます。この表現を知っておけば、当日あわてないで済みますね。必ず
覚えておきましょう。

　また、表紙裏には「유의사항 Information」があります。こちらは毎回同じも
のが入っていますので、本書180ページ、330ページをあらかじめ読んでおいて、
内容を把握しておくと良いでしょう。

試験中に使用できないものや、禁止されている行為に注意しましょう

【試験中に使用できないもの】
・辞書(電子辞書含む)、参考書など
・一切の電子機器(携帯電話、スマートフォン、スマートウォッチ、デジタルウォッチ、タブレット、デジタルカメラなどの撮影機器、電子辞書、電卓、ラジオなど)

【試験中、禁止されている行為】
・試験開始前に、問題用紙を開けたり、問題用紙に目を通したりする行為
・聞き取りの時間中に、筆記問題に取り組む行為
・答案用紙をしわくちゃにしたり、破ったりする行為
・他の受験者に迷惑になるような音を出す行為

疑問があったら試験監督に相談しましょう

「音声が聞こえにくい」「忘れ物をした」「会場の冷房が効きすぎて寒い」「問題の乱丁(順番通りページが並んでいない)、落丁(ページが欠落している)がある」など、何か不具合がある場合は、必ず試験監督に相談してください。一人で不安を抱え込まないようにしてくださいね。

1時間目終了後、休憩時間の過ごし方

1時間目(聞き取り・筆記)終了後、2時間目(読解)が始まる前に30分間の休憩があります。「あの問題の答えは〇番だったよ」といった受験者の会話が耳に入ってくるかもしれませんが、2時間目(読解)の試験を万全な状態で受けるためにも、スルーしましょう。持参した問題集、参考書、過去問などに目を通して、「韓国語モード」の維持に努めましょう。

 TOPIK Ⅱ を受験する皆さんが、
望む結果を得られますように。応援しています！

TOPIK Ⅱに 合格するための ヒント

TOPIK Ⅱを初めて受験する人も、何度か受験している人も、それぞれ目標級への合格を目指して日々学習に励んでいると思います。

「目標級に合格する」という皆さんの夢をかなえるために、心がけておいてほしいことをまとめました。

勉強法やスランプを乗り切るコツ、TOPIK 6級に合格した学習者の皆さんからのアドバイスなどが含まれていますので、ぜひ参考にしてみてください。

執筆：杉山明枝

ヒント1 「意識改革」から始める

　目標級に合格することを目指して受ける TOPIK Ⅱ。私たちは「韓国語学習者」ではなく、「韓国語の資格試験を受ける受験生」だと考えましょう。まずは、試験日の3カ月前ぐらいから、受験生モードに意識を切り替えることが大切です。また、受験生ですので、受験日までは TOPIK Ⅱ対策に関することは、優先順位を可能な限り高めに設定してください。

ヒント2 「時間の使い方」がカギ

　私の TOPIK Ⅱ対策講座で、受講者の皆さんにいつも言っていることがあります。それは、「時間は『あるもの』ではなく『作るもの』」ということです。「明日から」「来週から」などと先延ばしにするのではなく、「今」始めることが大切です。

　また、学校に通ったり、仕事をしたり、あるいは子育てや介護で大変だったりと、それぞれ忙しい日々を過ごしていると思います。皆さんにはぜひ「細切れ時間」の活用をお勧めしたいと思います。例えば「通勤時間に、動画を見る代わりに本書の音声を聞く」「ランチタイムに1問でも問題を解いてみる」「趣味に使う時間を30分減らして、TOPIK Ⅱ対策をする」「湯船につかりながら、スマ

ホにメモした単語帳をチェック（スマホの水濡れ対策には気をつけて！）」「寝る前にTOPIK IIの頻出表現を覚える」など、自分なりに時間の使い方を工夫してみてください。

ヒント③　テキスト、模試を使った勉強法

　まずは、本書をぜひ使っていただき、学びを進めてもらえたらと思います。TOPIK II 対策としては、毎日韓国語を「聞く」「読む」「書く」「話す（一人で声に出してつぶやくのでもOK）」のがポイントとなります。特に、「聞く」「読む」を優先するあまり、「書く」のがおろそかになりがちです。TOPIK II の受験目前になって「実は作文問題、特に53、54の問題になかなか手がつかなくて……」と言う人をたまに見かけますが、これはNG！　300点満点中、作文だけで100点分ありますので、試験までに必ず作文問題にも取り組んでみてください。模範解答の書き写しを行ったあと、分からない部分を調べるだけでも、効果がありますよ。

　模試を解く際は、必ず時間を計りましょう。時間を意識することで、集中力が高まりますし、本番での時間配分の参考にもなります。時間を計るときはスマホではなく、専用のタイマーを使うことをおすすめします。理由は、いったんスマホを手にしてしまうと、ついついSNSなどをチェックしてしまいがちだからです。

ヒント④　模試を「4分割」して毎日取り組む

　私のTOPIK II 対策講座の受講生で、見事TOPIK 6級に合格された髙野由里さんが編み出した学習法を紹介します。それは、聞き取り、読解それぞれの模試を「4分割」して、毎日少しずつ取り組む方法です。

　聞き取りは1-20／21-34／35-44／45-50（各10〜20分程度）の4区分、読解は1-16（15分）／17-31（20分）／32-40（15分）／41-50（20分）の4区分、合わせて8区分に分割します。そして、1区分ずつ毎日解いていきます。そうすると、聞き取りと読解の模試1回分を8日間で解くことができます。本書には2回分の模試が収録されていますので、この方法であれば16日間で解き切ることができます。その後、本番さながらに1時間目（聞き取り、筆記）、2時間目（読解）に分けて一気に解いてみるなどしてみると良いでしょう。

ヒント⑤ 「スランプ」の乗り越え方

　数多くのTOPIK II受験生に接してきて、一番よく聞く悩みは、「4級、5級とまずまず順調に合格してきたのですが、なかなか6級に合格できない」というものです。そんな方々への私の答えは「停滞期を超えた人が、6級に合格できる」です。停滞期が続くとやる気が出なかったりするかもしれません。しかし、この停滞期に大事なのは「続けること」です。

　日本では、TOPIK IIを受けられる機会が年3回ありますが、スキップする回を作らず、ぜひ受け続けてください。そして、今まで育ててきた「韓国語の筋肉」を落とさないようにしてください。

　また、TOPIK IIの試験を受け続けることと同時に、「自分の不得意分野はどこか」を見極め、その部分の対策に注力しましょう。人は自分が不得意なことから目を背けがちですが、そこに向き合ってこそ成長が望めます。

ヒント⑥ TOPIK6級合格者からのアドバイス

　以下は、私のTOPIK II対策講座を受講して、TOPIK 6級に合格した人からのアドバイスです。ご自分で取り入れられそうなところは、ぜひ参考にしてみてください。

- ☺ TOPIK6級の合格点は230点〜300点。230点でも6級、300点でも6級。70点差でも同じ「6級」です。それなら230点取れればいいのです。230点は必ず取れる点数だと、信じる気持ちが大切です。

- ☺ 最後まで解き切るためには、どの問題を「捨て問題」（不正解でも致しかないと思う問題）にするかをある程度決めるのも大事。模試や公開されている過去問などを解いて、「確実に得点できるパターン」と「捨て問題になりそうなパターン」を見極めるといいと思います。

- ☺ ずっと自己流の独学で勉強を進めていましたが、「どうしてもTOPIK6級に合格したい」と一念発起して、杉山先生のTOPIK対策講座を受講しました。今まで勉強を怠ってきたところが明確になり、講座を受けることでその穴が埋められたと思います。独学をベースにしつつ、TOPIK対策講座をプラスする方法、おすすめです。

筆記問題54の対策としては、<u>序論で使用できそうな文と、結論で使用できそうな文が一つでも頭の中にあると、応用が利く</u>と感じました。また、<u>模範解答を書き写す</u>ことで、書き方の「型」に慣れることができました。

問題に取り組むときは、「<u>1回で聞いて理解する」「1回で読んで理解する</u>」を意識しました。すると、解答するときに、心の余裕が持てるようになりました。

「<u>どうしてその問題を間違ってしまったのか</u>」を振り返る機会を持ちました。例えば、「単語が分からなかった」「知らない文法が出た」「問題文自体が全然理解できなかった」など。強化すべき部分を明確にして、勉強を進めるモチベーションにしました。

「自分の勉強法、これで合ってるかな？」「SNSで見かけるあの人、6級に一発合格してる……なんで自分はできないんだろう？」などと、<u>不安になったり動揺したりするときは、一時的に情報を遮断する</u>のも手です。自分を惑わす情報をシャットアウトすると、意外とすっきりするかもしれません。

試験勉強以外でも、普段からさまざまな形で韓国語に触れています。ドラマを見ているときは、<u>少し理解ができない部分があってもあえて調べず、雰囲気や流れを読みながら、意味を推測しています</u>。これが、聞き取り力の向上につながったのではないかと思います。

男性の声を聞き取るのが苦手で、悩んでいました。そこで、意識的に<u>男性アナウンサーが読むニュース音声を聞く</u>ようにしたところ、苦手意識を克服することができました。

\ 🔍知っておきたい！ /

以下は、TOPIK Ⅱのちょっとした「豆知識」です。実際に試験を受けた時に、確認してみてください。

・選択肢は、最も短いものが①で、②、③、④とだんだん長くなる。④が一番長い。
・市や機関の名前として、인주（インジュ）がよく登場する。（架空の名前）

第1章

パターン別完全攻略
1時間目

聞き取り・筆記

1時間目に取り組む際のポイント

執筆：杉山明枝

いよいよここからは、パターン別に分けた問題を解いていきます。ここでは、1時間目の「聞き取り」「筆記」の問題に取り組む際のポイントをお伝えします。

聞き取り問題

1 なぜ、韓国語の音を聞いて理解できないのか？

「どうしていつまでたっても、韓国語の音を聞いて理解できるようにならないんだろう……」とため息をついたことがある人もいると思います。「聞いて理解できない」理由は、大きく分けて2つあります。それは、「語彙力不足」と「発音変化の把握不足」です。

本書の「ポイント表現」や「キクタン韓国語」シリーズ（アルク刊）などの単語集を活用して、語彙力を鍛えていきましょう。また、発音変化についても、基本に立ち返って押さえておくと、試験対策としても有効です。

2 「1回だけ聞いて内容を理解する」を目標

本書の聞き取り音声を聞くときは、本番と同じように途中で止めないで聞きます。そして、「1回だけ聞いて内容を理解する」ことを目標に置きましょう。1－20は音声が1回、21－50は音声が2回読まれます。音声が2回読まれる場合も、1回目の音声で内容を把握・理解し、2回目の音声が流れてきたら解答するという流れで解いてみてください。

3 メモはキーワードのみ

TOPIK IIでは、聞き取り問題を解くときにメモを取ることが認められています。ここでは、メモ取りのコツをお伝えしましょう。本書の聞き取り問題を解くときにも、以下を参考にメモを取ってみてください。

まず、メモ取りは速記ではありません。何か特殊な、自分だけが分かる文字を書くのではなく、「読めるメモ」を取ることが大事です。メモを取る際はキーワードのみに留めます。漢字で書くと時間を取られてしまうので、ハングル（あるいはカタカナやひらがな）がよいでしょう。また、無理にメモを取るのではなく、内容の半分は暗記するつもりで聞くのも大事なポイントです。

④ 選択肢を選ぶ時間を少しでも短縮するために

　選択肢を選ぶ時間を短縮できれば、次の問題の音声が始まる前に選択肢を先に読めるので、問題内容を推測する時間が増え、より確実に正解にたどりつけるでしょう。ここでは、選択肢を選ぶときのtipsをご紹介します。

　まず、「次の問題に移るまでの10秒間＋α」を有効に使いましょう。選択肢は読むのではなく「見る」ことを意識し、選択肢からキーワードを見つけます。特にポイントと思われるところには、丸で囲んだりするのもよいでしょう。日本語に訳さず、韓国語の速読、速解に努めます。その上で音声を聞くと、選択肢を選ぶ際のスピードアップが期待されます。

　また、音声を聞いても正解が分からない問題の場合は、1〜4のうち、自分なりの「ラッキーナンバー」を決めておき、その数字をマークします（偶然正解であればラッキー！ですよね）。

⑤ 聞き取り対策としてのシャドーイング、音読、パダスギについて

　TOPIK Ⅱ の目標級に合格するためには、問題形式や、頻出単語や表現に慣れることのほうが重要です。シャドーイングや音読、パダスギ（書き取り）については、解けなかった問題に限定して行うとよいでしょう。

筆記問題

① なぜ、作文問題（53、54）が苦手だと思うのか？

　数多くのTOPIK Ⅱ受験生に接してきて、作文を苦手にする方が多いと感じています。「作文問題が苦手」と感じる理由はいろいろありますが、最も大きい

理由は「圧倒的な書く量の不足」だと言えるでしょう。

　実際、私のTOPIK II 対策講座の受講生に聞いてみると、「これまで『書く』練習をしてこなかった」というのです。書く力の習得には時間がかかりますが、一度習得すればずっと活用できます。まずは少しずつでもいいので、実際に書くことから始めてみましょう（次に述べる「写経」だけでもまずはOK）。

② 「写経」で 「お作法」 を身につける

　TOPIK II では、筆記問題だけで300点満点中100点、つまり全体の3分の1を占めます。特に6級合格には、筆記問題で最低65点は獲得したいところなので、作文対策が必要になります。作文が「書ける」ということは、読解や聞き取り、ひいては会話の力にもつながりますので、韓国語の総合的な力を伸ばすことにもつながります。

　作文問題の攻略ですが、まずは模範解答を「写経」、つまり「そのまま書き写す」ところから始めてみてください。模範的な文章を書き写すことで、冒頭や最後に来る文章の型や、原稿用紙の使い方など、「お作法」を身につけていきます。作文の中身を追求する前段階に、「写経」で「お作法」をマスターしましょう。

③ 筆記問題の学習法

　筆記問題の勉強法としては、まず模範解答をそのまま書き写す「写経」をおすすめしますが、「写経」をするときは「次にどんな表現が来るか」を予測しながら取り組むと良いでしょう。予測と異なったものが来たときは、その表現をまるごと覚えておくと、自分で一から作文を書くときに活用できます。

　筆記問題は51～54の大問4問が1セットになっていますが、書く練習の目安としては「1週間に1セット書き上げる」ぐらいのペースがおすすめです。可能であれば韓国語ネイティブの先生のチェックとフィードバックを受けるのが望ましいです。

　また、実際の試験で、筆記問題に割ける時間はだいたい50分です。時間内に書く練習も、同時に進めていきます。時間を大幅に超過してしまった場合は、本番でも書けない可能性大です。書くのにどれだけ時間がかかったかをメモしておくのもいいでしょう。書く訓練を積めば積むほど、短い時間で書けるようになっていることが一目で分かり、モチベーションアップにもつながると思います。

④ 51、52 を書くときのヒント

　問題文に出てくるキーワードを積極的に活用して作文しましょう。このキーワードをいかに素早く見つけられるかが、スピードアップのカギです。また、「もうちょっといい表現がないか」「難しい文法を使ったほうがいいのではないか」などと考えず、「単純」「シンプル」「素直」に考えて書いたほうがうまく行きます。

⑤ 53 の作文を書くときのヒント

　53は作文問題の中でも、「一番の得点源」になり得る問題ですので、5級、6級合格を目指すなら満点の30点を目指したいところです。ポイントは「改行しない」「タイトルは書かない」。問題文にも글 제목은 쓰지 마시오.（文章のタイトルは書かないでください。）とあるので、きちんと守ることが高得点につながります。また、53は、問題文やグラフなどに書かれていることが文章化されているかを見る問題です。書かれていないこと（例えば、自分の感想や意見）は書かないようにしてください。

⑥ 54 の作文を書くときのヒント

　54に取り組む際、「600字～700字の間で書き切る」ことを目標にしてください。特に「写経」が効果を発揮する問題です。「写経」を何度か行い、「お作法」を身につけられたら、自分のオリジナル作文を書いてみてください。内容については「ちょっと薄いかな」と思っても問題ありません。むしろ「お作法」、つまり形式がしっかりしているかのほうが大事です。

聞き取り問題の音声について

第1章、第3章、第4章の聞き取り問題の音声には、問題指示文の読み上げの後などに、以下のような文が入っています。解答・解説の「音声スクリプト＋日本語訳」では省略していますが、以下を参考にしてください。

・問題1～20　　問題指示文の読み上げ後　한 번 읽겠습니다.（1回読みます。）
・問題21～50　　問題指示文の読み上げ後　두 번 읽겠습니다.（2回読みます。）
・問題21～50　　1回目の問題文読み上げ後　다시 들으십시오.（もう一度聞いてください。）

問題パターン　男女の対話を聞いて、4枚の絵の中から話の内容に合う動作や状態を表現したものを探します。音声は1回読まれます。

正解を導くヒント　音声が流れる前に、4枚の絵にざっと目を通しておきます。音声を聞きながら、登場する二人がどのような状況で話をしているのか、素早く割り出しましょう。

練習問題　DL 01

다음을 듣고 가장 알맞은 그림 또는 그래프를 고르십시오.

1.　①

②

③

④

解答・解説

正解： ④

☆正解への道！ 女性の그냥 거기 현관에 내려놔 주세요. (そのまま、そこの玄関に置いておいてください。) が正解のポイントです。この一言から、女性は、宅配便ドライバーの男性と玄関を開けずに会話をしていることが分かるので、④が正解で、③が不正解であることが分かります。また、音声では男性が呼び鈴を押し、女性と通話しているので①は不正解。②は言及されていないので、不正解です。

【音声スクリプト＋日本語訳】 ↓ DL 01

다음을 듣고 가장 알맞은 그림 또는 그래프를 고르십시오.
여자 : (딩동딩동 소리 후에) 네, 누구세요?
남자 : 택뱁니다. 택배 상자 어디에 놓을까요?
여자 : 아, 네. 그냥 거기 현관에 내려놔 주세요.

次を聞いて、最も適切な絵またはグラフを選んでください。
女性：(ピンポンの音の後に) はい、どなたですか？
男性：宅配です。宅配の箱はどこに置きましょうか？
女性：あ、はい。そのまま、そこの玄関に置いておいてください。

☑ポイント表現

알맞다 適する、適切だ、ふさわしい
그래프 グラフ
고르십시오 お選びください。-ㅂ시오は尊敬形の命令表現。ここでは「選んでください」と訳した
택배[宅配] 宅配

상자 箱
놓다 置く
현관[玄関] 玄関
내려놔 주세요 下ろしておいてください。내려놓아 주세요の縮約形で、口語表現。ここでは「置いておいてください」と訳した

パターン 1-2

📄 **問題パターン** 　男性、または女性の話を聞いて、聞いた内容と一致するグラフを選ぶ問題です。テーマとして、「日常生活と関連したアンケート調査の結果」がよく登場します。音声は1回読まれます。

💡 **正解を導くヒント** 　音声から把握できる情報は、大きく二つ程度に分けられます。音声を聞きながら、不正解だと確信できた選択肢を一つずつ消していくと、正解にたどり着きやすくなります。

練習問題 ⬇ DL 02

다음을 듣고 가장 알맞은 그림 또는 그래프를 고르십시오.

1. ①

②

③
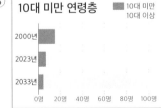

④

解答・解説

正解：③

☆正解への道！　③と④は「10代未満の年齢層」についての棒グラフです。音声の内容のように、減少傾向にある③が正解です。なお、①と②は「ペットがいる世帯の変化」を表す棒グラフですが、両方とも音声で述べられているような増加傾向にないので、不正解。

【音声スクリプト＋日本語訳】　⬇ DL 02

> 다음을 듣고 가장 알맞은 그림 또는 그래프를 고르십시오.
> 남자：반려동물용 유모차의 판매량이 유아용 유모차의 판매량을 사상 처음으로 넘어섰습니다. 이는 출산율은 줄어드는 데 반해 반려동물을 키우는 가구는 증가하고 있다는 의미입니다. 통계청에 따르면 한국을 인구 100명의 마을로 가정하면 10대 미만 연령층의 비중은 2000년 14.4명에서 2023년 6.6명으로 크게 줄었습니다. 또 이러한 추세는 앞으로도 계속되어 10년 후에는 4.7명까지 줄어들 전망입니다. 한편, 반려동물을 키우는 가구는 2017년 23.7퍼센트, 2018년 26.4퍼센트, 2020년 27.7 퍼센트로 점점 증가하는 추세를 보이고 있습니다.
>
> 次を聞いて、最も適切な絵またはグラフを選んでください。
> 男性：ペット用ベビーカーの販売台数が、幼児用ベビーカーの販売台数を史上初めて上回りました。これは、出産率が次第に減っているのに反して、ペットを飼う家庭が増えているという意味です。統計庁によると、韓国を人口100人の村だと仮定すると、10代未満の年齢層の割合は、2000年の14.4人から2023年には6.6人へと大幅に減りました。また、このような傾向は今後も続き、10年後には4.7人にまで減る見通しです。一方、ペットを飼う家庭は2017年に23.7%、2018年に26.4%、2020年は27.7%に増加する傾向を見せています。

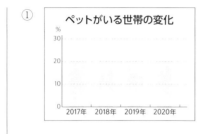

① ペットがいる世帯の変化

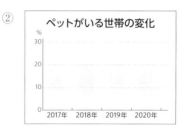

② ペットがいる世帯の変化

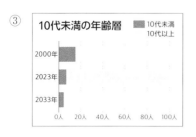

③ 10代未満の年齢層

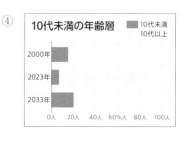

④ 10代未満の年齢層

☑ ポイント表現

반려동물용[伴侶動物用] ペット用。「ペット」は반려동물[伴侶動物]。애완동물[愛玩動物]とも

유모차[乳母車] ベビーカー、乳母車

판매량[販売量] 販売量

유아용[乳児用] 乳児用

사상 처음으로[史上----] 史上初めて

넘어서다 超える、上回る

출산율[出産率] 出産率

줄어들다 次第に減る、縮む

가구[家口] 世帯。ここでは、**반려동물 가구**を「ペットがいる世帯」と訳した

증가하다[増加--] 増加する、増える

통계청[統計庁] 統計庁。韓国の行政機関。日本の総務省統計局に当たる

-에 따르면 ~によると

연령층[年齢層] 年齢層

인구[人口] 人口

가정하다[仮定--] 仮定する

비중[比重] 比重、割合、シェア

줄다 減る

-(으)ㄹ 전망이다[- 展望--] ~する見通しだ

한편[- 便] (副詞的に)一方

키우다 育てる、飼う

가정[家庭] 家庭

추세[趨勢] 趨勢、傾向

\ 1時間目 /　**聞き取り** / パターン2　　該当問題:
聞き取り問題4〜8

(📄 問題パターン)　女性と男性の短い対話を聞き、対話の後に続く言葉を選ぶ問題です。対話の状況は、主に質問、お願い、提案、確認、情報提供などのことが多いです。音声は1回読まれます。

(💡 正解を導くヒント)　最後の人が言った言葉が、正解にたどり着く際のポイントになることが多いので、気をつけて内容を把握しましょう。

練習問題　⬇ DL 03

다음을 듣고 이어질 수 있는 말로 가장 알맞은 것을 고르십시오.

① 더 이상 고민하지 마세요.

② 저는 다른 걸로 주문했어요.

③ 그럼, 저도 불고기로 할게요.

④ 이 집은 불고기가 더 유명해요.

正解：④

☆正解への道！　スンドゥブかプルコギのどちらを注文すればよいかと悩む男性が、女性に**뭐가 나아요?**（どちらがいいですか？）と助言を求めています。従って、それに続く女性の言葉としては、どちらかを勧めているものが適切です。4つの選択肢の中には「○○がよい」と直接的に勧めているものはありませんが、「この店はプルコギのほうが有名だ」として、間接的に「プルコギを注文すべき」と勧めている④が正解です。どちらがよいかを尋ねている男性に対して、①は適切な返答ではないので不正解。また、まだ注文をする前なので②も不正解。そして、女性は最初に**저는 이걸로 할게요.**（私はこれにしますね。）と言っていて、すでに注文する品を決めているので③も不正解です。

【音声スクリプト＋日本語訳】　♭ DL 03

다음을 듣고 이어질 수 있는 말로 가장 알맞은 것을 고르십시오.

여자 : 저는 이걸로 할게요. 부장님은요?

남자 : 순두부하고 불고기 중에 고민이 되는데, 뭐가 나아요?

여자 : (④ 이 집은 불고기가 더 유명해요.)

次を聞いて、続く言葉として最も適切なものを選んでください。

女性：私はこれにしますね。　部長は？

男性：スンドゥブとプルコギの二つで悩んでいるのですが、どちらがいいですか？

女性：(④ この店はプルコギのほうが有名です。)

① これ以上悩まないでください。

② 私は別のものを注文しました。

③ では、私もプルコギにします。

④ この店はプルコギのほうが有名です。

☑ポイント表現

이어지다 続く。ここでは**이어질 수 있는 말**を「続く言葉」と訳した

이걸로 할게요 これにしますね。商品などを複数提示された中から、「これにする」と決めたときに使う表現

순두부[純豆腐] スンドゥブは「柔らかめの豆腐」を指すが、スンドゥブを使った辛いスープであるスンドゥブチゲ（순두부 찌개）の略称としてもよく使われる。ここではスンドゥブチゲのことを指している

불고기 プルコギ。薄切りの牛肉を、野菜などとともに甘辛く味つけして炒めた料理。불(火)＋고기(肉)

고민이 되다[苦悶 - - -] 悩む、悩んでいる

뭐가 나아요？ 直訳は「何がよりよいですか？」。ここでは「どちらがいいですか？」と訳した。낫다(よりよい)はㅅ変則活用

고민하다[苦悶 - -] 悩む

집 家、店

📄 **問題パターン** 男性と女性の対話を聞いて、女性がその後に取るであ
ろう行動を選ぶ問題です。このパターンの問題は4問出されますが、9〜11は日
常的なシチュエーションのもの、12は会社など、やや公式的な状況での対話が
多い傾向です。ここでは、傾向の違う2問を解いてみましょう。音声は1回読ま
れます。

💡 **正解を導くヒント** このパターンの問題は、男性と女性がする行動の順序
を考えながら聞くと、正解を選びやすくなります。女性の行動を選ぶ問題なの
で、女性の言葉をよく聞く必要がありますが、男性が女性に行動を促したり、
提案する流れのものも多いため、男性の言葉にも注意しなければなりません。
また、男性の言葉には、女性の行動を妨害するものも見受けられます。受験者
に間違った選択肢を選ばせようとする、引っかけのような内容のこともあるの
で、この点も注意が必要です。

練習問題 ⬇ DL 04

[1~2]다음을 듣고 여자가 이어서 할 행동으로 가장 알맞은 것을
고르십시오.

1. ① 라면을 가지고 온다.　　② 냄비 받침을 가져간다.
　　③ 냉장고에 김치를 넣는다.　　④ 김치를 냉장고에서 꺼낸다.

2. ① 라디오를 더 준비한다.
　　② 손전등을 더 가져온다.
　　③ 다른 색상의 손전등을 준비한다.
　　④ 다른 색상의 라디오를 가져온다.

解答・解説

[1～2]正解：1. ④　2. ②

☆正解への道！

1. 女性が**참, 김치는 냉장고에 있지? 내가 가져갈게.** (あ、キムチは冷蔵庫にあるよね？ 私が持っていくわ。)と言ったところ、男性が**응. 부탁해.** (うん。お願い。)と女性にキムチを持ってくるように依頼してます。4つの選択肢には「キムチを持っていく」内容のものはないですが、キムチを持っていくには、キムチを冷蔵庫から取り出さなくてはならないので、正解は④。①は男性がする行動なので、不正解。また、鍋敷きはすでに食卓に用意されているので、②も不正解です。③は正解の④と反対の内容なので、不正解です。

2. 「懐中電灯がちょっと足りない」という男性に対して、女性が**조금 더 가져다 둘까요?** (もう少し持ってきましょうか？)と尋ねています。その言葉に男性は**네. 그렇게 해 주세요.** (はい。そうしてください。)と言っていますので、正解は②です。**라디오는 충분한데**(ラジオは十分ですが)という男性の言葉から、①が不正解であることが分かります。また、懐中電灯の色やラジオの色については、音声内では言及されていないので、③と④も不正解です。

【音声スクリプト＋日本語訳】　⬇ DL 04

다음을 듣고 여자가 이어서 할 행동으로 가장 알맞은 것을 고르십시오.

1. 여자 : 라면 다 끓였어? 냄비 받침은 식탁에 준비해 뒀어.
   남자 : 응, 다 됐어. 지금 가져갈게.
   여자 : 고마워. 참, 김치는 냉장고에 있지? 내가 가져갈게.
   남자 : 응. 부탁해.

2. 여자 : 점장님, 매장 오픈 준비 끝났습니다. 재난 대비 물품들도 준비했습니다.
   남자 : 그럼, 같이 한번 확인해 볼까요? 라디오는 충분한데 손전등이 좀 부족한 것 같아요.
   여자 : 그건 손님들이 많이 찾지 않아서 조금만 꺼내 놨습니다. 조금 더 가져다 둘까요?
   남자 : 네. 그렇게 해 주세요. 그리고 보조 배터리는 이 색상밖에 없나요?

次を聞いて、女性が続いてする行動として、最も適切なものを選んでください。

1. 女性：ラーメン出来上がった？ 鍋敷きは食卓に用意しておいたよ。
   男性：うん、出来上がったよ。 今持っていくよ。
   女性：ありがとう。あ、キムチは冷蔵庫にあるよね？ 私が持っていくわ。
   男性：うん。お願い。
   ① ラーメンを持ってくる。　　② 鍋敷きを持っていく。
   ③ 冷蔵庫にキムチを入れる。　④ キムチを冷蔵庫から取り出す。

2. 女性：店長、店のオープン準備が終わりました。災害対策品も準備しました。
   男性：それでは、一緒に一度確認してみましょうか？ ラジオは十分で
   　　　すが、懐中電灯がちょっと足りないようです。
   女性：それは、お客さんが多くお求めにならないので、少しだけ出して
   　　　おきました。もう少し持ってきましょうか？
   男性：はい。そうしてください。それから、モバイルバッテリーはこの
   　　　色しかないのですか？
   ① ラジオをもっと準備する。　　② 懐中電灯をもっと持ってくる。
   ③ 他の色の懐中電灯を用意する。　④ 異なる色のラジオを持ってくる。

☑ ポイント表現

1.

라면을 끓이다 （インスタント）ラーメンを作る。直訳は「（インスタント）ラーメンを煮る」。ここでは、라면 다 끓었어?を「ラーメン出来上がった？」と訳した

냄비 받침 鍋敷き。받침とは「支えるもの」。韓国語の「パッチム」も同様の意味合い

식탁[食卓] 食卓、ダイニングテーブル

준비해 뒀어 準備しておいたよ、用意しておいたよ

다 됐어 出来上がったよ

참 そうだ、あ。何かを思い出したりしたときに使う

-(으)ㄹ게 ～するね。意志や約束を表す

꺼내다 取り出す

2.

점장님[店長 -] 店長。님は「様」に当たる敬称

매장[売場] 売り場、店、店舗

재난 대비 물품[災難 対備 物品] 災害に備えた物品、災害対策品

충분하다[充分 --] 十分だ。反対語の「不足している」は부족하다[不足 --]

손전등[- 電燈] 懐中電灯。손は「手」のこと

찾다 探す、求める

꺼내 놨습니다 取り出しておきました。꺼내 놓았습니다の縮約形。ここでは「出しておきました」と訳した

가져다 둘까요? 持ってきておきましょうか？。ここでは「持ってきましょうか？」と訳した

보조 배터리[補助 ---] モバイルバッテリー

색상[色相] 色合い、色味、色、色相

パターン 4

該当問題:
聞き取り問題13〜16

📄 **問題パターン** さまざまな状況における対話、あるいは、ある一人の話を聞いて、聞いた内容と一致するものを選ぶ問題です。13は男女の日常的な対話からの出題です。14は案内放送で、一人が話す形式です。15は主に新しいサービスやニュースを伝える内容で、一人が話す形式です。16はインタビューです。インタビュアーの問いに対して、インタビューを受ける人が答える形式です。ここでは、14と16の形式に当たる2問を解いてみましょう。音声は1回読まれます。

💡 **正解を導くヒント** 正解に当たる選択肢では、聞いた内容とまったく同じ表現や単語が出てくることよりも、似た表現を使ったものや、要約されたものが提示されることが多いです。話の内容を細かいところまで把握するよう努めましょう。14は、正解を導くのに必要な情報がどこにあるか分からないので、最初から最後まで注意して聞きましょう。15については、今まで聞いたことのない単語が出てくる可能性があります。その場合は、前後の内容をよく聞いて、分からない単語の意味を推測しましょう。

練習問題 ↓ DL 05

[1~2]다음을 듣고 들은 내용과 같은 것을 고르십시오.

1. ① 대기실은 3층 대회장이다.
   ② 예선은 1층 대기실에서 열린다.
   ③ 본인 무대에 한해 촬영도 가능하다.
   ④ 예선 순서는 대회장에서 알 수 있다.

2. ① 여자는 심리 상담사이다.
   ② 여자는 새로운 성격 유형을 개발했다.
   ③ 여자는 동양철학을 설명하는 책을 썼다.
   ④ 여자의 신작은 요즘 젊은 사람에게 인기가 많다.

[1～2]正解：1. ④   2.④

1. 예선 무대 순서는 대회장에서 안내해 드리겠습니다. (予選ステージの順番は、大会場でご案内いたします。)とあることから、正解は④です。控室は1階にあるので、①は不正解。また、予選は3階の大会場で行われるので、②も不正解。また、撮影禁止なので、③も不正解です。

2. 男性が작가님의 새 책이 젊은 사람들에게 인기를 얻고 있는 이유는 뭘까요? (先生の新しい本が、若い人たちに人気を得ている理由は何でしょうか？)と言っていることから、この作家の新刊が若者に人気であることが分かるので、正解は④です。音声の새 책(新しい本)を、④では신작[新作]と言い換えています。女性が心理カウンセラーだ、あるいは東洋哲学を説明した本だとは言っていないので、①と③は不正解。また、女性は性格パターンを新しく解釈したが、開発はしていないので、②も不正解です。

【音声スクリプト＋日本語訳】 ⤓ DL 05

다음을 듣고 들은 내용과 같은 것을 고르십시오.

1. 여자 : (딩동댕) 인주시 노래자랑에 참가하시는 여러분께 안내 말씀 드립니다. 잠시 후 세 시부터 예선이 있을 예정입니다. 1층 대기실에 계신 참가자 여러분들은 3층 대회장으로 이동해 주시기 바랍니다. 예선 무대 순서는 대회장에서 안내해 드리겠습니다. 또한, 대회장에서는 사진이나 동영상 촬영이 금지되어 있으니 이 점 역시 양해 부탁드립니다.

2. 남자 : 작가님의 새 책이 젊은 사람들에게 인기를 얻고 있는 이유는 뭘까요?

   여자 : 요즘 젊은 사람들이 관심 있어 하는 성격 유형을 소재로 다루고 있기 때문인 것 같은데요. 특히 동양철학이나 심리학 등 여러 가지 관점에서 성격 유형을 새롭게 해석한 점이 신선하게 받아들여진 것이 아닐까요? 자신의 성향과 기질을 알면 다가올 앞날에 적절히 대비할 수 있고 자신이 원하는 미래를 설계할 수 있다. 뭐 이런 점들을 좋게 봐 주는 것 같습니다.

次を聞いて、聞いた内容と一致するものを選んでください。

1. 女性：（ピンポンパンポン）インジュ市のど自慢に参加なさる皆様に、ご案内申し上げます。まもなく3時から予選を行う予定です。1階の控え室にいらっしゃる参加者の皆様は、3階の大会場に移動してください。予選ステージの順番は、大会場でご案内いたします。また、大会場では写真や動画の撮影が禁止されていますので、この点もご了承のほどお願いいたします。

   ① 控え室は3階の大会場だ。
   ② 予選は1階の控え室で開かれる。
   ③ 本人の舞台に限って、撮影も可能だ。
   ④ 予選の順番は大会場で分かる。

2. 男性：先生の新しい本が、若い人たちに人気を得ている理由は何でしょうか？

   女性：最近の若い人たちが関心を持っている性格パターンを素材に扱っているからだと思いますが。特に、東洋哲学や心理学など、いろいろな観点から性格パターンを新しく解釈した点が、新鮮に受け入れられたのではないでしょうか？ 自分自身の性格の傾向と気質を知れば、これからの未来に適切に備えることができ、自分が望む未来を設計することができる。まあ、このような点を、よく見てくれていると思います。

   ① 女性は心理カウンセラーだ。
   ② 女性は、新しい性格パターンを開発した。
   ③ 女性は、東洋哲学を説明する本を書いた。
   ④ 女性の新作は、最近の若い人々に人気が高い。

☑ポイント表現

1.

딩동댕 ピンポンパンポン。チャイムの音の擬音語

노래자랑 のど自慢。直訳は「歌自慢」。ちなみに、韓国KBSテレビの長寿番組の一つに、전국노래자랑(全国のど自慢)がある

예선[予選] 予選。ここでは예선이 있을 예정입니다を「予選を行う予定です」と訳した

대기실[待機室] 控え室

무대[舞台] 舞台、ステージ

순서[順序] 順序、順番

동영상[動映像] 動画

양해[諒解] 了解、了承。ここでは、**양해부탁드립니다**を「ご了承のほどお願いいたします」と訳した

-에 한해[-限-] ～に限って

2.

작가님[作家 -]　（作家の）先生。直訳は「作家様」

새 책　新刊。直訳は「新しい本」

성격 유형[性格 類型]　性格パターン

다루다　扱う。形容詞の다르다（異なる）との混同に注意

동양철학[東洋哲学]　東洋哲学

심리학[心理学]　心理学。発音は[심니학]

해석하다[解釈 --]　解釈する

받아들여지다　受け入れられる

성향[性向]　性向、性格の傾向、気立て

기질[気質]　気質

다가오다　近づく、迫る。ここでは、다가올 앞날에を「これからの未来に」と訳した

앞날　将来、未来

대비하다[対備 --]　備える

설계하다[設計 --]　設計する

심리 상담사[心理 相談士]　心理カウンセラー

該当問題:
聞き取り問題17〜20

\ 1時間目 /
聞き取り / # パターン 5

📋 **問題パターン** 　男女の対話を聞いて、男性の中心となる考えを選ぶ問題です。17〜19は、1.5往復、あるいは2往復程度の対話で構成されています。20はインタビュー形式で、女性の質問に男性が紹介や説明を行う内容から、男性の中心となる考えを選びます。ここでは、対話形式のものとインタビュー形式のもの、それぞれ1問ずつ解いてみましょう。音声は1回読まれます。

💡 **正解を導くヒント** 　男性の中心となる考えを問うという問題の性質上、男性の言葉により集中して聞くとよいでしょう。また、たいていの場合、女性は男性とは異なる考えや意見を持っていたり、反対の意見を持っています。女性の言葉に引きずられたり、混乱させられたりしないよう、注意しながら音声を聞きましょう。

練習問題　⬇ DL 06

[1~2]다음을 듣고 <u>남자</u>의 중심 생각으로 가장 알맞은 것을 고르십시오.

1. ① 물건을 받은 사람은 바로 연락해야 한다.
   ② 여자가 조립식 의자를 못 만든다고 생각한다.
   ③ 미리 알았다면 조립용 공구도 함께 보낼 수 있었다.
   ④ 의자가 도착하기 전에 드라이버를 미리 준비해야 한다.

2. ① 민요의 아름다운 표현을 알리고 싶어한다.
   ② 이제 시골에서도 민요는 듣기가 어려워졌다.
   ③ 민요는 많은 사람이 듣기 쉽게 만들어야 한다.
   ④ 시골에서 불려지는 민요는 그 전통을 유지해야 한다.

45

[1〜2]正解：1. ③　2.①

☆正解への道！

1. 男性が最後に言った그럼 미리 말해 주지. 그러면 드라이버도 같이 보냈을 텐데. (じゃあ、前もって言ってくれなきゃ。それならドライバーも一緒に送ったのに。)が男性の中心となる考えです。従って、正解は③です。①と②については言及がないので、不正解。また、男性は「あらかじめドライバーを準備すべき」とは述べていないので、④も不正解です。

2. 男性が最後に言った그런 아름다운 표현들을 많은 분들에게 알려 드리고 싶어서 (そんな美しい表現を多くの方々にお伝えしたくて)が男性の中心となる考えですので、正解は①です。②は音声の内容と反対のことを述べているので、不正解。③と④については言及がありません。

【音声スクリプト＋日本語訳】　⬇ DL 06

다음을 듣고 남자의 중심 생각으로 가장 알맞은 것을 고르십시오.

1. 남자 : 민진아, 내가 보낸 의자 아직 도착 안 했어?
　여자 : 아니. 도착했어. 그런데 아직 못 만들었어. 집에 드라이버 같은 조립용 공구가 없거든.
　남자 : 그래? 그럼 미리 말해 주지. 그러면 드라이버도 같이 보냈을 텐데.

2. 여자 : 선생님, 이번 공연에서 민요를 부르셨는데, 어떤 특별한 계기가 있으신지요?
　남자 : 아, 네. 요즘 사람들은 민요를 잘 모르는데, 사실 시골에서는 아직도 민요를 많이 부르거든요. 특히 농사를 지을 때 부르는 노동요에는 잘 들어 보면 그 마을의 자연과 문화를 나타내는 표현들이 가득 담겨 있습니다. 그런 아름다운 표현들을 많은 분들에게 알려 드리고 싶어서 공연을 준비하게 됐습니다.

次を聞いて、男性の中心となる考えとして、最も適切なものを選んでください。

1. 男性：ミンジン、僕が送った椅子、まだ到着していないの？
　女性：ううん。到着したよ。でも、まだ作れていない。家にドライバーみたいな組み立て用の工具がないんだよね。

男性：そうなの？ じゃあ、前もって言ってくれなきゃ。それならドライバーも一緒に送ったのに。

① 品物を受け取った人は、すぐ連絡しなければならない。

② 女性が組み立て式の椅子を作れないと考えている。

③ 事前に知っていれば、組み立て用工具も一緒に送ることができた。

④ 椅子が到着する前に、ドライバーをあらかじめ準備しなければならない。

2. 女性：先生、今回の公演で民謡を歌われたのですが、どのような特別なきっかけがおありだったのでしょうか？

男性：あ、はい。最近の人たちは民謡をよく知らないんですが、実は田舎では今でも民謡をよく歌うんですよ。特に、農作業をするとき歌う労働歌には、よく聞いてみると、その村の自然と文化を表す表現がぎっしり詰まっています。そんな美しい表現を多くの方々にお伝えしたくて、公演を準備することになりました。

① 民謡の美しい表現を伝えたいと思っている。

② 今では、田舎でも民謡は聞くのが難しくなった。

③ 民謡は、多くの人が聞きやすいように作らなければならない。

④ 田舎で歌われる民謡は、その伝統を維持しなければならない。

☑ポイント表現

1.

민진아 ミンジン、ミンジンちゃん。名前の次に아または야をつけると、日本語の「～ちゃん」「～くん」に当たる意味合いとなる。家族や友達などの近い間柄でのみ使われる呼び方で、男女ともに使える。名前の最後にパッチムがある場合には아、パッチムがない場合には야をつける

드라이버 ドライバー

조립용 공구[組立用 工具] 組み立て用工具

-거든 ～なんだよ。相手からの質問や自分の発言に対して、その理由や考えを述べるときに使う口語表現。-거든요(～なんですよ)という形も会話によく出てくる

-(으)ㄹ 텐데 ～だろうから。推測、意志を表す

2.

공연[公演] 公演、コンサート

민요[民謡] 民謡

계기[契機] 契機、きっかけ

농사를 지을 때[農事- - - -] 農作業をするとき。농사를 짓다(農作業をする、農業を営む)＋-(으)ㄹ 때

노동요[労働謡] 労働歌。楽しくリズムよく働くため、働きながら歌う歌のこと

가득 いっぱいに、ぎっしり

담기다 入れられる、込められる。ここでは、**담겨 있습니다**を「詰まっています」と訳した

パターン 6

(📄 **問題パターン**) 多様なシチュエーションでの男女の対話を聞いて、2問に答えます。21では男性(女性の場合もあり)の中心となる考え方を、22では内容と一致するものを選びます。音声は2回読まれます。

(💡 **正解を導くヒント**) 22は、音声内容の細かいところまで把握できているかどうかを問う問題です。このパターンの問題の場合、音声の中で出てきた表現が、正解の選択肢にそのまま出てきたり、あるいは言い換え表現で出てきたりすることが多いです。問題に取り組む際には、ハングルでも日本語でもいいので、音声を聞きながらメモを取ると、正解を導く助けになります。

練習問題 ⬇ DL 07

[1~2]다음을 듣고 물음에 답하십시오.

1. 남자의 중심 생각으로 가장 알맞은 것을 고르십시오.

① 영업 계획서의 주제를 바꿔야 한다.
② 가입자 수가 많을수록 좋은 보험이다.
③ 보험 상품의 장점을 명확히 해야 한다.
④ 보험 가입 유형을 연령별로 나눠야 한다.

2. 들은 내용과 같은 것을 고르십시오.

① 남자는 백세부터가 장수라고 생각한다.
② 남자의 영업 계획서를 여자가 작성하고 있다.
③ 남자는 여자가 계획서를 수정해야 한다고 생각한다.
④ 남자는 시대에 따라 영업 전략도 변한다고 생각한다.

解答・解説

[1〜2] 正解：1. ③　2. ③

1. 男性の**이 상품에 대한 장점이 거의 없네요. 고객이 어떤 혜택을 받을 수 있는지, 보다 명확하고 구체적인 설명이 필요할 것 같아요.**（この商品に対する長所がほとんどないですね。顧客がどのような恩恵を受けることができるのか、より明確で具体的な説明が必要だと思います。）の部分がポイント。ここが男性の中心となる考えになるので、その内容を端的にまとめている③が正解。男性が提案しているのは、顧客が受けられる恩恵についての明確で具体的な説明。そのため、①はその内容に合わないので不正解。②は言及がないので不正解。また、男性は④の内容について言及はしているものの、中心となる考えではないため、④も不正解です。

2. 男性は、女性が作成した営業計画書に対し、**보다 명확하고 구체적인 설명이 필요할 것 같아요**（より明確で具体的な説明が必要だと思います）と述べています。このことから、男性が営業計画書の修正を提案していることが分かるので、正解は③です。「100歳」は保険の商品名の一部に過ぎず、①のような言及はないので不正解。また、営業計画書は女性が作成し、男性はそれをチェックしているので②も不正解。そして、時代に合わせて変わる必要があるのは保険であり、営業戦略ではないので、④も不正解です。

【音声スクリプト＋日本語訳】　♣ DL 07

> 다음을 듣고 물음에 답하십시오.
> 여자 : 부장님, 이번 프로젝트의 영업 계획서인데요. 한번 봐 주시겠습니까?
> 남자 : '100세 시대의 건강 보험'이라, 장수 시대에 맞춰서 보험도 변해야 한다는 내용이군요. 그런데 이 상품에 대한 장점이 거의 없네요. 고객이 어떤 혜택을 받을 수 있는지, 보다 명확하고 구체적인 설명이 필요할 것 같아요.
> 여자 : 아, 그러네요. 그럼 뭐부터 하면 좋을까요?
> 남자 : 먼저 나이대별 보험 가입의 유형부터 한번 나눠 보세요.
>
> 次を聞いて、問いに答えてください。
> 女性：部長、今回のプロジェクトの営業計画書なのですが。一度見てくだ

さいますか？

男性：「100歳時代の健康保険」ということで、長寿の時代に合わせて保険も
　　　変わるべきだという内容なのですね。しかし、この商品に対する長
　　　所がほとんどないですね。顧客がどのような恩恵を受けることがで
　　　きるのか、より明確で具体的な説明が必要だと思います。

女性：あ、そうですね。では、何からすればよいでしょうか？

男性：まず、年代別保険加入のパターンから、一度分けてみてください。

1.　男性の中心となる考えとして、最も適切なものを選んでください。
　　① 営業計画書のテーマを変えなければならない。
　　② 加入者数が多いほど、よい保険である。
　　③ 保険商品の長所を明確にすべきである。
　　④ 保険加入のパターンを、年齢別に分けなければならない。

2.　聞いた内容と一致するものを選んでください。
　　① 男性は100歳からが長寿だと考える。
　　② 男性の営業計画書を、女性が作成している。
　　③ 男性は、女性が計画書を修正しなければならないと考えている。
　　④ 男性は、時代に沿って営業戦略も変わると考えている。

☑ポイント表現

프로젝트　プロジェクト
영업 계획서[営業 計画書]　営業計画書
건강 보험[健康 保険]　健康保険
장수[長寿]　長寿
-에 맞추다　～に合わせる
장점[長点]　長所、メリット。反対語の「短
所、デメリット」は단점[短点]
혜택[恵沢]　恩恵、特典
명확하다[明確 --]　明確だ

보다　より、もっと
나이대별[-- 帯別]　年代別。直訳は「年代
帯別」。연령대별[年齢帯別]、연령별[年齢別]
とも言い換え可能
유형[類型]　類型、パターン
가입[加入]　加入
명확히 하다　明確にする。類似表現に부각
시키다[浮刻 --]（浮き彫りにさせる）がある
영업 전략[営業 戦略]　営業戦略

＼1時間目／ 聞き取り / パターン7

該当問題：
聞き取り問題23〜24

📄 **問題パターン** 多様なシチュエーションでの男女の対話を聞いて、2問に答えます。23では男性（女性の場合もあり）が何をしているかを選びます。24では内容と一致するものを選びます。音声は2回読まれます。

💡 **正解を導くヒント** 23の正解を導くには、対話全体の内容を把握する必要があります。男性（または女性）が何をしているか問う問題なので、問われている人の言葉をよく聞くとよいでしょう。ハングルでも日本語でもいいので、音声を聞きながらメモを取ると、正解を導く助けになります。

練習問題 ⬇ DL 08

[1~2]다음을 듣고 물음에 답하십시오.

1. 남자가 무엇을 하고 있는지 고르십시오.

   ① 수강 신청 방법을 설명하고 있다.
   ② 신입생 환영회 일정을 상의하고 있다.
   ③ 오리엔테이션 일정을 문자로 보내고 있다.
   ④ 신입생 오리엔테이션 내용을 안내하고 있다.

2. 들은 내용과 같은 것을 고르십시오.

   ① 수강 신청은 온라인으로 해야 한다.
   ② 오리엔테이션 장소의 변경을 알렸다.
   ③ 신입생 환영회는 입학식 후에 열린다.
   ④ 학교 생활에 대한 자료는 문자로 보내 준다.

[1～2]正解：1. ④ 2.②

1. 男性の話す内容、特に오리엔테이션에서 수강 신청 및 학교 생활에 대한 설명이
    있을 예정입니다. (オリエンテーションで、受講申請、ならびに学校生活につ
    いての説明がある予定です。)とあることから、正解は④です。受講申請の方
    法については、オリエンテーションで説明がある予定なので、①は不正解。
    ②については言及がないため、不正解。また、男性は先週、オリエンテーショ
    ンの日程を携帯メールで送っているので、③も不正解です。

2. オリエンテーションの場所に関して、男性が학교 사정으로 102호로 변경되었
    습니다(学校の都合で102号教室に変更になりました)と伝えているので、正
    解は②。①と④に関しては言及がないので、不正解。また、新入生歓迎会は
    オリエンテーションの後に行われるので、③も不正解です。

【音声スクリプト＋日本語訳】 ⬇ DL 08

다음을 듣고 물음에 답하십시오.

남자 : 여보세요? 인주대학교 학생처입니다. 지난주에 신입생 오리엔테이션
　　　 일정을 문자로 보내 드렸는데, 확인하셨나요?

여자 : 네, 확인했습니다. 인문학부는 2호관으로 가는 거 맞죠?

남자 : 네, 2호관은 맞는데, 학교 사정으로 102호로 변경되었습니다. 오리엔
　　　 테이션에서 수강 신청하고 학교 생활에 대한 설명이 있을 예정입니다.
　　　 오리엔테이션을 마치면 학과별로 신입생 환영회도 준비되어 있습니다.

여자 : 네, 알겠습니다. 감사합니다. 그럼 2월20일에 뵙겠습니다.

次を聞いて、問いに答えてください。

男性 : もしもし？ インジュ大学の学生課です。先週、新入生オリエンテーショ
　　　 ンの日程を携帯メールでお送りいたしましたが、ご確認なさいまし
　　　 たか？

女性 : はい、確認しました。人文学科は2号館に行くんですよね？

男性 : はい、2号館は正しいですが、学校の都合で102号教室に変更になり
　　　 ました。オリエンテーションで、受講申請と学校生活についての説
　　　 明がある予定です。オリエンテーションを終えましたら、学科別に

新入生歓迎会も準備されています。
女性：はい、分かりました。ありがとうございます。それでは、2月20日に
　　　お目にかかります。

1. 男性が何をしているかを選んでください。
　① 受講申請の方法を説明している。
　② 新入生歓迎会の日程を相談している。
　③ オリエンテーションの日程を、携帯メールで送っている。
　④ 新入生オリエンテーションの内容を案内している。

2. 聞いた内容と一致するものを選んでください。
　① 受講申請は、オンラインでしなければならない。
　② オリエンテーションの場所の変更を伝えた。
　③ 新入生歓迎会は、入学式の後に開かれる。
　④ 学校生活に関する資料は、携帯メールで送ってくれる。

☑ポイント表現

대학교[大学校]　大学

학생처[学生処]　学生課

오리엔테이션　オリエンテーション。省略
して오티(OT)と言うのが一般的

일정[日程]　日程

문자[文字]携帯メール、SMS。発音は[문짜]。
ちなみに、パソコンで送る「メール」は메일、
이메일

보내드렸는데　お送り差し上げたのですが。
ここでは「お送りいたしましたが」と訳した

학부[学部]　学科。韓国では、大学[大学]は
日本の「学部、(単科)大学」、학부[学部]は日
本の「学科」に相当する。「大学」は대학교[大学
校]。なお、「学科長」は학부장[学部長]という

2호관[-号館]　2号館

사정[事情]　事情、都合

102호[---号]　102号(室)。ここでは「102
号教室」と訳した

변경되다[変更--]　変更される

수강 신청[受講 申請]　受講申請

마치다　終わる、終える

신입생 환영회[新入生 歓迎会]　新入生歓
迎会

상의하다[相議--]　相談する

(📄 問題パターン)　パターン8では、インタビューを聞いて2問に答えます。
25では男性(女性の場合もあり)の中心となる考え方を選びます。26では内容
と一致するものを選びます。音声は2回読まれます。

(💡 正解を導くヒント)　インタビュー形式の問題の場合、冒頭の質問部分にイ
ンタビューのテーマが入っていることが多いので、最初から集中して聞いてい
きましょう。言い換え表現にも注意してください。

練習問題　⬇ DL 09

[1~2]다음을 듣고 물음에 답하십시오.

1. 남자의 중심 생각으로 가장 알맞은 것을 고르십시오.

① 전기차 충전 시설을 충분히 마련해야 한다.
② 전기차는 환경을 보호하는 자동차라고 생각한다.
③ 배터리 재활용이 앞으로의 중요한 과제라고 생각한다.
④ 전기차는 소비자에게 합리적인 가격으로 제공하기 어렵다.

2. 들은 내용과 같은 것을 고르십시오.

① 재활용 배터리는 성능이 뛰어나다.
② 이번 전기차는 배터리 성능이 크게 향상되었다.
③ 내일부터 폐배터리를 재활용한 전기차를 판매한다.
④ 배터리 재활용으로 전기차의 수출 가격을 낮출 수 있다.

解答・解説

[1～2] 正解：1. ③　2. ②

1. 男性の中心となる考え方は、**앞으로는 폐배터리의 재활용에 대해서도 적극 힘써 가고자 합니다**（これからは廃バッテリーのリサイクルにも積極的に努力していきたいと思います）に表れているので、正解は③です。選択肢のうち、①には男性が言及していないので、早い段階で正解候補から外せます。また、男性は、話の冒頭で**기능적인 면에서 큰 발전이 있었다**（機能的な面で大きな発展があった）と言っていて、このあと電気自動車の機能面の話をしようとしていることが分かるので、②や④は不正解。④については、男性の最後の発言の内容と相反するものなので、その点でも不正解となります。

2. 男性の発言に**배터리 성능을 대폭 강화시켰고요**（バッテリー性能を大幅に強化してですね）とあることから、正解は②。**대폭 강화시키다**（大幅に強化する）を、正解の②では**크케 향상되다**（大きく向上する）と言い換えています。①と③は言及がありません。④は「輸出価格」に限定されているため、不正解です。

【音声スクリプト＋日本語訳】　± DL 09

다음을 듣고 물음에 답하십시오.

여자 : 이번에 새로 출시된 전기차는 기존의 전기차와는 어떤 점에서 달라진 건가요?

남자 : 이번 전기차는 이전에 비해 기능적인 면에서 큰 발전이 있었다고 볼 수 있습니다. 예를 들어 녹색 성장과 환경 보호를 위해 배터리 성능을 대폭 강화했고요, 배터리 충전에 걸리는 시간도 크게 단축시켰습니다. 그리고 앞으로는 폐배터리의 재활용에 대해서도 적극 힘써 가고자 합니다. 다 쓴 배터리에는 다시 사용할 수 있는 재료가 포함되어 있어 그것들을 잘 활용하면 가격적인 면에서도 보다 경쟁력 있는 전기차를 선보일 수 있을 거라 생각합니다.

次を聞いて、問いに答えてください。

女性：今回新しく発売された電気自動車は、従来の電気自動車とはどのような点で変わったのですか？

男性：今回の電気自動車は、以前に比べて機能的な面で大きな発展があっ

たと言えます。 例えば、グリーン成長と環境保護のために、バッテリー性能を大幅に強化してですね、バッテリー充電にかかる時間も大幅に短縮しました。そして、これからは廃バッテリーのリサイクルにも積極的に努力していきたいと思います。使い終わったバッテリーには再び使用できる材料が含まれており、それらをうまく活用すれば、価格的な面でもより競争力のある電気自動車を披露できると思います。

1. 男性の中心となる考えとして、最も適切なものを選んでください。
   ① 電気自動車の充電施設を、十分に設けなければならない。
   ② 電気自動車は、環境を保護する自動車と考える。
   ③ バッテリーのリサイクルが、今後の重要な課題だと考える。
   ④ 電気自動車は、消費者に合理的な価格で提供することが難しい。

2. 聞いた内容と一致するものを選んでください。
   ① リサイクルバッテリーは性能が優れている。
   ② 今回の電気自動車は、バッテリー性能が大きく向上した。
   ③ 明日から、廃バッテリーをリサイクルした電気自動車を販売する。
   ④ バッテリーのリサイクルで、電気自動車の輸出価格を下げることができる。

☑ポイント表現

출시되다[出市 --] 発売される。「出市」とは「市場に出す」の意味

전기차[電気車] 電気自動車

기존[既存] 既存

볼 수 있습니다 見ることができます。ここでは「言えます」と訳した

녹색 성장[緑色 成長] グリーン成長。自然資源と自然環境から恩恵を受けながら、経済的な成長を実現すること

환경 보호[環境 保護] 環境保護

배터리 バッテリー

성능[性能] 性能

대폭[大幅] 大幅

강화시키다[強化---] 強化する。直訳は「強化させる」

충전[充電] 充電。なお、同じ충전でも、漢字が「充填」のほうの意味は「チャージ」。T-money（交通カード）などへのチャージの意味で使える

단축시키다[短縮---] 短縮する。直訳は「短縮させる」

폐배터리[廃---] 廃バッテリー

재활용[再活用] 再活用、リサイクル

적극 힘써 가고자 합니다 積極的に努力していきたいと思います。힘쓰다は「努力する」

포함되다[包含--] 含まれる

경쟁력[競争力] 競争力

선보이다 披露する

시설[施設] 施設

충분히[充分 -]　十分に
마련하다　設ける、準備する
합리적[合理的]　合理的
-기 어렵다　~するのが難しい。反対表現
は-기 쉽다(~するのが簡単だ)

제공하다[提供 --]　提供する
뛰어나다　優れている
향상되다[向上 --]　向上する
수출[輸出]　輸出。反対語는 수입[輸入]
낮추다　低くする、下げる

(📄 問題パターン)　パターン9では、男女の対話を聞いて2問に答えます。
27は、男性（女性の場合もあり）が話す意図を選ぶ問題です。28では内容と一
致するものを選びます。音声は2回読まれます。

(💡正解を導くヒント)　27は男性（または女性）が話す意図を問う問題なので、
対話の流れに留意して聞きつつ、特に問われている人の言葉をよく聞くとよい
でしょう。最後のほうに強調したい考えが込められていることが多いので、そ
の点にも注目してみてください。28は内容一致問題です。最後まで集中力を
切らさず、メモを取りながら聞きましょう。言い換え表現にも注意しましょう。

練習問題　⬇ DL 10

[1~2]다음을 듣고 물음에 답하십시오.

1.　남자가 말하는 의도로 알맞은 것을 고르십시오.

　　① 푸드뱅크에 대해 소개하려고

　　② 푸드뱅크 운영을 부탁하려고

　　③ 푸드뱅크의 문제점을 지적하려고

　　④ 푸드뱅크의 필요성을 일깨워 주려고

2.　들은 내용과 같은 것을 고르십시오.

　　① 푸드뱅크는 구청에서 운영한다.

　　② 푸드뱅크의 운영은 다음 주까지이다.

　　③ 푸드뱅크는 보름 후부터 기부를 받는다.

　　④ 푸드뱅크에서는 음식을 싸게 살 수 있다.

解答・解説

[1～2]正解：1. ①　2.①

1. 女性の**푸드뱅크가 정확히 뭐 하는 곳이야?**（フードバンクって正確に何をするところなの？）という問いに対して、男性が詳しく説明をしています。従って、男性の意図を示す正しい選択肢は①です。なお、男性は女性とフードバンクに参加する意思はありますが、女性に運営を依頼しているわけではないので、②は不正解。フードバンクの問題点や必要性に関して言及していないので、③と④も不正解です。

2. 男性の**구청에서 푸드뱅크로 직접 운영한다더라**（区役所でフードバンクとして直接運営するんだって）という言葉から、正解は①です。フードバンクの運営期間については言及されていないため、②は不正解。男性の言葉から、寄付が来週から可能であることが分かります。そのため、期間が異なる③も不正解です。フードバンクでは、**기업이나 개인이 기부한 식품이나 생활용품 같은 것**（企業や個人が寄付した食品や生活用品のようなもの）を扱うのであり、食べ物が安く買えるとは言及されていないので、④も不正解。

【音声スクリプト＋日本語訳】　± DL 10

다음을 듣고 물음에 답하십시오.

남자 : 그 뉴스 봤어? 우리 동네에 '푸드뱅크'가 생긴대. 청사의 남는 공간을 구청에서 푸드뱅크로 직접 운영한다더라.

여자 : 아, 그거 나도 들어본 적 있어. 그런데 푸드뱅크가 정확히 뭐 하는 곳이야?

남자 : 기업이나 개인이 기부한 식품이나 생활용품 같은 것을 결식아동이나 독거노인 그리고 저소득 소외 계층에 지원하는 일을 하는 곳이야.

여자 : 아, 그래? 나는 그냥 음식만 취급하는 줄 알았어. 기회가 되면 우리도 한번 참가해 보자.

남자 : 그래. 근데 지금은 아직 준비 중이고, 기부는 다음 주부터 할 수 있대.

次を聞いて、問いに答えてください。

男性：あのニュース見た？　うちの町に「フードバンク」ができるんだって。庁舎の空きスペースを、区役所でフードバンクとして直接運営する

んだって。

女性：あ、それ、私も聞いたことある。ところで、フードバンクって正確に何をするところなの？

男性：企業や個人が寄付した食品や生活用品のようなものを、欠食児童や独居老人、そして低所得の社会から疎外された人たちに支援する仕事をするところだよ。

女性：あ、そうなの？　私はただ食べ物だけ扱っていると思ってた。機会があれば、私たちも一度参加してみよう。

男性：そうしよう。でも今はまだ準備中で、寄付は来週からできるんだって。

1. 男性が話す意図として、適切なものを選んでください。
   ① フードバンクについて紹介しようと
   ② フードバンクの運営をお願いしようと
   ③ フードバンクの問題点を指摘しようと
   ④ フードバンクの必要性を悟らせようと

2. 聞いた内容と一致するものを選んでください。
   ① フードバンクは区役所で運営する。
   ② フードバンクの運営は、来週までである。
   ③ フードバンクは、半月後から寄付を受け付ける。
   ④ フードバンクでは食べ物を安く買える。

☑ポイント表現

동네[洞-]　町、町内

푸드뱅크　フードバンク。企業や個人から寄付された食品や生活用品を、困っている人に無償提供する

생긴대　できるんだって。間接話法생긴다고해の縮約形

청사[庁舎]　庁舎

남는 공간[-- 空間]　余っている空間、スペース。ここでは「空きスペース」と訳した

구청[区庁]　区役所

운영하다[運営--]　運営する

-더라　～だったよ。話し手が過去に直接見たことや聞いたことを回想して、他の人に伝えるパンマル表現

기부하다[寄付--]　寄付する

생활용품[生活用品]　生活用品。似た言葉に생활필수품[生活必需品]がある（略して생필품とも）

결식아동[欠食児童]　欠食児童

독거노인[独居老人]　独居老人

저소득 소외 계층[低所得 疎外 階層]　低所得疎外階層。ここでは「低所得の社会的に疎外された人々」と訳した

지원하다[支援--]　支援する

취급하다[取扱--]　取り扱う

-(으)ㄴ/는/ㄹ 줄 알았다　～だと思って
いた。反対表現は -(으)ㄴ/는/ㄹ 줄 몰랐다
(～だと思わなかった)

지적하다[指摘--]　指摘する

일깨우다　教え悟らせる、言い聞かせる

참여[参与]　参加、参与

보름　半月、15日間。ちなみに、보름달は「満
月、十五夜の月」

パターン 10

📄 問題パターン パターン10は、インタビュー形式の対話です。質問する人が女性で、インタビューに応じる人が男性です。29は、男性の職業を選ぶ問題です。30では内容と一致するものを選びます。音声は2回読まれます。

💡 正解を導くヒント 29では、女性からの質問にヒントが出ていることがあります。また、女性の質問に答える男性の話から、職業についての情報を聞き取っていくことでも、正解にたどり着けるでしょう。他の問題にも共通することですが、メモを取りながら音声を聞くことをおすすめします。

練習問題 ⬇ DL 11

[1~2]다음을 듣고 물음에 답하십시오.

1. 남자가 누구인지 고르십시오.

   ① 신약을 병원에 납품하는 사람
   ② 신약 개발 과정을 담당하는 사람
   ③ 신약의 임상 시험에 참가하는 사람
   ④ 새로 개발한 신약을 홍보하는 사람

2. 들은 내용과 같은 것을 고르십시오.

   ① 임상 시험은 동물에게 먼저 시작한다.
   ② 신약 개발은 크게 두 단계로 나눌 수 있다.
   ③ 신약은 처음에는 부작용이 발생하지 않는다.
   ④ 임상 시험에는 서른 명 정도의 사람이 참여한다.

解答・解説

［1～2］正解：1. ②　2.②

☆正解への道！

1. 正解を導くカギは、冒頭の女性の言葉、**박사님께서는 신약 개발을 담당하고 계신다고 들었는데**（博士は新薬開発を担当していらっしゃると聞きましたが）にあります。納品する人でも、臨床試験に参加する人でも、広報する人でもないので、正解は②です。

2. ①と③は言及されていないので、正解候補から真っ先に外れます。また、男性の最後の発言から、臨床試験には**대략 스무 명 정도의 건강한 사람**（およそ20名程度の健康な人）に参加してもらうことが分かるので、「30人」と書かれている③は不正解。固有数詞は苦手にする人が多いようですので、確認しておくとよいでしょう。正解は②ですが、これは男性の**개발 과정은 크게 연구 단계와 개발 단계로 구분되는데요.**（開発過程は、大きく研究段階と開発段階に区分されるのですが。）から、大きく二つの段階に区分されることが分かります。

【音声スクリプト＋日本語訳】　⤓DL 11

다음을 듣고 물음에 답하십시오.
여자 : 박사님께서는 신약 개발을 담당하고 계신다고 들었는데, 신약은 어떤 과정으로 개발되나요?
남자 : 개발 과정은 크게 연구 단계와 개발 단계로 구분되는데요. 먼저, 연구 단계에서는 의약학적 개발 목표를 설정하고, 신물질의 설계, 합성, 효능 분석의 과정을 반복하며 개발 대상 물질을 선정합니다. 그리고 개발 단계에서는 대상 물질에 대한 대량 제조 공정의 개발, 안전성 평가, 임상 시험을 하게 됩니다.
여자 : 안전한 신약을 만들기 위해서는 임상 시험이 중요할 것 같은데요. 어떤 식으로 진행되나요?
남자 : 네, 우선 대략 스무 명 정도의 건강한 사람을 대상으로 약물을 안전하게 투여할 수 있는 용량과 인체 내 약물의 흡수 정도를 평가합니다.

次を聞いて、問いに答えてください。
女性：博士は新薬開発を担当していらっしゃると聞きましたが、新薬はど

のような過程で開発されますか？

男性：開発過程は、大きく研究段階と開発段階に区分されるのですが。まず、
　　　研究段階では、医薬学的な開発目標を設定し、新物質の設計、合成、
　　　効能分析の過程を反復し、開発対象の物質を選定します。そして、
　　　開発段階では、対象物質に対する大量製造工程の開発、安全性の評価、
　　　臨床試験を行うことになります。

女性：安全な新薬を作るためには臨床試験が重要だと思いますが。どのよ
　　　うに行われますか？

男性：はい、まず、およそ20名程度の健康な人を対象に、薬物を安全に投
　　　与できる用量と、人体内の薬物の吸収程度を評価します。

1. 男性が誰なのかを選んでください。
　　① 新薬を病院に納品する人
　　② 新薬の開発過程を担当する人
　　③ 新薬の臨床試験に参加する人
　　④ 新しく開発した新薬を広報する人

2. 聞いた内容と一致するものを選んでください。
　　① 臨床試験は動物にまず先に始める。
　　② 新薬開発は大きく二つの段階に分けられる。
　　③ 新薬は、最初は副作用が発生しない。
　　④ 臨床試験には30人程度の人が参加する。

☑ポイント表現

박사님[博士-]　博士。直訳は「博士様」

신약 개발[新薬 開発]　新薬開発

의약학적[医薬学的]　医薬学的

신물질[新物質]　新物質

설계[設計]　設計

합성[合成]　合成

효능 분석[効能 分析]　効能分析

대량 제조 공정[大量 製造 工程]　大量製造
工程

안전성 평가 [安全性 評価]　安全性の評価

임상 시험[臨床 試験]　臨床試験

어떤 식으로[-- 式--]　どのように

대략[大略]　およそ、大体

약물[薬物]　薬物。発音は[양물]

투여하다[投与--]　投与する

용량[用量]　用量

인체 내[人体 内]　人体内

흡수[吸収]　吸収

납품하다[納品--]　納品する

홍보하다[弘報--]　広報する、PRする

나누다　分ける

부작용[副作用]　副作用

참여하다[参与--]　参与する、参加する

\ 1時間目 /
聞き取り / **パターン11**　該当問題: **聞き取り問題31〜32**

📄問題パターン　パターン11は、意見が相反する男女の対話で構成されます。31では男性(または女性)の中心となる考えが問われます。32では男性(または女性)の態度として適切なものを選びます。音声は2回読まれます。

💡正解を導くヒント　対話を聞きながら、話しているテーマについて、それぞれがどんな立場を取っているかに注目して聞きます。聞いている途中で「正解が分かった」と思っても、男女それぞれの話す意図を全体的に把握するためにしっかり最後まで聞き、メモも活用しながら正解を導きましょう。

練習問題　⤓ DL 12

[1~2]다음을 듣고 물음에 답하십시오.

1. 여자의 중심 생각으로 가장 알맞은 것을 고르십시오.

   ① 흉악 범죄는 빨리빨리 처벌해야 한다.
   ② 가석방 없는 종신형을 서둘러 도입해야 한다.
   ③ 신중한 검토를 통해 예상되는 부작용을 줄여 가야 한다.
   ④ 새로운 법 도입에 대한 찬반 의견에 귀를 기울여야 한다.

2. 여자의 태도로 가장 알맞은 것을 고르십시오.

   ① 흉악범에 대한 강력한 처벌을 원하고 있다.
   ② 상대방의 균형 잡힌 주장에 대해 동의하고 있다.
   ③ 구체적 수치를 통해 현행 제도를 비판하고 있다.
   ④ 현행 처벌 제도에 대한 타당성을 주장하고 있다.

[1〜2] 正解：1. ②　2.①

1. 女性の中心となる主張は「仮釈放のない終身刑を一日も早く導入したほうが よい」というもの。その内容と合う選択肢は②です。音声の**하루빨리**(一日も 早く)は、②では**서둘러**(急いで)と言い換えられています。また、女性は「早 め早めに処罰すべき」とは言っていないので、①は不正解。③と④の内容は、 男性の意見に当てはまるので不正解です。

2. 女性の主張を簡潔にまとめた①が正解です。まず、女性は男性の意見に反 対の立場を崩していませんので、②は正解から外せます。また、女性は現 行制度を批判しているものの、数値を挙げてはいないので③も不正解。そ して、女性は新しい処罰制度の導入を主張していますので、④も不正解です。

【音声スクリプト＋日本語訳】　⬇ DL 12

다음을 듣고 물음에 답하십시오.

여자 : 최근 흉악 범죄가 증가하면서 강력한 처벌을 요구하는 목소리가 점점 커지고 있는데요. 가석방 없는 종신형 제도의 도입에 국민 상당수가 긍정적인 반응을 보인다고 하니, 하루빨리 도입하는 게 좋을 것 같습 니다.

남자 : 그렇긴 한데, 억울한 누명을 쓸 수도 있고, 인권 문제도 있으니까 좀 더 신중해야 하지 않을까요?

여자 : 그건 아니죠. 인권 인권 하면서 무고한 시민들이 흉악 범죄에 얼마나 많이 노출되고 있는데요. 법원의 솜방망이 처벌로 피해자들은 다시 한번 가슴에 씻지 못할 상처를 받게 됩니다.

남자 : 물론, 그 의견에도 어느 정도 공감합니다. 하지만, 저는 역시 좀 더 시 간을 들여 다각적으로 검토할 필요가 있을 것 같습니다.

次を聞いて、問いに答えてください。

女性 : 最近、凶悪犯罪が増加するとともに、厳罰を要求する声がますます 大きくなっているのですが。仮釈放のない終身刑制度の導入に、国 民の相当数が肯定的な反応を示しているということですから、一日 も早く導入したほうがよいと思います。

男性：それはそうなのですが、冤罪が起きるかもしれないですし、人権問題もあるので、もう少し慎重になるべきではないでしょうか。

女性：それは違いますよね。人権、人権と言いながら、罪のない市民が凶悪犯罪にどれほど多くさらされているか。裁判所の不当に軽い処罰で、被害者たちは再び心に癒えない傷を負うことになるのです。

男性：もちろん、その意見にもある程度共感します。しかし、私はやはり、もう少し時間をかけて多角的に検討する必要があると思います。

1.　女性の中心となる考えとして、最も適切なものを選んでください。
　　① 凶悪犯罪は、早め早めに処罰しなければならない。
　　② 仮釈放のない終身刑を急いで導入しなければならない。
　　③ 慎重な検討を通じて、予想される副作用を減らしていかなければならない。
　　④ 新しい法導入に対する賛否の意見に、耳を傾けなければならない。

2.　女性の態度として、最も適切なものを選んでください。
　　① 凶悪犯に対する厳罰を望んでいる。
　　② 相手のバランスの取れた主張について、同意している。
　　③ 具体的な数値を通して、現行制度を批判している。
　　④ 現行の処罰制度に対する妥当性を主張している。

☑ポイント表現

흉악 범죄[凶悪 犯罪]　凶悪犯罪

강력한 처벌[強力 - 処罰]　厳罰。直訳は「強力な処罰」。類似表現に선처 없는 처벌(善処なき処罰、容赦なき処罰)がある

점점[漸漸]　だんだん、ますます、次第に

가석방[仮釈放]　仮釈放

종신형[終身刑]　終身刑

상당수[相当数]　相当数

하루빨리　一日も早く

억울하다[抑鬱 --]　無念だ、悔しい

누명을 쓰다[陋名 - --]　濡れ衣を着せられる。ちなみに「濡れ衣を着せる」は누명을 씌우다。누명[陋名]は「濡れ衣、冤罪」の意味

인권 문제[人権 問題]　人権問題。인권の発音は[인꿘]

신중하다[慎重 --]　慎重だ

무고하다[無辜 --]　無実だ、罪がない、辜の

노출되다[露出 --]　さらされる

법원[法院]　(韓国の)裁判所

솜방망이 처벌[---- 処罰]　不当に軽い処罰。솜방망이とは、綿(솜)で作った棒(방망이)のこと。この棒で殴っても痛くないことに由来する表現

피해자[被害者]　被害者。反対語は가해자[加害者]

씻지 못할 상처　癒えない傷。直訳は「洗い

流せないであろう傷」

공감하다[共感--]　共感する

다각적으로[多角的--]　多角的に

검토하다[檢討--]　検討する

빨리빨리　早め早めに

서둘러　急いで。서두르다(急ぐ)は르変則

도입하다[導入--]　導入する

찬반 의견[賛反 意見]　賛否の意見

귀를 기울이다　耳を傾ける

균형(이) 잡히다　バランスが取れる。直訳は「バランスが捕まえられる」。均衡 잡힌 의견であれば「バランスが取れた意見」。ちなみに「バランスを取る」は 균형을 잡다

동의하다[同意--]　同意する

현행 제도[現行 制度]　現行制度

타당성[妥当性]　妥当性

＼　🔍知っておきたい！　／

韓国の裁判所(법원)の名前をまとめました。

• 대법원[大法院]：最高裁判所

• 고등법원[高等法院]：高等裁判所

• 지방법원[地方法院]：地方裁判所

• 가정법원[家庭法院]：家庭裁判所

• 헌법재판소[憲法裁判所]：憲法裁判所(**재판소**であることに注意)

パターン12

該当問題:
聞き取り問題33〜34

（📄 問題パターン）　男性または女性が、日常生活で出合ったり、ニュースで得られるような内容の話をする音声を聞き、2つの問いに答える問題パターンです。33ではどんな内容について話しているかを問われます。34は内容一致問題です。音声は2回読まれます。

（💡 正解を導くヒント）　2つの問題を解くには、細部の情報までしっかり聞く必要があります。1回目の音声を聞いて全体の内容を把握し、2回目の音声では中心的な内容が何かを考えながら聞いてみましょう。どの問題にも共通することですが、ポイントとなりそうな単語をメモします。ハングルが望ましいですが、分からない場合はカタカナでもOK（聞いているうちに、何だったか思い出せるかも！）。

練習問題　⬇ DL 13

[1~2]다음을 듣고 물음에 답하십시오.

1.　무엇에 대한 내용인지 알맞은 것을 고르십시오.

　　① 북극해의 지리적 특징
　　② 북극의 방사능 오염 원인
　　③ 북극해의 광물 자원의 매장량
　　④ 북극권의 풍부한 자원과 가능성

2.　들은 내용과 같은 것을 고르십시오.

　　① 북극은 미래에 식량 문제가 생길 것이다.
　　② 북극곰을 살리려면 방사능을 줄여야 한다.
　　③ 북극해는 식량 자원보다 광물 자원이 풍부하다.
　　④ 북극은 앞으로 자원 개발의 중요지로 부상할 것이다.

[1~2]正解：1. ④　2.④

1. 女性の話す内容のうち、**하지만 미래에는**(しかし、将来的には)から始まる2文がポイントです。この内容を端的にまとめている④が正解となります。①は、「世界の主要国家に隣接」「天然資源が豊富」について触れられていますが、それがメインテーマとはなっていないので、不正解。②についても、「宇宙放射線の量が多い」ことについて触れられていますが、原因を伝えるとまでの内容にはなっていないので、不正解。③については言及がないので、不正解です。

2. 미래에는 북극이 자원 개발의 중요 지역으로 주목받게 될 것이라는 전망이 있습니다(将来的には、北極が資源開発の重要地域として注目されるようになるだろうという見通しがあります)という言葉がポイント。この内容を端的にまとめた④が正解です。①の内容は、音声の最後の内容と相反するので、不正解。②については言及がないので、不正解。③のように食糧資源と鉱物資源の量の比較はされていないので、不正解です。

【音声スクリプト＋日本語訳】　↓DL 13

다음을 듣고 물음에 답하십시오.

여자 : 북극은 우주 방사선량이 많아 방사능 피폭의 위험이 지적되는 곳이기도 하지요. 하지만 미래에는 북극이 자원 개발의 중요 지역으로 주목받게 될 것이라는 전망이 있습니다. 왜냐하면 지리적으로 세계 주요 국가들에 인접해 있고, 천연자원도 풍부하기 때문입니다. 유럽에서 생산하는 고성능 철강의 원료는 상당수가 북극권에서 공급되고 있는데요. 이 외에도 북극해에는 구리, 니켈, 우라늄, 금, 철 등 광물 자원이 풍부하게 매장돼 있습니다. 이뿐만이 아닙니다. 북극권의 바다 밑에는 해양 생물들이 많이 살기 때문에 미래에 닥칠지 모를 세계 식량 문제 해결에도 큰 도움이 될 거라 보입니다.

次を聞いて、問いに答えてください。

女性：北極は宇宙放射線の量が多いので、放射能被ばくの危険が指摘されているところでもありますね。 しかし、将来的には、北極が資源開発の重要地域として注目されるようになるだろうという見通しがあ

りますが。なぜなら、地理的に世界の主要国家に隣接しており、天然資源も豊富だからです。ヨーロッパで生産する高性能鋼の原料は、相当数が北極圏から供給されていますが。この他にも北極海には銅、ニッケル、ウラン、金、鉄など鉱物資源が豊富に埋蔵されています。これだけではありません。北極圏の海の下には海洋生物が多く生存しているため、将来的に迫るかもしれない世界の食糧問題の解決にも大きく役立つと見られます。

1. 何についての内容なのか、適切なものを選んでください。
   ① 北極海の地理的特徴
   ② 北極の放射能汚染の原因
   ③ 北極海の鉱物資源の埋蔵量
   ④ 北極圏の豊富な資源と可能性

2. 聞いた内容と一致するものを選んでください。
   ① 北極は、将来的に食糧問題が生じるだろう。
   ② ホッキョクグマを生かそうとするなら、放射能を減らさなければならない。
   ③ 北極海は、食糧資源より鉱物資源が豊富だ。
   ④ 北極圏は今後、資源開発の重要地として浮上するだろう。

☑ポイント表現

북극[北極] 北極。북극권[北極圏]、북극해[北極海]、북극곰[北極-](ホッキョクグマ)もまとめて覚えておこう

우주 방사선량[宇宙 放射線量] 宇宙放射線の量

방사능 피폭[放射能 被曝] 放射能被ばく

지적되다[指摘--] 指摘される

미래에는[未来--] 未来には。ここでは「将来的には」と訳した

자원 개발[資源 開発] 資源開発

전망이 있습니다[展望- ----] 展望があります。ここでは「見通しがあります」と訳した

인접하다[隣接--] 隣接する

천연자원[天然 資源] 天然資源

유럽 ヨーロッパ

고성능 철강[高性能 鉄鋼] 高性能鋼

상당수[相当数] 相当数

공급되다[供給--]供給される

이 외에도 これ以外にも、この他にも

구리 銅

니켈 ニッケル

우라늄 ウラン

철[鉄] 鉄

광물 자원[鉱物 資源] 鉱物資源

매장되다[埋蔵--] 埋蔵される

해양 생물[海洋 生物]　海洋生物
닥치다　迫る
식량 문제[食糧 問題]　食糧問題

도움이 되다　助けになる、役立つ
오염[汚染]　汚染
부상하다[浮上 --] 浮上する

パターン13

該当問題:
聞き取り問題35〜36

（🗐 **問題パターン**）　開会式でのあいさつやお祝いの席のスピーチなど、や
や公式的な行事で聞かれる内容を聞き、2つの問いに答えます。35では男性が
何をしているかを選びます。36は内容が一致するものを選びます。音声は2回
読まれます。

（💡 **正解を導くヒント**）　35の正解を導くには、行動を表す多様な動詞表現を身
につけておくとよいでしょう。2回の模試も含め、選択肢に出ている表現を覚え
ておきましょう。また、内容の一致するものを問う問題では、細部までよく聞く
必要があります。1回目の音声で内容を把握し、2回目の音声を聞きながら選択
肢を選べるとベストです。

練習問題　⬇ DL 14

[1~2]다음을 듣고 물음에 답하십시오.

1.　남자가 무엇을 하고 있는지 고르십시오.

　① 노인정의 이용 방법에 대해 소개하고 있다.
　② 노인 복지에 대한 향후 대책을 밝히고 있다.
　③ 재탄생한 노인정의 변화에 대해 설명하고 있다.
　④ 노인정의 노후화에 대해 문제 제기를 하고 있다.

2.　들은 내용과 같은 것을 고르십시오.

　① 노인정은 약 20년 전에 설립됐다.
　② 새 노인정은 어르신들만 이용할 수 있다.
　③ 돌봄교실은 노인회의 거센 반발로 무산됐다.
　④ 맞벌이 부부는 노인정 재건축에 큰 힘을 보탰다.

[1〜2]正解：1. ③　2.①

1. 오늘 이렇게 새로운 출발을 맞이하게 되었습니다(今日、このように新しい出発を迎えることになりました)が正解を導くポイント部分となります。男性は、20年余り前に設けられた敬老館が、2年ほどの期間を経て、時代の変化を反映した敬老館ができたことについて説明しているので、正解は③です。敬老館の利用方法や、老人福祉の今後の対策については言及していないので、①と②は不正解。また、この話の時点では、すでに新しい敬老館が建設されているので、④も不正解です。

2. 20여 년 전에 마련되었던 '인주 노인정'(20年余り前に設けられた「インジュ敬老館」)という部分から、正解の①を選べます。施設内には小学生用の学童が併設されているので、②は不正解です。学童併設は、老人会の思いを受けたものなので、これに反する内容の③も不正解。④については言及がないため、不正解です。

【音声スクリプト＋日本語訳】 ⬇ DL 14

다음을 듣고 물음에 답하십시오.

남자 : 존경하는 인주 아파트 어르신 여러분 안녕하십니까? 20여 년 전에 마련되었던 '인주 노인정' 은 그간 많은 어르신들의 소외감과 무료함을 해소하는 공간으로 사랑받아 왔습니다. 하지만 시설 노후화와 함께 시대의 변화를 반영한 노인정 건설이 필요하다는 판단 하에 2년 정도의 기간을 거쳐 오늘 이렇게 새로운 출발을 맞이하게 되었습니다. 아파트 내 맞벌이 부부의 자녀 양육 문제에 작은 도움이라도 되고 싶다는 노인회의 뜻을 받들어, 새롭게 태어난 인주 노인정에는 초등학생을 위한 돌봄교실을 병설하게 되었습니다. 어려운 여건 속에서도 큰 힘을 보태 주신 노인회 어르신들과 물심양면으로 후원해 주신 관리위원회 여러분들께 진심 어린 감사의 말씀을 올립니다.

次を聞いて、問いに答えてください。

男性：尊敬するインジュマンションの高齢者の皆様、こんにちは。20年余り前に設けられた「インジュ敬老館」は、その間、多くの高齢者の方

の疎外感と退屈さを解消する空間として愛されてきました。しかし、施設の老朽化とともに、時代の変化を反映した敬老館の建設が必要だという判断の下、2年ほどの期間を経て、今日、このように新しい出発を迎えることになりました。マンション内の共働き夫婦の子育て問題に少しでも役に立ちたいという老人会の思いを受け、新しく誕生したインジュ敬老館には、小学生のための学童を併設することになりました。厳しい環境の中でも大きな力を与えて下さった老人会の高齢者の方々と、物心両面で後援して下さった管理委員会の皆様に心からの感謝の言葉を申し上げます。

1. 男性が何をしているかを選んでください。
   ① 敬老館の利用方法について紹介している。
   ② 老人福祉に対する今後の対策を明らかにしている。
   ③ 生まれ変わった敬老館の変化について説明している。
   ④ 敬老館の老朽化について問題提起をしている。

2. 聞いた内容と一致するものを選んでください。
   ① 敬老館は約20年前に設立された。
   ② 新しい敬老館は、高齢者だけが利用できる。
   ③ 学童は、老人会の激しい反発で白紙化した。
   ④ 共働き夫婦は、敬老館の再建築に大きく貢献した。

☑ポイント表現

아파트　(主に高層)マンション。日本語の「アパート」と語感が違うので注意

어르신　高齢者の方。高齢者に対して、尊敬の念を込めて直接呼びかける際の呼称

마련되다　準備される、用意される、設けられる

노인정[老人亭]　敬老館　경로당[敬老堂]、노인쉼터(老人休憩所)とも言うが、最近は노인정が一般的

그간　その間

소외감[疎外感]　疎外感

무료함[無聊-]　退屈さ　무료하다(退屈だ)

＋ -(으)ㅁ(名詞化の語尾)

해소하다[解消--]　解消する

노후화[老朽化]　老朽化

반영하다[反映--]　反映する

판단 하에[判断 下-]　判断の下

-을/를 거치다　～を経る

맞이하다　迎える

맞벌이 부부　共稼ぎ夫婦

자녀 양육 문제[子女 養育 問題]　子育て問題

노인회[老人会]　老人会

초등학생[初等学生]　小学生。ちなみに「小学校」は초등학교[初等学校]

받들다　承る、支持する。ここでは、**노인회의 뜻을 받들어**を「老人会の思いを受け」と訳した

돌봄교실[--教室]　学童。돌봄は動詞の돌보다(面倒を見る、世話をする)に由来する名詞

병설하다[併設--]　併設する

여건[与件]　条件、環境、状況。発音は[**여껀**]

보태다　加える、補充する。ここでは、**큰 힘을 보태 주신**を「大きな力を与えて下さった」と訳した

물심양면[物心両面]　物心両面

후원하다[後援--]　後援する

진심[真心]　真心、本気、本心

어리다　(心が)こもっている、にじむ。ここでは、**진심 어린**を「心からの」と訳した

노인 복지[老人 福祉]　老人福祉

향후 대책[向後 対策]　今後の対策

재탄생하다[再誕生--]　再誕生する。ここでは、**재탄생한**を「生まれ変わった」と訳した

거센 반발[-- 反発]　激しい反発。거세다は「激しい」の意味

무산되다[霧散--]　霧散する。ここでは、**무산됐다**を「白紙になった」と訳した

パターン 14

該当問題:
聞き取り問題37〜38

(📄 問題パターン) 教養番組的なシチュエーションで、男女のやり取りが展開されます。司会者と、ある分野の専門家が登場することが多いです。パターン14で扱われるテーマは多様で、例えば、本の紹介の場合もありますし、機関や職業の紹介の場合もあります。37では専門家に当たる人の中心的な考えを問います。38では内容が一致する選択肢を選びます。音声は2回読まれます。

(💡 正解を導くヒント) 37は、専門家に当たる立場の人が、自分の考えを述べる部分をよく聞くことが、正解を選ぶカギとなります。他の問題と同様、ポイントとなりそうな言葉はメモを取り、解答に生かしましょう。

練習問題 ⬇ DL 15

[1~2]다음을 듣고 물음에 답하십시오.

1. 여자의 중심 생각으로 가장 알맞은 것을 고르십시오.

① 요구르트의 효능을 맹신해서는 안 된다.
② 요구르트는 언제 어떻게 먹느냐가 중요하다.
③ 요구르트는 유산균 함유량에 주목해야 한다.
④ 요구르트는 어떤 종류냐에 따라 효과가 다르다.

2. 들은 내용과 같은 것을 고르십시오.

① 요구르트는 상품화된 용기 속에서는 번식하지 않는다.
② 요구르트는 종류에 따라 세균 수에 별다른 차이가 없다.
③ 요구르트는 생산된 날부터 사흘쯤 되는 날에 먹는 것이 좋다.
④ 요구르트는 위산이 많을 때 먹어야 유산균 생성이 활성화된다.

[1〜2]正解：1. ② 2.③

1. 女性は、「ヨーグルトは摂取方法が非常に重要」という意見を持っていて、音声後半では具体的におすすめの摂取方法について伝えています。従って、正解は②です。①、③、④については具体的な言及がありませんので、不正解。

2. 女性の言葉の最後、제조된 날부터 3일쯤 되는 날에 먹는 것이 좋습니다（製造された日から3日くらいになる日に食べるのが良いです）が正解を導くカギとなります。この内容を言い換えた③が正解です。音声の제조된（製造された）と3일（3日）は、③では생산된（生産された）と사흘（3日）に言い換えています。①については言及がないので、不正解。②と④は音声と反対の内容なので、不正解。

【音声スクリプト＋日本語訳】 ⬇ DL 15

다음을 듣고 물음에 답하십시오.

남자 : 요구르트는 세계 장수촌의 건강식으로도 널리 알려진 식품인데요. 그 종류도 다양하죠.

여자 : 네, 요구르트는 종류에 따라 세균 수에 큰 차이를 보이는데요. 1cc당, 마시는 요구르트에는 대략 만 마리 이하의 유산균이 함유되어 있습니다. 반면에, 떠먹는 요구르트는 약 14억에서 18억 마리 정도입니다. 그런데 문제는 위와 장을 통과할 때 상당수의 유산균이 위산 등으로 인해 죽어 버리기 때문에 섭취 방법이 매우 중요하다는 거죠. 위산이 적을 때 먹어야 유산균이 죽는 걸 막을 수 있기 때문에 식후에 바로 드시거나 공복 시에는 물을 한 잔 마신 후에 먹는 것이 좋습니다. 그리고 상품화된 용기 속에서도 일정 기간이 지나면 오히려 균의 숫자가 줄어들기 때문에 제조된 날부터 3일쯤 되는 날에 먹는 것이 좋습니다.

次を聞いて、問いに答えてください。

男性：ヨーグルトは世界の長寿村の健康食としても広く知られた食品ですが。その種類もさまざまですよね。

女性：はい、ヨーグルトは種類によって細菌数に大きな差を見せます。1cc 当たり、飲むヨーグルトにはおよそ1万個以下の乳酸菌が含まれてい

ます。一方で、すくって食べるヨーグルトは14億から18億個程度です。しかし、問題は胃と腸を通過するとき、相当数の乳酸菌が胃酸などによって死んでしまうため、摂取方法が非常に重要だということですね。胃酸が少ないときに食べてこそ、乳酸菌の死を防ぐことができるので、食後にすぐに召し上がるか、空腹時には水を1杯飲んだ後に食べるのが良いです。そして、商品化された容器の中でも、一定期間が過ぎると、かえって菌の数が減るので、製造された日から3日くらいになる日に食べるのが良いです。

1. 女性の中心となる考えとして、最も適切なものを選んでください。
   ① ヨーグルトの効能を盲信してはいけない。
   ② ヨーグルトは、いつどのように食べるのかが重要である。
   ③ ヨーグルトは、乳酸菌の含有量に注目しなければならない。
   ④ ヨーグルトは、どんな種類かによって効果が異なる。

2. 聞いた内容と一致するものを選んでください。
   ① ヨーグルトは、商品化された容器の中では繁殖しない。
   ② ヨーグルトは、種類によって細菌数にあまり差がない。
   ③ ヨーグルトは、生産された日から3日ぐらいになる日に食べるのがよい。
   ④ ヨーグルトは胃酸が多いときに食べてこそ、乳酸菌の生成が活性化する。

☑ポイント表現

요구르트　ヨーグルト。요구르트は、「固体ヨーグルト(떠먹는 요구르트とも)」「液体ヨーグルト(마시는 요구르트とも)」の両方を含める標準語。なお、日常生活では「液体ヨーグルト」を요구르트、「固体ヨーグルト」を요거트と表現することが多い

장수촌[長寿村]　長寿村

건강식[健康食]　健康食

다양[多様]　多様、さまざま、いろいろ

-에 따라　~によって、~に基づいて、~に従って

세균 수[細菌数]　細菌数

차이[差異]　差異、差、違い

당[当]　~当たり

대략[大略]　およそ、大体

마리　~匹。韓国語では、細菌の数を마리で数えるが、日本語では「個」で数えるので、日本語訳では「個」とした

유산균[乳酸菌]　乳酸菌

함유되다[含有--]　含有される、含まれる

반면에[反面-]　反面に、一方で

떠먹다　すくって食べる。뜨다は「すくう」

위[胃]　胃

장[腸]　腸

통과하다[通過--]　通過する

위산[胃酸]　胃酸

-(으)로 인해(서)　~によって。原因や理

由を表すフォーマルな表現

섭취 방법[摂取 方法]　摂取方法

- 는 걸　~することを。- 는 것을の縮約形。
ここでは、**죽는 걸**を「死を」と訳した

막다　防ぐ

식후[食後]　食後。こんなことわざも覚えて
おこう。금강산도 식후경(花より団子。直訳
は「金剛山も食後景」。つまり、朝鮮半島一高
く立派な金剛山を見るにしても、食後にしよ
う、ということ)

공복 시[空腹 時]　空腹時

상품화되다[商品化--]　商品化される

숫자　数字。ここでは「数」と訳した

효능[効能]　効能

맹신하다[盲信--]　盲信する

- 느냐가　~するのかが

번식하다[繁殖--]　繁殖する

별다른[別--]　(否定表現とともに)大して(~
ない)、あまり(~ない)

사흘　3日、3日間

생성[生成]　生成

활성화되다[活性化--]　活性化される

＼　知っておきたい！／

1日から4日の言い方を、固有数字を使った表現でも覚えておきましょう。

- 하루: 1日
- 이틀: 2日
- 사흘: 3日
- 나흘: 4日

\ 1時間目 /
聞き取り

パターン15

該当問題:
聞き取り問題39〜40

（📄 **問題パターン**）男女の対談（インタビューや会見など）で構成されています。司会者とスピーカーの間で、質問とそれに対する応答がなされます。39は、音声で聞いた対談部分の前に話された内容を選ぶ問題です。40は内容が一致する選択肢を選ぶ問題です。音声は2回読まれます。

（💡 **正解を導くヒント**）39はここまでの問題には出てこない、新しいタイプの問題です。たいていの場合、音声の冒頭は司会者の言葉で始まります。司会者は、前の部分に出てきた内容について言及しつつ、スピーカーに対して質問を行います。特にこの部分に注意して聞いてみましょう。

練習問題 ⬇ DL 16

[1~2]다음을 듣고 물음에 답하십시오.

1. 이 대화 전의 내용으로 가장 알맞은 것을 고르십시오.

   ① 외국 인력의 도입에 따른 문제점을 짚고 있다.
   ② 글로벌화로 전문직 인력은 해마다 증가하고 있다.
   ③ 외국인 노동자를 위한 언어 교육 지원이 필요하다.
   ④ 국내 중소기업에서는 젊은 일손을 구하기 힘든 상황이다.

2. 들은 내용과 같은 것을 고르십시오.

   ① 외국 인력의 한국어 능력은 상당히 뛰어나다.
   ② 비자 기간이 외국 인력 활용 시 걸림돌이 된다.
   ③ 중소기업의 일손 부족은 마땅한 해결책이 없다.
   ④ 국내 외국인 노동자들은 다소 감소 추세에 있다.

[1～2]正解：1. ④　2.②

1. 女性の冒頭の言葉、요즘 국내 중소기업에서 일하려는 젊은이들이 많이 부족하다는 말씀이시죠?（最近、国内の中小企業で働こうとする若者たちが、とても不足しているということですね。）は、対話の前の男性の発言内容をまとめたものと考えられます。従って、④が正解です。

2. 男性の最後の言葉、비자 기간 때문에 본국으로 돌아갈 수밖에 없는 상황이라 외국인 노동자가 오래 근무할 수 있는 제도적 지원이 시급한 상황입니다（ビザ期間のせいで本国に帰るしかない状況なので、外国人労働者が長く勤務できる制度的支援が急がれる状況です）から、正解は②です。①は男性が外国人労働者の韓国語能力について述べている内容と異なるので、不正解。また、男性は「人材不足現象の改善について、さまざま解決案を考えることができる」としているので、③も不正解。また、男性の言葉からは、外国人労働者が増加していることが分かるので、④も不正解。

【音声スクリプト＋日本語訳】　⬇ DL 16

> 다음을 듣고 물음에 답하십시오.
> 여자 : 요즘 국내 중소기업에서 일하려는 젊은이들이 많이 부족하다는 말씀이시죠? 그렇다면 앞으로 이런 인력 부족 현상을 어떻게 개선해 갈 수 있을까요?
> 남자 : 네. 여러 해결 방안을 생각해 볼 수 있겠습니다만, 외국 인력 또한 꼭 필요하리라 봅니다. 고용노동부에 따르면, 비전문직 인력으로 제조업, 건설업, 농업, 축산업, 음식점업 등에 종사 가능한 비자를 받은 외국인은 2020년 약 5만 6000명에서 2025년에는 16만 5000명으로 늘어날 추세입니다. 그런데 외국인의 경우에는 언어적인 문제로 의사소통에 어려움이 있거나 업무 경험이 부족해 일을 가르치는 데 시간이 오래 걸린다는 점이 문제가 됩니다. 그뿐만 아니라 시간을 들여 일을 가르쳐도 비자 기간 때문에 본국으로 돌아갈 수밖에 없는 상황이라 외국인 노동자가 오래 근무할 수 있는 제도적 지원이 시급한 상황입니다.

次を聞いて、問いに答えてください。

女性：最近、国内の中小企業で働こうとする若者たちが、とても不足しているということですね。それでは、今後このような人材不足現象をどのように改善していくことができるでしょうか？

男性：はい。さまざまな解決策を考えてみることができますが、外国人労働者も必ず必要だと思います。雇用労働部によれば、非専門職人材で製造業、建設業、農業、畜産業、飲食店業などに従事可能なビザを受けた外国人は、2020年に約5万6000人から、2025年には16万5000人に増える傾向です。しかし、外国人の場合には、言語的な問題でコミュニケーションに困難があったり、業務経験が不足しているため、仕事を教えるのに時間が長くかかるという点が問題になります。それだけでなく、時間をかけて仕事を教えても、ビザ期間のせいで本国に帰るしかない状況なので、外国人労働者が長く勤務できる制度的支援が急がれる状況です。

1. この対話の前の内容として、最も適切なものを選んでください。
   ① 外国人労働者の導入に伴う問題点を指摘している。
   ② グローバル化で専門職の人材は年々増加している。
   ③ 外国人労働者のための言語教育支援が必要である。
   ④ 国内の中小企業では、若い労働力を確保するのが難しい状況である。

2. 聞いた内容と一致するものを選んでください。
   ① 外国人労働者の韓国語能力はかなり優れている。
   ② ビザ期間が、外国人労働者の活用時の障害になる。
   ③ 中小企業の人手不足は、これといった解決策がない。
   ④ 国内外国人労働者は、多少減少傾向にある。

☑ポイント表現

중소기업[中小企業]　中小企業

부족하다는 말씀이시죠? [不足--- -----] 不足しているということですね。直訳は「不足しているというお言葉ですよね？」

그렇다면　そうだとすれば、それでは。그렇다고 한다면の縮約形

고용노동부[雇用労働部]　韓国の国家行政機関の一つ。日本の厚生労働省）に相当

인력[人力]　本来は「人の力、労働力」の意味。「人材」や「労働者」の意味でも使われる

개선하다[改善--]　改善する

해결 방안[解決 方案]　解決策

외국 인력[外国 人力]　外国人労働者

필요하리라 봅니다[必要--- ---]　必要だと思います。直訳は「必要だろうと見ます」。

-(으)리라는 -(으)리라고의 縮約形で、推察や意志を表す「~だろうと」の意味

비전문직 인력[非專門職 人力]　非專門職人材。反対語は전문직 인력[專門職 人力]（専門職人材）

축산업[畜産業]　畜産業

종사[従事]　従事

비자　ビザ

추세[趨勢]　趨勢、傾向

의사소통[意志疎通]　意思疎通、コミュニケーション

- 는 데 (에)　~するのに、~すること、~する場合

본국[本国]　本国

시급하다[時急 --]　急がれる、急を要する

문제점을 짚다[問題点 - --]　問題点を指摘する。짚다は「(問題点などを)指摘する」

글로벌화[--- 化]　グローバル化

일손 부족[-- 不足]　人手不足。일손は「人手、働き手」。노동력 부족[労働力 不足]とも言い換え可能

일손을 구하다[--- 求 --]　働き手を求める

걸림돌　足かせ、障害物。ここでは、걸림돌이 된다を「障害になる」と訳した

마땅하다　当然だ、遜色ない、ふさわしい。ここでは、마땅한 해결책이 없다を「これといった解決策がない」と訳した

감소[減少]　減少

＼1時間目／ 聞き取り ／ **パターン16**　　該当問題：**聞き取り問題41〜42**

（📄 **問題パターン**）　男性、または女性が一人で話す講演形式の問題です。このような講演形式は、パターン16［聞き取り問題41〜42］のほかに、この後登場するパターン18［聞き取り問題45〜46、49〜50］の大問3問で出題されます。パターン16は、講演形式のものの中でも比較的平易な内容になっています。41は、講演の中心的な内容を問う問題です。42は内容が一致する選択肢を選ぶ問題です。音声は2回読まれます。

（💡 **正解を導くヒント**）　講演のテーマによっては、分からない単語が出てくる場合がありますが、全体を聞けば意味を補えることも多いので、諦めずに最後まで聞くことが大切です。なお、今回の練習問題には、環境に関する問題にも頻出する単語が数多く含まれています。「ポイント表現」でしっかり押さえておきましょう。

[1~2]다음을 듣고 물음에 답하십시오.

1. 이 강연의 중심 내용으로 가장 알맞은 것을 고르십시오.

① 작년에는 우주발사체의 발사 경쟁이 뜨거웠다.

② 일회용 발사체의 소모품을 재사용하는 기술이 필요하다.

③ 로켓 재사용 기술을 통해 발사 비용과 폐기물을 줄일 수 있다.

④ 인공위성의 성공적 발사에는 3단 추진체 기술의 개발이 필요
하다.

2. 들은 내용과 같은 것을 고르십시오.

① 발사 횟수를 줄여서 비용을 아낄 수 있다.

② 우주 전쟁의 우려가 점점 현실화되고 있다.

③ 엔진은 연소 후에 2단, 3단 추진체로 분리된다.

④ 현재 우주발사체의 상당수는 다시 사용하지 않는다.

解答・解説

[1〜2]正解：1.③ 2.④

☆正解への道！

1. 女性は、ロケットの再使用技術に関する研究が大きな注目を集めていると話し、再利用を進めることで、打ち上げ費用や廃棄物を減らすことができるだろうと述べています。従って、この内容をまとめた③が正解となります。①は、「発射競争」をしているとは言っていないので、不正解。②は「技術が必要だ」ということは言っていないので、不正解です。また、④は言及がありません。

2. 대다수의 발사체가 일회용(大多数の発射体が使い捨て)の部分が、正解を導くポイントになります。言い換えれば「再利用していない」ということなので、正解は④です。①や②については言及がないので、不正解。また、「第2段」「第3段」は出てくるものの、③のような内容は述べられていないので、③も不正解です。

【音声スクリプト＋日本語訳】 ⬇ DL 17

다음을 듣고 물음에 답하십시오.

여자 : 우주발사체는 탑재물을 지구 표면으로부터 우주 공간으로 옮기는 데 사용되는 로켓을 말합니다. 현재 우주 개발 경쟁이 세계적으로 뜨거운 가운데, 지난해 우주발사체의 발사가 역대 최다였다고 합니다. 우주발사체는 지상에서 발사돼 대기권을 돌파하는 데 1단 추진체가 사용됩니다. 그리고 2단 추진체와 3단 추진체를 사용하여 탑재된 우주선이나 인공위성을 목표 궤도까지 보냅니다. 그런데 문제는 대다수의 발사체가 일회용이란 점인데요. 엔진 연소 후에 발사체는 바로 바다로 떨어지거나 대기권에서 불타 쓰레기가 되어 버립니다. 이 때문에 최근 '로켓 재사용 기술'에 대한 연구가 큰 주목을 받고 있습니다. 발사체를 다시 회수하여 소모품은 교체하고 엔진과 연료 탱크와 같은 값비싼 장비들을 재사용할 수 있다면 발사 비용은 물론 폐기물도 줄일 수 있을 겁니다.

次を聞いて、問いに答えてください。

女性：打ち上げロケットは、搭載物を地球の表面から宇宙空間に移すのに使用されるロケットのことです。現在、宇宙開発競争が世界的に熱

い中、去年の打ち上げロケットの打ち上げが歴代最多だったそうです。打ち上げロケットは地上から打ち上げられ、大気圏を突破するのに第1段が使用されます。そして、第2段と第3段を使用して、搭載された宇宙船や人工衛星を目標軌道まで送ります。ところが、問題は大多数の発射体が使い捨てだという点なのですが。エンジン燃焼後に発射体はすぐに海に落ちたり、大気圏で燃えてゴミになってしまいます。このため、最近「ロケットの再使用技術」に関する研究が大きな注目を集めています。発射体を再び回収して、消耗品は入れ替え、エンジンと燃料タンクのような高価な装備を再使用することができるとすれば、打ち上げ費用はもちろん、廃棄物も減らすことができるでしょう。

1. この講演の中心となる内容として、最も適切なものを選んでください。
   ① 昨年は、打ち上げロケットの発射競争が熱かった。
   ② 使い捨ての発射体の消耗品を、再使用する技術が必要である。
   ③ ロケットの再使用技術を通じて、発射費用と廃棄物を減らすことができる。
   ④ 人工衛星の打ち上げ成功には、第3段の技術の開発が必要である。

2. 聞いた内容と一致するものを選んでください。
   ① 打ち上げ回数を減らして、費用を節約することができる。
   ② 宇宙戦争の懸念がますます現実化している。
   ③ エンジンは燃焼後に第2段、第3段に分離される。
   ④ 現在、打ち上げロケットの相当数は再使用していない。

☑ポイント表現

우주발사체[宇宙発射体] 打ち上げロケット

탑재물[搭載物] 搭載物。「搭載される」は탑재되다

로켓 ロケット

-은/는 가운데 〜する中で、〜な中で

발사[発射] 発射。ここでは「打ち上げ」と訳した

역대 최다[歴代 最多] 歴代最多

대기권[大気圏] 大気圏。発音は[대기꿘]

1단 추진체[- 段推進体] 第1段。エンジンや燃料タンクなどを含むロケット部品の一つ

우주선[宇宙船] 宇宙船

인공위성[人工衛星] 人工衛星

목표 궤도[目標 軌道] 目標軌道

일회용[一回用] 使い捨て

엔진 연소[-- 燃焼] エンジン燃焼

불타다 火が燃える、(気持ちが)燃える。불이 타다も同じ意味

재사용[再使用]　재사용、リサイクル

회수하다[回収 --]　回収する

소모품[消耗品]　消耗品

교체하다[交替 --] 交替する、入れ替える、
入れ替わる

연료 탱크[燃料 --]　燃料タンク

장비[装備]　装備

폐기물[廃棄物]　廃棄物

줄이다　減らす。「減る」は줄다

성공적 발사[成功的 発射]　打ち上げ成功

횟수[回数]　回数。회수[回収]との聞き間違
いに注意

아끼다　惜しむ、いたわる。ここでは「節約
する」と訳した

우려[憂慮]　憂慮、おそれ、懸念

パターン17

📄 問題パターン パターン17では、男性、または女性が一人で話すドキュメンタリー形式の音声から、2問出題されます。主に、自然現象や社会現象、学術的な事柄などについて語ります。話者は、客観的な内容を伝達するスタイルをとることが多いです。43は話されている内容のテーマを問う問題です。また、44は音声内容のある部分を取り上げ、理由などを具体的に問う問題です。音声は2回読まれます。

💡 正解を導くヒント 音声が始まる前に、あらかじめ選択肢に目を通して、それぞれの選択肢の方向性を確認しておきます。その上で音声を聞くと、正解を素早く選びやすくなるでしょう。1回目の音声で内容を把握し、2回目を聞きながら正解と思う選択肢を選ぶのが理想的です。

特に、自然現象がテーマの音声の場合、耳で聞くとよく分からない単語(例えば動物名や植物名など)が出てくる場合があります。その場合は、分からない単語の周辺の音声をよく聞くことで、その単語の大まかな内容(例えば「ある種のハチ」「小さな花が咲く植物」など)が分かり、正解を導く材料になることが多いです。単語の細かい意味に囚われて、全体を聞き逃さないようにしましょう。

練習問題 ⬇ DL 18

[1~2]다음을 듣고 물음에 답하십시오.

1. 무엇에 대한 내용인지 알맞은 것을 고르십시오.

① 와편모류의 천적   ② 와편모류의 종류

③ 와편모류의 생김새   ④ 와편모류의 서식지

2. 혼합 영양성 와편모류가 적조를 발생시키는 이유로 맞는 것을 고르십시오.

① 바닷속에서 소용돌이를 만들기 때문에

② 질소와 인을 흡수하며 광합성을 하기 때문에

③ 탄소를 많이 포함하고 있는 생물이기 때문에

④ 광합성과 포식을 동시에 하고 생명력이 강하기 때문에

[1～2]正解：1. ② 2.④

1. 와편모류는 세 가지로 분류할 수 있다.（渦鞭毛藻類は3種類に分類できる。）とあり、その後3種類の渦鞭毛藻類の説明が続くので、正解は②です。

2. 混合栄養性渦鞭毛藻類は光合成と捕食を同時に行うので、窒素とリンが枯渇しても生き残れます。この内容をまとめた④が正解です。音声の살아남을 수 있다(生き残ることができる)は、④では生命力が강하다(生命力が強い)と言い換えられています。

【音声スクリプト＋日本語訳】 ↓ DL 18

다음을 듣고 물음에 답하십시오.

남자：‘와편모류’는 바닷속 생물 중 탄소를 가장 많이 포함하고 있는 단세포 생물이다. 이동 시에 일종의 운동기관인 편모를 이용해 ‘와류’라고 불리는 소용돌이를 만들기 때문에 와편모류라고 불리게 되었다. 와편모류는 세 가지로 분류할 수 있다. 물에 녹아 있는 질소와 인을 흡수하며 광합성을 하는 식물성 와편모류와 다른 생물을 포식해 영양분을 섭취하는 동물성 와편모류, 그리고 광합성과 포식을 동시에 하는 혼합 영양성 와편모류이다. 이 중에서 혼합 영양성 와편모류는 질소와 인이 고갈되더라도 미세한 바닷속 생명체를 포식하면서 살아남을 수 있어 적조를 발생시키는 주원인이 된다.

次を聞いて、問いに答えてください。

男性：「渦鞭毛藻類（うずべんもうそうるい）」は、海中生物の中で炭素を最も多く含んでいる単細胞生物である。移動時に一種の運動器官である鞭毛（べんもう）を利用して「渦流」と呼ばれる渦巻きを作るため、渦鞭毛藻類と呼ばれるようになった。渦鞭毛藻類は3種類に分類できる。水に溶けている窒素とリンを吸収して光合成をする植物性渦鞭毛藻類と、他の生物を捕食して栄養分を摂取する動物性渦鞭毛藻類、そして光合成と捕食を同時にする混合栄養性渦鞭毛藻類である。この中で、混合栄養性渦鞭毛藻類は、窒素とリンが枯渇しても微細な海中生命体を捕食しながら生き残ることができ、赤潮を発生させ

る主な原因になる。

1. 何についての内容なのか、適切なものを選んでください。
   ① 渦鞭毛藻類の天敵　　　② 渦鞭毛藻類の種類
   ③ 渦鞭毛藻類の見た目　　④ 渦鞭毛藻類の生息地

2. 混合栄養性渦鞭毛藻類が赤潮を発生させる理由として、合うものを選んでください。
   ① 海の中で渦巻きを作るため
   ② 窒素とリンを吸収して、光合成をするため
   ③ 炭素を多く含んでいる生物であるため
   ④ 光合成と捕食を同時に行い、生命力が強いため

☑ポイント表現

와편모류[渦鞭毛類]　渦鞭毛藻類(うずべんもうそうるい)。主に海に生息する藻類で、鞭毛(べんもう)を回転しながら移動する

바닷속　海の中、海中

탄소[炭素]　炭素

포함하다[包含--]　含む

단세포 생물[単細胞 生物]　単細胞生物。反対語は다세포 생물[多細胞 生物]

일종의[一種-]　一種の

운동기관[運動器官]　運動器官

편모[鞭毛]　鞭毛。細胞が遊泳するための糸状の突起

화류[渦流]　渦巻きながら流れること

소용돌이　渦巻き

녹다　溶ける

질소[窒素]　窒素

인[燐]　リン

흡수하다[吸収--]　吸収する

광합성[光合成]　光合成

식물성[植物性]　植物性。反対語は動物性[動物性]

포식하다[捕食--]　捕食する

혼합 영양성[混合 栄養性]　混合栄養性

고갈되다[枯渇--]　枯渇する

-더라도　～しても、～したとしても。아무리(どんなに、いくら)とともに使われることが多い

미세하다[微細--]　微細だ。초미세먼지は「PM2.5」のこと(直訳は「超微細ホコリ」)

적조[赤潮]　赤潮

주원인[主原因]　主な原因、主因

천적[天敵]天敵

생김새　容姿、見た目、顔立ち。-새は様子や状態を表し、「～ぶり」「～さま」の意味がある

서식지[棲息地]　生息地

パターン18

📄 問題パターン　政治や経済、社会、文化など、幅広いテーマから出題されます。45〜46と49〜50の大問2問は、男性、または女性が一人で話す講演形式の問題、47〜48は男女の対談形式の問題です。大問それぞれの1問目に当たる45、47、49では、聞いた内容と一致するものを選ぶ問題が出されます。2問目に当たる46、48、50では、話者の態度や話す方式について聞かれます。ここでは、講演形式の問題を出題します。音声は2回読まれます。

💡 正解を導くヒント　語彙の難易度が高く、かなりまとまったボリュームの音声のため、途中で話の流れが分からなくなり、集中力を切らしてしまう人もいるかもしれません。メモを取りながら聞いていくと、話の流れが見えてくる場合があるので、落ち着いて取り組みましょう。

練習問題　⤓ DL 19

[1~2]다음을 듣고 물음에 답하십시오.

1.　들은 내용과 같은 것을 고르십시오.

　① 승정원은 왕의 비서 역할을 하던 관서이다.
　② 승정원 운영 방식은 법으로 규정되어 있었다.
　③ "승정원일기"는 왕이 명한 외부 기관에서 제작했다.
　④ "승정원일기"는 6명의 승지가 매월 번갈아 가며 담당했다.

2.　여자의 태도로 알맞은 것을 고르십시오.

　① 승정원과 다른 기관을 비교하고 있다.
　② 승정원의 변천 과정을 요약하고 있다.
　③ 승정원의 위상 변화를 분석하고 있다.
　④ 승정원이 담당한 역할을 설명하고 있다.

解答・解説

[1〜2]正解：1. ①　2.④

☆正解への道！

1. 冒頭のほうに**지금으로 치면 대통령 비서실과 같은 곳이라 할 수 있겠습니다.**（今で言うと大統領秘書室のような場所と言えるでしょう。）とあるので、正解は①です。②や③の内容には言及がないので、不正解。また、6人の承旨がいたことは音声内容から分かりますが、その人たちが承政院日記を担当したとは述べられていないので、④も不正解です。

2. 音声では、承政院がどんな役割のものかを紹介しています。そして、承政院の主な業務の一つである『承政院日記』の作成についても述べています。従って、正解は④。一貫して承政院のことを話しているので、①のような比較の視点はありません。また、②の「変遷の過程」や③の「位置づけの変化」についても言及がされていないので、両方とも不正解です。

【音声スクリプト＋日本語訳】 ⬇ DL 19

다음을 듣고 물음에 답하십시오.

여자 : 승정원은 조선 시대 왕명의 출납을 담당하는 동시에 왕을 보좌하는 역할을 담당했던 관서입니다. 지금으로 치면 대통령 비서실과 같은 곳이라 할 수 있겠습니다. 승정원에는 최고 책임자였던 도승지를 포함해 6명의 승지가 있었습니다. 왕과 부서들 간의 소통을 맡아 각종 서류들을 정리해 왕에게 보고하고, 또 왕이 내린 명령을 관련 부서에 전달하는 소임을 맡았습니다. 그 밖에도 승정원의 주요 업무 중 하나는 "승정원일기"를 작성하는 것이었습니다. "승정원일기"에는 매일 2회 왕이 대신들과 국정을 논의하는 자리에서 나눴던 대화들이 상세히 기록되어 있습니다. "승정원일기"는 현장에서 기록한 것을 매월 책으로 만들어 냈기 때문에 왕이 사망한 후에 편찬하는 실록에 비해 그 기술이 훨씬 더 구체적이고 세밀합니다.

次を聞いて、問いに答えてください。

女性 : 承政院は朝鮮時代、王命の出納を担当すると同時に、王を補佐する役割を担当した官署です。 今で言うと大統領秘書室のような場所と言えるでしょう。承政院には最高責任者であった都承旨を含めて6人

の承旨がいました。王と部署間の疎通を担当し、各種書類を整理して王に報告し、また、王が下した命令を関連部署に伝達する任務を担当しました。その他にも、承政院の主な業務の一つは『承政院日記』を作成することでした。『承政院日記』には毎日2回、王が大臣と国政を論議する場で交わした会話が詳細に記録されています。『承政院日記』は、現場で記録したものを毎月本として出していたので、王が死亡した後に編纂する実録に比べて、その記述ははるかにもっと具体的できめ細かいです。

1. 聞いた内容と一致するものを選んでください。
   ① 承政院は、王の秘書の役割をしていた官署である。
   ② 承政院の運営方式は、法で規定されていた。
   ③『承政院日記』は、王が命じた外部機関で制作した。
   ④『承政院日記』は、6人の承旨が毎月交代で担当した。

2. 女性の態度として、適切なものを選んでください。
   ① 承政院と他の機関を比較している。
   ② 承政院の変遷の過程を要約している。
   ③ 承政院の位置づけの変化を分析している。
   ④ 承政院が担当した役割を説明している。

☑️ポイント表現

승정원[承政院] 承政院。朝鮮王朝時代に王命の出納を司った機関で、王の秘書室に相当。
승정원일기[承政院日記]は承政院により記されたもので、『朝鮮王朝実録』とともに、朝鮮時代を研究する上で最も重要な史料の一つ
왕명[王命] 王命、王の命令
출납[出納] 出納
보좌하다[補佐--] 補佐する
관서[官署] 官署
지금으로 치면 今で言うと。-(으)로 치면は「~に例えるなら」の意味
대통령 비서실[大統領 秘書室] 大統領秘書室

도승지[都承旨] 都承旨。現在の「大統領秘書室長」に相当する
승지[承旨] 承旨。現在の「首席秘書官」に相当する
부서[部署] 部署
소통[疎通] 疎通
맡다 担当する、引き受ける。맡기다は「任せる」
소임[所任] 役割、任務
작성하다[作成--] 作成する
대신[大臣] 大臣
국정[国政] 国政
논의하다[論議--] 論議する、話し合う
자리 席、場

나누다　分かち合う、交わす、分ける		명하다[命 --]　命じる	
대화[対話]　対話。ここでは「会話」と訳した		번갈아[番 --]　交互に、交代で、代わる代わる。ここでは、번갈아 가며 담당했다を「交代で担当した」と訳した	
상세히[詳細-]　詳細に			
편찬하다[編纂 --]　編纂する			
실록[実録]　実録。ここでは「君主の言行を記録した書物」を指す		변천 과정[変遷 過程]　変遷の過程	
		위상 변화[位相 変化]　位置づけの変化、地位の変化。위상[位相]は「地位、ステータス」「位置づけ」の意味	
기술[記述]　記述			
세밀하다[細密 --]　細密だ、きめ細かい			
규정되다[規定 --]　規定される			

\ 🔍 知っておきたい！ /

話者の態度や話す方式を選ぶ問題では、以下のような単語が出てきますので、覚えておくとよいでしょう。たいていの場合、後ろに**하다**がつく動詞の形で登場します。

요약(要約)	비교(比較)	설명(説明)	묘사(描写)	분석(分析)	평가(評価)
검토(検討)	우려(憂慮)	경계(警戒)	기대(期待)	강조(強調)	주장(主張)
동의(同意)	반대(反対)	분류(分類)	제시(提示)	정의(定義)	해석(解析)

\ さらに 🔍 知っておきたい！ /

この問題で取り上げた『承政院日記』は、朝鮮時代を研究する上で最も重要な史料の一つです。1999年に大韓民国国宝第30号に指定されています。途中で名称が何度か変わったものの、便宜上『承政院日記』と統一して呼ばれています。韓国の歴史ドラマの史料としても使われるなど、韓国では広く知られています。

『承政院日記』は、承政院で扱われた王の命令や文書、王と臣下のやりとり、事件などを日単位で詳細に記録したものですが、1623年から1910年までの朝鮮半島の気象について網羅的に記録されている点でも、非常に貴重な資料と言えます。日本の東北大学の研究チームでは、『承政院日記』に記載された気象データを活用し、気象情報データセットを作成・公開しています。このデータセットは、100年を超える長期的な気象変動の研究に役立つと期待されています。

作文を「書く流れ」と作文の「お作法」

執筆：杉山明枝

作文問題に取り組む前に作文を「書く流れ」と作文の「お作法」を押さえておきましょう。作文の「お作法」とはつまり「書く形式」のこと。形式をしっかり身につけることで、確実に点数アップを期待できます。まずは形式をしっかり押さえて書くことを心がけましょう。

1 作文を「書く流れ」

作文を書くときは、以下の「書く流れ」を意識すると良いでしょう。慣れてくるとつい飛ばしてしまいがちですが、そういうときに限って足をすくわれる結果になるものです。基本に忠実に進めましょう。

①問題をよく読む：残り時間が気になるせいか、問題を見てすぐ書き始める人が多いようです。まずは落ち着いて、問題をよく読みましょう。

②「文の概要」を作る：家を建てるには設計図が必要ですよね。作文を書くのもそれと同じこと。作文の場合、家の設計図に当たるのは「文の概要」になります。頭の中でも、問題用紙の余白にメモしながらでもいいので、どのような内容のものを書くかと、文の流れを考えます。

③文を書く：①、②の段階を踏んだら、いよいよ文を書き始めます。文を書くときは以下の点に留意してください。

- 専用ペン（過去の受験でもらったものがあれば。ない場合は普通のペンでOK）と修正テープを用意して書く。実際の試験の形に慣れるためにも、ペンで書いてみましょう。修正したい箇所は、修正テープを使うか、二重線で消してその上に書きます。

- ハングルを正確に、丁寧に書く。皆さんが書いた答案は、採点者が見るものです。採点者が理解できない字は得点になりません。どんな名文も「読めない字」で書かれてしまっては、採点の対象にもなりません。

- 助詞のミスに注意。韓国語学習者にとって助詞の使い分けは難しく、最もミスが多いと言われます。韓国語の表現は「助詞とセットで覚える」ことを意識しておくとよいでしょう。
- 53と54は決められた文字数で書く。極端な文字数不足がある場合と、原稿用紙の分量をはみ出した場合は減点対象になりますので、注意しましょう。
- 52と53、54は한다体で書く。한다体に慣れるためにも、「写経」訓練を何度も行っておきましょう。한다体についておさらいしておくのもいいですね。
- 時間を常に意識して書く。TOPIK IIの作文問題は、短時間で書かなければならないハードなものです。時間内に書かなくては得点できませんので、注意しましょう。

2 作文の「お作法」① 原稿用紙に作文を書く

　以下は、原稿用紙に作文を書く際の形式です。文字や数字の書き方、句点や読点、疑問符などの書き方をまとめました。

【文字、数字の書き方】
- 文字は、1マスに1文字書きます。
- 段落(文章の書き出しと改行)の先頭は1マス空けます。

한	국	에	서	는		오	래	전	부	터		중
고	등	학	생	의		교	복		착	용	을	당
연	한		것	으	로		여	겨		왔	지	만

- アラビア数字(例:11、2024)は、1マスに2文字ずつ書きます。
- 数字に振る、桁を示すカンマは、前の数字と同じマスに書きます。
- 分かち書きする直前が行の最後に来た場合は、次の行の最初のマス目は空けません。1文字目から書きます。

인	주	시	에	서	는		20	15	년		2	개	에
불	과	했	던		여	성	을		위	한		직	업
훈	련		과	정	이		20	24	년	에	는		10

● アルファベットの大文字は1マスに1文字、小文字は1マスに2文字書きます。

" O	E	C	D		국	가	들	의		녹	색	
예	산		제	도	20	24	"	에		따	르	면
녹	색		예	산	을		도	입	하	는		국	가

【句点(.)と読点(,)の書き方】

● 句点と読点は、それぞれ1マスずつ使います。どちらも、マスの左下に書きます。
● 句読点の次のマス目は空けません。
● 行の最後に句読点が来る場合は、最後のマス目に入れるか、行の外に出して書きます。

이	럴		때	,		재	택	근	무	가		활	성	화
되	면		인	력	난	을		해	소	하	는		데	
도	움	이		된	다	.	예	를		들	면	,		육

【小数点(.)の書き方】

● 小数点は、句読点のように1マス使っても、前の数字と同じマスに入れても、どちらでも構いませんが、作文の中で書式を統一しておきます。以下は、前の数字と同じマスに入れたパターンです。

【％の書き方】

● ％は1マス使います。
● 行の最初のマスに％が来る場合は、その前の行の最後のマス目に入れるか、その前の行の外に出して書きます。

한	편	,		해	당		기	간		여	성	의		경
제		활	동	률		역	시		8.	7	％		상	
승	했	다	.		직	업		훈	련		과	정	의	

【疑問符(？)と感嘆符(！)の書き方】

● 疑問符と感嘆符は1マス使い、次の文字との間に1マス空けます。ただし、TOPIK IIの作文では、これらはあまり使われません。

세	상	이		변	화	하	면	서		시	대	가	
원	하	는		리	더	의		모	습	도		바	뀌
고		있	다	.	리	더	란		무	엇	인	가	?

【引用符（" "、' '）の書き方】

● " "は、人の言葉を引用するときや、対話文を表わすときに使います。

● ' 'は、" "の中にさらに引用するとき、また、さらに対話文を表示するときに使います。また、重要な部分を強調するときなどにも使います。

● 起こしの "と' は1マス使いますが、結びの"は句点(.)と同じマスに書きます。

● 起こしの "と' はマスの右上に、結びの "と' は左上に書きます。

무	조	건		'내		명	령	을		따	르	라'
라	고	만		하	는		리	더	십	은		요	즘
처	럼		다	양	한		가	치	관	을		존	중

3 作文の「お作法」② 読点の打ち方規則

作文を書くときに必要と思われる、読点の打ち方に関する規則を簡単にご紹介します。

● 同じ種類の名詞を列挙する場合に打つ。例：양파, 마늘, 토마토 (タマネギ、ニンニク、トマト)

● ペアのような形で説明する場合に打つ。例：폴란드와 체코, 독일과 대한민국이 (ポーランドとチェコ、ドイツと韓国が)

● 連続する数字を並べるときに打つ。例：3, 4, 5 세 (3、4、5歳)

● 「一番目、二番目」のように列挙するときに打つ。例：첫째, 쉼표에 대해 알아보겠습니다. (一つ目、カンマについて説明してみます。)

● 文中で、意味の固まりで切りたいときに打つ。例：콩 심은 데 콩 나고, 팥 심은 데 팥 난다. (大豆を植えたところには大豆が生え、小豆を植えたところには小豆が生える。「すべてのことには原因があり、そこから結果が生まれる」といっ

た意味)

- 文中で곧(すなわち)などを使って、再度説明するときに打つ。例:책의 서문, 곧 '머리말'에는(本の序文、すなわち「はじめに」には)

4 作文の「お作法」③ 分かち書きの基本

　作文を書くとき、分かち書き(띄어쓰기)は重要なポイントとなります。띄어쓰기は띄다(間隔を空ける)＋쓰다(書く)からできた言葉で、文章を書く際に単語と単語の間にスペースを空けて書くことを意味します。読みやすく、かつ意味を間違って解釈されないように書くには、띄어쓰기には気をつける必要があります。ここでは、基本的なものだけまとめました。

【助詞】
- 分かち書きしない。複数の助詞が使われる場合も、つけて書く。例:꽃이(花が)、어디까지나(どこまでも)

【名詞】
- 単位を表す名詞は分かち書きする。例:한 개(1個)、소 두 마리(牛2頭)

- 単位を表す名詞が漢数字とともに用いられる場合は、分かち書きしないこともある。例:80원(80ウォン)

- ケタが多い数字を書くときは、4ケタごとに分かち書きする。例:12억 3456만 7890（12億3456万7890）

- 役職名などが名前とともに用いられるもの場合は、分かち書きする。例:김재욱 박사(キム・ジェウク博士)

- 固有名詞や専門用語は、分かち書きもくっつけて書く場合も許容。例:대한 중학교(大韓中学校。대한중학교も許容)

＼🔍知っておきたい！／

あくまでも目安ですが、時間配分の参考にしてみてください。作文に割ける時間は50分とします。

① 作文問題を全て書き上げる場合（6級合格目標）

問題	時間配分
51	5分
52	5分
53	10分〜12分
54	約25分
見直し	5分
合計	50分

② 54は字数に満たない

問題	時間配分
51	5分
52	5分
53	20分
54	15分
見直し	5分
合計	50分

③ 51〜53をしっかり書く場合（4級、3級合格目標）

問題	時間配分
51	10分
52	10分
53	25分
54	―
見直し	5分
合計	50分

パターン1

該当問題：
筆記問題51、52

📄 **問題パターン**　カッコ部分に文章の流れに合った適切な内容を書き、文を完成させます。51、52とも、それぞれ2つずつ出題されます。解答する文字数としては、だいたい10〜20文字程度のことが多いです。なお、51はEメールの文面などが題材になる傾向にあります。ここでは、そのうち大問1問を解いてみましょう。

💡 **正解を導くヒント**　51は、**합니다**体であれば**합니다**体で、**해요**体であれば**해요**体で書きます。52は**한다**体で出題されますので、**한다**体で書きます。このパターンの問題を解くときは、「カッコ内に入る言葉だけを書く」「解答を2個以上書かない」「不要な説明を追加しない」ことを押さえておきましょう。無理に上級レベルの文法表現や語彙を使わなくて構いません。中級レベルの文法表現や語彙を使って、自信を持って間違いなく書けば、十分得点できます。

練習問題

다음 글의 ㉠과 ㉡에 알맞은 말을 각각 쓰시오.

커피는 건강에 좋지 않다고 여겨지기도 한다. 커피가 암이나 심장병을 유발할 수도 있고, 커피를 지나치게 (　　㉠　　) 신경과민이나 손떨림 같은 증상이 발생할 가능성도 있다. 또 커피의 중독성 역시 문제로 지적된다. 하지만 커피에는 단점만 있는 것이 아니라 여러 (　　㉡　　). 커피의 긍정적인 측면으로는 뇌 활동을 촉진해 집중력을 향상시킬 뿐만 아니라 노화 방지와 스트레스 해소 등에도 효과가 있는 점을 들 수 있다.

解答・解説

模範解答： ㉠많이 마시면(たくさん飲むと)、너무 많이 마시면(あまりにたくさん飲むと)、마시면(飲むと)など　　㉡ 장점을 가지고 있다(長所を持っている)、장점도 가지고 있다(長所も持っている)、장점도 있다(長所もある)、좋은 점이 있다(よい点がある)、긍정적인 면이 있다(ポジティブな面がある)、긍정적인 측면이 있다(ポジティブな側面がある)など

☆正解への道！

㉠ カッコの直前に**지나치게**(過度に)とあり、カッコの直後には**신경과민이나 손떨림 같은 증상이 발생할 가능성도 있다는 것이다**(神経過敏や手の震えのような症状が発生する可能性もあるということである)とあるので、カッコには「たくさん飲むと」のような内容が入ります。また、**발생할 가능성도 있다**(発生する可能性もある)と相性のいい、仮定を表す**-(으)면**を使えば、文がスムーズに流れます。

㉡ カッコの前に**단점만 있는 것이 아니라**(短所ばかりあるのではなく)とあるので、カッコには「長所が(も)ある」といった内容が入るのが適切です。**장점**(長所)と同じ意味を持つ単語として、**좋은 점**(良い点)や**긍정적인 면**(肯定的な面)などを使ってもOK。

【問題文の日本語訳】　※カッコ部分には、模範解答の一番目の日本語訳を入れています。

> 次の文章の㉠と㉡に、適切な言葉をそれぞれ書いてください。
> コーヒーは健康に良くないと思われることもある。コーヒーが、ガンや心臓病を誘発することもあり、コーヒーを過度に(㉠たくさん飲むと)、神経過敏や手の震えのような症状が発生する可能性もある。また、コーヒーの中毒性も問題として指摘されている。しかし、コーヒーには短所ばかりあるのではなく、さまざまな(㉡長所を持っている)。コーヒーのポジティブな側面としては、脳活動を促進し、集中力を向上させるだけでなく、老化防止とストレス解消などにも効果がある点を挙げることができる。

☑ポイント表現

여겨지다　思われる。여기다(思う) + 受け身の**-아/어지다**

암[癌]　ガン

심장병[心臓病]　心臓病

유발하다[誘発--]　誘発する

신경과민[神経過敏]　神経過敏

손떨림　手の震え。떨리다(震える)＋名詞化の-(으)ㅁ

증상[症状]　症状

중독성[中毒性]　中毒性

단점[短点]　短所。反対語の「長所」は장점[長点]

긍정적[肯定的]　肯定的、ポジティブな。反対語の「否定的」「ネガティブな」は부정적[否定的]

측면[側面]　側面

촉진하다[促進 --]　促進する

향상시키다[向上 --]　向上させる

노화 방지[老化 防止]　老化防止

스트레스 해소[---- 解消]　ストレス解消

들다　(例などを)挙げる

\ 1時間目 /
筆記

パターン2

該当問題:
筆記問題53

📄 **問題パターン** 　提示されたグラフや表と文字情報をもとに、その内容を要約する問題です。指示されている文字数は「200字～300字」です。

💡 **正解を導くヒント** 　解答は**한다体**で書きます。また、問題文には**글 제목은 쓰지 마시오.**（文章のタイトルは書かないでください。）とあるので、必ず守りましょう。そして、与えられていないことや、個人の推測を交えて書くのはNGです。あくまでも、与えられた情報から記述してください。「導入→展開→まとめ」の順に書くと、バランスよく書き進められます。このパターンの最後の「知っておきたい！」で、53で活用できる表現を「導入」「展開」「まとめ」の3つに分けて整理していますので、こちらをぜひチェックして、使える表現を身につけましょう。

練習問題

다음은 '인주시 자동차 등록'에 대한 자료이다. 이 내용을 200~300자의 글로 쓰시오. 단, 글의 제목은 쓰지 마시오.

＊조사기관:인주시자동차산업협회

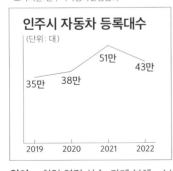

인주시 자동차 등록대수
(단위 : 대)

35만　38만　51만　43만

2019　2020　2021　2022

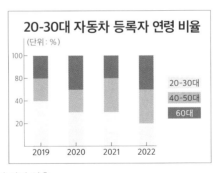

20-30대 자동차 등록자 연령 비율
(단위 : %)

20-30대
40-50대
60대

2019　2020　2021　2022

원인　취업 연령 상승, 가계 부채 , 소비 심리 위축

전망　차량 등록 대수의 감소, 차량 공유(카 셰어링) 증가

模範解答と日本語訳：

인주시 자동차 산업 협회에서는 연도별 차량 등록 대수와 등록자 연령을 조사했다. 차량 등록 대수는 2019년 35만 대에서 2020년에는 38만대, 2021년에는 51만대까지 증가했으나 2022년에는 43만대로 감소했다. 20~30대 차량 등록자 비율도 2019년도에는 약 40%였지만 이후 점차 감소해 2022년도에는 20%까지 떨어졌다. 20~30대의 비율 감소는 취업 연령 상승, 가계 부채, 소비 심리 위축 때문인 것으로 분석되는데, 앞으로도 이러한 경향은 계속돼 차량 구매보다 공유 서비스의 사용이 증가할 것으로 전망된다. (300字)

インジュ市自動車産業協会では、年度別の車両登録台数と登録者の年齢を調査した。車両登録台数は、2019年の35万台から2020年には38万台、2021年には51万台まで増加したが、2022年には43万台に減少した。20～30代の車両登録者の割合も、2019年度には約40%だったが、その後徐々に減少し、2022年度には20%まで低下した。 20～30代の割合の減少は、就業年齢の上昇、家計の負債、消費心理の萎縮によるものと分析されるが、今後もこのような傾向は続き、車両購入より共有サービスの使用が増加するものと見込まれる。

☆正解への道！　提示されている資料は①「折れ線グラフ」、②「棒グラフ」、③「原因」、④「展望」の4つですが、作文ではこれら全てに言及する必要があります。書く順番は①→②→③→④。①から年ごとの自動車登録台数の推移を紹介しています。また、②のタイトルに20-30대(20～30代)とあるので、20～30代の比率の変化に焦点を当て、内容をコンパクトにまとめています。さらに③と④は一緒に述べ、「今後予想される動き」の形で書かれています。

【問題文の日本語訳】

> 次は、「インジュ市の自動車登録」に対する資料である。この内容を200～300字の文章で書いてください。ただし、文章のタイトルは書かないでください。

＊調査機関：インジュ市自動車産業協会

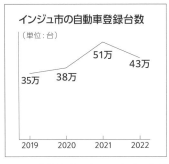

インジュ市の自動車登録台数
（単位：台）

35万　38万　51万　43万

2019　2020　2021　2022

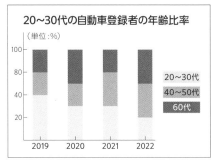

20～30代の自動車登録者の年齢比率
（単位：%）

20～30代
40～50代
60代

2019　2020　2021　2022

原因	就業年齢の上昇、家計の負債、消費心理の萎縮
展望	車両登録台数の減少、車両共有(カーシェアリング)の増加

☑ポイント表現

협회[協会]　協会

취업 연령[就業 年齢] 就業年齢

가계 부채[家計 負債]　家計の負債

소비 심리 위축[消費 心理 萎縮]　消費心理の委縮

차량 등록[車両 登録]　車両登録

차량 공유[車両 共有]　車両共有、カーシェアリング(카 셰어링)

점차[漸次]　徐々に、次第に

경향[傾向]　傾向

구매[購買]　購入

전망되다[展望 --]　見込まれる、予測される

\ 🔍知っておきたい！ /

53で活用できる表現を、「導入」「展開」「まとめ」の3つに分けて整理しました。数が多いですが、しっかり押さえておきましょう。なお、「N」は名詞、「A」は形容詞、「V」は動詞を意味します。

【導入部分で活用できる表現】

・N은/는 - 이다.　Nは…だ。

・N에 대한 설문 조사를 실시하였다.　N に対するアンケートを実施した。

・위의 그래프(표, 도표) 는 ○○년부터 □□년까지 N 의 변화를 나타낸 것이다.
　上のグラフ(表、図表)は○○年から□□年までの、Nの変化を表したものである。

・N을/를 △△(기준 등)에 따라 몇 가지로 분류할 수 있다(나눌 수 있다).
　Nを、△△(基準など)に従って、いくつかに分類できる(分けることができる)。

・N은/는 △△(기준 등)에 따라 ●●와/과 ◎◎, 그리고 ▲▲(으)로 나눌 수 있다.
　Nは、△△(基準など)に従って、●●と◎◎、そして▲▲に分けることができる。

・N에는 ●●와/과 ◎◎이/가 있다. ~には●●と◎◎がある。

【展開部分で活用できる表現】

・N은 는 먼저(첫째로) ~. 둘째로 ~. 셋째로 ~. 마지막으로 ~. Nはまず(一番目に) ~。二番目に~。三番目に~。最後に~。

・그리고 そして

・A/V-(으)ㄹ 뿐만 아니라 ~する(~な)だけでなく

・반면(에) 反面

・그 결과 A/V-(으)ㄴ/는 것으로 나타났다. その結果、~する(~だ)ということが分かった。

・N이/가 ○위를 차지했다. Nが○位を占めた。

・N%에 불과했다. N%に過ぎなかった。

・N에 그치고 있다. Nに留まっている。

・N%에 도달했다(달했다). N%に到達した(達した)。

・N을/를 꼽았다. Nを挙げた。

・N%로 가장 높게(낮게) 나타났다. N%でもっとも高い(低い)結果になった。

・N은/는 ○○년 ●●%에서 □□년 ▲▲%로 증가했다(감소했다). Nは、○○年の●●%から、□□年の▲▲%に増加した(減少した)。

・N은/는 ◎◎에 비해 늘고 있다(줄고 있다). Nは◎◎に比べ増えている(減っている)。

・계속(지속적으로, 꾸준히) 引き続き(持続的に、たゆまず)。同じような意味で使える

・N1, N2, N3 등의 순이었다. N1、N2、N3などの順だった。

・N(으)로 그 뒤를 이었다. Nがその後に続いた。

・N에 대한 ◎◎은/는 동일하게(마찬가지로) 나타났다. Nに対する◎◎は同一に(同じように)表れた。

・하지만(반면) N은/는 증가하고(감소하고) 있음을 알 수 있다. しかし(反面)、Nは増加して(減少して)いることが分かる。

・특히 ○월에 비해 □월의 N은 2배 늘었음을 확인할 수 있다. 特に、○月に比べ、□月のNは2倍に増えたことが確認できる。

・N의 원인은 다음과 같다. Nの原因は次の通りである。

・이러한 원인으로(이유로) ~ A/V-(으)ㄹ 전망이다. このような原因で(理由で)~する見込みである。

・N은/는 A/V-다는 장점(특징)이 있다. Nは~という長所(特徴)がある。

・그런데 しかし

・이와 달리 これと異なり

【まとめ部分で活用できる表現】

・따라서 A/V-도록(-지 않도록) A/V-아/어야 한다. 従って、~するように(しないように)~しなければならない

・N을/를 통해 ◎을/를 알 수 있다. Nを通して◎が分かる。

パターン3

📄 問題パターン　　与えられたテーマと３つの質問に基づき、自分自身の考えや意見を交えつつ、論理的に書く問題です。指示されている文字数は「600字～700字」です。韓国の社会情勢を反映したテーマが出題されるので、日ごろから韓国関係のニュースなどを見聞きしておくと、作文が書きやすくなるでしょう。

💡 正解を導くヒント　　自分の考えばかり書くのではなく、客観的に論を進めことがポイントです。700字近く書いたほうが、良い点数を期待できます。解答は한다体で書きます。また、口語体ではなく、文語体で書きます。

このパターンの問題では、テーマと３つの質問が与えられます。３つの課題には全て触れなくてはなりません。53は改行なしで書くタイプでしたが、この54では改行を活用します。最低でも３段落構成、可能であれば４～５段落構成で書きます。

5段落構成の場合は、以下の通りです。１段落目は「序論」で、内容はテーマの紹介に留めます。問題文を参考にして書ける部分ですが、丸写しは厳禁。助詞や語尾を入れ替えて書くようにします。２段落目に質問１に対する自分の考え、３段落目に質問２に対する自分の考え、４段落目に質問３に対する自分の考えを書きます。最後の５段落目は「内容のまとめ」とします。

改行する場合は、指示語や接続詞を適切に使いましょう。また、なるべく上級で学ぶ表現や語彙を入れたほうがいいですが、間違える可能性があるのであれば、正確に書ける表現を選んだほうが良いでしょう。

練習問題

다음을 참고하여 600~700자로 글을 쓰시오. 단, 문제를 그대로 옮겨 쓰지 마시오.

> 　　세상이 변화하면서 시대가 원하는 리더의 모습도 바뀌고 있다. 명령과 통제의 이미지가 강했던 전통적 리더십에서 점차 소통과 공감을 중시하는 리더십이 요구되고 있다. 이러한 시대적 변화를 참고하여 아래의 내용을 중심으로 '바람직한 리더'에 대한 자신의 생각을 쓰라.

- 리더란 무엇인가?
- 전통적 리더십의 문제점은 무엇인가?
- 현시대가 원하는 리더상은 어떤 것인가?

* 원고지 쓰기의 예

	북	극	곰	은		몸	에		지	방	을		저	장	해		놓	아	야
사	냥	이		힘	든		여	름	을		버	틸		수		있	다	.		그

模範解答と日本語訳：

리더에 대해서는 다양한 관점과 정의가 있을 수 있겠으나, 조직의 목적과 목표를 이루기 위해 구성원의 발전을 돕고 구성원에게 방향성을 제시할 수 있는 사람이 진정한 리더가 아닐까 생각한다. 물론 그 조직은 크게는 국가나 회사일 수도 있고, 작게는 직장 내 프로젝트 팀이나 수업 과제를 수행하기 위한 교실 내 그룹일 수도 있다. 리더에게 필요한 자질과 덕목을 리더십이라고 하는데 여기서는 기존의 전통적 리더십이 가지는 문제점에 대해서 살펴보고 현시대에 요구되는 리더십은 어떤 것인지에 대해 알아보고자 한다.

예전에는 리더라고 하면 지시나 명령을 통해 조직을 이끌어 가는 사람이었다. 하지만 이러한 리더는 요즘 시대에는 잘 맞지 않는다. 충분한 논의 없이 무조건 '내 명령을 따르라!'라고만 하는 리더십은 요즘처럼 다양한 가치관을 존중하는 사회에서는 조직의 분열과 갈등만을 조장할 뿐이다. 옛날처럼 평생을 한 직장에서 일해야 한다는 생각이 사라진 지 오래이기 때문에 조직 내에서 본인의 의견을 존중받지 못할 경우에는 미련 없이 그 조직을 떠날 수 있다.

이 시대가 필요로 하는 리더는 일방적인 명령으로 구성원을 통제하는 것이 아니라 구성원 개개인의 의견을 존중해 주는 리더일 것이다. 기존의 상하 수직 관계가 아니라 소통과 공감을 통해 구성원의 역량을 최대한 이끌어 낼 수 있는 리더야말로 현시대에 어울리는 리더일 것이다. (681字)

リーダーについては、多様な観点と定義があり得るが、組織の目的と目標を達成するために構成員の発展を助け、構成員に方向性を提示できる人が、真のリーダーではないかと考える。もちろん、その組織は大きくは国家や会社であるかもしれないし、小さくは職場内プロジェクトチームや授業の課題を遂行するための教室内グループであるかもしれない。リーダーに必要な資質と徳目をリーダーシップと言うが、ここでは既存の伝統的リーダーシップが持つ問題点について探り、現代に要求されるリーダーシップはどのようなものであるかについて、明らかにしてみようと思う。

かつてはリーダーといえば、指示や命令を通じて組織を率いていく人であった。しかし、このようなリーダーは最近の時代にはあまり適していない。十分な議論なしに、無条件に「私の命令に従え！」とばかり言うリーダーシップは、最近のように多様な価値観を尊重する社会では、組織の分裂と葛藤ばかりを助長するだけである。昔のように、一生を一つの職場で働かなければならないという

考えが消えて久しいため、組織内で本人の意見を尊重されない場合には、未練なくその組織を離れることができる。

　この時代が必要とするリーダーは、一方的な命令で構成員を統制するのではなく、構成員一人ひとりの意見を尊重してくれるリーダーだろう。既存の上下の垂直関係ではなく、疎通と共感を通じて、構成員の力量を最大限引き出すことができるリーダーこそ、現代にふさわしいリーダーだろう。

☆正解への道！　「望ましいリーダー」について、自分自身の考えを述べる問題です。第１段落では、課題１の「リーダーとは何か？」について答え、２段落目、３段落目で述べる内容について紹介しています。２段落目では課題２に対するの自分自身の考えを、３段落では課題３に対する自分自身の考えを述べています。

【問題文の日本語訳】

次を参考にして、600～700字で文章を書いてください。ただし、問題をそのまま書き写さないでください。

世の中が変化しながら、時代が望むリーダーの姿も変わっている。命令と統制のイメージが強かった伝統的リーダーシップから、次第に疎通と共感を重視するリーダーシップが求められている。このような時代的変化を参考にして、以下の内容を中心に「望ましいリーダー」に対する自分の考えを書きなさい。

・リーダーとは何か？
・伝統的なリーダーシップの問題点は何か？
・現代が望むリーダー像とはどのようなものか？

☑ポイント表現

옮겨 쓰다　書き写す
리더　リーダー。「リーダーシップ」は리더십
명령과 통제[命令-統制]　命令と統制
소통과 공감[疎通-共感]　疎通と共感
바람직하다　望ましい
현시대[現時代]　現代

구성원[構成員]　構成員
진정하다[真正--]　真正だ、真だ。진정한 사랑は「真の愛」
프로젝트 팀　プロジェクトチーム
수행하다[遂行--]　遂行する
자질[資質]　資質
덕목[徳目]　徳目。道徳を細分化したもの

이끌다　引っ張る、率いる

존중하다[尊重--]　尊重する

분열[分裂]　分裂

갈등[葛藤]　葛藤、トラブル、いざこざ

조장하다[助長--]　助長する

조직[組織]　組織

일방적[一方的]　一方的

상하 수직 관계[上下 垂直 関係]　上下の
垂直関係

역량[力量]　力量

최대한[最大限]　最大限

이끌어 내다　引き出す、導き出す

어울리다　適する、ふさわしい

第 2 章

パターン別完全攻略
2 時間目

読解

2時間目に取り組む際のポイント

執筆：杉山明枝

ここでは、2時間目の「読解」の問題に取り組む際のポイントをお伝えします。

1 なぜ、韓国語を読んで理解できないのか？

　私のTOPIK II対策講座の受講生から、読解問題を全部読み切れず（時間的にも内容的にも）、結局、選択肢を適当に選んでしまうことがあるという悩みを聞くことがあります。「読んで理解できない」理由は、大きく分けて3つあります。それは、「語彙力不足」と「読解力不足」、そして「速読力不足」です。

　聞き取り問題の対策同様、本書の「ポイント表現」や「キクタン韓国語」シリーズ（アルク刊）などの単語集を活用して、語彙力を鍛えます。また、読解力を高めるために、毎日ニュース記事を読むなど、まとまった分量の文章に触れる機会を増やしましょう。速読力は「一度で読んで、意味を理解する」「返り読み（分からない部分に戻って何度も読むこと）をしない」「時間制限をかけて読む」「日本語に訳さない」ことを意識することで、伸ばせます。

2 常に時間を意識する

　読解問題は、70分間で解いていきます。6級合格を目指す人なら、43までにだいたい58分使い、残りの大問3問（44-45、46-47、48-50）に12分使うイメージを持つと良いでしょう。どの大問にどれぐらい時間がかかるかチェックして、目標級の合格のためにはどの大問を確実に得点していけばいいか、作戦を練ってみてください。

3 選択肢を選ぶ時間を少しでも短縮するために

　選択肢を選ぶ時間を短縮することで、問題文を深く、丁寧に読む時間により割けるようになります。ここでは、選択肢を選ぶときのtipsをご紹介します。

　選択肢は読むのではなく「見る」ことを意識し、選択肢からキーワードを見つけます。特にポイントと思われるところには、丸で囲んだりするのも良いでしょ

う。日本語に訳さず、韓国語の速読、速解に努めます。また、本文を一度読んだあとに、「本文を参照せずに、正解と思う選択肢を選ぶ」練習をすると、集中力と記憶力の両方を磨くことができます。ぜひお試しください。

なお、全体を読んでも正解が分からない問題の場合は、1～4のうち、自分なりの「ラッキーナンバー」を決めておき、その数字をマークします（偶然正解であればラッキー！ですよね）。

④ 小説・エッセイの問題（23－24、42－43）について

普段接しない語彙がふんだんに出てくるので、苦手意識を持つ人が多い小説・エッセイの問題ですが、選択肢の内容が易しいので、意外な得点源になります。

どうしても分からない場合はいったん飛ばして次の問題に進んでもよいですが、その場合も、3でお伝えした通り、「ラッキーナンバー」をマークしておいてください。

小説・エッセイの読解力向上には、韓国の月刊誌『좋은 생각』(https://www.positive.co.kr/)を購読するのもおすすめです。

⑤ 日本語に翻訳＋問題文の書き写し

解けなかった問題、または解けたとしても「たまたま当たった」問題については、日本語に翻訳してみて、理解を深めましょう。さらに、韓国語の問題文を書き写すと、作文問題の対策としても効果的なので、おすすめです。

⑥ 文法を扱う問題の対策

本書の問題や過去問を解きながら、習得していくと良いでしょう。また、『実用韓国語文法 中級』『実用韓国語文法 上級』（いずれもIBCパブリッシング）で知識を整理するのもおすすめです。

（📄 問題パターン ）　与えられた一文を読んで、カッコに入る語彙や表現を選ぶ問題です。

（💡 正解を導くヒント ）　文法的な知識が身についているかどうかを見る問題で、連結語尾や終結語尾について問われる場合が多いです。正解以外の選択肢も、韓国語学習用の文法書などで確認しておくとよいでしょう。

練習問題

(　　　　　)에 들어갈 말로 가장 알맞은 것을 고르십시오.

놀지도 않고 그렇게 열심히 공부만 (　　　　　) 마침내 합격했다.

① 하거나　　　② 하려면　　　③하든지　　　④ 하더니

解答・解説

正解：④

☑**正解への道！**　（　　　　　）の後にある**마침내 합격했다**(ついに合格した)がポイントです。文末が過去形で、結果の意味になっています。従って、文の流れに合うのは④です。

【日本語訳】

> （　　　　　）に入る言葉として、最も適切なものを選んでください。
> 遊びもせずに、あんなに熱心に勉強ばかり（　　　　　）、ついに合格した。
> ① したり　　②しようとすれば　　③しようが　　④していると思ったら

☑**ポイント表現**

마침내　とうとう、ついに

-거나　①~するか(選択) ②~したり(列挙)
③~しようが、~しようと(どれを選んでも
同じ)

-(으)려면　~するには、~しようとすれば

-든지　~しようと、~しようが(構わない)

-더니　①~していたが、~したのに(前後
で対照的な事実) ②~たら、~だと思ったら
(後ろの文が前の文の行為の結果)

パターン 2

📄 **問題パターン**　下線部の部分と類似した表現を選ぶ問題です。

💡 **正解を導くヒント**　読解問題の本文や聞き取り問題の音声の内容が、選択肢では別の表現で言い換えられることが、TOPIK IIではよく見られます。このパターンは、明示的に言い換え表現を選ばせる問題です。日ごろからさまざまな表現に接し、「この言葉に近い表現は何だろう」と考える癖をつけておきましょう。表現の幅が広がり、試験対策にもなるので、一石二鳥と言えるでしょう。

練習問題

밑줄 친 부분과 의미가 가장 비슷한 것을 고르십시오.

내키지는 않지만, 같은 팀이니까 <u>도울 수밖에 없다.</u>

① 돕는 셈이다　　② 돕는 척했다

③ 도와야 한다　　④ 도울 줄 몰랐다

正解：③

☆正解への道！ 下線部の**도울 수밖에 없다**（助けざるを得ない）は、言い換えれば「助けなければいけない」「助けるべきだ」の意味です。従って、正解は③。他の選択肢の表現もチェックしておきましょう。

【日本語訳】

> 下線を引いた部分と、意味が最も似ているものを選んでください。
>
> 気乗りはしないが、同じチームだから助けざるを得ない。
>
> ① 助けるわけだ　　② 助けるふりをした
>
> ③ 助けるべきだ　　④ 助けると思わなかった

☑ポイント表現

내키지 않다　気が進まない、気乗りしない。내키다は「気が向く」

- (으) ㄹ 수밖에 없다　～せざるを得ない

- 은 / 는 셈이다　～のわけだ

- (으)ㄴ / 는 척하다　～するふりをする

- 아 / 어야 하다　～しなければならない

- (으)ㄹ 줄 몰랐다　～すると思わなかった。反対表現は -(으)ㄹ 줄 알았다(～すると思った)

（📄 **問題パターン**）　広告のコピーや案内文を見て、何に関するものかを答える問題です。文の長さは短めで、だいたい2文程度で構成されています。5〜7の3問は広告のコピー（商品、公共キャンペーンなど）、8は案内文です。ここでは、広告のコピーの問題を解いてみましょう。

（💡 **正解を導くヒント**）　短い文の中から、内容のポイントとなる単語を探すとよいでしょう。誰を対象とした広告なのか、また何を目的とした文なのかを把握して、解答してください。

練習問題

다음은 무엇에 대한 글인지 고르십시오.

> ## 아삭아삭! 소리까지 맛있다!
> 보다 신선하게 재료 본연의 맛을 느껴 보세요!

① 정수기　　② 냉장고　　③ 전기밥솥　　④ 전자레인지

正解：②

☆**正解への道！**　選択肢は、いずれも主に台所で使われる電化製品です。正解の
ポイントとなるのは、**아삭아삭**(シャキシャキ)、**신선하게**(新鮮に)、**재료 본연
의 맛**(材料本来の味)の3つ。①、③、④は**아삭아삭**が該当しません。そのため、
3つのポイントが全て当てはまる②が正解となります。

【日本語訳】

次は何についての文なのか、選んでください。

> ## シャキシャキ！ 音までおいしい！
> より新鮮に、材料本来の味を感じてみてください！

① 浄水器　　② 冷蔵庫　　③ 電気炊飯器　　④ 電子レンジ

☑**ポイント表現**

아삭아삭　シャキシャキ、サクサク、カリ
カリ(新鮮な野菜や果物を噛むときの音)

본연의 맛[本然 - -]　本来の味

정수기[浄水器]　浄水器

냉장고[冷蔵庫]　冷蔵庫。韓国の家庭では

キムチ専用の김치냉장고(キムチ冷蔵庫)も
一般的

전자레인지[電子 --]　電子レンジ

전기밥솥[電気 --]　電気炊飯器。「圧力炊
飯器」は압력밥솥

パターン 4-1

（📄**問題パターン**）　案内文やグラフなどを見て、その内容に一致した選択肢を選ぶ問題です。パターン3（読解問題5～8）に比べると情報量が増えています。ここでは、棒グラフを用いた問題を解いてみましょう。

（💡**正解を導くヒント**）　まずタイトルを読み、どんな内容を大まかに把握します。その後、案内文やグラフの詳細を見ていきます。ポイントとなりそうな単語には、丸をつけたりするのも良いでしょう。

練習問題

다음 글 또는 그래프의 내용과 같은 것을 고르십시오.

도시 생활에 만족하는 이유는?

문화적인 혜택이 많아서	35%
교통이 편리해서	28%
일자리를 구하기 쉬워서	23%
배움의 기회가 많아서	6%
의료 기관 접근성이 좋아서	5%
기타	3%

<조사 대상 : 도시에 사는 직장인 500명>

① 일자리를 구하기 쉬워서라는 응답이 가장 많았다.

② 배움의 기회가 많아서라고 응답한 비율은 5%를 넘는다.

③ 문화적인 혜택이 많아서라고 응답한 사람이 전체의 절반 이상이다.

④ 교통이 편리해서와 의료 기관의 접근성이 좋아서라는 응답의 비율은 같다.

解答・解説

正解：②

☆正解への道！　棒グラフを見ると、**배움의 기회가 많아서**(学びの機会が多いから)は6％となっており、つまり5％を超えています。従って、正解は②です。最も多い回答は**문화적인 혜택이 많아서**(文化的な恩恵が多いから)なので、①は不正解。また、全体の半分以上の割合を占める回答はないため、③も不正解。そして、**교통이 편리해서**(交通が便利だから)が28％、**의료 기관 접근성이 좋아서**(医療機関へのアクセスがいいから)が5％。割合がまったく異なるので、④も不正解です。

【日本語訳】

次の文章またはグラフの内容と一致するものを選んでください。

都市生活に満足する理由は？

理由	割合
文化的な恩恵が多いから	35%
交通が便利だから	28%
仕事探しがしやすいから	23%
学びの機会が多いから	6%
医療機関へのアクセスがいいから	5%
その他	3%

〈調査対象：都市に住む会社員500人〉

① 仕事探しがしやすいからという回答が、最も多かった。
② 学びの機会が多いからと回答した割合は、5％を超える。
③ 文化的な恩恵が多いからと回答した人が、全体の半分以上である。
④ 交通が便利だからと、医療機関のアクセスがいいからという回答の割合は、同じである。

☑ポイント表現

혜택[惠沢]　恩恵、特典
일자리를 구하기[---- 求 --]　仕事探し
접근성[接近性]　アクセスのしやすさ。こ
こでは、접근성이 좋아서を「アクセスがいい

から」と訳した
직장인[職場人]　会社員
응답하다[応答 --]　応答する、回答する
비율[比率]　比率、割合
절반[折半]　半分

\ 🔍 知っておきたい！ /

アンケートに関連した表現をまとめました。

- **설문 조사**[設問 調査] :アンケート調査
- **응답자**[応答者] :回答者
- **선호하다**[選好 --] :好む
- **분석되다**[分析 --] :分析される
- **과반수 이상**[過半数 以上] :過半数以上
- **압도적**[圧倒的] :圧倒的

パターン 4-2

（📄 問題パターン　）　さまざまな内容の文章を読み、その内容に一致した選択肢を選ぶ問題です。このパターン以降、ある程度のボリュームがあり、速読が要求される問題が続きます。

（💡正解を導くヒント　）　選択肢には、言い換え表現や、本文の内容を要約した内容がよく登場します。文章を読んだら、選択肢の内容とよく比較して、正解と思われる選択肢を選びましょう。

練習問題

다음 글 또는 그래프의 내용과 같은 것을 고르십시오.

　인주시가 주최한 제8회 수필 공모전에서 대상을 수상한 김은주 씨는 대상 수상금 전액을 전국 소년소녀 가장 돕기에 써 달라며 인주시에 기부했다. 힘들고 어려운 환경 속에서 도움의 손길을 필요로 하는 미래의 꿈나무들에게 작은 희망이라도 전하고 싶다며 기부 소감을 밝혔다. 인주시는 기부금은 부모가 둘 다 없는 전국 소년소녀 가장에게 우선적으로 쓰일 예정이라고 한다.

① 김은주 씨는 수상금의 일부를 인주시에 기부했다.
② 기부금은 인주시의 소년소녀 가장들에게 쓰일 것이다.
③ 부모가 없는 소년소녀 가장들에게 기부금이 먼저 지급된다.
④ 수필 공모전은 불우한 환경의 소년소녀들을 위해 개최되었다.

解答・解説

正解：③

☆**正解への道！** 最後の기부금은 부모가 둘 다 없는 전국 소년소녀 가장에게 우선적으로 쓰일 예정(寄付金は両親が二人ともいない、全国の少年少女家長に優先的に使われる予定)が、正解を導くポイント。**우선적으로 쓰일**(優先的に使われる)を先に지급된다(先に支給される)と言い換えた③が正解です。キム・ウンジュ氏は受賞金の全額を寄付したので、①は不正解。寄付金は、全国の少年少女家長のために使われる予定なので、②も不正解。④には言及がないので、不正解です。

【日本語訳】

次の文章またはグラフの内容と一致するものを選んでください。

インジュ市が主催した第8回エッセイ公募展で大賞を受賞したキム・ウンジュ氏は、大賞受賞金の全額を全国の少年少女家長の支援に使ってほしいと、インジュ市に寄付した。つらく困難な環境の中で助けの手を必要とする未来の有望株たちに、小さな希望でも渡したい」と寄付の感想を明らかにした。インジュ市は、寄付金は両親が二人ともいない、全国の少年少女家長に優先的に使われる予定だという。

① キム・ウンジュ氏は、受賞金の一部をインジュ市に寄付した。
② 寄付金は、インジュ市の少年少女家長たちに使われるだろう。
③ 両親のいない少年少女の家長たちに、寄付金が先に支給される。
④ エッセイ公募展は、恵まれない環境の少年少女たちのために開催された。

☑ポイント表現

주최하다[主催--] 主催する
수필 공모전[随筆 公募展] エッセイ公募展。수필は「随筆、エッセイ」
대상[大賞] 大賞
수상하다[受賞--] 受賞する
수상금[受賞金] 受賞金
전액[全額] 全額

소년소녀 가장[少年少女 家長] 実質的に生計を担っている子ども。親の死亡、離婚、家出などで世帯が未成年者だけで構成されている場合や、保護者がいても老齢や障害などで扶養能力がない場合の、子どもたちを指す
써 달라며 使ってくれとしながら。ここでは「使ってほしいと」と訳した

도움의 손길　助けの手。ちなみに、「救援の手」は구원의 손길

꿈나무　有望株、期待の星。直訳は「夢の木」

소감[所感]　所感、感想

밝히다　明らかにする

부모[父母]　父母、両親

불우하다[不遇 --]　不遇だ、恵まれない

개최하다[開催 --]　開催される

パターン 5

該当問題:
読解問題13〜15

📄 **問題パターン** 4つの文を順番通りに並べる問題です。選択肢は4つあり、正しい組み合わせのものを選びます。このパターンの問題は3問あります。

💡 **正解を導くヒント** 接続の意味を持つ表現や指示語(いわゆる「こそあど言葉」のこと)が正解を導くポイントとなります。これらは前の文を受けるものなので、冒頭の文にはなり得ません。また、選択肢は冒頭の文が2パターンに分かれる場合が多いです。(例えば、(가)で始まる選択肢が2つ、(라)で始まる選択肢が2つ)。そのため、冒頭の文が確定できれば、正解の可能性がある選択肢を2つに絞れます。その上で、文章の流れを見ながら正しく並べると良いでしょう。

練習問題

다음을 순서에 맞게 배열한 것을 고르십시오.

(가) 오늘날 단추는 대부분 공장에서 대량으로 생산된다.

(나) 이처럼 고대 사회에서 단추는 부와 신분의 상징이었던 것이다.

(다) 하지만 고대의 단추는 보석과 같은 비싼 재료로 만드는 수공예품이었다.

(라) 그래서 일반 서민들은 값비싼 단추를 구입해서 옷에 달거나 할 수 없었다.

① (가) - (다) - (라) - (나)　　② (가) - (라) - (다) - (나)

③ (다) - (라) - (가) - (나)　　④ (다) - (나) - (가) - (라)

解答・解説

正解：①

☆正解への道！　4つの選択肢を見ると、冒頭が(가)で始まるか(다)で始まるかの2パターンになっています。(가)は오늘날(今日)、(다)は하지만(しかし)で始まりますが、하지만(しかし)は冒頭には来ない表現。ここでまず、冒頭は(가)であることが確定するので、正解が①か②に絞られます。(가)は「今は、ボタンが工場で大量生産される」という内容で、その次に(라)が来ると「だから、一般庶民は高価なボタンを購入して、服につけたりすることができない」となり、矛盾が生じます。①の流れであれば、スムーズです。従って、正解は①。

【日本語訳】

次を順序通りに配列したものを選んでください。

(가) 今日、ボタンは大部分工場で大量に生産される。

(나) このように、古代社会でボタンは富と身分の象徴だったのである。

(다) しかし、古代のボタンは宝石のような高価な材料で作る手工芸品であった。

(라) そのため、一般庶民は高価なボタンを購入して、服につけたりすることができなかった。

① (가)-(다)-(라)-(나)　　　② (가)-(라)-(다)-(나)

③ (다)-(라)-(가)-(나)　　　④ (다)-(나)-(가)-(라)

☑ポイント表現

순서[順序]　順序、順番

배열하다[配列--]　配列する、並べる

단추　ボタン。버튼は機械についているボタンを指す。例えば、エレベーターのボタンなど

대량으로[大量--]　大量に

고대[古代]　古代

부[富]　富

신분[身分]　身分

상징[象徴]　象徴

보석[宝石]　宝石

수공예품[手工芸品]　手工芸品

일반 서민[一般 庶民]　一般庶民

달다　(ボタンや飾りなどを)つける、縫いつける

パターン6

📄 **問題パターン** 文章を読み、カッコ内に入る適切なものを選ぶ問題です。このパターンの問題は3問あります。

💡 **正解を導くヒント** 解答する時間を短縮するために、カッコの前後など、一部だけを読んで答えたことがある人もいるかもしれません。このパターンの問題は必ず全体を読みます。全体の流れの中で、何が入るのが適切かを考え、解答しましょう。

練習問題

( )에 들어갈 말로 가장 알맞은 것을 고르십시오.

알을 낳거나 겨울을 나기 위해 계절에 따라 번식지와 월동지를 이동하는 새를 철새라고 한다. 이에 반해, 먼 곳으로 이동하지 않고 한 곳에 자리잡고 사는 새를 텃새라고 한다. 철새가 철마다 서식지를 옮겨 다니듯 소속 정당을 ( ) 정치적 이득을 꾀하는 정치인을 비꼬아 '철새', 혹은 '철새 정치인'이라고 하기도 한다. 이는 정체성 없이 자기 이권만 챙기는 정치인을 속되게 일컫는 부정적인 표현이다.

① 크게 개혁하며 ② 계속 유지하며
③ 이리저리 바꿔 가며 ④ 제대로 바로 잡아 세우며

解答・解説

正解：③

☆正解への道！ カッコの前にある**철새가 철마다 서식지를 옮겨 다니듯**（渡り鳥が季節ごとに生息地を移動して行き来するように）が正解を導くポイント。カッコには「移動する」内容が入ると、後ろの内容とつながります。従って、正解は③。

【日本語訳】

（　　　　　　　）に入る言葉として、最も適切なものを選んでください。

　卵を産んだり冬を越すために、季節によって繁殖地と越冬地を移動する鳥を、渡り鳥という。これに対し、遠いところに移動せずに、一カ所に定着して生きる鳥を留鳥（りゅうちょう）という。渡り鳥が季節ごとに生息地を移動して行き来するように、所属政党を（　　　　　　）、政治的利益を図る政治家を皮肉って「渡り鳥」、あるいは「渡り鳥政治家」と呼んだりもする。これはアイデンティティなしに、自分の利権だけを手にする政治家を俗的に称する、否定的な表現である。

① 大きく改革しながら　　　② 引き続き維持しながら
③ あちこち変えていきながら　　④ きちんと正しながら

☑ポイント表現

알을 낳다　卵を産む
겨울을 나다　冬を越す
번식지[繁殖地]　繁殖地
월동지[越冬地]　越冬地
철새　渡り鳥
이에 반해[-- 反 -]　これに反し、これに対し
자리잡다　定着する
텃새　留鳥（りゅうちょう）
철　季節
서식지[棲息地]　生息地
옮겨 다니다　移動して行き来する

소속 정당[所属 政党]　所属政党
이득[利得]　利得。ここでは、**政治的利得**を「政治的利益」と訳した
꾀하다　企む、計画する、図る
정치인[政治人]　政治家
비꼬다　皮肉る
정체성[正体性]　アイデンティティ
이권을 챙기다[利権 - ---]　利権を受け取る
속되다[俗--]　俗っぽい
일컫다　称する
개혁하다[改革--]　改革する
계속[継続]　（副詞的に）引き続き、ずっと

이리저리 あちこち

제대로 きちんと、思い通りに

바로 잡아 세우며 ちゃんとしっかりつか

んで引き起しながら。ここでは「正しながら」

と訳した

パターン 7

📄 **問題パターン** まとまった量の文章を読み、2つの問いに答える問題です。19はカッコに入る接続表現を選ぶ問題です。20は文章のテーマについて選ぶ問題です。

💡 **正解を導くヒント** 分からない単語が出てきても後戻りせず、通して読んでみましょう。全体を読むことで、分からなかった部分についても意味を推測できる場合が多いです。19を解くときは、カッコの前後がどのような関係になっているかを確認し、選択肢を選びましょう。

練習問題

[1~2] 다음을 읽고 물음에 답하십시오.

급변하는 현대 사회에서 일과 삶의 균형을 이루며 산다는 것은 결코 쉽지 않다. 일과 삶의 균형을 의미하는 '워라밸'은 요즘 심심찮게 들을 수 있는 단어이다. 이는 과도한 업무 부담에서 벗어나 직장 생활과 개인 생활, 즉 가족과의 시간이나 개인적 취미 활동 등을 회사 업무와 균형 있게 조화시켜야 한다는 점을 새삼 일깨워 준다. 실제 한국은 OECD 국가 중에서도 근로 시간이 상당히 긴 편에 속한다. 얼핏 근무 시간이 길수록 더 많은 일을 할 수 있을 거라 생각되지만, (   ) 일주일에 49시간 이상 일하는 것은 근로자의 생산성에 부정적인 영향을 미칠 수 있다는 연구 결과도 있다.

1. (   )에 들어갈 말로 가장 알맞은 것을 고르십시오.
   ① 만약   ② 비록
   ③ 오히려   ④ 차라리

2. 윗글의 주제로 가장 알맞은 것을 고르십시오.

　　① 일에 몰두할 때 인간은 진정한 행복감을 느낀다.

　　② 일을 뒷전으로 하고 가족만 챙기는 것은 문제이다.

　　③ 일보다는 가족과 함께 하는 개인적인 시간이 더 중요하다.

　　④ 근로 시간의 효율성을 감안하며 일과 삶의 균형을 찾아야 한다.

解答・解説

正解：1. ③　　　2. ④

☆正解への道！

1. 長時間働くことに対して、カッコの前では「より多くの仕事ができるだろうと考えられる」と述べているのに対し、カッコの後ろでは「生産性に否定的な影響を及ぼしかねない」という反対の内容が来ています。カッコには「かえって」の意味を持つ**오히려**が入ると内容がつながるので、正解は③。④の**차라리**と悩んだ人がいるかもしれませんが、**차라리**は「〜のほうがまし」という内容が続くので不正解。**오히려**と**차라리**は19でよく取り上げられる単語なので、あらためて意味を確認しておくと良いでしょう。

2. この文章のテーマを考えるときにポイントとなるのは、本文の最後の文の内容です。著者は「長時間労働が、勤労者の生産性に否定的な影響を及ぼしかねない」と考えています。これは、表現を変えると「ワーク・ライフ・バランスを保つことが生産性につながる」ということなので、正解は④です。

【日本語訳】

[1〜2] 次を読んで、問いに答えてください。

　急変する現代社会で、仕事と生活のバランスをなして生きるということは、決して容易ではない。仕事と生活のバランスを意味する「ワーク・ライフ・バランス」は、最近しばしば耳にする単語である。これは、過度な業務負担から逃れ、職場生活と個人の生活、すなわち家族との時間や個人的な趣味活

動などを、会社の業務とバランス良く調和させなくてはならないという点を、今になって悟らせる。実際、韓国はOECD国家の中でも勤労時間が相当長いほうに属する。一見、勤務時間が長いほど、より多くの仕事ができるだろうと考えられるが、（　　　　　　　　）一週間に49時間以上働くことは、勤労者の生産性に否定的な影響を及ぼしかねないという研究結果もある。

1. （　　　　　　）に入る言葉として、最も適切なものを選んでください。
　① もし　　　②たとえ　　　③かえって　　　④むしろ

2. 上の文章のテーマとして、最も適切なものを選んでください。
　① 仕事に没頭するとき、人間は真の幸福感を感じる。
　② 仕事を後回しにして、家族だけ面倒を見るのは問題である。
　③ 仕事よりは、家族と一緒に過ごす個人的な時間のほうが重要だ。
　④ 勤労時間の効率性を考慮し、仕事と生活のバランスを見出さなければならない。

☑ポイント表現

급변하다[急変--]　急変する
균형을 이루다[均衡 - ---]　バランスをなす
워라밸　ワーク・ライフ・バランス。韓国語で言うと일과 삶의 균형(仕事と生活のバランス)のこと。ちなみに、「アンバランス」は불균형[不均衡]
심심찮게　頻繁に、しばしば、たびたび
들을 수 있는　聞くことができる。ここでは「耳にする」と訳した
조화시키다[調和---]　調和させる
새삼　今になって
일깨우다　悟らせる
속한다[属--]　属する

얼핏　一見、ふと、ちらりと
만약　もし(~なら)
비록　たとえ(~でも)
오히려　逆に、かえって。-기는커녕(~するどころか)とともに使われたりする
차라리　いっそ、むしろ(~のほうがまし)。-느니(~するより)や-(으)ㄹ 바에야(~するくらいなら)とともによく使われる
몰두하다[没頭--]　没頭する
진정한[真正-]　真の
뒷전으로 하다　後回しにする
가족을 챙기다　家族の面倒を見る
효율성[効率性]　効率性
감안하다[勘案--]　勘案する、考慮する

📄 **問題パターン**　まとまった量の文章を読み、２つの問いに答える問題です。21はカッコに入る慣用表現を選ぶ問題です。22は本文の内容と一致する選択肢を選ぶ問題です。

💡 **正解を導くヒント**　21を解くときは、カッコの前後の内容を特に注意深く読み、適切な慣用表現を選びましょう。また、著者の主張は文の冒頭と最後に書かれることが多いので、この部分を押さえつつ、22を解いてみましょう。

練習問題

[1~2] 다음을 읽고 물음에 답하십시오.

　단지 몸이 피곤하고 힘들다는 이유만으로 교통약자석을 이용할 수는 없다. 교통약자석 이용에 대해서는 법으로 규정하고 있다. '장애인, 고령자, 임산부, 영유아를 동반한 자, 어린이' 등 생활을 영위함에 있어 이동에 불편을 느끼는 자, 그리고 '환자와 부상자, 무거운 짐을 든 자' 등 각종 일시적 교통약자들도 이용 대상자에 포함된다. 하지만 이용 대상자가 아닌 사람이 교통약자석에 앉아 정작 필요한 사람이 이용을 못 하는 경우가 있다. 현재는 이 규정을 준수하지 않아도 아직 처벌할 규정이 따로 없다. 따라서 관련 각 부처는 이러한 얌체 이용객들에 관한 해결책 마련을 위해 (　　　　) 필요가 있다.

1. (　　　　)에 들어갈 말로 가장 알맞은 것을 고르십시오.
　① 입을 맞출　　　　② 등을 돌릴
　③ 머리를 맞댈　　　　④ 발목을 잡을

2. 윗글의 내용과 같은 것을 고르십시오.

　① 교통약자석 이용자에 대해서는 규정이 없다.

　② 몸이 피곤하고 힘들 때는 교통약자석을 이용해도 된다.

　③ 교통약자석은 필요로 하는 사람이면 누구든 이용 가능하다.

　④ 교통약자석의 규정을 지키지 않은 사람들에 대해 처벌할
　　방법이 없다.

解答・解説

正解：1. ③　　　2. ④

☆正解への道！

1. カッコの前に置かれた**이러한 얌체 이용객들에 관한 해결책 마련을 위해**(このようなずるい利用客に関する解決策づくりのために)がポイントです。解決策を作るためには「議論する」ことが必要だと思われ、さらに他の選択肢は内容の流れに合わないので、正解は③。なお、不正解の選択肢も全てTOPIK II 頻出表現です。ついでに覚えておきましょう。

2. 本文の現在は **이 규정을 준수하지 않아도 아직 처벌할 규정이 따로 없다.**（現在は、この規定を遵守しなくても処罰する規定が、まだ別途存在しない。）の内容を言い換えた④が正解です。**준수하다**(遵守する)を**지키다**(守る)に言い換えるような、漢字語と固有語の言い換えがよく見られます。気になる言い換え表現を自分なりにまとめておくと、試験対策に役立ちます。

【日本語訳】

[1〜2] 次を読んで、問いに答えてください。
　単に、体が疲れてつらいという理由だけで、交通弱者席を利用することはできない。交通弱者席の利用については法律で規定している。「障がい者、高齢者、妊婦、乳幼児を同伴した者、子ども」など、生活を営むにあたって移動に不便を感じる者、そして「患者と負傷者、重い荷物を持った者」など、各種の一時的な交通弱者も利用対象者に含まれる。しかし、利用対象者で

はない人が交通弱者席に座って、本来必要な人が利用できない場合がある。現在は、この規定を遵守しなくても処罰する規定が、まだ別途存在しない。従って、関連各部署は、このようなずるい利用客に関する解決策づくりのために（　　　　　　）必要がある。

1. （　　　　　）に入る言葉として、最も適切なものを選んでください。
　① 口裏を合わせる　　　② 背を向ける
　③ 真剣に議論する　　　④ 足を引っ張る

2. 上の文章の内容と一致するものを選んでください。
　① 交通弱者席の利用者については、規定がない。
　② 体が疲れてつらいときは、交通弱者席を利用してもよい。
　③ 交通弱者席は、必要とする人なら誰でも利用可能である。
　④ 交通弱者席の規定を守らない人々に対して処罰する方法がない。

☑ポイント表現

단지　単に

교통약자석[交通弱者席]　交通弱者席。日本では一般的に「優先席」と表示される席のことを指す

규정하다[規定--]　規定する

장애인[障碍人]　障がい者

임산부[妊産婦]　妊婦

영유아[嬰乳児]　赤ちゃん、幼児。영아[嬰児]と유아[乳幼児]のこと。ここでは「乳幼児」と訳した

동반하다[同伴--]　同伴する

자[者]　者

영위함[営為-]　営むこと

부상자[負傷者]　負傷者

각종[各種]　各種

정작　本来、いざ

준수하다[遵守--]　遵守する

처벌하다[差別--]　差別する

따로 없다　別にない。ここでは「別途存在しない」と訳した

부처[部署]　部署。ここでは省庁の部署を指している

얌체　ちゃっかり者。얌체 같은 사람は「ずるい人」の意味

입을 맞추다　口裏を合わせる、口をそろえる。直訳は「口を合わせる」

등을 돌리다　袂を分かつ、背を向ける。直訳は「背を向ける」

머리를 맞대다　面と向かって真面目に話し合う、真剣に議論する。直訳は「頭を突き合わせる」

발목을 잡다　足を引っ張る。直訳は「足首をつかむ」

パターン 9

📄 問題パターン　エッセイや小説の一部を読み、2つの問いに答える問題です。23では、下線部に表れた登場人物や筆者の心情を問われます。また、24は本文の内容と一致する選択肢を選びます。

💡 正解を導くヒント　23は登場人物や筆者の心情を答える問題です。文全体の流れ、文脈を把握したうえで選択肢を見ると、正解にたどりつきやすくなります。下線部の意味自体の把握とともに、文章全体の流れをしっかり押さえてから取り組みましょう。

練習問題

[1~2] 다음을 읽고 물음에 답하십시오.

　"언니, 이거 기억나요?"하며 은주가 내민 메모지에는 낯익은 글씨체가 보였다. 어? 내가 언제 이런 걸 썼지? 완전히 잊고 있던 기억을 애써 떠올리려는 표정이 역력했는지, 은주는 발그레한 볼을 매만지며 말했다. "언니, 이거 20년도 전에 언니가 저한테 준 메모인데…" 은주는 나보다 한참 어린 후배였다. 내가 대학원생일 때 은주는 대학교 2학년이었다. 무슨 일이든 열심히 하던 은주는 늘 피곤해 보이고 힘들어 보였다. 집안 형편이 어려워 학비며 생활비며 본인이 전부 감당해야 했기에 은주의 하루하루는 고달프고 팍팍할 수밖에 없었다. 하지만 은주는 언제나 환하게 웃었고, 주변 모든 이들에게 친절한 아이였다. 은주는 말했다. "알바 때문에 잠을 제대로 못 자 꾸벅꾸벅 졸던 날, 언니가 이 메모와 함께 따뜻한 캔커피를 제 책상 모서리에 살짝 올려 놓아 줬어요. 근데, 사실 그날이 바로 제 생일이었거든요. 아무도 기억해 주지 않는 제 생일을 언니한테서 축하받는 느낌이었어요. 아마 언니는 제 생일인지 몰랐을 테지만요." 순간,

20년이란 세월 속에 낡고 빛바랜 작은 종이가 참으로 예쁘게 반짝이는 듯했다. 나도 모르게 <u>코끝이 찡해져 왔다</u>. 메모에는 '은주야, 힘들지? 포기하고 싶은 날도 있겠지만 따뜻한 커피 마시고 힘내! 너라면 다 잘 해 낼 거야. 언니는 은주를 믿어. 은주야, 사랑해!' 라는 말이 내 서투른 글씨로 빼곡히 쓰여 있었다.

1. 밑줄 친 부분에 나타난 '나'의 심정으로 가장 알맞은 것을 고르십시오.
   ① 놀랍고 자랑스럽다　　② 아쉽고 걱정스럽다
   ③ 부끄럽고 후회스럽다　④ 가슴 뭉클하고 감격스럽다

2. 윗글의 내용과 같은 것을 고르십시오.
   ① 나는 은주의 생일을 매년 챙겨 주었다.
   ② 나는 은주의 학교 선배가 아니라 친언니이다.
   ③ 은주는 언니가 건넨 20년 전의 메모를 잘 간직하고 있었다.
   ④ 은주는 유복한 환경에서 자랐지만 아르바이트도 열심히 했다.

解答・解説

正解：1.④　　2.③

☆正解への道！

1. 下線部の表現は**코끝이 찡해져 왔다**(胸が熱くなってきた)で、感情が込み上げてくる様子を表現しています。これに合う心情の表現をしているのは④です。感情表現にはいろんなバリエーションがありますので、不正解の選択肢も含めて確認しておきましょう。

2. ウンジュの「これ、20年も前にお姉さんが私にくれたメモなんですけど……」という言葉と、「20年という歳月の中で古くて色あせた小さな紙」という部分、そして文章全体からウンジュがお姉さん(私)に感謝の気持ちを持ち、メモ

を大切に保管していたことが読み取れます。従って、正解は③。①については言及がなく、また、④は「裕福な環境で育った」が誤りなので、不正解。また、「私」はウンジュの実の姉ではないので、②も不正解です。

【日本語訳】

[1～2]次を読んで、問いに答えてください。

　「お姉さん、これ覚えてますか?」と言って、ウンジュが差し出したメモ用紙には、見慣れた筆跡が見えた。あれ?　私がいつこんなものを書いたんだっけ?　完全に忘れていた記憶を、一生懸命思い出そうとする表情が歴然としていたのか、ウンジュはほんのり赤い頬をなでながら話した。「お姉さん、これ、20年も前にお姉さんが私にくれたメモなんですけど……」。ウンジュは私よりだいぶ年下の後輩だった。私が大学院生のとき、ウンジュは大学2年生だった。何事も一生懸命やっていたウンジュは、いつも疲れて見えて、大変そうだった。家庭が貧しくて、学費であれ生活費であれ、本人が全てまかなわなければならなかったので、ウンジュの一日一日はつらく、厳しくならざるをえなかった。しかし、ウンジュはいつも明るく笑って、周りの皆に親切な子だった。ウンジュは言った。「バイトのせいでろくに眠れず、うとうと居眠りしていた日、お姉さんがこのメモと一緒に、温かい缶コーヒーを私の机のすみっこにそっと置いてくれました。ところで、実はその日がまさに私の誕生日だったんですよ。誰も覚えてくれない私の誕生日を、お姉さんから祝ってもらう感じでした。多分お姉さんは、私の誕生日だとは知らなかったはずですが。」瞬間、20年という歳月の中で古くて色あせた小さな紙が、本当にきれいにきらめくようだった。知らずしらず胸が熱くなってきた。メモには「ウンジュ、大変でしょう?　諦めたい日もあるだろうけど、温かいコーヒーを飲んで頑張ってね!　あなたなら何でもうまくやり遂げられるわ。お姉さんはウンジュを信じている。ウンジュ、愛してる!」という言葉が、私の下手な字でぎっしりと書かれていた。

1. 下線を引いた部分に表れた「私」の心情として、最も適切なものを選んでください。
　① 驚き、誇りに思う　　　　② 心残りで心配だ
　③ 恥ずかしく後悔している　④ 胸にじんときて、感激している

2. 上の文章の内容と一致するものを選んでください。
　① 私はウンジュの誕生日を毎年祝ってあげた。

② 私はウンジュの学校の先輩ではなく、実の姉だ。

③ ウンジュは、お姉さんが渡した20年前のメモを大切にしまっておいていた。

④ ウンジュは裕福な環境で育ったが、アルバイトも一生懸命した。

☑ポイント表現

내민 差し出した～。내밀다(差し出す)の
過去連体形

낯익다 見覚えがある、なじみがある。反
対語は낯설다(なじみがない、よく知らない)

글씨체 筆跡、書体

애쓰다 努める、非常に努力する、頑張る、
力を尽くす

역력하다[歴歴--] はっきりとしている、
明らかだ、歴然としている

발그레하다 ほんのり赤い

매만지다 なでる、いじる

한참 ずっと、はるかに、だいぶ、しばらく

집안 家庭、家の中

형편이 어렵다[形便----] 生活が苦し
い、貧しい

-(이)며 -(이)며 ～も～も、～であり
～であり(名詞につく羅列の表現)

감당하다[堪当--] まかなう、やり遂げる

-기에는 ～なので

고달프다 疲れ切ってだるい、つらい

팍팍하다 (生活などが)厳しい

환하게 웃다 明るく笑う、にっこり笑う

알바 アルバイト。略さない形で아르바이
트ともいう

잠을 제대로 못 자다 ろくに眠れない

꾸벅꾸벅 졸다 うとうと居眠りする

캔커피 缶コーヒー

모서리 すみっこ、角

살짝 そっと、こっそり、ちらっと

빛바래다 色あせる

반짝이다 輝く、きらめく

나도 모르게 知らずしらず、思わず

코끝이 찡하다 胸が熱くなる、感動する。
直訳は「鼻の先がじいんとする」

빼곡히 ぎっしり

뭉클하다 (胸に)じんとくる。가슴이 뭉클
하다の形でもよく使われる

생일을 매년 챙겨 주었다 誕生日を毎年
祝ってあげた。直訳は「誕生日を毎年準備し
てあげた」

친언니[親--] 実の姉。「実の兄」は친오빠

간직하다 大切にしまっておく

유복하다[裕福--] 裕福だ

パターン 10

（📄問題パターン） 新聞記事の見出しを読み、見出しの内容と合う選択肢を選ぶ問題です。このパターンの問題は3問あります。

（💡正解を導くヒント） 一般的に、新聞記事の見出しでは助詞や終結語尾を省略しますので、それらを類推しながら、文の意味を把握します。

練習問題

다음 신문 기사의 제목을 가장 잘 설명한 것을 고르십시오.

월급은 올랐는데, 장바구니는 가볍고 통장은 '텅텅'

① 월급이 올랐다고 과소비를 해서 통장에 잔고가 부족하다.

② 임금 삭감 때문에 장보기가 힘들어졌고 계좌에도 잔액이 없다.

③ 임금 상승에도 불구하고 쇼핑은커녕 저축도 제대로 할 수 없다.

④ 통장에서 월세가 빠져나가는 바람에 통장에 잔고가 얼마 남지 않았다.

正解：③

☑正解への道！　見出しの**장바구니는 가볍고**(買い物かごは軽く)とは、あまり買い物の量が増えていないさまを表しています。これは、③では**쇼핑은커녕**(ショッピングどころか)と言い換えられています。また、**통장은 '텅텅'**(通帳は「がらがら」)の텅텅は空いていて、何もないことを表す単語です。つまり、通帳にはお金が全然ないことを示唆しています。従って、正解は③。

【日本語訳】

> 次の新聞記事の見出しを、最もよく説明したものを選んでください。
> 月給は上がったが、買い物かごは軽く、通帳は「がらがら」
> ① 月給が上がったからと浪費をして、通帳に残高が不足している。
> ② 賃金削減のために買い物が難しくなり、口座にも残額がない。
> ③ 賃金上昇にもかかわらず、ショッピングどころか貯蓄もまともにできない。
> ④ 通帳から家賃が引き出されたため、通帳に残高があまり残っていない。

☑ポイント表現

장바구니　買い物かご、エコバッグ。장は장을 보다 (買い物に行く)の장 を指し、시장 [市場]のこと。바구니は「かご」。「買い物に行くときのかご」の意味で、エコバックを指す場合にも使われる

통장[通帳]　通帳

텅텅　がらがら、からっぽ。空いていて、何もないことを表す

과소비[過消費]　浪費、過度な消費

잔고[残高]　残高

임금[賃金]　賃金

삭감[削減]　削減

장보기　買い物。장을 보다(買い物に行く)から由来

계좌[計座]　口座

상승[上昇]　上昇

-에도 불구하고　(名詞)にもかかわらず

-(은/는) 커녕　～はおろか、～どころか

제대로　まともに、ろくに、きちんと

월세　(月々の)家賃、あるいは毎月家賃を払う賃貸方法のこと。大家にある程度まとまった保証金を預けた上で、月々の家賃を払うパターンが一般的

-는/ㄴ 바람에　～するので、～なので、～するはずみに

パターン11

該当問題:
読解問題28〜31

📄 問題パターン　　文章を読み、カッコ内に入る適切なものを選ぶ問題です。パターン6［該当問題:読解問題16〜18］と同じ形式ですが、パターン6よりは語彙や文法のレベルが上がります。このパターンの問題は3問あります。

💡 正解を導くヒント　このパターンの問題は必ず全体を読み、全体の流れと文の論理的構造を把握します。そのうえで、何が入るのが適切かを考え、解答しましょう。

練習問題

(　　　　)에 들어갈 말로 가장 알맞은 것을 고르십시오.

　'온돌'은 '따뜻하게 데운 돌'이라는 뜻으로, 열기로 데워진 방바닥에서 따뜻한 기운이 퍼져 차가운 공기가 뜨거운 공기와 만나 서로 순환하면서 (　　　　) 한국 고유의 난방법이다. 전통 방식의 아궁이, 넓적돌 구조로 바닥을 데우는 구들, 현대적인 파이프 난방까지 포함해서 온돌이라고 하는데, 때로는 자세히 구별해서 쓰기도 한다. 온돌은 라디에이터나 벽난로로 공기를 데우는 대류 현상의 서양식 난방법과 달리 열의 전도, 대류, 복사 현상을 모두 활용하는 난방법이다. 온돌의 우수한 성능은 이제 세계적으로 인정받아 최근에는 온돌을 이용한 현대식 바닥 난방이 전 세계로 수출되고 있다.

① 방바닥을 따뜻하게 하는
② 방 전체를 따뜻하게 하는
③ 방의 공기만 따뜻하게 하는
④ 방 밖의 공기까지 따뜻하게 하는

正解：②

☆**正解への道！** 열기로 데워진 방바닥에서 따뜻한 기운이 퍼져 차가운 공기가 뜨거운 공기와 만나 서로 순환하면서(熱気で温められた部屋の床から温かい空気が広がり、冷たい空気が熱い空気が出合い、互いに循環しながら)がポイント。この部分から、カッコの中には、床や空気だけが温まるのではなく、空気が循環しながら「部屋全体を温める」内容が入るのが自然な流れであることが分かります。なお、④については言及がありません。従って、正解は②。

【日本語訳】

( )に入る言葉として、最も適切なものを選んでください。
　「オンドル」は「暖かく温めた石」という意味で、熱気で温められた部屋の床から温かい空気が広がり、冷たい空気が熱い空気が出合い、互いに循環しながら( )韓国固有の暖房法である。伝統方式のかまど、平たい石の構造で床を温めるクドゥル、現代的なパイプ暖房まで含めてオンドルというが、時には細かく区別して使ったりもする。オンドルはラジエーターや暖炉で空気を温める対流現象の西洋式暖房法と異なり、熱の伝導、対流、輻射現象を全て活用する暖房法である。オンドルの優秀な性能は今や世界的に認められ、最近ではオンドルを利用した現代式床暖房が、全世界に輸出されている。

①部屋の床を温める　　②部屋全体を温める
③部屋の空気だけを温める　　④部屋の外の空気まで温める

☑ポイント表現

온돌　オンドル。韓国の伝統的な暖房技術。床を温めることで、部屋全体を温める仕組みであることが特長。韓国人のライフスタイルを含めた「オンドル文化」が、韓国の国家無形文化財に指定されている
데우다　温める
열기[熱気]　熱気

기운[気運]　空気、気配、元気
퍼지다　広がる
순환하다[循環--]　循環する
난방법[暖房法]　暖房法
아궁이　かまど
넓적돌　平たい石。넓적하다は「平たい、平べったい」という意味。発音は[넙쩌카다]
바닥　床

난방[暖房]　暖房

자세히[子細-]　細かく、詳しく、子細に

라디에이터　ラジエーター。放熱装置のこと

벽난로[壁暖炉]　暖炉。発音は[병날로]

대류 현상[対流 現象]　対流現象

전도[伝導]　伝導

복사 현상[輻射 現象]　輻射現象、放射現象

성능[性能]　性能

인정받다[認定--]　認められる

パターン12

（📄 **問題パターン**　）　さまざまな内容の文章を読み、その内容に一致した選択肢を選ぶ問題です。パターン4-2 ［該当問題:読解問題11～12］と同じ形式ですが、パターン4-2よりは語彙や文法のレベルが上がり、専門的で客観的な説明文が扱われることが多いです。このパターンの問題は3問あります。

（💡 **正解を導くヒント**　）　普段あまり接することのない分野の文章の場合、分からない単語が出てくるかもしれません。全体を読むことで意味の推測ができる場合もあるので、諦めずに取り組んでみてください。

練習問題

다음을 읽고 글의 내용과 같은 것을 고르십시오.

　　콜라겐은 주로 근육, 뼈 그리고 피부에 분포되어 있는 단백질로 우리 몸에서 가장 풍부한 단백질이다. 머리카락이나 손톱, 치아, 혈관, 관절, 연골 그리고 소화 기관에도 콜라겐이 있다. 보통 콜라겐은 20대부터 조금씩 줄기 시작해 40대 이후가 되면 20대의 절반 수준까지 감소하게 된다. 체내 콜라겐 수치가 낮아지면 피부에 주름이 생기고, 피부 탄력을 잃게 된다. 또한 관절이 쑤시고 아프며 근육도 줄어들게 된다. 콜라겐이 많은 음식으로는 녹색 채소, 콩류, 닭가슴살, 족발, 사골육수와 같은 뼈 국물, 그리고 명태와 같은 생선의 껍질 등이 대표적이다.

① 신체에서 가장 많은 단백질은 콜라겐이다.
② 음식을 통해서 콜라겐을 섭취하기는 어렵다.
③ 콜라겐은 연령대에 상관없이 비슷한 양이 존재한다.
④ 관절이 아픈 것은 콜라겐 수치가 지나치게 높기 때문이다.

解答・解説

正解：①

☆正解への道！　コラーゲンについて、冒頭で**우리 몸에서 가장 풍부한 단백질**(私たちの体で最も豊富なたんぱく質)とあるので、正解は①。②は言及がありません。また、コラーゲンは20代から少しずつ減り始めるとあるので、③は不正解。さらに、関節痛はコラーゲンの数値が低くなることによって起こると述べられているので、④も不正解です。

【日本語訳】

次を読んで、文章の内容と一致するものを選んでください。

コラーゲンは主に筋肉、骨、そして皮膚に分布しているたんぱく質で、私たちの体で最も豊富なたんぱく質である。髪の毛や爪、歯、血管、関節、軟骨、そして消化器官にもコラーゲンがある。 ふつう、コラーゲンは20代から少しずつ減り始め、40代以後になると20代の半分の水準まで減少することになる。 体内のコラーゲンの数値が低くなると、皮膚にしわができ、皮膚の弾力を失うようになる。また、関節がズキズキして痛み、筋肉も減るようになる。コラーゲンが多い食べ物としては緑色の野菜、豆類、鶏胸肉、豚足、牛骨スープのような骨スープ、そしてスケトウダラのような魚の皮などが代表的である。

① 身体の中で最も多いたんぱく質はコラーゲンである。
② 食べ物を通じてコラーゲンを摂取することは難しい。
③ コラーゲンは年代に関係なく、似たような量が存在する。
④ 関節が痛いのは、コラーゲンの数値があまりに高いためである。

☑ポイント表現

콜라겐　コラーゲン
분포되다[分布--]　分布する
단백질[蛋白質]　たんぱく質
손톱　(手の)爪。ちなみに「足の爪」は발톱
치아[歯牙]　歯。이も同じ「歯」の意味だが、
치아のほうが上品な表現

혈관[血管]　血管
관절[関節]　関節
연골[軟骨]　軟骨
소화 기관[消化 器官]　消化器官
보통[普通]　(副詞的に)ふつう、一般的に
절반[折半]　半分
주름　しわ

잃다　失う
쑤시다　ズキズキする、ズキズキ痛む
줄어들다　減る、減ってくる、少なくなる
녹색 채소　緑色の野菜
콩류[-類]　豆類
닭가슴살　鶏の胸肉

족발[足-]　豚足
사골육수[四骨肉水]　牛骨スープ
명태[明太]　スケトウダラ
껍질　皮
연령대[年齢代]　年代
지나치게　あまりに、過度に

📄 **問題パターン**　文のテーマを選ぶ問題です。

💡 **正解を導くヒント**　一般的に、テーマを表現している文は、問題文の冒頭、あるいは最後の文であることが多いです。しかし、このパターン13では内容的に高難度の文章を扱うので、全体を読まないとテーマを正しく選べないでしょう。冒頭や最後に注目しながら、全文をしっかり読んで答えましょう。

練習問題

다음을 읽고 글의 주제로 가장 알맞은 것을 고르십시오.

　드라마나 영화에서는 사실적인 연출을 위해 욕설을 대사로 사용하는 경우가 있다. 물론 제작물의 내용에 따라 욕설이 필요한 경우도 있지만, 내용의 진행과 전혀 무관하게 나오는 욕설은 시청자로 하여금 거부감과 불쾌감을 느끼게 한다. 지상파 텔레비전 방송과 비교하여 상대적으로 규제를 덜 받는 온라인동영상서비스(OTT) 콘텐츠가 늘어나면서 욕설의 지나친 사용이 큰 논란이 되고 있다. 요즘의 영상 콘텐츠는 제작한 국가뿐만 아니라 다른 여러 나라에서도 시청할 수 있기 때문에 욕설 사용에는 신중해야 한다. 창작자들에게 있어 표현의 자유도 중요하지만 공공성 또한 잊어서는 안 될 것이다.

① 예술적 가치를 위해 욕설은 보다 자유롭게 표현되어야 한다.
② 영화나 드라마의 욕설은 리얼함을 표현하기 위해 꼭 필요하다.
③ 욕설은 국경을 넘어 한 나라의 문화를 깊이 이해할 수 있게 한다.
④ 창작물의 내용 전개와 상관없이 쓰이는 지나친 욕설 사용은 문제이다.

正解：④

☆正解への道！　後半の요즘의 영상 콘텐츠는（最近の映像コンテンツは）以降、最後までの内容が、筆者が伝えたいテーマ。この内容を端的に述べている④が正解です。

【日本語訳】

次を読んで、文章のテーマとして最も適切なものを選んでください。

　ドラマや映画では、写実的な演出のために悪口をセリフとして使用する場合がある。もちろん製作物の内容によって悪口が必要な場合もあるが、内容の進行と全く無関係に出てくる悪口は視聴者に拒否感と不快感を感じさせる。　地上波テレビ放送と比較して、相対的に規制をあまり受けないオンライン動画配信サービス（OTT）のコンテンツが増え、悪口の過度な使用が大きな議論になっている。最近の映像コンテンツは製作した国だけでなく、他の多くの国でも視聴できるため、悪口の使用には慎重でなければならない。クリエイターにとって表現の自由も重要だが、公共性もまた忘れてはならないだろう。

① 芸術的価値のために、悪口はより自由に表現されなければならない。
② 映画やドラマの悪口は、リアルさを表現するために必ず必要だ。
③ 悪口は国境を越えて、一国の文化を深く理解できるようにする。
④ 創作物の内容展開と関係なく使われる過度な悪口の使用は問題だ。

☑ポイント表現

사실적[写実的]　写実的
욕설[辱説]　悪口(욕とも言う)
대사[台詞]　セリフ
무관하다[無関--]　無関係だ
-(으)로 하여금 -게 하다　…に~させる
덜　少なく、少なめに。ここでは、덜 받는を「あまり受けない」と訳した
온라인 동영상 서비스[--- 動映像 ---]

オンライン動画配信サービス、OTTサービス(インターネットでアクセスできる、コンテンツ配信サービスの総称)
논란[論難]　議論
공공성[公共性]　公共性
창작자[創作者]　クリエイター(크리에이터とも言う)、創作者
창작물[創作物]　創作物

📄**問題パターン** 　4 カ所が空欄になっている問題文を読み、「与えられた文（韓国語では**보기**）」がどこに入ると適切かを選ぶ問題です。このパターンの問題は3問あります。

💡**正解を導くヒント** 　「与えられた文」は、本文内の正しい位置に入ると、前後の意味を連結したり、前の文の意味を説明するなどの働きをします。「与えられた文」がうまく働く位置はどこかを考えながら、解答しましょう。

練習問題

주어진 문장이 들어갈 곳으로 가장 알맞은 것을 고르십시오.

> 반려동물 양육에는 만만치 않은 비용과 책임이 따른다.

　요즘은 반려동물을 키우는 사람들이 많다. (㉠) 반려동물은 아이들의 인성 교육과 사회성 발달에 도움이 되고, 노인들의 우울감을 달래 주는 등 키우는 사람들에게 심리적 안정감을 주기 때문이다. (㉡) 하지만 좋은 점만 있는 것은 아니다. (㉢) 예를 들면 개물림 사고나 용변 처리와 같이 서로를 불편하고 난처하게 하는 문제들도 발생한다. (㉣) 그러기에 반려동물을 키울 때는 여러 가지 면을 신중하게 고려해야 한다.

① ㉠　　② ㉡　　③ ㉢　　④ ㉣

正解：③

☆正解への道！ 問題文の前半では「ペットを飼うことの利点」を述べています。そして、**하지만**(しかし)から後半では、「ペットを飼うことに伴う困難な点」について述べています。「与えられた文」は**반려동물 양육에는 만만치 않은 비용과 책임이 따른다.**（ペットの養育には、侮れない費用と責任が伴う。）とあるので、これは「ペットを飼うことに伴う困難な点」について述べられていると見ることができます。そして、**예를 들면**(例えば)で始まる文は、「ペットを飼うことに伴う困難な点」を具体的に述べています。従って、「ペットを飼うことに伴う困難な点」を大まかに伝える「与えられた文」を©に入れ、具体的に述べる文につなげればOKです。

【日本語訳】

> 「与えられた文」が入る場所として、最も適切なものを選んでください。
>
> | ペットの養育には、侮れない費用と責任が伴う。 |
> |---|
>
> 　最近はペットを飼っている人が多い。（　㋐　）ペットは子供たちの人格教育と社会性の発達に役立ち、老人たちの憂鬱な気分をいやしてくれるなど、飼う人々に心理的な安定感を与えるためだ。（　㋑　）しかし、良い点だけがあるわけではない。（　㋒　）例えば、犬のかみつき事故や排泄物処理のように、お互いを不便で困らせる問題も発生する。（　㋓　）だから、ペットを飼うときは、さまざまな面を慎重に考慮しなければならない。
>
> ①㋐　　　②㋑　　　③㋒　　　④㋓

☑ポイント表現

반려동물[伴侶動物]　ペット。반려동물을 키우다／돌보다(ペットを飼う、育てる／世話する)の組み合わせがよく見られる
양육[養育]　養育
만만치 않다　侮れない、手ごわい、馬鹿にならない
인성 교육[人性 教育]　人格教育
우울감[憂鬱感]　憂鬱な気分
달래다　なだめる、いやす
물림　かみつき。물리다(かまれる)＋-(으)ㅁ(名詞化の語尾)

용변 처리[用便 処理] 排泄物処理

난처하다[難処--] 困る、立場が苦しい

그러기에 だから、それで

パターン15

📋 **問題パターン** エッセイや小説の一部を読み、2つの問いに答える問題です。42では、下線部に表れた登場人物や筆者の心情が問われます。また、43は本文の内容から分かることを選択肢から選びます。

💡 **正解を導くヒント** 42はパターン9［該当問題：読解問題23～24］の23と同じ種類の問いです。文章全体の流れ、文脈を把握したうえで選択肢を見ると、正解にたどりつきやすくなります。下線部の意味自体の把握とともに、文章全体の流れをしっかり押さえてから取り組みましょう。文章全体の流れをしっかり押さえておけば、43にも対応できます。

練習問題

[1～2]다음을 읽고 물음에 답하십시오.

"나, 이제 홀가분하게 살기로 했어."

그 날도 지민이의 첫 마디는 뜬금없었다.

"인생이란 게 다 그런 거 아니겠어? 내가 잘났네. 니가 잘났네. 해 봐야 다 거기서 거기지 뭐."

뭔가에 잔뜩 화난 듯, 애써 슬픔을 감추려는 듯, 지민의 말은 거침이 없었다.

"다 필요 없어. 참, 너 그때 내 명품백 마음에 든다고 했지? 그거, 너 가져. 그리고 그 자식이 준 그 반지도 너 가질래?"

내게 가지라는 명품백도 반지도 남자 친구가 지민이에게 준 선물이었다. 눈물 콧물 범벅이 되었을 지민의 얼굴이 전화기 너머로도 전해져 온다.

"지민아, 나 지금 바로 갈게. 괜찮아. 다 괜찮을 테니까. 조금만 기다려. 금방 갈게."

새벽 2시. 나는 서둘러 운전대를 잡았다. (중략)

"추운데 뭐 하러 왔어? 근데, 은주야, 너밖에 없다."

지민이의 좁은 방 안에는 빈 술병들이 이리저리 나뒹굴고 있었다.

"지민아, 우리 밥부터 먹자!"

중학교 때부터 알게 지낸 20년 지기 친구의 '짬밥'으로 실연의 아픔을 이겨 내는 데는 밥만 한 게 없다는 걸 나도 지민이도 안다. 우리 둘은 말없이 냉장고 문을 열고 이른 아침 식사를 준비했다.

1. 밑줄 친 부분에 나타난 '지민'의 심정으로 가장 알맞은 것을 고르십시오.

    ① 혼란스럽다   ② 경사스럽다

    ③ 감격스럽다   ④ 실망스럽다

2. 윗글의 내용으로 알 수 있는 것을 고르십시오.

    ① 지민은 친구를 만나기 위해 새벽에 운전을 했다.

    ② 나는 남자 친구가 준 가방을 지민에게 선물했다.

    ③ 나와 지민은 10대 때 만나 지금은 30살이 넘었다.

    ④ 나는 술을 마시고 싶어서 이른 새벽 시간에 지민을 찾아갔다.

正解： 1. ③　　　2. ③

1. 失恋してやけになっているジミンからの電話を受け、心配になったウンジュ（私）は、夜中にもかかわらず、ジミンのもとへ車で駆けつけました。下線部の前のジミンの言葉、추운데 뭐 하러 왔어?（寒いのに何しに来たの？）には、ウンジュがすぐ来てくれた驚きが込められています。さらに、下線部の근데, 은주야, 너밖에 없다.（でも、ウンジュ、あなたしかない。）には、ジミンがウンジュを心の支えとして頼っている気持ちが表れています。このときのジミンの気持ちを表現しているのは、③の감격스럽다（感動的だ）です。

2. 本文中の중학교 때부터 알게 지낸 20년 지기 친구（中学校のときから知り合って過ごしてきた20年来の知己）がポイント。10代から20年過ぎれば30歳を超えるので、③が正解と導けます。なお、友達に会うために運転したのはウンジュなので、①は不正解。そして、彼氏がくれたバッグをくれようとしたのはジミンなので、②も不正解。また、ジミンを訪ねた理由が異なるので、④も不正解です。

【日本語訳】

[1～2] 次を読んで、問いに答えてください。
　「私、もう身軽に暮らすことにしたの」
　その日もジミンの第一声は突然だった。
　「人生というものは、みんなそんなものじゃないの？　私がすごかったね。あなたがすごかったね。言ってみたところで、みんな似たり寄ったりだよ」
　何かにとても腹が立ったように、努めて悲しみを隠そうとするように、ジミンの言葉はよどみなかった。
　「全部必要ない。そうだ、あなた、あのとき、私のブランド物のバッグが気に入ったって言ったよね？　それ、あなた持っていって。それと、あいつがくれたあの指輪も、あなた持っていく？」
　私に持っていけというブランド物のバッグも指輪も、彼氏がジミンにくれたプレゼントだった。涙と鼻水まみれになったであろうジミンの顔が、電話越しにも伝わってくる。
　「ジミン、私、今すぐ行くよ。大丈夫。全部大丈夫だから。ちょっとだけ待っ

てて。すぐに行くよ」

　夜中の2時。私は急いでハンドルを握った。（中略）

「寒いのに何しに来たの？　でも、ウンジュ、あなたしかいない。」

　ジミンの狭い部屋の中には、空の酒瓶があちこちに転がっていた。

「ジミン、私たち、まずご飯を食べよう！」

　中学校のときから知り合って過ごしてきた20年来の知己（ちき）の「経験」から、失恋の痛みを乗り越えるには、ご飯を食べることしかないということを、私もジミンも知っている。私たち二人は、何も言わず冷蔵庫のドアを開けて、早めの食事を準備した。

1. 下線を引いた部分に表れた「ジミン」の心情として、最も適切なものを選んでください。
   ① 混乱しているようだ　　　② めでたい
   ③ 感動的だ　　　　　　　　④ がっかりする

2. 上の文章の内容から分かることを選んでください。
   ① ジミンは友達に会うために、夜明けに運転をした。
   ② 私は、彼氏がくれたカバンをジミンにプレゼントした。
   ③ 私とジミンは10代のときに会って、今は30歳を超えた。
   ④ 私はお酒が飲みたくて、早朝の時間にジミンを訪ねていった。

☑ポイント表現

홀가분하다　気楽だ、心が軽い

마디　（言葉などの）一区切り。한 마디で「一言」。ここでは첫 마디で「第一声」とした

뜬금없다　突然だ、いきなりだ

잘나다　（皮肉交じりに）立派だ、すごい

거기서 거기　似たり寄ったり

뭐　～だよ

잔뜩　いっぱい、みっちり、最大限に

애써　努めて

감추다　隠す

거침(이) 없다　よどみない、はばかるものがない。韓国の名作シットコム「思いっきりハイキック！」の原題は거침없이 하이킥！

명품백[名品-]　ブランド物のバッグ。명품[名品]は「ブランド物」のこと

그 자식[- 子息]　あいつ（相手をののしる言い方）。ちなみに「こいつ」は이 자식。なお、자식[子息]には、息子や娘、子どもの意味もある

범벅　～だらけ、まみれ。「血だらけ」は피범벅

너머로　～越しに、～の向こう側に。ここでは、전화기 너머로도を「電話越しにも」と訳した

운전대[運転-]　（車などの）ハンドル。운전대를 잡다で「ハンドルを握る、運転する」

나뒹굴다　転がる、（物が）雑然と置かれる

163

밥부터 먹자! まずご飯を食べよう！。直訳は「ご飯から食べよう！」

지기[知己] 知己（自分の考えや気持ちをよく理解してくれる人）、知人。ここでは、**지기 친구**[知己 親旧]を「知己」と訳した

짬밥 経験、キャリア。年輪[年輪]、経験値[経験値]などと言い換えられる表現

아픔을 이겨 내다 痛みに打ち勝つ。ここでは「痛みを乗り越える」と訳した

혼란스럽다[混乱---] 混乱しているようだ、乱れているようだ

경사스럽다[慶事---] めでたい

감격스럽다[感激---] 感激だ、感動的だ

실망스럽다[失望---] がっかりする、失望する

\ 🔍 知っておきたい！ /

짬밥は잔반(残飯)に由来し、もともと「軍隊で食べるご飯」を意味した言葉です。軍隊でご飯を食べる回数が多いほど、経験がある軍人であることから、짬밥が「経験」を表す言葉になったと言われています。

📄 **問題パターン** 文章を読み、2つの問いに答える問題です。44はカッコ内に入る適切なものを選ぶ問題です。45は文章のテーマを選ぶ問題です。

💡 **正解を導くヒント** 44はパターン6［該当問題：読解問題16～18］の同じ種類の問いです。また、45はパターン13［該当問題：読解問題35～38］の同じ種類の問いです。語彙面でも文法面でも難易度が上がるので、文章全体の流れをしっかり把握したうえで、問いに答えましょう。

練習問題

[1～2]다음을 읽고 물음에 답하십시오.

　통일 신라 시대의 대표적인 사찰로는 불국사가 있다. 불국사는 삼국 통일 이후 달라진 신라의 (　　　　　　　　　) 보여 주는데 거기에는 석가탑과 다보탑이 있다. 화려한 다보탑에 비해 석가탑은 그 모습이 수수한데, 석가탑에는 가슴 아픈 사랑의 전설이 담겨 있다. 당시 신라에서는 백제 출신의 석공인 아사달이 탑 만드는 기술이 아주 뛰어난 것으로 유명했다. 그래서 아사달은 불국사의 석가탑을 짓기 위해 아내인 아사녀를 고향에 남겨 둔 채 혼자 신라로 오게 되었다. 아사달이 몇 해가 지나도 돌아오지 않자 아사녀는 남편을 찾아 신라로 갔지만 만날 수 없었다. 불국사의 스님은 아사녀에게 완성된 탑의 그림자가 연못에 비치면 만날 수 있을 것이라고 했다. 이에 아사녀는 연못에 석가탑의 그림자가 비칠 날만 손꼽아 기다렸지만 아무리 기다려도 그림자는 나타나지 않았다. 결국 아사녀는 슬픔을 못 이기고 연못에 뛰어들고 말았다. 하지만 석가탑은 완성되지 않았던 것이 아니라, 단지 그림자가 비치지 않았을 뿐이라고 한다. 그러기에 석가탑을 '그림자가 없는 탑' 일명 '무영탑'이라고도 한다. 아내의 소식을 모르는 아사달은 탑이 다 완성한 후에 아사녀를 만나러 고향에 돌아갔지만 사랑하는 아내는 이미 이 세상에 없었다.

1. (   )에 들어갈 말로 가장 알맞은 것을 고르십시오.
   ① 오랜 역사와 무역 발전상을
   ② 인구 변화와 경제 발전의 모습을
   ③ 거대해진 영토와 화려해진 전술을
   ④ 높은 문화 수준과 뛰어난 건축 기술을

2. 윗글의 주제로 가장 알맞은 것을 고르십시오.
   ① 불국사는 아사달이 완성시켰다.
   ② 불국사는 한국의 대표적인 사찰이다.
   ③ 불국사의 석가탑은 수수하고 다보탑은 화려하다.
   ④ 불국사의 석가탑에는 슬픈 사랑 이야기가 전해져 온다.

解答・解説

正解：1. ④　　2. ④

☆正解への道！

1. カッコの後ろに出てくる**석가탑과 다보탑**（釈迦塔と多宝塔）が正解を導くポイントです。この単語の意味が分からなくても、前の部分で登場する**사찰**（寺院）や**불국사**（仏国寺）から、「寺に関係した文化財や建築物を意味する単語」という推測が成り立ちます。文化財や建築物に関連した選択肢が④しかないので、これを正解として選べます。

2. **석가탑에는 가슴 아픈 사랑의 전설이 담겨 있다**（釈迦塔には胸の痛む愛の伝説が込められている）とあり、その後アサダルとアサニョの悲恋の話が述べられています。従って、この文章のテーマは④です。なお、②は④の内容を導くための導入部分に過ぎないので、不正解です。

【日本語訳】

[1～2]次を読んで、問いに答えてください。

　統一新羅時代の代表的な寺院としては、仏国寺がある。仏国寺は、三国統一以後に変わった新羅の（　　　　　　　）を見せてくれるが、そこには釈迦塔と多宝塔がある。華麗な多宝塔に比べて、釈迦塔はその姿が地味だが、釈迦塔には胸の痛む愛の伝説が込められている。当時、新羅では百済出身の石工であるアサダルが、塔を作る技術が非常に優れていることで有名だった。そのため、アサダルは仏国寺の釈迦塔を建てるために、妻のアサニョを故郷に残したまま、一人で新羅に来ることになった。アサダルが何年経っても帰ってこないと、アサニョは夫を訪ねて新羅に行ったが、会うことができなかった。仏国寺の僧侶はアサニョに、完成した塔の影が池に映れば会えるだろうと言った。これに、アサニョは池に釈迦塔の影が映る日ばかりを指折り数えて待ったが、いくら待っても影は現れなかった。結局、アサニョは悲しみに打ち勝つことができず、池に飛び込んでしまった。しかし、釈迦塔は完成しなかったのではなく、ただ影が映らなかっただけだという。そのため、釈迦塔を「影のない塔」、別名「無影塔」とも言う。妻の消息を知らないアサダルは塔を完成したのち、アサニョに会いに故郷に帰ったが、愛する妻はすでにこの世にいなかった。

1. (　　　　　)に入る言葉として、最も適切なものを選んでください。
   ① 長い歴史と貿易発展の様子を
   ② 人口変化と経済発展の様子を
   ③ 巨大になった領土と華やかになった戦術を
   ④ 高い文化水準と優れた建築技術を

2. 上の文章のテーマとして、最も適切なものを選んでください。
   ① 仏国寺はアサダルが完成させた。
   ② 仏国寺は韓国の代表的な寺院である。
   ③ 仏国寺の釈迦塔は地味で、多宝塔は華やかだ。
   ④ 仏国寺の釈迦塔には悲しい恋物語が伝えられている。

☑ポイント表現

통일 신라 시대[統一 新羅 時代]　統一新羅時代(677〜935)。三国(高句麗·新羅·百済)が統一され、新羅が朝鮮半島唯一の国家であった時代

사찰[寺刹]　寺院

불국사[仏国寺]　仏国寺。韓国慶尚北道慶州市にある仏教寺院。1995年、ユネスコの世界文化遺産に登録された

삼국 통일[三国 統一]　三国(高句麗·新羅·百済)時代を経て、新羅が三国の統一を果たしたことを意味する

석가탑[釈迦塔]　釈迦塔。仏国寺の釈迦塔は国宝に指定されている

다보탑[多宝塔]　多宝塔

화려하다[華麗--]　華麗だ、華やかだ

수수하다　地味だ

담겨 있다　込められている

백제[百済]　半島南西部にあった三国時代の国家の一つ。660年、唐と新羅の連合軍によって滅ぼされた

석공[石工]　石工

아사달[阿斯達]　アサダル。百済の石工の名前

아사녀[阿斯女]　アサニョ。アサダルの妻

남겨 두다　残しておく。남기다(残す) + -아/어 두다(〜しておく)。ここでは「残す」と訳した

스님　お坊さん、僧侶

그림자　影

연못[蓮-]　池

비치다　映る

손꼽아 기다리다　指折り数える

뛰어들다　飛び込む、首を突っ込む

-고 말다　〜してしまう

일명[一名]　(副詞的に)別名

발전상[発展相]　発展の様子

パターン17

該当問題:
読解問題46〜47

(📋 問題パターン) 文章を読み、2つの問いに答える問題です。46は文章に表れた筆者の態度を問う問題です。47は文章の内容と合うものを選ぶ問題です。

(💡 正解を導くヒント) 読解問題は50問・19パターンありますが、最後のほうに当たるパターン17には、語彙面でも文法面でも難易度が高い文章が出題される傾向にあります。これまでも、文章の内容と合うものを選ぶ問題は出てきましたが、難易度が上がっている分、文章全体の流れをよりしっかり把握したうえで、問いに答えることが大切です。

練習問題

[1〜2] 다음을 읽고 물음에 답하십시오.

　최근 외식업계에서는 임금 상승과 인력난으로 사람을 대신하는 다양한 기계가 등장하고 있다. 식당에 들어서면 입구에서부터 주문과 결제를 담당하는 기계가 먼저 손님을 맞는다. 그리고 입구에는 없지만 각 테이블마다 주문을 위한 단말기가 놓여 있는 경우도 많다. 디지털 기기에 익숙한 젊은이들은 이런 주문 방식을 더 편리하게 여긴다. 번거롭게 점원을 부를 필요 없이 앉은 자리에서 편하게 주문할 수 있기 때문이다. 반면 기계를 다루는 것이 익숙하지 않은 노령층은 전보다 오히려 불편해졌다고 할 수 있다. 그렇기 때문에 국가 차원에서 노인들에게 온라인 금융 서비스와 디지털 주문을 위한 교육 지원을 하고 있다. 하지만 아직 규모나 접근성의 측면에서 충분하다고 볼 수는 없다. 앞으로도 여러 산업 분야에서 기계 사용의 확대는 불가피할 것으로 보인다. 그렇기에 일부가 아닌 사회 구성원 전체가 기계화의 편리함을 함께 누릴 수 있게 다각적인 측면에서 더욱 노력해 가야 한다.

1. 윗글에 나타난 필자의 태도로 가장 알맞은 것을 고르십시오.
   ① 기계화로 인해 생활이 더 편리해진 것을 환영하고 있다.
   ② 젊은 층들이 기계에 너무 의존하는 것을 우려하고 있다.
   ③ 고령자층에게 교육 지원을 하는 것은 예산 낭비라 비판하고
      있다.
   ④ 기계화의 편리함을 다 함께 나눌 수 있어야 한다고 강조하고
      있다.

2. 윗글의 내용과 같은 것을 고르십시오.
   ① 음식점에서 기계를 통해 주문을 해야 하는 경우가 많아졌다.
   ② 기계는 고장의 위험이 있어서 손님들에게 불편함을 줄 수 있
      다.
   ③ 빠르게 기계화가 되면서 사람들이 더 이상 필요하지 않게 되
      었다.
   ④ 고령자층을 대상으로 하던 국가 차원의 기계화 교육 예산이
      대폭 줄었다.

解答・解説

正解 ： 1 ． ④　　　2 ． ①

1. 筆者が述べたいテーマであり、なおかつ筆者の態度が表れているのは、**사회 구성원 전체가 기계화의 편리함을 함께 누릴 수 있게 다각적인 측면에서 더욱 노력해 가야 한다**(社会構成員全体が、機械化の便利さをともに享受できるよう、多角的な側面でさらに努力していかなければならない)という部分。従って、この内容をまとめた④が正解です。本文の**누리다**(享受する)が、④では**나누다**(分かち合う)に言い換えられています。

2. 本文に「外食業界では多様な機械が登場している」「注文や決済を担当する機械や注文のための端末機が設置されている」という内容の文があるので、正解は①。②、③については言及がありません。高齢者層を対象にした、国家レベルの教育支援については述べられていますが、予算が大幅に減ったとは書かれていないので、④も不正解です。

【日本語訳】

[1～2] 次を読んで、問いに答えてください。

　最近、外食業界では賃金上昇と人材難で人に代わる多様な機械が登場している。食堂に入ると、入口から注文と決済を担当する機械が、先に客を迎える。そして入口にはないが、各テーブルごとに注文のための端末機が置かれている場合も多い。デジタル機器に慣れている若者たちは、このような注文方式をより便利に思う。わずらわしく店員を呼ぶ必要がなく、座った席から楽に注文できるからだ。反面、機械を扱うことに慣れていない高齢者層は、以前よりむしろ不便になったと言える。そのため、国家レベルで、高齢者にオンライン金融サービスとデジタル注文のための教育支援を行っている。 しかし、まだ規模やアクセスのしやすさの側面から、十分だとは見ることはできない。 今後も、さまざまな産業分野で機械使用の拡大は避けられないものと見られる。そのため、一部ではない社会構成員全体が、機械化の便利さをともに享受できるよう、多角的な側面でさらに努力していかなければならない。

1. 上の文章に表れた筆者の態度として、最も適切なものを選んでください。

① 機械化により、生活がより便利になったことを歓迎している。

② 若者層が機械に依存しすぎることを懸念している。

③ 高齢者層に教育支援をするのは、予算の浪費であると批判している。

④ 機械化の便利さを、皆でともに分かち合わなければならないと強調している。

2. 上の文章の内容と一致するものを選んでください。

① 飲食店で、機械を通じて注文をしなければならない場合が多くなった。

② 機械は故障の危険があるので、客に不便さを与え得る。

③ 急速に機械化され、人々はこれ以上必要とされなくなった。

④ 高齢者層を対象にしていた国家レベルの機械化教育予算が、大幅に減った。

☑ポイント表現

외식업계[外食業界]　外食業界

임금 상승[賃金 上昇]　賃金上昇

인력난[人力難]　人材難

대신하다[代身 --]　代わる

결제[決済]　決済

단말기[端末機]　端末機

여기다　思う

번거롭다　わずらわしい、面倒くさい

노령층[老齢層]　高齢者層

차원[次元]　レベル、次元

접근성[接近性]　アクセスのしやすさ

불가피하다[不可避 --]　不可避だ、避けられない

누리다　享受する

우려하다[憂慮 --]　懸念する、懸念する

기계화[機械化]　機械化

교육 지원[教育 支援]　教育支援

빠르게　速く、急速に

대폭[大幅]　大幅に

パターン18

第
2
章
パターン別完全攻略
▼
2
時
間
目
読解

（📄 問題パターン） 文章を読み、３つの問いに答える問題です。48を筆者が文章を書いた目的を問う問題です。49はカッコ内に入る適切なものを選ぶ問題です。50は文章の内容と合うものを選ぶ問題です。

（💡 正解を導くヒント） 読解問題の最後の大問では、３つのバラエティに富んだ問題が出題され、文章の内容を把握しているかが問われます。１つの文章で３つの問題を解答できるという、ある意味「一粒で三度おいしい」大問です。TOPIK6級合格を目指したい人は、このパターン18は得点しておきたいところです。キーワードになりそうな部分に丸をつけながら、細部までしっかり読んでいきましょう。

練習問題

[1~3] 다음을 읽고 물음에 답하십시오.

　공기업 지역할당제는 지방 소재의 공기업에서 채용 인원의 30%를 그 지역에 있는 대학 출신의 학생을 채용하는 제도를 말한다. 이것은 현재 한국에서 시행하고 있는 제도로 지방대 학생들에게 많은 지지를 얻고 있다. 또한 해마다 정원 미달로 골머리를 앓는 지방 대학들의 정원 확보에도 큰 도움이 되고 있다. 반면 수도권 대학의 학생들은 오히려 역차별이라며 불만을 드러내고 있다. 왜냐하면 취업 단계에서 실력이 아닌 지역이라는 잣대를 들이댄다면 오히려 공정성에 어긋날 수 있다고 보기 때문이다. 현재 한국에서는 출신지, 학력, 성별 등 불합리한 차별을 야기할 수 있는 항목을 요구하지 않고 오로지 직무 능력만으로 평가하여 인재를 뽑는 블라인드 채용을 실시하는 기업들도 늘어나고 있다. 이런 흐름에서 보면 공기업 지역할당제는 그러한 취지와는 완전히 반대되는 제도라고 할 수 있다. 요즘과 같이 대졸자의 취업난이 극심한 상황에서 (　　　　　　) 것은 많은 구직자가 부당함을 느낄 수 있는 부분이므로 이 제도의 존립 여부나 채용 비율에 대해서는 좀 더 신중한 논의가 필요하다.

1. 윗글을 쓴 목적으로 가장 알맞은 것을 고르십시오.
    ① 공기업 지역할당제가 지니는 문제점을 지적하려고
    ② 서울 소재 대학교와 지방 대학교의 차이점을 비교하려고
    ③ 우수 학생 확보를 위한 공기업의 인재 영입 전략을 소개하려고
    ④ 블라인드 채용이 왜 수도권 대학 학생들에게 유리한지를 설명하려고

2. (   )에 들어갈 말로 가장 알맞은 것을 고르십시오.
    ① 블라인드 채용을 선택하는
    ② 지원자의 공기업 경력을 보는
    ③ 직무 능력만으로 사람을 뽑는
    ④ 출신 대학의 소재지를 따지는

3. 윗글의 내용과 같은 것을 고르십시오.
    ① 공기업 지역할당제는 우수한 학생들을 선발하기 위해 만든 제도이다.
    ② 블라인드 채용은 공기업 지역할당제의 해결책으로서 새로 나온 제도이다.
    ③ 서울 소재 대학에 다니는 학생들은 공기업 지역할당제의 혜택을 못 받는다.
    ④ 공기업 지역할당제 도입으로 인해 수도권 대학들이 정부에 항의를 하고 있다.

解答・解説

正解： 1. ①　　　 2. ④　　　 3. ③

☆正解への道！

1. 問題文の最後に、公企業地域割当制に関して좀 더 신중한 논의가 필요하다(も う少し慎重な議論が必要だ)とあり、この部分が筆者の主張であり、かつ文 章を書いた目的です。「慎重な議論が必要」という表現はつまり、「公企業地 域割当制に問題点がある」ということを示唆しているので、正解は①です。

2. カッコの直後にある、많은 구직자가 부당함을 느낄 수 있는 부분(多くの求職 者が不当さを感じ得る部分)が正解を導くポイントです。カッコを含む文は、 「公企業地域割当制の問題点」を述べています。そのため、カッコの中に入 るのは「公企業地域割当制によって不当さを感じること」。本文の冒頭で述 べられている通り、公企業地域割当制は採用人員の30％を地方大学出身の 大学生にしなくてはなりません。ですから、公企業は採用段階で、志願者 の出身大学が地方にあるかどうかを調べることになります。従って、正解 は④です。

3. 공기업 지역할당제는 지방 소재의 공기업에서 채용 인원의 30%를 그 지역에 있 는 대학 출신의 학생을 채용하는 제도를 말한다. (公企業地域割当制は、地方 に所在する公企業で、採用人員の30％をその地域にある大学出身の学生を 採用する制度を言う。)や수도권 대학의 학생들은 오히려 역차별이라며 불만을 드러내고 있다(首都圏の大学の学生たちは、むしろ逆差別だと不満をあらわ にしている)から、首都圏内であるソウルにある大学に通う学生は、この制 度の恩恵を受けられないことが分かります。従って、正解は③です。

【日本語訳】

[1～3] 次を読んで、問いに答えてください。

　公企業地域割当制は、地方に所在する公企業で、採用人員の30％をその地 域にある大学出身の学生を採用する制度を言う。これは現在韓国で施行して いる制度で、地方大の学生たちから多くの支持を得ている。 また、毎年定員 割れで頭を悩ませる、地方大学の定員確保にも大きく役立っている。反面、 首都圏の大学の学生たちは、むしろ逆差別だと不満をあらわにしている。な ぜなら、就職段階で実力ではない、地域という物差しを突きつければ、むし

ろ公正性に外れ得ると見るためだ。 現在、韓国では出身地、学歴、性別など不合理な差別を引き起こしかねない項目を要求せず、もっぱら職務能力で評価して人材を選抜するブラインド採用を実施する企業も増えている。 このような流れから見れば、公企業地域割当制は、そのような趣旨とは完全に反対の制度と言える。最近のように、大卒者の就職難が深刻な状況で（　　　　　）のは、多くの求職者が不当さを感じ得る部分であるため、この制度が存立するかどうかや、採用比率については、もう少し慎重な議論が必要だ。

1. 上の文章を書いた目的として、最も適切なものを選んでください。
  ① 公企業地域割当制が持つ問題点を指摘しようと
  ② ソウルに所在する大学と、地方の大学の違いを比較しようと
  ③ 優秀な学生獲得のための公企業の人材獲得戦略を紹介しようと
  ④ ブラインド採用が、なぜ首都圏の大学の学生に有利なのかを説明しようと

2. （　　　　　）に入る言葉として、最も適切なものを選んでください。
  ①ブラインド採用を選択する　　②志願者の公企業の経歴を見る
  ③職務能力だけで人を選抜する　　④出身大学の所在地を問う

3. 上の文章の内容と一致するものを選んでください。
  ① 公企業地域割当制は、優秀な学生を選抜するために作った制度である。
  ② ブラインド採用は、公企業地域割当制の解決策として新たに登場した制度である。
  ③ ソウルに所在する大学に通う学生は、公企業地域割当制の恩恵を受けられない。
  ④ 公企業地域割当制の導入により、首都圏の大学が政府に抗議をしている。

☑ポイント表現

공기업 지역할당제[公企業 地域割当制]
公企業地域割当制。地方にある公企業で、採用人員の30%を、その地域にある大学出身の学生から採用する制度
공기업[公企業]　公企業。国や地方公共団体が所有・経営する企業を指す。한국전력(韓国電力)、서울교통공사(ソウル交通公社)、한국방송공사(韓国放送公社、KBS)などがそれに当たる。いわゆる「一般企業」は사기업[私企業]
채용 인원[採用 人員]　採用人員
지방대[地方大]　地方大。地方にある大学のこと。ソウルにある大学のことは인서울(英語のin Seoulに由来)という。인서울は就職に有利なため、人気が高い

지지[支持]　支持

정원 미달[定員 未達]　定員割れ

골머리를 앓다　頭を悩ます。同じ意味で
골치를 앓다もある

역차별[逆差別]　逆差別

드러내다　あらわにする

취업[就業]　就業、就職

잣대를 들이대다　物差しを突きつける

공정성[公正性]　公正性

어긋나다　外れる、ずれる

야기하다[惹起--]　引き起こす

항목[項目]　項目

오로지　もっぱら、ひたすら

직무 능력[職務 能力]　職務能力

뽑다　選抜する、引き抜く

블라인드 채용[---- 採用]　ブラインド採
用。採用選考の過程で、応募者の写真や出
身地、学歴、性別などの個人情報を見ず、
キャリアと能力だけで採用を決定する方式

취지[趣旨]　趣旨

대졸자[大卒者]　大卒者

취업난[就業難]　就職難

극심하다[極甚--]　はなはだしい、激しい。
ここでは「深刻だ」と訳した

구직자[求職者]　求職者

부당함[不当-]　不当なこと、不当さ

- (이)므로　(名詞について)～であるので。
原因・理由・根拠を表す。書き言葉や、演説、
プレゼンなどの公式的なシチュエーション
で使われる

존립 여부[存立 与否]　存立するかどうか。
여부[与否]は「可否」のこと

지니다　持つ

차이점[差異点]　違い

영입[迎入]　獲得、迎え入れること、スカ
ウト

따지다　問う、問いただす、明らかにする

혜택[恵沢]　恩恵、特典

第 **3** 章

模試 1 回目

🔖 模試1回目　表紙と裏表紙の日本語訳

本書では、実際の TOPIK II と似た形式の表紙と裏表紙を掲載しています。以下がその日本語訳となりますので、参考にしてください。

【表紙】181 ページ

韓国語能力試験
1時間目　聞き取り、筆記
受験番号
名前　韓国語
　　　英語

【表紙】199 ページ

韓国語能力試験
2時間目　読解
受験番号
名前　韓国語
　　　　　　英語

【裏表紙】182 ページ、200 ページ

注意事項
1. 試験開始の指示があるまで、問題を開かないでください。
2. 受験番号と名前を正確に書いてください。
3. 答案用紙をしわくちゃにしたり、破ったりしないでください。
4. 答案用紙の名前、受験番号、および正答の記入は、配布されたペンを使用してください。
5. 正答は、答案用紙に正確に表示してください。
6. 問題を読むときは、声が出ないようにしてください。
7. 質問があるときは手を挙げて、監督官が来るまでお待ちください。

★筆記問題の最後にある韓国語文★ 198 ページ

1時間目の聞き取り、筆記試験が終わりました。
2時間目は読解試験です。

한국어능력시험
The Test of Proficiency in Korean

TOPIK II

1교시	듣기 , 쓰기 (Listening, Writing)

수험번호 (Registration No.)	
이 름 (Name)	한국어 (Korean)	
	영 어 (English)	

유 의 사 항
Information

1. 시험 시작 지시가 있을 때까지 문제를 풀지 마십시오.

   Do not open the booklet until you are allowed to start.

2. 수험번호와 이름을 정확하게 적어 주십시오.

   Write your name and registration number on the answer sheet.

3. 답안지를 구기거나 훼손하지 마십시오.

   Do not fold the answer sheet; keep it clean.

4. 답안지의 이름, 수험번호 및 정답의 기입은 배부된 펜을 사용하여 주십시오.

   Use the given pen only.

5. 정답은 답안지에 정확하게 표시하여 주십시오.

   Mark your answer accurately and clearly on the answer sheet.

   marking example ① ● ③ ④

6. 문제를 읽을 때에는 소리가 나지 않도록 하십시오.

   Keep quiet while answering the questions.

7. 질문이 있을 때에는 손을 들고 감독관이 올 때까지 기다려 주십시오.

   When you have any questions, please raise your hand.

TOPIK Ⅱ 듣기(1번~50번)

※ [1~3] 다음을 듣고 가장 알맞은 그림 또는 그래프를 고르십시오. (각 2점)

⬇ DL 20-22

1. ①
②
③
④

2. ①
②
③
④

3.

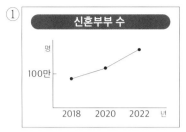

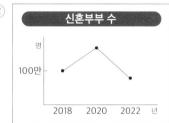

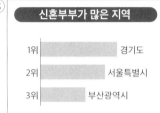

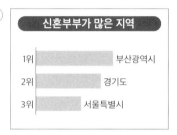

※ [4~8] 다음을 듣고 이어질 수 있는 말로 가장 알맞은 것을 고르십시오. (각 2점) ⬇ DL 23-27

4. ① 그럼, 3시에 정문에서 만나자.

② 그래. 오늘도 같이 가면 좋겠다.

③ 시간 없으면 다음에 같이 가면 돼.

④ 내일이 마감인 보고서를 써야 하거든.

5. ① 물론이죠. 빨리 가 보세요.

② 그래요? 얼른 연락해 봐야겠어요.

③ 그럼요. 일요일에는 문을 닫는 병원이 많아요.

④ 맞아요. 그 병원에는 항상 사람이 많더라고요.

6. ① 난 새것보다는 쓰던 게 더 편해.

   ② 가격이 많이 비싸면 안 사면 되지.

   ③ 이번에 나온 최신 휴대폰은 성능이 좋아.

   ④ 한번 고쳐 보고 그래도 느리면 바꿔야겠다.

7. ① 네, 바쁠수록 돌아가야지요.

   ② 일은 힘들지만 보람이 있습니다.

   ③ 미팅은 3층 회의실에서 있습니다.

   ④ 그럼, 점심 먹고 2시쯤 가겠습니다.

8. ① 주연보다는 조연이 빛나는 작품이군요.

   ② 어떤 모습을 보여 주실지 정말 기대가 되네요.

   ③ 익숙해질 때까지 시간이 걸리는 게 당연하지요.

   ④ 다 감독님께서 연기를 잘 지도해 주신 덕분입니다.

※ [9~12] 다음을 듣고 <u>여자가</u> 이어서 할 행동으로 가장 알맞은 것을
  고르십시오. (각 2점)　　　　　　　　　　　　⬇ DL 28-31

9. ① 토마토를 딴다.　　　　② 차를 운전한다.

   ③ 찬물을 마신다.　　　　④ 식물에 물을 준다.

10. ① 야채를 그릇에 담는다.　　② 고기를 구워서 먹는다.

    ③ 친구와 셀카를 찍는다.　　④ 반찬을 추가로 주문한다.

11. ① 숙제를 한다.　　　　　② 장을 보러 간다.

    ③ 텔레비전을 본다.　　　④ 친구를 만나러 나간다.

12. ① 서류를 복사한다.

　　② 참가 인원 명단을 작성한다.

　　③ 회의 자료를 가방에 넣어 놓는다.

　　④ 가방 안에 있는 서류를 확인한다.

※　[13~16] 다음을 듣고 들은 내용과 같은 것을 고르십시오. (각 2점)

⬇ DL 32-35

13. ① 두 사람은 같이 선풍기를 사러 갔다.

　　② 여자는 물건을 살 때 영수증을 안 받았다.

　　③ 여자는 산 물건이 고장 나서 바꾸려고 한다.

　　④ 남자는 영수증을 지참하고 다른 것으로 교환했다.

14. ① 청소할 때 시끄러울 수 있다.

　　② 청소는 오늘 오전 중에 할 예정이다.

　　③ 청소할 때 복도에는 물이 튈 수 있다.

　　④ 오후에는 다른 단지를 청소할 것이다.

15. ① 수능은 기출문제에서 나온다.

　　② 수능까지는 약 3개월이 남았다.

　　③ 수능은 각 대학교에서 실시한다.

　　④ 학원들의 유명 강좌는 매진되었다.

16. ① 여자는 선택의 갈림길에 놓인 적이 있다.

　　② 여자는 이번에 처음으로 수필 책을 냈다.

　　③ 여자는 다른 사람의 의견을 소중히 여긴다.

　　④ 에세이에는 다양한 문제에 대한 정답이 적혀 있다.

※ [17~20] 다음을 듣고 <u>남자</u>의 중심 생각으로 가장 알맞은 것을 고르십시오. (각 2점)　　　　　⬇ DL 36-39

17. ① 벽지는 두꺼운 것이 좋다.
　② 집에서는 꽃을 키우면 안 된다.
　③ 벽지는 무늬가 없는 것이 좋다.
　④ 이사를 더 이상 안 하는 게 낫다.

18. ① 쓰레기는 그때그때 분리해 놓는 게 좋다.
　② 깨끗한 집을 위해서는 쓰레기를 안 버리면 된다.
　③ 분리수거하는 날에 맞추어 쓰레기를 버려야 한다.
　④ 버리기 전에 한번에 확인해서 분리하는 게 더 편하다.

19. ① 투자하는 것이 재미있다.
　② 적금은 이자를 많이 주니까 좋다.
　③ 원금을 날리면 마음이 좋지 않다.
　④ 수익이 높기 때문에 투자를 한다.

20. ① 음악은 연주자와 듣는 사람을 연결해 준다.
　② 작곡을 할 때 연주자의 감정이입이 중요하다.
　③ 연주자는 청중들의 감정을 생각하며 연주한다.
　④ 같은 음악이라도 해도 악기에 따라 다르게 표현된다.

第3章 模試1回目 ▼　①時間目 問題

21. 남자의 중심 생각으로 가장 알맞은 것을 고르십시오.

    ① 단점은 최대한 안 보이게 쓰는 것이 좋다.
    ② 입사 지원서는 장점 부분이 가장 중요하다.
    ③ 장점 부분은 업무와 관련지어 작성해야 한다.
    ④ 성격의 장·단점 부분은 고칠 곳이 전혀 없다.

22. 들은 내용과 같은 것을 고르십시오.

    ① 남자는 대기업에 지원하려고 한다.
    ② 여자의 입사 지원서에는 단점이 적혀 있다.
    ③ 채용자는 지원자의 용모를 중요하게 여긴다.
    ④ 입사 지원서는 간결하고 명확하게 써야 한다.

23. 남자가 무엇을 하고 있는지 고르십시오.

    ① 만료된 여권을 갱신하고 있다.
    ② 여권 재발급 장소를 확인하고 있다.
    ③ 여권 재발급 방법을 알아보고 있다.
    ④ 분실한 여권의 재발급을 받으려고 한다.

24. 들은 내용과 같은 것을 고르십시오.

    ① 여권 만기일이 지나면 재발급이 불가능하다.
    ② 여권 재발급을 위해 시청에 가지 않아도 된다.

③ 만기된 여권은 6개월 이내에 재발급해야 한다.

④ 직접 방문할 경우에는 재발급 수수료가 더 싸다.

※ **[25~26] 다음을 듣고 물음에 답하십시오. (각 2점)**　　　　↓ DL 42

25. 남자의 중심 생각으로 가장 알맞은 것을 고르십시오.

① 밀가루로 만든 빵이 쌀가루로 만든 빵보다 더욱 맛있다.

② 쌀가루로 만든 빵은 밀가루로 만든 빵을 대신할 수 있다.

③ 다른 제과점에서도 쌀가루를 사용해 빵을 만들어야 한다.

④ 손님들은 밀가루로 만든 빵을 먹으려고 이 가게를 방문한다.

26. 들은 내용과 같은 것을 고르십시오.

① 쌀가루가 밀가루보다 건강에 좋다.

② 농촌진흥청에서 남자에게 상을 주었다.

③ 남자는 쌀가루로 만든 빵을 판매하고 있다.

④ 쌀가루로 빵을 만드는 제과점이 늘어나고 있다.

※ **[27~28]다음을 듣고 물음에 답하십시오. (각 2점)**　　　　↓ DL 43

27. 남자가 말하는 의도로 알맞은 것을 고르십시오.

① 직장인 여성들이 이직하는 이유를 설명하려고

② 다자녀 가구가 누릴 수 있는 제도를 알려 주려고

③ 다자녀 가구에 관련된 제도의 문제점을 지적하려고

④ 직장에서 승진을 하려면 다자녀가 유리하다고 말하려고

28. 들은 내용과 같은 것을 고르십시오.

① 다자녀 가구의 자녀는 의료비가 무료이다.
② 자녀가 한 명이라도 다자녀 가구에 포함된다.
③ 육아 휴직을 이용하게 되면 승진에 불리하다.
④ 다자녀를 키우려면 부모님의 도움이 절실하다.

※ [29~30] 다음을 듣고 물음에 답하십시오. (각 2점)　　　⬇ DL 44

29. 남자가 누구인지 고르십시오.

① 은행에서 일하는 사람
② 웹 디자인을 하는 사람
③ 치과에서 치료하는 사람
④ 모바일 금융 앱을 만든 사람

30. 들은 내용과 같은 것을 고르십시오.

① 이 앱은 송금 수수료가 비싸지만 간편하다.
② 이 은행 점포는 시간에 관계없이 언제든 열려 있다.
③ 남자는 치과 업무가 맞지 않아서 새로운 일을 찾았다.
④ 앱 이용으로 개인이 소유한 계좌를 다 같이 관리할 수 있다.

※ **[31~32] 다음을 듣고 물음에 답하십시오. (각 2점)** ⬇ DL 45

31. 남자의 중심 생각으로 가장 알맞은 것을 고르십시오.

① 외국인 가사관리사를 도입하면 맞벌이 가정에 도움이 된다.

② 외국인 가사관리사는 자격증이 있기 때문에 별 문제가 없다.

③ 제도 시행이 본격화되면 많은 사람들이 이용하려고 할 것이다.

④ 제도 시행은 다양한 각도에서 고민해 보고 천천히 결정해야 한다.

32. 남자의 태도로 가장 알맞은 것을 고르십시오.

① 제도 도입 시 예상되는 문제점에 대해 우려하고 있다.

② 제도 시행 후 부작용에 대한 해결책을 요구하고 있다.

③ 상대방을 설득하기 위해 새로운 대안을 제시하고 있다.

④ 상대방의 의견을 받아들여 자신의 의견을 번복하고 있다.

※ **[33~34] 다음을 듣고 물음에 답하십시오. (각 2점)** ⬇ DL 46

33. 무엇에 대한 내용인지 알맞은 것을 고르십시오.

① 플라스틱 제품의 사용 방법

② 플라스틱 사용의 이점과 문제점

③ 플라스틱 제품 사용 시 유의 사항

④ 플라스틱 제품과 유리 제품의 차이점

34. 들은 내용과 같은 것을 고르십시오.

　　① 플라스틱은 금속보다 약하다.
　　② 플라스틱은 재활용이 안 된다.
　　③ 친환경 제품들이 출시되고 있다.
　　④ 우리는 매일같이 플라스틱을 사용한다.

※　[35~36] 다음을 듣고 물음에 답하십시오. (각 2점)　　⬇ DL 47

35. 남자는 무엇을 하고 있는지 고르십시오.

　　① 친구에게 축하 메시지를 전하고 있다.
　　② 친구와 지난 일을 언급하며 다투고 있다.
　　③ 친구에게 섭섭했던 마음을 표현하고 있다.
　　④ 신부에게 친구를 믿어 줄 것을 부탁하고 있다.

36. 들은 내용과 같은 것을 고르십시오.

　　① 남자는 민수와 아주 절친한 사이이다.
　　② 남자는 아직 좋은 짝을 찾지 못하고 있다.
　　③ 부모님은 소중한 아들이 결혼해서 시원섭섭하다.
　　④ 결혼 후에 민수를 못 만날 것을 생각하니 슬프다.

※　[37~38] 다음을 듣고 물음에 답하십시오. (각 2점)　　⬇ DL 48

37. 여자의 중심 생각으로 가장 알맞은 것을 고르십시오.

① 전기차는 특히 장거리 이동 시에 편리하다.

② 가까운 미래에 전기차 시대가 열릴 것이다.

③ 전기차는 디자인적인 면에서 만족도가 높다.

④ 충전소가 많이 생기면 비용이 많이 들게 된다.

38. 들은 내용과 같은 것을 고르십시오.

① 내연차는 단거리 이동 시에 불편하다.

② 현재는 전기차보다 내연차가 더 많다.

③ 정부는 내연차를 보급하려고 노력하고 있다.

④ 전기차 제조 기업은 전년 대비 10% 증가했다.

※ [39~40] 다음을 듣고 물음에 답하십시오. (각 2점)　　　　⬇ DL 49

39. 이 대화 전의 내용으로 가장 알맞은 것을 고르십시오.

① 한국에 있는 건물들은 내진 설계가 다 잘 되어 있다.

② 한국에서는 2000년부터 크고 작은 지진이 자주 일어났다.

③ 한국 정부는 더 이상 지진에 대비한 건물을 짓지 않는다고 한다.

④ 한국에서는 옛날과 지금을 통틀어 큰 지진이 일어난 적이 없다.

40. 들은 내용과 같은 것을 고르십시오.

① 지진은 판과 판이 부딪히는 부분에서 발생한다.

② 지진이 일어나면 일단 건물 밖으로 나와야 한다.

③ 앞으로 한국에서 큰 지진은 일어나지 않을 것이다.

④ 지진은 언제 일어날지 모르기 때문에 대비하기 어렵다.

41. 이 강연의 중심 내용으로 가장 알맞은 것을 고르십시오.

① 계피에는 독이 들어 있어서 많이 먹으면 해롭다.
② 한방약은 효능을 생각해서 재료를 선택해야 한다.
③ 계피는 예나 지금이나 생활에서 유용하게 쓰인다.
④ 생강과 함께 계피를 섭취하면 효능이 더 좋아진다.

42. 들은 내용과 같은 것을 고르십시오.

① 계피는 냄새가 고약하여 호불호가 갈린다.
② 계피는 나무에 붙은 이파리를 말린 것이다.
③ 계피는 복용한 약이 잘 들게 해 주는 역할을 한다.
④ "동의보감"에는 계피가 만병통치약이라고 기록되어 있다.

43. 무엇에 대한 내용인지 알맞은 것을 고르십시오.

① 산호의 독특한 번식 과정
② 바닷속에서의 산호의 역할
③ 산호와 물고기의 공생 관계
④ 산호의 특징과 먹이잡이 방식

44. 산호가 입으로 찌꺼기를 뱉어 내는 이유로 맞는 것을 고르십시오.

① 항문이 없어서　　　② 신경이 없어서
③ 소화기관이 없어서　　④ 입이 몸 아래쪽에 있어서

※ [45~46] 다음을 듣고 물음에 답하십시오. (각 2점)   ⬇ DL 52

45. 들은 내용과 같은 것을 고르십시오.

    ① 인류는 치마보다 바지를 먼저 입었다.

    ② 군대가 생겨나면서 바지를 입기 시작했다.

    ③ 바지가 나오자 자전거를 타는 사람이 많아졌다.

    ④ 바지가 인기를 휩쓸면서 치마를 덜 입게 되었다.

46. 여자가 말하는 방식으로 알맞은 것을 고르십시오.

    ① 바지의 개념에 대해 정의하고 있다.

    ② 바지와 치마의 모양을 비교하고 있다.

    ③ 바지를 입게 된 계기에 대해 설명하고 있다.

    ④ 최초로 만들어진 바지의 형태를 묘사하고 있다.

※ [47~48] 다음을 듣고 물음에 답하십시오. (각 2점)   ⬇ DL 53

47. 들은 내용과 같은 것을 고르십시오.

    ① 대학의 정원이 미달되면 학력 수준이 낮아진다.

    ② 학생 수의 급감은 대학 운영의 위기를 야기한다.

    ③ 신입생이 급격히 줄어서 폐강되는 수업이 많아졌다.

    ④ 학생들은 등록금 마련을 위해 학자금을 빌리고 있다.

48. 여자의 태도로 알맞은 것을 고르십시오.

① 학령 인구 절벽의 원인이 정부에 있다고 비판하고 있다.
② 학령 인구 절벽에 대비하기 위한 대안을 제시하고 있다.
③ 학령 인구 절벽에 대한 근거 없는 우려에 대해 경계하고 있다.
④ 학령 인구 절벽에 대한 국가의 대응을 긍정적으로 평가하고 있다.

※ [49~50] 다음을 듣고 물음에 답하십시오. (각 2점)　　　⤓ DL 54

49. 들은 내용과 같은 것을 고르십시오.

① 메타인지에서 중요한 점은 창의력이다.
② 메타인지는 효율적인 학습에 도움이 된다.
③ 메타인지의 향상에는 부모의 칭찬이 필요하다.
④ 메타인지 학습의 저해 요인으로는 불안감이 있다.

50. 남자가 말하는 방식으로 알맞은 것을 고르십시오.

① 요즘 유행하는 학습법들을 분류하고 있다.
② 메타인지 학습법의 장단점을 비교하고 있다.
③ 최근 각광을 받고 있는 학습법을 설명하고 있다.
④ 부모의 관여와 학습 효과의 상관관계를 분석하고 있다.

TOPIK II 쓰기(51번~54번)

※ [51~52] 다음 글의 ⊙과 ⓒ에 알맞은 말을 각각 쓰시오. (각 10점)

51.

⟨☐ ✉ 🗑

제목 : 인주 기업 서류 전형 결과 안내

보낸 사람   인주 기업 ⟨inju○○○@△△△⟩
받는 사람   김민수 ⟨kms○○○@△△△⟩

―――――――――――――――――――――

안녕하세요. 채용 담당자입니다.
축하드립니다. 귀하는 당사의 서류 전형에 합격하셨습니다.
앞으로 서류 전형 합격자를 대상으로 면접을 (⊙   ).
첨부 파일의 (ⓒ   ) 면접에 참석해 주시기 바랍니다.

52.

　　미술 치료를 할 때 치료사는 먼저 환자들에게 그들의 생각과 감정을 (⊙   ). 그러면 환자는 자신이 느낀 것을 표현하면서 마음속의 부정적인 감정들을 완화시킬 수 있다. 아울러 환자는 자신이 좋아하는 색을 보면서 심리적인 (ⓒ   ). 환자가 그림을 완성하면 치료사는 그 그림을 통해 환자의 심리 상태를 파악한다.

53. 다음은 '농·어업 인구수와 연령 변화'에 대한 자료이다. 이 내용을 200~300자의 글로 쓰시오. 단, 글의 제목은 쓰지 마시오. (30점)

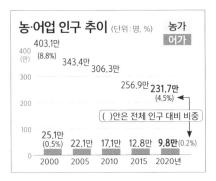

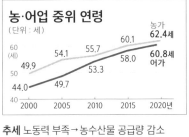

추세 노동력 부족→농수산물 공급량 감소

대책 인력난 해소, 청년들에게 농어업 매력 어필

54. 다음을 참고하여 600~700자로 글을 쓰시오. 단, 문제를 그대로 옮겨 쓰지 마시오. (50점)

재택근무는 업무 형태의 다양성과 비용 절감 등 기업과 직원들에게 이점이 있기 때문에 코로나19 사태 이후에도 다양한 업종에서 채택되어 하나의 일반적인 근무 형태로 자리 잡아가고 있다. 아래의 내용을 중심으로 '포스트 코로나 시대의 재택근무의 필요성과 방향성'에 대한 자신의 의견을 쓰라.

· 재택근무가 필요한 이유는 무엇인가?
· 재택근무를 했을 때 얻을 수 있는 성과는 무엇인가?
· 앞으로 재택근무가 잘 자리 잡기 위해서는 무엇이 뒷받침되어야 하는가?

* 원고지 쓰기의 예

| | 북 | 극 | 곰 | 은 | | 몸 | 에 | | 지 | 방 | 을 | | 저 | 장 | 해 | . | 놓 | 아 | 야 |
| 사 | 냥 | 이 | | 힘 | 든 | | 여 | 름 | 을 | | 버 | 틸 | | 수 | | 있 | 다 | . | | 그 |

제1교시 듣기, 쓰기 시험이 끝났습니다. 제2교시는 읽기 시험입니다.

한국어능력시험

The Test of Proficiency in Korean

TOPIK II

2교시	읽기 (Reading)

수험번호 (Registration No.)		
이 름 (Name)	한국어 (Korean)	
	영 어 (English)	

ALC PLESS INC.

유 의 사 항
Information

1. 시험 시작 지시가 있을 때까지 문제를 풀지 마십시오.
   Do not open the booklet until you are allowed to start.

2. 수험번호와 이름을 정확하게 적어 주십시오.
   Write your name and registration number on the answer sheet.

3. 답안지를 구기거나 훼손하지 마십시오.
   Do not fold the answer sheet; keep it clean.

4. 답안지의 이름, 수험번호 및 정답의 기입은 배부된 펜을 사용하여 주십시오.
   Use the given pen only.

5. 정답은 답안지에 정확하게 표시하여 주십시오.
   Mark your answer accurately and clearly on the answer sheet.

   marking example ① ● ③ ④

6. 문제를 읽을 때에는 소리가 나지 않도록 하십시오.
   Keep quiet while answering the questions.

7. 질문이 있을 때에는 손을 들고 감독관이 올 때까지 기다려 주십시오.
   When you have any questions, please raise your hand.

※ [1~2] (   )에 들어갈 말로 가장 알맞은 것을 고르십시오. (각 2점)

1. 길을 (   ) 친구를 만났다.

　　① 가도　　　　② 가려　　　③ 가다가　　　　④ 가려면

2. 어제 산 옷이 예뻐서 다른 색으로 하나 더 (   ).

　　① 사려고 한다　　　　　　② 사는 편이다
　　③ 산 적이 없다　　　　　　④ 사기 마련이다

※ [3~4] 밑줄 친 부분과 의미가 가장 비슷한 것을 고르십시오. (각 2점)

3. 어차피 지금 <u>가 봤자</u> 시간이 늦어서 아무도 없을 거예요.

　　① 가자마자　　　　　　　② 가느라고
　　③ 가더라도　　　　　　　④ 가려다가

4. 민수는 학교가 바로 집 앞이면서 자주 <u>지각하곤 한다</u>.

　　① 지각할 만하다　　　　　② 지각하기 쉽다
　　③ 지각할 리가 없다　　　　④ 지각하기 일쑤이다

※ [5~8] 다음은 무엇에 대한 글인지 고르십시오. (각 2점)

5.

당신의 건강은 꿀잠으로부터
하루의 피로를 싹 풀어 줄 포근함을 느껴 보세요.

① 식탁　　　② 침대　　　③ 책상　　　④ 의자

6.

수준별 지도로 맞춤 교육!
내신과 수능을 철저히 대비해 드립니다.

① 은행　　　② 학원　　　③ 병원　　　④ 도서관

7.

속도는 줄이고 선은 지키고
모두가 행복한 운전 습관 만들어요.

① 건강 관리　　② 교통 안전　　③ 환경 보호　　④ 화재 예방

8.

진열된 상품은 유리이므로 깨질 수 있습니다
만지지 말고 눈으로만 봐 주세요.

① 주의 사항　　② 이용 안내　　③ 제품 소개　　④ 사용 방법

※ [9~12] 다음 글 또는 그래프의 내용과 같은 것을 고르십시오. (각 2점)

9.

인주시 해수욕장은 아래와 같이 운영됩니다.

■ 개장일 : 7월 12일(수요일)
■ 폐장일 : 8월 25일(금요일)
■ 이용 요금 : 무료(기타 부대시설 등은 유료)
■ 수영 가능 시간 : 오전 9시부터 오후 6시까지

인주 시민은 파라솔, 튜브, 야영장 이용 시 50% 할인해 드립니다.
(해변의 피크닉 테이블과 샤워장 이용은 제외)

① 이 해수욕장은 연중무휴로 운영한다.
② 평일에는 이용 요금을 50% 할인해 준다.
③ 인주 시민은 모든 시설을 반값으로 이용할 수 있다.
④ 샤워장을 사용하려면 누구나 사용료를 지불해야 한다.

10.

어버이날, 자녀들이 주고 싶은 선물과 부모님이 받고 싶은 선물 (현금 제외)

〈자녀들이 주고 싶은 선물〉

6位 가전/스포츠 용품 5%
5位 명품 지갑/ 잡화 7%
4位 패션/뷰티 아이템 10%
3位 상품권 18%
7位 기타 2%
1位 건강식품 33%
2位 여행/나들이 25%

〈부모님이 받고 싶은 선물〉

5位 패션/뷰티 아이템 8%
6位 가전/스포츠 용품 7%
4位 명품 지갑/ 잡화 10%
3位 건강식품 13%
7位 기타 3%
1位 상품권 33%
2位 여행/나들이 29%

조사 대상:고객 1000명 설문 조사

① 두 조사 모두 상품권보다 지갑이 더 인기 있다.
② 부모님은 여행보다 스포츠 용품을 더 선호한다.
③ 두 조사의 최상위 품목은 다르지만 비율은 같다.
④ 부모님에게 가장 인기 있는 선물은 건강식품이다.

11.

올여름 무더위가 예상되는 가운데 에너지 공단에서는 각 기업을 대상으로 에너지 절약 캠페인을 시행하고 있다. 간단하게 기업 내 에너지 절약 장면을 동영상으로 찍어서 올리는 방식이다. 예를 들면 사원들은 자신들의 시원한 복장과 전기 절약 행동 요령을 소개하는 영상을 올리고 있다. 이 캠페인은 6월에 시작되었는데 이미 입소문을 타면서 참신하고 재미있는 영상들이 인기를 끌고 있다.

① 이번 여름에는 습하고 더운 날이 많을 것이다.
② 사원들은 재미있는 동영상을 뽑는 투표를 했다.
③ 기업들이 직원들의 복장 자율화에 찬성하고 있다.
④ 입소문으로 사람들을 캠페인에 참가시키기는 어렵다.

12.

유럽 최대의 한인 주거지가 있는 한 지역에서 한국과의 수교 체결 140년을 기념하여 11월 22일을 김치의 날로 지정했다. 여기에는 겨울을 앞둔 11월에 김장을 하고 김치에 22가지 효능이 있다는 의미가 담겨 있다. 한국의 김장 문화는 유네스코 무형 문화유산으로도 등재되어 있으며 김치는 세계 각지에서 한국의 음식과 문화를 알리는 중심 역할을 하고 있다.

① 한국에서 김장은 늦가을에 한다.
② 유럽은 한국인 이민자가 가장 많다.
③ 김치의 효능을 유럽에서 인정받았다.
④ 국가 간 관계를 맺으면 기념행사를 한다.

※ **[13~15] 다음을 순서에 맞게 배열한 것을 고르십시오. (각 2점)**

13.

> (가) 30도 안팎의 미지근한 물로 씻는 것이 좋다고 한다.
>
> (나) 그러나 뜨거운 물은 오히려 피부를 상하게 할 수 있다.
>
> (다) 노폐물 제거를 위해 뜨거운 물로 세안하는 사람들이 있다.
>
> (라) 그렇다면 피부 손상 없이 씻으려면 물은 몇 도 정도가 좋을까?

① (다)-(가)-(나)-(다)　　　② (다)-(나)-(라)-(가)

③ (라)-(가)-(나)-(다)　　　④ (라)-(다)-(나)-(가)

14.

> (가) 그러나 살이 많이 쪄서 집에서 밥을 지어 먹기로 했다.
>
> (나) 나는 맛있는 음식을 먹기 위해 휴일마다 맛집 탐방을 했다.
>
> (다) 그랬더니 더 이상 휴일이 즐겁지 않고 우울한 기분이 들었다.
>
> (라) 나는 다시 맛집을 찾아다니게 되었고 행복한 휴일을 보내고 있다.

① (가)-(나)-(다)-(라)　　　② (가)-(다)-(라)-(나)

③ (나)-(가)-(다)-(라)　　　④ (나)-(다)-(라)-(가)

15.

> (가) 개미, 제비, 너구리, 메기, 독수리 등 10개이다.
>
> (나) 이 이름 중에는 한국어로 된 이름도 포함되어 있다.
>
> (다) 한 나라에서 같은 시기에 복수의 태풍이 동시에 접근할 수 있다.
>
> (라) 이때 일기예보에서 태풍들이 혼동되지 않도록 이름을 붙이게 되었다.

① (다)-(가)-(나)-(라)   ② (다)-(라)-(나)-(가)
③ (라)-(가)-(다)-(나)   ④ (라)-(다)-(나)-(가)

※ [16~18] (   )에 들어갈 말로 가장 알맞은 것을 고르십시오. (각 2점)

16.

> 로봇이 사람처럼 손을 자유롭게 움직일 수 있게 된다면 우리의 삶은 지금보다 훨씬 더 편리해질 것이다. 굳이 사람이 하지 않아도 되는 반복적인 업무나 부상을 입을 수 있는 위험한 업무를 로봇이 대신할 수 있기 때문이다. 그러나 이것으로 인해 (   ) 될 것이다. 그러므로 노동자는 이에 대비해 로봇이 할 수 없는 일을 찾아야 할 것이다.

① 다양한 로봇을 볼 수 없게
② 진열된 물건들이 파손되게
③ 사람들의 일자리가 줄어들게
④ 가게에 온 손님들이 불편하게

17.
　　치킨과 맥주를 함께 먹는 한국의 치맥 문화가 미국에서 다시 인기를 끌고 있다. 한 치킨 프랜차이즈는 17년 전에 미국에서 한국식 치킨을 파는 매장을 선보였는데, 최근에 (　　　) 크고 작은 매장을 미국 전역으로 확대해 가고 있다. 바삭하고 다양한 맛의 소스를 내세운 한국식 치킨은 한 끼 식사로도 충분하고 술안주로도 그만이라 해외에서도 좋은 반응을 얻고 있다.

① 이전의 불만이 해결되어
② 다시 큰 호응을 얻게 되어
③ 다른 가게가 문을 닫게 되면서
④ 이전보다 주차하기가 편해져서

18.
　　최근 집중호우로 인해 피해를 입은 농가에 이르면 다음 달부터 대규모 지원금이 지급될 예정이다. 농가들은 이 지원금을 복구 작업뿐만 아니라 폐기물 처리비, 시설 보수에도 쓸 수 있다. 또한 이와 관련하여 (　　　) 발생한 물가 인상에 대한 안정화 대책도 실시될 예정이다. 정부는 몇 가지 품목을 정해 수급 불안이 해소될 때까지 최대 30% 할인된 가격으로 구입할 수 있게 지원한다고 밝혔다.

① 가뭄으로 수확이 줄면서
② 수해로 공급이 감소하여
③ 겨울의 극심한 추위로 인해
④ 야생동물로 인한 피해 때문에

요즘 일회용 플라스틱을 대체하는 소재로 주목받고 있는 제품들이 있다. 실제로 먹을 수 있는 재료로 만든 컵이나 빨대, 순가락과 같은 식기구이다. 일본의 한 제과 업체에서는 말차, 호박, 비트, 비지 등의 야채 가루에 밀가루, 설탕, 계란을 반죽해 순가락을 만들었는데 바삭한 스낵처럼 먹을 수 있어 인기를 끌고 있다. (   ) 미국에서는 파스타로 만든 빨대까지 등장했다.

19. (   )에 들어갈 말로 가장 알맞은 것을 고르십시오.

① 만일   ② 비록   ③ 한편   ④ 과연

20. 윗글의 주제로 가장 알맞은 것을 고르십시오.

① 식품으로 만든 그릇은 맛있어서 인기가 있다.
② 환경을 생각해 만든 제품들이 주목받고 있다.
③ 쓰레기를 배출하지 않으려는 노력을 해야 한다.
④ 플라스틱 소재의 용기는 머지않아 사라질 것이다.

> 흔히 운동은 건강에 좋다고 알려져 있다. 그러나 갑자기 하는 지나친 운동은 오히려 건강을 해칠 수도 있다. 많은 사람들이 뱃살을 빼겠다고 윗몸일으키기를 하는데 이것도 무리하게 하면 척추 불균형을 유발하고 허리 건강에 악영향을 끼칠 수 있다. 또한 평소에는 운동과 (   ) 지내다가 가끔 날을 잡아 한꺼번에 몰아서 운동을 하는 사람들이 있는데 그러면 피로감이 몰려 와 도리어 건강이 더 나빠질 우려가 있다.

21. (   )에 들어갈 말로 가장 알맞은 것을 고르십시오.

① 담을 쌓고　　　　② 선을 넘고
③ 힘을 겨루고　　　④ 눈치를 보고

22. 윗글의 내용과 같은 것을 고르십시오.

① 운동을 자주 할수록 몸이 튼튼해진다.
② 운동은 집중적으로 하는 편이 효과적이다.
③ 피로감이 몰려 오면 운동을 하는 것이 좋다.
④ 윗몸일으키기를 무리하게 하면 허리를 다칠 수 있다.

> 우리 세 자매는 서로 비밀이 하나도 없을 정도로 친하다. 우리 셋 중 누구 하나가 고민이 생기는 날이면 그날은 너 나 할 것 없이 만사를 제쳐 두고 함께 이야기를 나눴다. 맏이인 나는 고등학교를 졸업하고 꿈에 그리던 미국으로 유학을 가게 되었다. 나는 그곳에서 로스쿨에 진학했고 졸업 후에도 그대로 미국에 남아 로펌에서 일을 하게 됐다. 그러던 중 한 동료와 결혼을 약속했다. 나는 누구보다도 동생들에게 축하를 받고 싶어서 제일 먼저 영상통화로 동생들에게 알렸다. "얘들아, 나 이 사람과 결혼하려고 해." 그런데 예상과는 달리 동생들의 표정이 어두워졌다. 생각지 못한 동생들의 반응에, 순간 <u>나 역시 다음 말을 잇지 못했다.</u> 그러자 동생들은 훌쩍이며 말했다. "언니가 결혼해서 영영 한국에 돌아오지 않게 되면 어떡해. 그리고 언니가 외국에서 외로울 것 같기도 해서…" 동생들이 나를 생각해 주는 마음을 알고 나니 나도 그만 울컥해서 엉엉 울어 버렸다.

23. 밑줄 친 부분에 나타난 '나'의 심정으로 가장 알맞은 것을 고르십시오.

   ① 수줍다   ② 안쓰럽다   ③ 창피하다   ④ 당황스럽다

24. 윗글의 내용과 같은 것을 고르십시오.

   ① 나는 외국으로 자주 여행을 떠났다.
   ② 나와 동생들은 지금 같이 살고 있지 않다.
   ③ 동생들의 반응은 내가 예상했던 대로였다.
   ④ 나는 동생들과 주기적으로 한국에서 만난다.

※ **[25~27] 다음 신문 기사의 제목을 가장 잘 설명한 것을 고르십시오.**
(각 2점)

25. | A 기업, 실적 발표 앞두고 종가 역대 최고치 |

    ① A 기업이 성과를 발표했는데 사상 최고치를 달성했다.
    ② A 기업은 실적을 발표하기 전에 사원들에게 미리 보고했다.
    ③ A 기업은 성과 발표 전에 이미 주식 가격이 최고가에 달했다.
    ④ A 기업이 실적 발표를 하고 나서 주식 가격이 급격히
       상승했다.

26. | 3대 걸그룹 신곡 동시 발표, 가요계 폭풍 전야 |

    ① 3대 걸그룹의 신곡 발표에 다른 가수들이 크게 걱정하고 있다.
    ② 인기 그룹들은 같이 컴백해야만 폭발적인 인기를 기대할 수 있다.
    ③ 인기 그룹의 동시 등장으로 음반 시장은 엄청난 수익이 발생할
       것이다.
    ④ 3대 걸그룹이 동시기에 신곡을 발표함에 따라 치열한 경쟁이
       예상된다.

27. | 요금 확 뛰는데 택시 기사는 '심드렁' |

    ① 택시 기사들은 근거리 승차를 거부하기도 한다.
    ② 택시비가 많이 올라서 택시 기사들이 반색하고 있다.
    ③ 확 바뀐 요금 제도에 택시 기사들은 헷갈려하고 있다.
    ④ 택시비가 올랐지만 택시 기사들의 반응은 시큰둥하다.

28.

비행기에서 좌석을 뒤로 젖히는 행위는 좌석을 구매한 고객의 권리가 아니다. 개인에 따라 불편함을 느끼는 정도가 다른 주관적인 요소이기 때문이다. 그러므로 소비자원에서는 (　　　　　) 갈등에 대해서는 검토 대상으로 설정하지 않고 있다. 항공사 측 역시도 이 문제에 대해 권리가 아닌 매너의 영역이라고 답했다.

① 기내식 메뉴 변경으로 인한
② 좌석 등받이 사용으로 인한
③ 짐칸의 이용 제한으로 인한
④ 승무원의 불친절한 태도로 인한

29.

수박씨는 먹을 수 있는 씨앗이기 때문에 삼켜도 된다. 수박씨는 영양 면에서는 단백질 함량이 높고 비타민B와 마그네슘도 들어 있다. 하지만 수박씨는 그냥 삼키면 소화가 잘 되지 않기에 수박씨의 (　　　　　) 갈아서 먹거나 잘 씹어 먹어야 한다.

① 맛을 보고 싶다면
② 모양을 바꾸고 싶다면
③ 딱딱한 식감을 느끼려면
④ 영양분을 섭취하고 싶다면

30.

　　피부 미용을 위해 개발된 자외선 차단제가 이제는 현대인에게 없어서는 안 될 생활 필수품이 되었다. 자외선이 기미, 주근깨, 주름이 생기게 하는 것은 물론, 나아가 피부 노화나 피부암을 유발한다는 것이 밝혀졌기 때문이다. 세계보건기구는 자외선을 1군 발암 물질로 지정하고 (　　　　　) 자외선 차단제를 2시간마다 덧바를 것을 권장하고 있다.

① 피부 건강을 위해
② 햇빛을 쬐기 위해
③ 잡티를 가리기 위해
④ 젊어 보이게 하기 위해

31.

　　아홀로틀은 아가미가 머리 양쪽으로 튀어나와 있는데, 꼬리는 지느러미처럼 생겼다. 우파루파 혹은 멕시코도롱뇽이라고도 불린다. 몸길이는 22~30㎝이며 어린 모습 그대로 성장하는데 이런 현상을 유형 성숙이라고 한다. 아홀로틀을 미국에서 사육하면 도롱뇽으로 바뀌게 되는 것으로 미루어 보아 (　　　　　) 것으로 추정된다.

① 미국에서는 생존하기 어려운
② 외부 환경의 영향을 받지 않는
③ 환경이 바뀌면 형태가 변화하는
④ 새로운 서식지에서 번식력이 뛰어난

32.

　조종사가 탑승하지 않는 무인 비행기를 드론이라고 한다. 현재 많은 기업들이 드론을 택배업에 이용할 계획을 세우고 있다. 드론을 상용화하고자 최근 한 물놀이장에서는 드론 배송 서비스를 시범적으로 진행하기로 했다. 이용자가 휴대폰을 이용해 주문하면 물놀이장 입구의 정해진 곳으로 드론이 물건을 배달해 준다.

① 드론은 현재 일상화를 위한 시험 단계에 있다.
② 애초에 드론은 배달에 이용하기 위해 만들어졌다.
③ 주문하면 어떤 장소라도 드론이 직접 배달해 준다.
④ 물놀이장에서는 드론을 이용한 배달이 일반적이다.

33.

　수국은 여름이 오기 전에 아름답게 활짝 핀다. 처음에는 녹색을 띤 하얀색이지만 점차 밝은 청색으로 변하여 나중에는 붉은 기운이 도는 자색으로 변한다. 이때 토양이 산성일 때는 청색을 많이 띠게 되고 알칼리 토양에서는 붉은색을 띠는 특성을 갖는다. 그래서 토양에 첨가물을 넣으면 꽃을 원하는 색으로 바꿀 수 있다.

① 수국은 산성 토양에서 적색을 띤다.
② 수국은 한여름에 만개하는 꽃이다.
③ 수국은 시시각각 계속 모양을 바꾼다.
④ 수국은 흙의 성분에 따라 색깔이 바뀐다.

34.

> 지두화는 손가락이나 손바닥, 손등 등에 먹을 묻혀 그리는 그림으로 이러한 화법은 8세기 무렵에 중국 당나라에서 시작되었다. 이것이 조선에 유입된 것은 18세기 초반으로 조선 시대의 지두화는 획이 강하고 속도감이 느껴지는 것이 특징이다. 그 후로 지두화는 후대의 화가들에게 계승되었으나 더 이상 발전되지 못하고 점차 쇠퇴해 갔다. 그나마 다행인 것은 지금도 몇몇 작품들이 잘 보존되어 남아 있다는 점이다.

① 조선 시대에 그려진 지두화 작품이 현존하고 있다.
② 조선 시대에는 붓을 사용하지 않고 손으로 글을 썼다.
③ 조선 시대 지두화를 통해 당시의 생활을 엿볼 수 있다.
④ 조선 시대의 화가들은 지두화를 후대에 남기려고 애썼다.

35.

　제2 언어의 습득 과정에서 발생하는 오류는 부정적이고 피해야 하는 것으로 볼 수도 있지만 관점에 따라서는 유용하고 가치 있는 것으로도 볼 수 있다. 학습자의 오류가 단순한 실수에 의한 것이 아니라면 그것은 학습자가 자기 나름대로 생각해 낸 표현들을 시험해 보는 과정일 것이기 때문이다. 이를 목표 언어에 근접하기 위한 전략의 하나로 본다면 이것은 언어 습득 과정에서 꼭 필요한 긍정적인 것으로 간주할 수 있다.

① 학습자는 새로운 언어를 접할 때 불안감이 들 수 있다.
② 언어를 배울 때 오류를 범하지 않으려는 노력이 필요하다.
③ 언어 습득 과정에서 발생하는 오류는 모두 가치 있는 것이다.
④ 학습자는 단순한 실수를 통해 외국어를 자신의 언어로 확립해 간다.

36.

　인터넷을 통해 영상 매체의 검색이 가능해지면서 다양한 정보를 편하게 접할 수 있게 되었다. 그러나 이 매체들은 누구나 발신할 수 있기 때문에 수신자는 자칫하면 근거 없는 잘못된 정보를 사실로 받아들일 우려가 있다. 그러므로 영상 매체를 통해 정보를 얻고자 할 때는 그것이 참인지 거짓인지 검증해 받아들여야 한다.

① 어린이들의 영상 매체 사용을 제한해야 한다.
② 근거 없는 정보 발신자를 찾아내어 신고해야 한다.
③ 영상 매체를 통한 정보는 진위를 확인하여 취해야 한다.
④ 영상 매체의 지나친 사용으로 인한 시력 저하가 우려된다.

37.
> 휴대폰 소액 결제 시스템은 휴대폰만 있으면 현금을 들고 다닐 필요가 없어 아주 간편하지만 자기도 모르는 사이에 돈을 써 버리기 쉽다. 각 통신사는 소액 결제의 한도를 100만 원 이하로 정해 놓았는데, 요금을 제때 납부하지 않으면 개인 신용에 문제가 발생하게 된다. 선불이든 후불이든 자신이 감당할 수 있는 선에서 현명하게 소비하는 습관을 기르는 것이 좋다.

① 신용카드는 되도록 안 쓰는 것이 좋다.
② 후불 결제가 선불 결제보다 더 편리하다.
③ 선불로 결제하면 절약하는 데 도움이 된다.
④ 자신의 경제 사정을 고려해서 지출해야 한다.

38.
> 자연 생태계를 유지하는 데 도움이 되는 한국의 토종 쇠똥구리는 멸종되어 버린 지 오래다. 곤충 연구자들은 쇠똥구리를 찾기 위해 10여 년을 전국 방방곡곡을 돌아다녔지만 결국 발견하지 못했다. 현재는 몽골에서 쇠똥구리를 들여와 번식시키려고 하고 있다. 이제 우리는 주변의 다양한 생명체를 소중히 여기고 보호하여 모두가 함께 살아갈 수 있는 환경을 만드는 데 힘써야겠다.

① 현재 한국에서는 쇠똥구리에 관한 연구가 턱없이 부족하다.
② 토종 쇠똥구리와 가장 유사한 외래종 쇠똥구리를 찾아냈다.
③ 국내 생태계를 위협하는 외래종 곤충을 찾아내 퇴치해야 한다.
④ 쇠똥구리를 비롯한 여러 생물과의 공생을 위해 노력해야 한다.

※ [39~41] 주어진 문장이 들어갈 곳으로 가장 알맞은 것을 고르십시오. (각 2점)

39.

> 또 추억 속 옛날 과자들도 다시 등장해 불티나게 팔리고 있다.

> 　　최근 다시 복고 열풍이 불고 있다. (㉠) 90년대 패션이 다시 유행을 하고 가수들은 예전 가요들을 리메이크해서 부르는 일이 많아졌다. (㉡) 이러한 것들을 통해 3040 세대들은 20-30 년 전의 흘러간 시간들을 추억하면서 향수를 느끼고 있다. (㉢) 10대와 20대들은 아날로그 감성이 풍기는 낯선 것들을 참신한 문화로 받아들이고 있다. (㉣)

① ㉠　　　　② ㉡　　　　③ ㉢　　　　④ ㉣

40.

> 이렇게 맥을 짚어 진단하는 방법을 진맥이라고 한다.

> 　　사극에서는 병을 고치는 사람이 환자의 손목에 손가락을 대고 환자의 몸 상태를 판단하는 장면이 나온다. (㉠) 진맥은 오늘날에도 한의학에서는 일반적으로 행해지는 진단법이다. (㉡) 하지만 진맥만으로는 환자의 증상에 대한 정확한 처방을 내릴 수가 없다. (㉢) 한의사는 진맥 외에도 환자에게 증상에 대해 묻고 아픈 부위를 만져 본 뒤 환자의 상태와 병을 진단한다. (㉣)

① ㉠　　　　② ㉡　　　　③ ㉢　　　　④ ㉣

41.

한 편의점에서는 알뜰족을 겨냥하여 채소를 시세보다 30%가량 저렴하게 판매하고 있다.

최근에 발생한 집중호우와 폭염 때문에 채소 가격이 다시 꿈틀거리고 있다. (㉠) 게다가 물가 상승까지 맞물려 상추와 시금치의 가격은 전 달보다 2배가량 급등했다. (㉡) 이 야채들은 약간의 흠집이 있지만 먹는 데는 전혀 지장이 없다. (㉢) 구매자들은 맛과 영양은 다른 상품들과 별반 차이가 없다며 대량 구매를 망설이지 않는다. (㉣)

① ㉠　　　② ㉡　　　③ ㉢　　　④ ㉣

※ [42~43] 다음을 읽고 물음에 답하십시오. (각 2점)

내가 초등학생 때까지만 해도 우리 집은 꽤 부유한 편이었다. 아버지는 무역 회사를 경영하셨고 우리 집에는 세계 각지의 고가의 물건들로 넘쳐 났다. 어머니는 다른 누구보다 교육열이 높았기 때문에 누나와 나는 방과 후 보습 학원은 물론 피아노, 미술, 방문 영어와 같은 다양한 사교육을 받을 수 있었다. 그런데 내가 중학교 2학년이 되던 해, 갑자기 IMF사태가 터졌다. 그때 많은 기업들이 부도가 났는데 우리 아버지 회사도 마찬가지였다. 아버지가 실업자가 된 것을 계기로 우리 집은 갑자기 형편이 어렵게 되었다.

(중략) 대학교 도서관에서 취업 준비를 하고 집에 돌아오니

어머니는 좁은 부엌에서 저녁밥을 짓고 있었다. 그날따라 어머니의 뒷모습이 한없이 작아 보였다.

"엄마, 오늘 뭐 하셨어요?"

"어. 민수 왔네. 우리 아들 공부 잘 하고 왔어? 엄만 오늘 아줌마들하고 모임이 있었어."

엄마는 한 달에 한 번 우리가 잘 살았을 때 친구들과 아직도 만나고 있었다. 오늘은 그 친구들과 점심을 같이 먹고 쇼핑을 하러 갔다고 했다.

"엄마는 오늘도 구경만 했지?"

"으응. 마음에 드는 게 별로 없더라고."

어머니는 아무렇지 않은 척했지만 왠지 모르게 나한테는 쓸쓸함이 전해져 왔다. 나는 어머니의 예전 모습을 되찾게 해 주리라 마음먹고 방으로 들어와 불을 켜고 펜을 꽉 움켜쥐었다.

42. 밑줄 친 부분에 나타난 '민수'의 심정으로 가장 알맞은 것을 고르십시오.

① 마음이 아프다　　　② 마음이 놓인다
③ 마음이 편하다　　　④ 마음이 홀가분하다

43. 윗글의 내용으로 알 수 있는 것을 고르십시오.

① 민수는 부모님에게 화가 나 있다.
② 민수의 아버지는 정년이 되어 퇴직했다.
③ 민수가 어렸을 때 민수의 집은 가난했다.
④ 민수의 어머니는 자식들의 교육을 중시했다.

※ **[44~45] 다음을 읽고 물음에 답하십시오. (각 2점)**

> 훈민정음은 조선의 제 4대 왕인 세종이 만든 문자이다. 어떤 문자를 언제 누가 어떻게 만든 것인지 기록으로 남아 있는 것은 세계적으로도 그 유례가 없다. 우리가 그러한 내용을 알 수 있는 것은 해례본이 발견되었기 때문인데, 거기에는 세종이 직접 창제 동기에 대해 쓴 '어제서문'이 실려 있다. 이렇게 (   ) 자료 역시 훈민정음이 유일하다고 한다. 또 해례본에는 창제 원리에 대해서도 기록되어 있는데, 자음자는 혀나 입술 같은 조음 기관을 본떠 만들었고 모음자는 하늘과 땅과 사람의 모습을 추상화하여 만들었다고 한다.

44. (   )에 들어갈 말로 가장 알맞은 것을 고르십시오.

① 한자로 된 책을 한글로 번역한
② 임금이 다른 나라에서 직접 가져온
③ 자음과 모음의 차이점이 적혀 있는
④ 문자를 만든 사람이 직접 그 이유를 밝힌

45. 윗글의 주제로 가장 알맞은 것을 고르십시오.

① 한글은 서민들이 글을 읽고 쓰는 데 기여한 바가 크다.
② 한글을 습득하려면 자음과 모음의 유례를 알아야 한다.
③ 세종은 지방에 있는 학자들을 불러 해례본을 만들게 했다.
④ 해례본을 통해 한글에 관한 여러 사실이 알려지게 되었다.

민간 우주 개척이 본격화되면서 여러 나라에서는 우주여행을 위한 투자와 연구를 본격화하고 있다. 우주에 관해 연구하는 분야는 다양하지만 특히 우주의학은 우주에서 인간이 건강하게 생활할 수 있는 방법을 연구한다. 우주는 무중력 상태이기 때문에 인간이 우주에서 생활하게 되면 몸 상태가 지구에서와는 많이 달라진다. 그 중에서도 우주방사선을 많이 쐬면 인간은 다양한 병에 걸리게 된다. 또한 우주에서 귀환한 사람들이 지구 환경에 다시 잘 적응할 수 있게 하기 위한 연구도 함께 진행되고 있다. 이렇게 해외 선진국들은 앞으로 다가올 우주여행에 대비해 오래전부터 우주의학을 발전시켜 오고 있는데, 그에 비해 국내 연구는 아직 많이 부족한 상황이다. 앞으로 다가올 시대에 국민들의 안전한 우주여행을 위해서는 국가 차원의 장기적인 지원과 연구진의 적극적인 노력이 필요하다.

46. 윗글에 나타난 필자의 태도로 가장 알맞은 것을 고르십시오.

① 우주의학 연구에 대한 정부의 지나친 개입을 경계하고 있다.

② 우주의학 발전을 위한 전문가 부족 현상에 대해 우려하고 있다.

③ 우주의학을 발전시키려는 우주 비행사들의 노력에 감탄하고 있다.

④ 우주의학 연구가 국내에서 활발히 이뤄져야 한다고 강조하고 있다.

47. 윗글의 내용과 같은 것을 고르십시오.

① 우주에 있는 많은 방사선 때문에 당분간은 우주에 못 갈 것이다.

② 우주에서 일어날 인간의 신체 변화에 대비한 연구가 진행되고 있다.

③ 한국 정부는 우주 의학 연구를 위한 자금 지원을 아끼지 않고 있다.

④ 곧 우주여행 시대가 열릴 것이므로 우주 비행사가 많이 필요할 것이다.

※ [48~50] 다음을 읽고 물음에 답하십시오. (각2점)

산업혁명 이후 지구의 이산화탄소 농도는 계속 증가하고 있다. 이산화탄소는 지구온난화의 원인 중에 하나인데 산업혁명 이후 지구의 온도가 1도 오르는 데 걸리는 시간이 100년 정도로 매우 짧아졌다. 이러한 이산화탄소 농도의 급격한 증가는 지구촌 곳곳에 크고 작은 자연재해를 발생시키고 있다. 우리나라도 지구온난화로 인해 여름과 겨울이 길어져 사계절을 잃을 위기에까지 처하게 되었다. 이런 상황을 (   ) 한국 정부는 국내에서 배출하는 탄소와 흡수하는 탄소의 양을 같게 하여 2050년까지 실질 배출량을 제로로 하겠다는 탄소 중립을 목표로 설정했다. 정부가 앞장서서 탄소 중립을 위해 노력하는 기업과 개인에게 다양한 혜택을 주며 그 중요성을 알리려고 하고 있다는 점은 매우 고무적이라고 할 수 있다. 다만 매년 자연재해로 인한 인명 및 경제적 피해가 눈에 띄게 심

각해지고 있으므로 목표 시점보다 더 빨리 탄소 중립을 실현
할 수 있게 우리 모두 노력해야 할 것이다.

48. 윗글을 쓴 목적으로 가장 알맞은 것을 고르십시오.

　① 탄소 중립의 조속한 실현을 촉구하려고
　② 이산화탄소를 줄이는 방법을 제시하려고
　③ 탄소 중립을 게을리하는 정부를 비난하려고
　④ 이산화탄소와 지구온난화의 상관관계를 설명하려고

49. (　　　　)에 들어갈 말로 가장 알맞은 것을 고르십시오.

　① 만족스럽게 여긴　　　　② 대수롭지 않게 본
　③ 낙관적으로 생각한　　　④ 심각하게 받아들인

50. 윗글의 내용과 같은 것을 고르십시오.

　① 산업혁명 이후 지구온난화가 더뎌지고 있다.
　② 이산화탄소의 증가는 특히 한국에서 두드러진다.
　③ 정부는 이산화탄소를 줄이기 위해 노력하고 있다.
　④ 기업들은 탄소 중립을 위해 앞다투어 경쟁하고 있다.

1時間目　聞き取り・筆記　　　聞き取り

[1] 正解：③

☆正解への道！　カフェで店員が客に商品を提供している場面。女性の最初の言葉、「31번 고객님, 주문하신 커피 두 잔 나왔습니다.（31番のお客様、ご注文のコーヒー2杯、ご用意しました。）が聞き取れれば、正解③を導けます。

【音声スクリプト＋日本語訳】　⤓ DL 20

※　[1〜3] 다음을 듣고 가장 알맞은 그림 또는 그래프를 고르십시오. (각 2점)
여자：31번 고객님, 주문하신 아이스 아메리카노 두 잔 나왔습니다.
남자：네, 감사합니다. 그리고 시럽도 좀 부탁합니다.
여자：여기 있습니다. 맛있게 드세요.

※　[1〜3]次を聞いて、最も適切な絵またはグラフを選んでください。(各2点)
女性：31番のお客様、ご注文のアイスコーヒー2杯、ご用意しました。
男性：はい、ありがとうございます。それから、シロップもお願いします。
女性：こちらにございます。おいしくお召し上がりください。

☑ポイント表現

고객님[顧客 -]　お客様
두 잔　2杯
나왔습니다　直訳は「出てきました」。食事や飲み物を提供する時によく使われる表現

아이스 아메리카노　アイスアメリカーノ。「アメリカーノ」とはエスプレッソのショットをお湯や水で割って薄めたもの。韓国では、略して아아の形でよく使われる
시럽　シロップ、ガムシロップ

\ 🔍知っておきたい！ /

最近、韓国のカフェではタッチパネル(키오스크)注文が増えています。タッチパネルに現れるメニューを素早く読み解く能力も必要になりますが、日ごろの韓国語学習の成果を試す良い機会になるでしょう。

[2] 正解：③

☆正解への道！　「これ（＝靴）はきつすぎて、足が痛い」と訴える男性に対し、「もっと大きいものを持ってきてみようか？」と女性が提案しているので、靴屋で男性が靴を試し履きしている③が正解。男性は試し履きしている段階で、精算はまだなので①は不正解。また、靴を履いているのは男性なので、②も不正解。さらに、男性は実際に試し履きしているため、靴を見ている場面の④も不正解です。

【音声スクリプト＋日本語訳】　⬇ DL 21

남자 : 이건 너무 꽉 껴서 발이 아파.

여자 : 내가 더 큰 것으로 가져와 볼까?

남자 : 고마워. 한 치수만 더 큰 걸로 부탁해.

男性：これはきつすぎて、足が痛い。

女性：私が、もっと大きいものを持ってきてみようか？

男性：ありがとう。もうワンサイズだけ大きいものでお願い。

☑ポイント表現

꽉 끼다　（靴、衣服などのサイズが）きつい

발　足。発音を팔（腕）と間違えないように

注意

치수[-数]　サイズ

---

[3] 正解：③

☆正解への道！　冒頭の「最近、新婚夫婦の数が減少し続けている傾向です」から、①と②のグラフは正解ではないことが分かります。ここで正解は③か④のいずれかに絞れますが、婚姻数の多い順番（京畿道→ソウル特別市→釜山広域市）を聞き取れれば、正解は③であることが分かります。- 이／가 각각 그 뒤를 이었다（～がそれぞれ、そのあとに続いた）はこのタイプの問題でよく登場する表現ですので、覚えておきましょう。

【音声スクリプト＋日本語訳】　⬇ DL 22

남자 : 최근 신혼부부의 수가 계속해서 감소하고 있는 추세입니다. 그런데 지역별로 보면 신혼부부의 비중이 증가한 곳도 있는데요. 결혼을 가장

많이 한 지역은 경기도로 나타났고, 서울특별시와 부산광역시가 각각 그 뒤를 이었습니다. 보시는 바와 같이 이 세 지역에서는 혼인 신고의 수가 늘어났지만, 그 외의 다른 지역에서는 혼인 신고율이 현저히 떨어지고 있습니다.

男性：最近、新婚夫婦の数が減少し続けている傾向です。ところで、地域別に見ると新婚夫婦の割合が増加したところもあります。結婚を最も多くした地域は京畿道であることが分かり、ソウル特別市と釜山広域市がそれぞれ、そのあとに続きました。ご覧のとおり、この3つの地域では婚姻届を提出する数が増えましたが、その他の異なる地域では婚姻率が顕著に落ちています。

①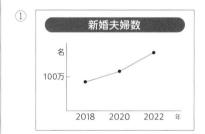

②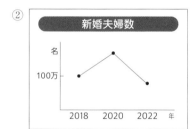

③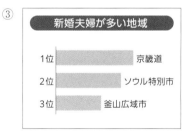

④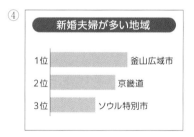

☑ポイント表現

推移[趨勢]　趨勢、傾向。TOPIK II の聞き取り問題や筆記問題でもよく登場する表現

比重[比重]　比重、割合、シェア

京畿道[京畿道]　朝鮮半島の中西部、ソウルを囲むように広がる地域

各各[各各]　それぞれ

그 뒤를 이었다　そのあとに続いた。이었다는 잇다（ㅅ変則）の過去形

連体形＋ 바와 같이　〜いる通り。前述の内容を指す表現

혼인 신고[婚姻 申告]　婚姻届を提出すること。ここでは、혼인 신고율を「婚姻率」と訳した

[4] 正解：④

☆正解への道！ 「今日は一緒に帰れなさそう」という女性に、男性はその理由を尋ねているため、女性の返答は理由を述べている④が適切です。①②は、「今日は一緒に帰れない」という状況には適切でない返答。③は女性ではなく、男性が言うであろう内容なので不正解です。

【音声スクリプト＋日本語訳】 ⬇ DL 23

> ※ [4~8]다음을 듣고 이어질 수 있는 말로 가장 알맞은 것을 고르십시오. (각 2점)
> 여자 : 민수야, 미안. 오늘은 집에 같이 못 갈 것 같아.
> 남자 : 왜? 무슨 일 있어?
> 여자 : (④ 내일이 마감인 보고서를 써야 하거든.)
>
> ※ [4~8]次を聞いて、続く言葉として最も適切なものを選んでください。(各2点)
> 女性：ミンス、ごめん。 今日は家に一緒に帰れなさそう。
> 男性：なんで？ 何かあった？
> 女性：(④明日が締め切りの報告書を書かなきゃいけないんだ。)
>
> ① じゃあ、3時に正門で会おう。
> ② そうだね。今日も一緒に帰れたらいいな。
> ③ 時間がなければ、今度一緒に帰ればいいよ。
> ④ 明日が締め切りの報告書を書かなきゃいけないんだ。

☑ポイント表現

-(으)ㄹ 것 같다　～そうだ、～だと思う。推量や不確実なことを伝え、断定を避ける表現

못 갈 것 같다　帰れなさそう。直訳は「行けなさそう」。못を使うことで、状況がそれを許さないというニュアンスを伝えられる

마감　締め切り。 ちなみに「締め切り日」は마감일

-거든(요)　～なんだ(なんですよ)。相手がした質問や自分の発言内容について、理由や自分の考えを述べるときに使う表現。この場合の理由や事実は、相手が知らないと思われる内容。口語で使われる

[5] 正解： ②

☆正解への道！　昨夜から熱が出ているのに、日曜日なので病院に行けていないと言う男性に対し、女性が駅前にある病院の情報を伝えています。女性の言葉を聞いて、男性は日曜日にも診察している駅前の病院に行く手続きを取るはずですから、正解は②。①は女性が言うであろう言葉が含まれているので不正解。また、③と④は女性の言葉とかみ合わないので不正解です。

【音声スクリプト＋日本語訳】　⬇ DL 24

남자 : 어젯밤부터 열이 나는데, 일요일이라서 병원에 못 가고 있어요.
여자 : 어? 역 앞에 있는 병원은 일요일에도 진료하던데요.
남자 : (② 그래요? 얼른 연락해 봐야겠어요.)

男性：昨夜から熱が出ていますが、日曜日なので病院に行けていません。
女性：え？駅前にある病院は日曜日にも診療していましたよ。
男性：(②そうなんですか？　早く連絡してみなくてはいけませんね。)

① もちろんです。早く行ってみてください。
② そうなんですか？　早く連絡してみなくてはいけませんね。
③ もちろんです。日曜日には閉まる病院が多いです。
④ その通りです。その病院にはいつも人が多いんですよ。

☑ポイント表現

-던데요　～でしたけど、～だったんです。
自分が直接見たり感じたりした事実を提示・説明したり、過去の意外な事実に対する感嘆を表す表現。相手の言葉と反対のことを言う時にも使う

물론이죠[勿論--]　もちろんです、その通りです

얼른　素早く、さっさと、早く

그럼요.　もちろんです、その通りです、当然です。積極的に相手の話に同意する時に使う表現。ㄴ挿入が起こるため、発音は[그럼뇨]となる

문을 닫다　閉店する、営業していない、戸を閉める

항상[恒常]　常に

-더라고요　～なんですよ。話し手が過去に直接見聞きしたこと、新たに発見したことや感じたことを回想して、他の人に伝える表現

[6] 正解：④

☆正解への道！　携帯電話の速度が遅いため、新しく携帯電話を買おうかと考えている女性に対して、男性は「まず修理に出してみては？」と提案しています。女性は男性の提案を一旦受け入れ、「それでも改善されなければ携帯を変えないといけない」という流れになるのが自然なので、正解は④。「使っていたもののほうが楽」と述べている①は、女性の発言とかみ合わないので不正解。②は相談を受けている男性が言うべき発言。③は言及されていないので、不正解です。

【音声スクリプト＋日本語訳】　⤓ DL 25

여자 : 휴대폰 속도가 너무 느려. 새로 사야 할까 봐.
남자 : 그래? 근데 그거 산지 얼마 안 됐잖아. 먼저 수리를 맡겨 보는 게 어때?
여자 : (④ 한번 고쳐 보고 그래도 느리면 바꿔야겠다.)

女性：携帯電話の速度が遅すぎる。新しく買わなきゃいけないかと思って。
男性：そう？　でもそれ、買ってそれほど経ってないじゃないか。まず修理に出してみるのはどう？
女性：(④ 一度直してみて、それでも遅ければ替えないといけないな。)

① 私は新しいものよりは、使っていたもののほうが楽。
② 価格が高すぎるなら、買わなければいいでしょ。
③ 今回発売された最新の携帯電話は性能がいい。
④ 一度直してみて、それでも遅ければ替えないといけないな。

☑ポイント表現

휴대폰[携帯-]　携帯電話。直訳は「携帯フォン」

느리다　（速度が）遅い

-(으)ㄴ 지　〜して以来

얼마 안 되다　それほど経っていない、間もない

맡기다　（他人に）任せる、（ものを）預ける、託す。ここでは「出す」と訳した。세탁소에 맡기다（クリーニング屋に出す）のような形でよく使われる。맡다（引き受ける、担当する）と混同しないよう注意

나오다　直訳は「出てくる」だが、③のように「市場に出る」「世に出る」というニュアンスで、「発売される」の意味でもよく使われる

230

[7] 正解：④

☆正解への道！ 「午前9時から9時半の間に伺う」という男性に対し、女性は「午後の時間に来てほしい」と依頼しているので、男性の返答としては「昼食後、2時頃に行く」という④が適切。①、③は話がかみ合っていないので不正解。また、女性の言葉に出てくる**일**(仕事)や**괜찮으시면**(よろしければ)だけを捉えて②を選んでしまわないように注意。女性は「時間が大丈夫か」を男性に聞いているにすぎません。

【音声スクリプト＋日本語訳】 ↓ DL 26

남자 : 그럼, 좀 이르지만 오전 9시에서 9시 반 사이에 찾아뵙겠습니다.

여자 : 오전에는 제가 다른 일이 있으니 괜찮으시면 오후 시간에 와 주시겠어요?

남자 : (④ 그럼, 점심 먹고 2시쯤 가겠습니다.)

男性：では、少し早いですが、午前9時から9時半の間に伺います。

女性：午前は私が他の仕事があるので、よろしければ午後の時間に来ていただけますか？

男性：(④ では、昼食を食べて2時頃行きます。)

① はい、急がば回れですね。

② 仕事は大変ですが、やりがいがあります。

③ ミーティングは3階の会議室であります。

④ では、昼食を食べて2時頃行きます。

☑ポイント表現

이르다 （時間などが）早い（形容詞、르変則）。同じ綴りで「言う、告げる」（動詞、르変則）、「到着する、至る」（動詞、러変則）もある

뵙다 お目にかかる（보다の尊敬語）。ㅂ変則だが、-으で始まる語尾が続くと、으が脱落さらにㅂも脱落する（例：-으면がつくと**뵈면**となる）。また、-아/어で始まる語尾が続くと、ㅂが脱落する（例：-아/어요がつくと**뵈어요**となる。縮約形は**봬요**）

-으니 ～ので、～から。原因、理由を表す語尾 -으니까の縮約形

-아/어 주시겠어요？ ～してくださいますか、～していただけますか。その行為を行う意思があるかどうか、相手の意思を丁寧に聞く表現

바쁠수록 돌아가야죠 急がば回れですね。直訳は「忙しいほど、回っていかなくてはでしょう」

보람 やりがい

[8] 正解：②

☆正解への道！ 「作品」「悪役」「役」「演技」などの言葉から、新作映画（またはドラマ）の公開／放映前に、主役を務めた男性に対して女性がインタビューをしている場面と推測できます。男性は「没入して演技できた」とポジティブなコメントを述べているので、それを受けて「演技に期待したい」と答えるのが自然なので、②が正解。①は音声に主役、脇役への言及がないため不正解。③は「没入して演技できた」という男性の言葉とかみ合わないので不正解。④は男性が言うであろう言葉なので不正解です。

【音声スクリプト＋日本語訳】 ↓ DL 27

여자 : 이번 작품에서는 처음으로 악역을 맡으셨는데 어떠셨나요?
남자 : 평소에 해 보고 싶었던 역할이라 몰입해서 연기할 수 있었습니다.
여자 : (② 어떤 모습을 보여 주실지 정말 기대가 되네요.)

女性：今回の作品では初めて悪役を演じられましたが、いかがでしたか？
男性：普段やってみたかった役なので、没入して演技することができました。
女性：(②どんな姿を見せてくださるのか、本当に楽しみですね。)

① 主役よりは脇役が光る作品ですね。
② どんな姿を見せてくださるのか、本当に楽しみですね。
③ 慣れるまで時間がかかるのは当然ですよ。
④ 全て、監督が演技をよく指導してくださったおかげです。

☑ポイント表現

악역[悪役] 悪役

맡다 引き受ける、担当する。ここでは「演じる」と訳した。なお、ドラマの制作発表会などで、俳優が「〇〇役を맡은（〇〇役を演じた～」のように言うことがある。맡기다（任せる、預ける、託する）と混同しないよう注意

평소에[平素-] 普段

-았/었던 ～だった（過去連体形）。-던が過去に習慣的・反復的にしていたことや、中断された動作を表すのに対し、-았/었던は繰り返しを伴わず、現在の状態とは断絶しているニュアンス

역할[役割] 役割、役

-이라 ～なので。指定詞이다に原因・理由を表す語尾-아/어서がついた-이라서の縮約形。前の名詞にパッチムがなければ-라となる

232

몰입하다 [没入 --] 没入する、没頭する
주연 [主演] 主役、主演
조연 [助演] 脇役、助演
익숙해질 慣れる~
감독님 [監督 -] 映画、ドラマ、スポーツ

チームなどの監督
-(으)ㄴ 덕분이다 ～したおかげだ
-(으)ㄴ 덕분에(～したおかげで)の形でもよく使われる

---

[9] 正解：④

☆正解への道！ 「植えたトマトが熟していない」と疑問を持つ女性に、男性が「今年は暑すぎて水が不足している」と指摘しています。男性の話を聞いて、女性は「今行って、水をやらないと」と言っているので、正解は④。音声では「トマト」ですが、選択肢④では「植物」となっています。TOPIKの問題では、このような言い換えがよくみられます。女性が水を飲むのではないので③は不正解。また、車を運転するのは男性なので②も不正解。①の内容は音声に含まれていません。

なお、②のように「男性がする行動」が不正解として含まれていることがあります。男女の行動を正確に区別、把握しながら聞きましょう。

【音声スクリプト＋日本語訳】 ⬇ DL 28

> ※ [9~12] 다음을 듣고 여자가 이어서 할 행동으로 가장 알맞은 것을 고르십시오. (각 2점)
> 여자 : 이번에 심은 토마토가 잘 안 익네. 왜 그럴까?
> 남자 : 올해가 특히 너무 덥잖아. 물이 부족해서 그런 건 아닐까?
> 여자 : 맞아. 지금 가서 물 좀 줘야겠다.
> 남자 : 그래? 그럼 내가 밭까지 차로 데려다 줄게.
>
> ※ [9~12] 次を聞いて、女性が続いてする行動として、最も適切なものを選んでください。
> 女性：今回植えたトマトがあまり熟していないな。どうしてなのかな？
> 男性：今年が特に暑すぎるじゃないか。水が不足しているからじゃないかな？
> 女性：そうね。今行って、水をやらないと。
> 男性：そうする？ じゃあ、僕が畑まで車で送ってあげるよ。
>
> ① トマトを摘む。
> ② 車を運転する。

③ 冷たい水を飲む。

④ 植物に水をやる。

☑ポイント表現

심다　植える

익다　熟す、実る、（肉が）よく焼ける

밭　畑。텃밭は「家庭菜園」

데려다 주다　連れていってあげる、送っ

てあげる、送り届ける

찬물　冷水、冷たい水。ちなみに「お湯、熱湯」は뜨거운 물、「ぬるま湯」は미지근한 물

따다　（果物や野菜など、収穫物を）もぎ取る、摘む、（資格、免許を）取る

---

[10] 正解：①

☆正解への道！　焼肉店主の男性は、客の女性に焼き上がった肉を食べるようにすすめています。女性は男性にサンチュとエゴマの葉を頼みますが、男性は「セルフサービスだ」と女性に伝えています。これに対し女性は「分かりました」と返答しているので、この後野菜を自分で皿に盛ると予測されます。従って正解は①。②はすでに肉が焼き上がっているため不正解。③は**셀프**と混乱させるための選択肢で、内容が全く異なるので不正解。また、「追加のおかずはセルフ」、つまり無料で食べられるので、④も不正解です。

【音声スクリプト＋日本語訳】　🔽 DL 29

남자 : 손님, 다 구워졌으니까 이제 드시면 됩니다. 맛있게 드세요.

여자 : 감사합니다. 사장님, 여기 상추하고 깻잎 좀 더 주세요.

남자 : 추가 반찬은 셀프입니다. 저쪽에서 덜어 드시면 됩니다.

여자 : 네, 알겠습니다.

男性：お客様、全て焼けましたので、もう召し上がって大丈夫です。おいしく召し上がってください。

女性：ありがとうございます。社長、こちらにサンチュとエゴマの葉をもう少しください。

男性：追加のおかずはセルフです。あちらで取り分けて召し上がってください。

女性：はい、分かりました。

① 野菜を器に盛る。

② 肉を焼いて食べる。

③ 友達と自撮りする。

④ おかずを追加で注文する。

☑ポイント表現

구워졌으니까 焼けたので。直訳は「焼かれたので」。굽다(ㅂ変則) + -아/어지다(動詞について受け身を表す) + -(으)니까(理由を表す)

사장님 社長。店主や従業員への呼びかけにもよく使われる

깻잎 エゴマの葉。ㄴ挿入による鼻音化が起こるので、発音は[깬닙]

반찬 おかず

셀프 self-service(セルフサービス)の意味で、韓国では셀프(セルフ)だけでよく使われる。韓国の食堂では、水や無料のおかず、サンチュや薬味などがセルフサービスになっている場合が多い

덜다 差し引く、減らす。この場合、各自がセルフサービスのおかずの中から、自分の分だけを「差し引いて」取るイメージ。つまり「みんなで分ける」と同じ意味になる。従って、**덜어 드시다**は「取り分けて召し上がる」といった意味となる

셀카를 찍다 自撮りする。셀카は、セルフカメラ(self + cameraでいわば「韓製英語」)を略した表現

---

[11] 正解 ： ②

☆正解への道！ テレビばかり見て宿題をしない息子に対し、母親が買い物に行っている間に宿題を済ませなさいと諭しています。この会話の後に女性が買い物に行くという流れが自然なので、正解は②。**장을 보다**という表現が分かれば、比較的楽に正解を導ける問題です。なお、①は息子がこの後する行動で、③は息子が今している行動。また、④は音声に言及がありませんので、いずれも不正解です。

【音声スクリプト＋日本語訳】 ↓ DL 30

여자 : 너, 지금 시간이 몇 신데 아직도 텔레비전을 보고 있니?
남자 : 너무 재미있어서요. 딱 5분만 더 보고 끝낼게요.
여자 : 그럼, 이제 엄마 마트에 다녀올 테니까, 그동안 숙제 다 해 놔.
남자 : 네. 다 끝내 놓을게요.

女性：君、今何時だと思ってるの、まだテレビを見ているの？
男性：とても面白いからです。あときっかり5分だけ見て消します。
女性：じゃあ、これからお母さん、スーパーに行ってくるから、その間宿

題全部やってきなさい。

男性：はい。全部終わらせておきます。

① 宿題をする。
② 買い物に行く。
③ テレビを見る。
④ 友達に会いに出かける。

너　お前、君。自分と対等か目下の人に対して使う呼称

시간이 몇 신데　直訳は「時間が何時なのに」。「何時だと思ってるの」ぐらいの意味

딱　きっかり、ぴったり、ちょうど

끄다　（電気、明かりなどを）消す。反対語は켜다（つける）

-(으)ㄹ게요　～しますね。自分の意思や約束をやわらかく伝える表現

마트　（大型）スーパー（マーケット）。ちなみに슈퍼は、個人経営の小規模の商店のこと

-(으)ㄹ 테니까　～だろうから。話者の推測を表す

해 놔　～しておきなさい。해 놓아の縮約形

끝내다　終える。끝나다（終わる）と混同しないこと

장을 보다　買い物をする。장は시장（市場）のことで、一般的にスーパーや市場に日用品や食料品を買いにいくときの表現。一方、쇼핑하다はデパートなどで服や靴、家電などを買う場合に使われる。そのほか、장보기（食料品の買い物）、장터（市場、市が立つ場所）、장바구니（マイバッグ）も合わせて押さえておきたい

＼ 🔍知っておきたい！ ／

韓国語では、子どもが親に話すときに丁寧な語尾を使うことも多く見られます。日本語では、親子の会話においては、一般的にくだけた語尾を使うことが多いので、こんなところにも文化の違いが垣間見えますね。

---

[12] 正解：④

☆正解への道！　取引先との会議を控え、資料の準備が完了したかを尋ねる男性に対し、女性は全て揃えてかばんに入れたと返答しています。それを受けて、男性は忘れた書類がないか再確認するように女性に伝えたところ、女性は「今すぐにやります」と回答しているので、正解は④。資料の準備は全て終え、かばんにも入れてあるので、その他の選択肢は全て不正解です。③の넣어 놓는다は、音声の넣어 뒀습니다を言い換えた表現です。

【音声スクリプト＋日本語訳】 ⬇ DL 31

남자 : 오늘 거래처 담당자와 미팅 있는 거 아시죠? 자료 준비는 다 끝냈습
니까?
여자 : 네, 모두 잘 챙겨서 가방에 넣어 뒀습니다.
남자 : 그래도 혹시 잊은 서류는 없는지 다시 한번 봐 주세요.
여자 : 네. 지금 바로 하겠습니다.

男性：今日、取引先の担当者と会議があるのはご存知ですよね？ 資料の準
備はすべて終えましたか？
女性：はい、全てきちんと揃えて、かばんに入れておきました。
男性：それでも、ひょっとして忘れた書類はないか、もう一度見てください。
女性：はい、今すぐやります。

① 書類をコピーする。
② 参加者リストを作成する。
③ 会議資料をかばんに入れておく。
④ かばんの中にある書類を確認する。

第3章 模試1回目 ▼ 1瞬間目 問題 ②瞬間目 問題

解答・解説

☑ポイント表現

거래처[去来処] 取引先。あわせて연락처[連絡処]（連絡先）も押さえておこう
미팅 会議、ミーティング、打ち合わせ。会社関係の会議の場合は、漢字語の회의よりも미팅がよく使われる
챙기다 準備する、取り揃える。非常に広範囲で使われる動詞で、「（食べ物を）準備する」（例:밥 잘 챙겨 먹어요. ご飯を欠かさずきちんと食べなさい。）、「大事にする、気遣う」（例:건강 잘 챙기세요. 健康に気を付けてください。）、「自分のものにする」（포인트 챙기세요. ポイントもらってください。）といった意味もある
넣어 두다 入れておく。넣다は「入れる」の意味。-아/어두다（〜しておく）は動作や状態の維持、継続を表す表現で、「何かを貯蔵、保管しておく」のイメージも持つ
혹시[或是] もしかして、ひょっとして
복사하다[複写--] コピーする。日本語では外来語で表現するものが、韓国語では漢字語で表現するものの代表例
참가[参加] 参加。継続性のない一時的な行事や集会（同窓会や大会など）に参加することを表す。ちなみに、참여[参与]は持続性のある活動への参加（ボランティア、社会運動など）を意味し、참석[参席]は結婚式やセミナーのように、席が用意されている行事に参加する、列席することを意味する
참가 인원[参加 人員] 参加者
명단[名単] 名簿、リスト

237

[13] 正解 : ③

☆正解への道！　女性の最初の言葉が聞き取れ、**交換하려고**(交換しようと思って)が、③では**바꾸려고 한다**(換えようと思っている)に言い換えられていると分かれば、正解を導けます。②は、女性が「領収書は受け取ったものの見つからない」と述べているので不正解。また、①と④は音声で言及されていないので、不正解です。

【音声スクリプト＋日本語訳】　⬇ DL 32

※　[13~16] 다음을 듣고 들은 내용과 같은 것을 고르십시오. (각 2점)

여자 : 지난주에 선풍기를 샀는데 작동이 안 돼서 교환하려고.

남자 : 어, 그래? 바꾸려면 영수증이 필요할 텐데. 구입할 때 영수증 받았어?

여자 : 받긴 했는데 아무리 찾아봐도 없어. 그럼 교환이 안 될까?

남자 : 글쎄. 혹시 모르니까 일단 전화로 한번 문의해 보자.

※　[13~16] 次を聞いて、聞いた内容と一致するものを選んでください。(各2点)

女性：先週、扇風機を買ったんだけど、動かないから交換しようと思って。

男性：え、そうなの？ 換えるには領収書が必要だと思うけど。購入する時、レシートはもらった？

女性：もらうことはもらったけど、いくら探してみてもないの。それなら交換できないかな？

男性：どうだろう。念のため、とりあえず電話で問い合わせてみようよ。

① 二人は一緒に扇風機を買いに行った。

② 女性は品物を買うとき、レシートを受け取らなかった。

③ 女性は買った物が故障したので、換えようとしている。

④ 男性はレシートを持参して、別の物と交換した。

☑ポイント表現

작동[作動]　作動。機械などが動いて機能すること。ここでは、**작동이 안 돼서**を「動かないから」と訳した

-(으)려고　～しようと。これからしようと思っている行為や動作について話すときに使う表現。-(으)려고 하다、-(으)려고요の形でよく用いられる

바꾸다　変える、換える、替える

-(으)려면　~するには、~しようとすれ
ば。-(으)려고 하면の縮約形

영수증[領収証]　レシート、領収書

-(으)ㄹ 텐데　~だろうから、~だろうに、
~（する)はずなのに。話者の推測を表す

-긴 했는데　-기는 했는데の縮約形。-기
는 하다は「~するにはする」の意味

아무리 -아/어도　いくら、どんなに~
しても

글쎄　さあ、どうかしら。相手の問いに対
して返答しにくいとき、返事を濁すときに

使う表現。요をつけて글쎄요(どうですかね)
とすると、丁寧な表現になる

혹시 모르니까　念のため。直訳は「ひょっ
としたら分からないので」

일단[一旦]　とりあえず、ひとまず。日常
会話でよく使われる表現

문의하다[問議--]　問い合わせる

물건[物件]　品物、商品、もの、（不動産)
物件

고장(이) 나다　故障する

지참하다[持参--]　持参する

\ ◦知っておきたい！ /

영주증 드릴까요? (レシートを差し上げましょうか？）は、韓国で買い物を
するときによく聞かれるフレーズですので、固まりで覚えておくといいでしょ
う。また、最近定着した買い物フレーズに결제 도와드릴게요.（お会計させ
ていただきます。)がありますので、あわせて覚えておきましょう。

---

[14] 正解：①

☆正解への道！　マンション管理事務所からの、階段の大掃除に関する案内放
送。最後の청소 중에는 소음이 발생할 수 있으니(清掃中には騒音が発生するこ
とがありますので)が聞き取れれば、正解が①であることが分かります。音
声の소음이 발생할 수 있으니の部分は、①では시끄러울 수 있다(うるさい可能性
がある)と言い換えられています。案内放送という問題の特性上、情報量が
多いので、音声内容を頭の中で整理しながら聞きましょう。ポイントと思わ
れる単語をメモするといいですね。

【音声スクリプト＋日本語訳】　⬇ DL 33

> 남자 : 주민 여러분께 아파트 관리사무소에서 계단 대청소 관련 안내 말씀
> 　　　드립니다. 내일 오전 9시부터 12시까지 1단지부터 5단지의 계단 및
> 　　　복도 대청소를 실시하오니 계단이나 복도에 자전거나 물건을 내놓
> 　　　은 세대는 청소에 지장이 없도록 해당 물건을 집안으로 들여 놔 주
> 　　　시기 바랍니다. 또한 청소 중에는 소음이 발생할 수 있으니 많은 이

해와 협조 부탁드립니다.

男性：住民の皆様に、マンション管理事務所から階段の大掃除に関する案
　　　内を申し上げます。明日の午前9時から12時まで、1団地から5団地の
　　　階段及び廊下の大掃除を行いますので、階段や廊下に自転車や物を
　　　出しておいた世帯は、清掃に支障がないよう、該当の物を家の中に
　　　入れておいてくださいますようお願いします。また、清掃中には騒
　　　音が発生する可能性がありますので、多くのご理解とご協力をお願
　　　い申し上げます。

① 掃除するとき、うるさい可能性がある。
② 掃除は今日の午前中にする予定だ。
③ 掃除する時、廊下には水がはねる可能性がある。
④ 午後には他の団地を掃除するだろう。

☑ポイント表現

아파트　マンション。아파트단지[---団地]
とも言う

복도[複道]　廊下

-오니　～でございますので。非常に丁寧
に理由を述べる表現で、主に案内放送や文
書、時代劇などで用いられる

세대[世帯]　世帯。「世帯」を表す表現とし
て、가구[家口]も押さえておこう

소음[騒音]　騒音。「マンションの上下階の
騒音」は층간소음[層間騒音]という

-(으)니　～ので、～だから。原因・理由を
表す語尾 -(으)니까の縮約形

협조[協助]　協力。협력[協力]よりも「相
手を配慮して、自分の利害についての主張
を控える」イメージ

튀다　はじける、はねる

---

[15] 正解：②

☆正解への道！　大学修学能力試験の日程が迫っていることを伝える内容です。
「100일(100日)＝약 3개월(およそ3カ月)」のように、TOPIK Ⅱには簡単な計
算が必要な選択肢が頻出するので、注意しましょう。また、音声にEBS수능
특강(EBS修能特講)という固有名詞が登場しますが、文章全体をしっかり聞
けば類推ができるので、知らない単語が出てきても思考を停止せず、聞き進
めるのが大切です。なお、④の매진되었다(売り切れた)は、音声中の매진하다(邁
進する)と似た音を狙ったもので、引っかけ目的。

여자 : 이제 대학수학능력시험이 100일 앞으로 성큼 다가왔습니다. 서울 시의 한 학원에는 수업을 들으며 공부에 매진하는 학생들로 가득합 니다. 올해 수능도 작년과 동일한 11월 셋째 주 목요일에 전국의 각 고사장에서 실시합니다. 전문가들은 남은 기간에 6월과 9월에 실시 된 모의고사와 수능의 연계 교재인 EBS수능특강에서 취약한 유형 을 선택하여 전략적으로 공부할 것을 강조하고 있습니다.

女性 : もう、大学修学能力試験が100日後に迫ってきました。ソウル市のある塾には、授業を聞きながら勉強に邁進する学生でいっぱいです。今年の修能も、昨年と同日の11月第3木曜日に、全国の各試験場で実施します。 専門家たちは残りの期間に、6月と9月に実施された模擬試験と、修能の連携教材であるEBS修能特講で、(自分自身が)弱い分野を選択し、戦略的に勉強することを強調しています。

① 修能は過去問から出る。
② 修能までは残りおよそ3カ月になった。
③ 修能は各大学で実施する。
④ 塾の有名講座は売り切れた。

☑ポイント表現

대학수학능력시험[大学修学能力試験] 略して수능。毎年11月第3木曜日に実施される、大学入学共通テスト。4年制大学を志願する大部分がこの試験を受ける

100일 앞으로 直訳は「100日先に」。ここでは「100日後に」と訳した

성큼 다가오다 (大股に、急に)近づいてくる、迫ってくる。「季節や期日が迫る」の意味でよく使われる表現

학원[学院] 塾、スクール。いわゆる学習塾から水泳、英語、絵画、習字など、その種類は多岐にわたる

매진하다[邁進 --] 邁進する

가득하다 いっぱいだ、満ちている

동일하다[同一 --] 同一だ、同じだ

고사장[考試場] 試験場

모의고사[模擬考査] 模擬試験

EBS 수능특강[--- 修能特講] EBS修能特講。EBS(韓国教育放送公社)制作の修能対策教材で、インターネット講義なども充実している https://www.ebsi.co.kr/ebs/

특강[特講] 特別講義(特別講義)の略語

취약하다[脆弱 --] 脆弱だ、弱い

유형[類型] 類型、タイプ。テストなどにおいては「(出題)分野」「(出題)パターン」を指す

기출문제[既出問題] 過去問

241

남다 　残る。③の약 3개월이 남았다.는 直訳
하면 「約3カ月が残りました。」

매진되다[売尽--]　売り切れる

---

[16] 正解：①

☆正解への道！　10年ぶりにエッセイ本を出した女性作家に、男性がインタビューしています。エッセイ本に込められたメッセージは、冒頭の「自分自身を大切にしなければならない」で、それ以降はその内容を具体的に説明したもの。これは論理的な文章の典型的な形式ですので、構造のパターンを覚えてきましょう。論理の展開パターンが分かっていれば、内容把握も楽になりますし、知らない単語や表現が出てきても推測できるようになります。

「人生において重要な選択をしなければならないときがあります。私はそのたびに～」とあるので、女性が選択の岐路に立たされたことがあることが分かります。従って、正解は①です。また、女性は「10年ぶりに」エッセイ本を出したので②は不正解。音声の中で、「正解は自分の中にある」「誰が何と言おうと自分らしく生きたい」と述べられていることから、女性の考えと反対の内容の③は、不正解。④は、エッセイの内容とは異なるので、不正解です。

【音声スクリプト＋日本語訳】　⬇ DL 35

남자 : 이번에 10년 만에 새롭게 에세이집을 출간하셨는데요. 어떤 내용인가요?

여자 : 저는 이번 책에서 자기 자신을 소중히 해야 한다는 메시지를 담았어요. 우리는 살면서 중요한 선택을 해야 할 때가 있는데요. 저는 그때마다 정답은 자기 안에 있다고 생각하고 타인이 아닌 나 자신에게 맞는 것이 과연 무엇일까에 대해 늘 고민해 왔습니다. 이번 글에서는 그런 저의 경험을 바탕으로 누가 뭐라 해도 자기 자신답게 살고 싶다는 소망을 표현해 봤습니다.

男性 : 今回10年ぶりに新しくエッセイ集を出版されましたね。どんな内容ですか？

女性 : 私は今回の本で、自分自身を大切にしなければならないというメッセージを込めました。私たちは生きている中で、重要な選択をしなければならない時があります。私はそのたびに正解は自分の中にあると思い、他人ではなく自分自身に合うものが果たして何なのかについていつも悩んできました。今回の文章では、そんな私の経験をもと

に、誰が何と言おうと自分らしく生きたいという願いを表現してみ
ました。

① 女性は選択の岐路に立たされたことがある。
② 女性は今回初めてエッセイ本を出した。
③ 女性は他人の意見を大切に思う。
④ エッセイには、さまざまな問題に対する正解が書かれている。

☑ポイント表現

만에 ～ぶりに、～で。あることが起こってから、一定の時間が経った後に別のことが起こることを表す。만에の前には期間を表す数字や表現が来る。-(으)지(～して以来)との組み合わせもよく見られる

출간하다[出刊--] 出版する

소중히[所重-] 大切に、大事に

정답[正答] 正解、正答

타인[他人] 他人 固有語では남

바탕 基礎、土台。바탕으로(～を土台に、～をもとに)の形でよく使われる

소망[所望] 望み、希望

갈림길에 놓이다 岐路に立たされる。갈림길は「分かれ道、分岐点」

수필[随筆] エッセイ、随筆

여기다 思う、感じる。여기다は固有語で、自分の心情や感情に重きが置かれるイメージ。漢字語であれば생각하다[生覚--]が近いが、こちらは筋道が立っているイメージ

적히다 書かれる、書き記される。なお、「書く」には적다(書き留める、メモするイメージ)や쓰다(全般的に「書く」イメージ)の表現がある

---

[17] 正解：③

☆正解への道！　男性が最後に言った「僕は飽きない単色にしたほうがいいと思う……。」が男性の中心となる考えなので、正解は③。音声の**단색**[単色]が、④では**무늬가 없는 것**(柄がないもの)と言い換えられていることが分かれば、正解を導けます。①、②、④についてはいずれも言及されていないので、不正解です。

【音声スクリプト＋日本語訳】　↓DL 36

※ [17~20] 다음을 듣고 남자의 중심 생각으로 가장 알맞은 것을 고르십시오.
　 (각 2점)
남자 : 벽지는 이 색으로 하자. 깔끔하고 가구들하고도 잘 어울릴 거야.
여자 : 이 잔잔한 꽃무늬가 있는 건 어때? 방 분위기가 화사해질 것 같은데.

남자 : 앞으로 이 집에서 몇 년은 살아야 하니까 난 질리지 않는 단색으로 하
는 게 좋을 것 같아…

※ [17~20] 次を聞いて、**男性**の中心となる考えとして、最も適切なものを
選んでください。(各2点)

男性：壁紙はこの色にしよう。すっきりしていて、家具ともよくマッチする
と思うよ。

女性：この穏やかな花柄があるものはどう？ 部屋の雰囲気が華やかになり
そうだけど。

男性：これからこの家で何年かは暮らさなければならないから、僕は飽き
ない単色にしたほうがいいと思う……。

① 壁紙は厚いほうが良い。
② 家では花を育ててはいけない。
③ 壁紙は柄がないものが良い。
④ 引っ越しをこれ以上しないほうが良い。

☑ポイント表現

벽지[壁紙] 壁紙

깔끔하다 (性格、身なり、部屋などが)すっ
きりしている、こぎれいだ

어울리다 似合っている、ふさわしい、調
和している、マッチしている

잔잔하다 静かだ、穏やかだ

꽃무늬 花柄。무늬は「模様、柄」

화사하다[華奢--] 華やかだ

질리다 飽きる

단색[単色] 単色

두껍다 厚い。뜨겁다(熱い)と混同しない
よう注意

키우다 育てる。類義語に기르다がある。
両方とも「子どもや動植物を育てる」意味を
持っているが、키우다には「身長や能力、目
に見えないもの(夢など)を大きくする」意味
が、また기르다には「髪の毛や爪、ひげを伸
ばす」意味がある

낫다 より良い、勝る、ましだ。人変則な
ので、**나으면、나아요**のように活用する

---

[18] 正解：①

☆正解への道！ 男性が女性に対し**여보**と呼びかけているので、夫婦間の会話
であることが分かります。男性がごみを分別しない女性に対し、「後で分別
するのは大変だから、今後はその都度分別してほしい」旨を伝えています。
この部分が男性の中心となる考えなので、正解は①。②と③については言及

がなく、④は女性の考えのため不正解です。

【音声スクリプト＋日本語訳】　⬇ DL 37

남자 : 여보, 왜 이것들을 다 같이 났어요? 나중에 분리하려면 힘든데.
여자 : 나중에 한꺼번에 분리하려고요. 어차피 버릴 때 한번 더 확인하잖아요.
남자 : 이렇게 섞어 놓으면 지저분해 보이고 버리는 사람도 힘드니까 앞으로
　　　는 우리 신경 좀 써요.

男性：あの、なぜこれらを全部一緒に置いたのですか？ 後で分別するのが
　　　大変なんだけど。
女性：後で一度に分別しようと思いまして。どうせ、捨てるときにもう一
　　　度確認するじゃないですか。
男性：こうやって混ぜておくと汚く見えるし、捨てる人も大変だから、今
　　　後は私たち、ちょっと気を使いましょう。

① ごみはその都度分別しておくのが良い。
② きれいな家のためには、ごみを捨てなければ良い。
③ 分別収集の日に合わせて、ごみを捨てなければならない。
④ 捨てる前に、一度に確認して分別するほうが楽だ。

☑ポイント表現

여보　夫婦がお互いを呼ぶ言い方。ここで
は、日本語として自然になるように、「あの」
と訳した。同じような意味で당신もよく使
われる。なお、新婚夫婦の場合や恋人同士
は자기야と使う場合が多い
났어요?　놓았어요?の縮約形
한꺼번에　一度に
분리하다[分離--]　（ごみを）分別する、分
離する
어차피　どうせ

섞다　混ぜる
지저분하다　汚い、散らかっていて汚い。
ちなみに더럽다は「汚れていて汚い」イメージ
쓰레기　ごみ。「一般ごみ」は일반 쓰레기[一
般 ---]、「生ごみ」は음식물 쓰레기[飲食物
---]、「資源ごみ」は재활용품[再活用品]
그때그때　その都度、その時その時
깨끗하다　きれいだ、清潔だ
분리수거[分離収去]　（ごみの）分別収集
편하다　楽だ

＼ 🔍知っておきたい！ ／
夫婦や恋人の間柄では一般的に반말(いわゆる「タメ口」)を使います。しか

し年齢差がある夫婦や年配の夫婦、また、若い夫婦やカップルでもお互い
を尊重する気持ちから**해요体**を使うケースもあるようです。

\ これも Q 知っておきたい！/
日本語で「混ぜる」と訳せる韓国語の4つの単語の使い分けを整理しておき
ましょう。
- 섞다　2つ以上のものを一つに混ぜ合わせる。食材、色、言葉、カードなどあらゆるもの
　　　　に使えます。
- 젓다　2つ以上の液体を、または液体に粉などを入れたものを、かき混ぜる。また、船を
　　　　漕ぐときや、手や頭を左右に振るときにも使えます。
- 말다　(汁物と)混ぜる。韓国ではスープにご飯や麺を入れて食べることが多いので、말다
　　　　は食事の際によく使われます。
- 비비다　ご飯や麺を他の食材やソースなどと混ぜ合わせる。

---

[19] 正解：④
☆正解への道！　男性の最後の言葉、**돈을 많이 벌고 싶은 성향이라 투자를 하는 편
이야.**（お金をたくさん稼ぎたい気質だから、投資をするほうなんだ。）が男性
の中心となる考えなので、正解は④。女性の**재미있을 것 같긴 한데**（面白そう
だけど）という言葉に引きずられて①を選ばないよう注意。なお、②には言
及がなく、③は女性の考えのため、不正解です。

【音声スクリプト＋日本語訳】 ⬇ DL 38

여자 : 이번에 적금이 만기가 됐는데 이자를 4%나 받았어. 내가 맛있는 거
　　　사 줄게.
남자 : 이, 정말? 고마워! 난 돈이 생길 때마다 주식을 사는데, 너도 한번 사
　　　볼래?
여자 : 투자하면 수익률도 높고 재미있을 것 같긴 한데, 난 원금을 잃을까봐
　　　걱정돼서 못 하겠어.
남자 : 그렇긴 하지. 근데, 나는 좀 위험하더라도 돈을 많이 벌고 싶은 성향
　　　이라 투자를 하는 편이야.

女性 : 今回積み立てが満期になったんだけど、利子を4%も受け取ったの。
　　　私がおいしいものをおごってあげるね。
男性 : え、本当？ ありがとう！　僕はお金ができるたびに株を買うんだけど、

君も一度買ってみる？

女性：投資すれば、収益率も高くて面白そうだけど、私は元本を失うんじゃ
　　　ないかと心配で、できなさそう。

男性：それはそうだね。でも、僕はちょっと危険だとしても、お金をたく
　　　さん稼ぎたい気質だから、投資をするほうなんだ。

① 投資するのが面白い。
② 積み立ては利子をたくさんくれるから良い。
③ 元本がなくなると気分が良くない。
④ 収益が高いので投資をする。

☑ポイント表現

적금[積金]　積み立て。적금을 타다で「積
み立てを受け取る」

사 줄게　（食事を）おごってあげるね。直
訳は「買ってあげるね」。以下は俗語だが、
同じ意味で살게(直訳：買うね。)、낼게(直訳：
出すね。)、쏠게(直訳：射るね。)も使える

주식[株式]　株式、株

- 아/어 볼래?　〜してみる？

수익률[収益率]　収益率。鼻音化するので

発音は[수잉뉼]

원금[元金]　元本

- 긴 하다　-기는 하다の縮約形で「〜する
ことはする」

잃을까봐　失うんじゃないかと

성향[性向]　気質、性質

(으)ㄴ/는 편이다　〜するほうだ

원금을 날리다[元金- ---]　元本がなくな
る

---

[20] 正解：①

☆正解への道！　①の연결해 준다（連結してくれる）が、音声の이어주고 있기 때
문에（つなげてくれているので）あたりを言い換えていることが分かれば、正
解を導けます。③は男性の考えとは異なるため、不正解。②と④に関しては
言及がないので、こちらも不正解です。

【音声スクリプト＋日本語訳】　⬇ DL 39

여자：정말 감동적인 무대였습니다. 이 노래가 이렇게 아름다운 곡이었
　　　군요. 이렇게 많은 사람들에게 감동을 주는 연주의 비결이 있을까
　　　요?

남자：특별한 것은 없고요. 저는 그냥 즉흥적인 감정을 곡에 실어 연주

할 따름입니다. 저와 청중들은 같은 공간에서 같은 음악을 공유하지만, 그 음악들 속에 실린 감정이나 경험들은 모두 다 다르겠지요. 제가 공연장에서 연주하는 음악이 서로 다른 우리를 하나로 이어 주고 있기 때문에 많은 분들께서 제 곡을 들으러 찾아와 주시는 게 아닐까 합니다.

女性：本当に感動的なステージでした。この歌がこんなに美しい曲だったんですね。これほど多くの人に感動を与える演奏の秘訣があるのでしょうか？

男性：特別なことはありません。私はただ、即興的な感情を曲に乗せて演奏するだけです。私と聴衆は、同じ空間で同じ音楽を共有しますが、その音楽の中に乗せられた感情や経験は皆違うでしょう。私が公演会場で演奏する音楽が、互いに違う私たちを一つにつなげてくれているので、多くの方々が私の曲を聞きにきてくださるのではないかと思います。

① 音楽は、演奏者と聞き手を連結してくれる。
② 作曲をする時、演奏者の感情移入が重要だ。
③ 演奏者は、聴衆の感情を考えながら演奏する。
④ 同じ音楽でも、楽器によって違う表現をする。

☑ポイント表現

무대[舞台]　舞台、ステージ

-군요　～なんですね。新たに知ったことに対しての感嘆を表す

연주[演奏]　演奏

-고요　話がまだ続くというニュアンスを出したり、やわらかさを出す語尾

즉흥적[即興的]　即興的

싣다　乗せる、載せる、積む。ㄷ変則

-(으)ㄹ 따름이다　～するばかりだ、～の限りだ。-(으)ㄹ 뿐이다(～するだけだ)に比べると文語的な表現

청중[聴衆]　聴衆

공간[空間]　空間、スペース

공연장[公演場]　公演会場、劇場

감정이입[感情移入]　感情移入

이어 주다　つなげてくれる

연결해 준다　連結してくれる

악기[楽器]　楽器

[21~22] 正解：21. ③　22. ②

☆正解への道！

21. 男性は、女性に「この会社の業務に役立つような君の長所を書く」ことを
アドバイスしています。この部分が男性の中心となる考えですので、正
解は③。②かもしれないと思った人もいるかもしれませんが、「長所の部
分は最も重要だ」とは言っていないので、不正解です。

22. 対話の最後で、女性が男性に対し**여기 단점 부분은 어때요?**（ここの短所
の部分はどうですか？）と尋ねていますので、②が正解であることが分か
ります。エントリーしようとしているのは女性で、なおかつその企業が
大企業かは音声の情報からは判断できないので、①は不正解。③と④に
ついては、言及がないので不正解です。

【音声スクリプト＋日本語訳】　⤓ DL 40

※　[21~22] 다음을 듣고 물음에 답하십시오. (각 2점)

여자 : 선배님, 이번에 제가 관심 있게 지켜 보던 기업의 공채가 있어서 지
　　　원해 보려고 하는데요. 혹시 시간 되시면 잠깐 제 입사 지원서 좀
　　　봐 주시겠어요?

남자 : 물론이지. 어디 보자… 대체로 무난하게 잘 썼는데, 성격의 장단점란
　　　의 장점 부분이 이 회사의 업무와 별로 연관성이 없어 보이네. 이 회
　　　사에 도움이 될 만한 네 장점을 찾고 좀 더 부각되게 써 보는 게 어떨
　　　까? '나의 이런 성격이 이 회사의 이런 업무에 일조할 것이다' 라고
　　　채용 담당자에게 좋은 인상을 줄 수 있도록 말이야.

여자 : 네. 장점을 수정해서 다시 써 봐야겠어요. 여기 단점 부분은 어때요?

남자 : 단점은 이대로 내도 좋을 것 같아.

※　[21~22] 次を聞いて、問いに答えてください。(各2点)

女性：先輩、今回私が関心を持って見守っていた企業に定期採用があるので、
　　　エントリーしてみようと思うのですが。もしお時間がありましたら、
　　　ちょっと私のエントリーシートを見ていただけますか？

男性：もちろん。どれどれ……おおむね無難によく書けているけれど、性
　　　格の長所・短所欄の長所の部分が、この会社の業務とあまり関連性が
　　　なさそうに見えるね。この会社に役立つような君の長所を見つけて、
　　　もう少し引き立つように書いてみるのはどうだろうか？「私のこの
　　　ような性格が、この会社のこのような業務に一助になるだろう」と採

用担当者にアピールできるようにということだよ。

女性：はい。長所を修正してもう一度書いてみなくてはいけませんね。こ
　　　この短所の部分はどうですか？

男性：短所はこのまま出しても良さそうだよ。

21. 男性の中心となる考えとして、最も適切なものを選んでください。
　　① 短所はできるだけ見えないように書くのが良い。
　　② エントリーシートは、長所の部分が最も重要だ。
　　③ 長所の部分は、業務と関連づけて作成しなければならない。
　　④ 性格の長所・短所の部分は、直すところが全くない。

22. 聞いた内容として一致するものを選んでください。
　　① 男性は大企業に志願しようと思っている。
　　② 女性のエントリーシートには短所が書かれている。
　　③ 採用者は志願者の容貌を重視する。
　　④ エントリーシートは簡潔かつ明確に書かなければならない。

☑ポイント表現

공채[公採]　공개 채용[公開採用]의 축약형
으로「정기채용」의 것

지원하다[志願-]　志願する、エントリー
する

입사 지원서[入社 志願書]　エントリシー
ト

어디 보자　どれどれ、えーと。何かを見
たり探したりするときに言う言葉

대체적으로[代替的-]　概して、大筋で、
おおむね

무난하다[無難--]　無難だ

장단점란[長短点欄]　長所・短所欄。장점
[長点]（長所）と단점[短点]（短所）を書く欄

연관성[連関性]　関連性

-(으)ㄹ 만하다　～する価値がある、～
できる

네　君の。発音は[니]

부각되다[浮刻--]　浮き彫りになる、（あ
る特徴が）引き立つ

일조하다[一助--]　一助になる

채용[採用]　採用

말이야　～ということだよ。自分の主張や
意志を強めに言うときに使う表現

수정하다[修正--]　修正する

지원자[志願者]　志願者

용모[容貌]　容貌、容姿

간결하다[簡潔--]　簡潔だ

＼ 🔍知っておきたい！ ／

공개 채용[公開採用]은 主に年2回程度の定期採用を指し、大きく新規採用(신
규 채용)とキャリア採用(경력 채용)の２つに分かれます。最近では、韓国

の大手企業を中心に、即戦力の採用を期待できる随時 採用[随時採用]に移行しつつあります。

[23~24] 正解：23. ③　24. ②

23. 男性はパスポートの満期日まで残りわずかなので、再発給のための方法を電話で問い合わせています。従って正解は③。更新はこれから行うので、①は不正解。また、申請の場所ではなく、申請方法を問い合わせているので②も不正解。男性はパスポートを紛失していないので、④も不正解です。

24. 男性が女性に対して、インターネットでも申請できるかどうかを尋ねているのに対し、女性が「はい、可能です」と答えている部分がポイント。インターネットで申請可能ということは市役所まで出向かなくてもよいので、正解は②。①、③、④については言及がありませんので不正解。③に6개월(6カ月)という単語が出てきますが、音声と同じ表現が使われているからという理由で選ばないよう、注意しましょう。

【音声スクリプト＋日本語訳】 ⬇ DL 41

※ [23~24] 다음을 듣고 물음에 답하십시오. (각 2점)

남자 : 여보세요. 여권 만기일이 얼마 남지 않아서 재발급 받으려고 하는데. 어떻게 하면 될까요?

여자 : 네, 신분증과 6개월 이내에 찍은 여권 사진을 가져오시면 됩니다. 해당 시청에 가서서 여권 발급 신청서를 작성하시고 준비해 오신 걸 같이 내시면 바로 재발급 받으실 수 있습니다. 그리고 갖고 계신 여권이 아직 만기 전이면 지금 여권도 같이 제출하시면 됩니다.

남자 : 네. 그런데 혹시 인터넷으로도 신청할 수 있나요?

여자 : 네, 가능합니다. 온라인으로 신청하실 경우에는 재발급까지 두 주 이상 걸릴 수도 있으니까 유의하세요.

※ [23~24] 次を聞いて、問いに答えてください。(各2点)

男性：もしもし。パスポートの満期日まであまり残っていないので、再発給を受けようと思うのですが。どうすればいいですか？

女性：はい、身分証と6カ月以内に撮ったパスポートの写真を持ってきてくだされば良いです。該当の市役所に行かれて、パスポート発給申請

書を作成され、準備してこられたものを一緒にお出しになれば、すぐに再発給を受けられます。そして、お持ちのパスポートがまだ満期前でしたら、現在のパスポートも一緒に提出なされば大丈夫です。

男性：はい。ところで、ひょっとしてインターネットでも申請できますか？

女性：はい、可能です。オンラインで申請なさる場合には、再発給までに2週間以上かかる場合もありますので、ご留意ください。

23. 男性が何をしているかを選んでください。
   ① 満了したパスポートを更新している。
   ② パスポートの再発給場所を確認している。
   ③ パスポート再発給の方法を調べている。
   ④ 紛失したパスポートの再発給を受けようとしている。

24. 聞いた内容として一致するものを選んでください。
   ① パスポートの満期日が過ぎれば、再発給が不可能だ。
   ② パスポートの再発給のために、市役所に行かなくても良い。
   ③ 満期になったパスポートは、6カ月以内に再発給しなければならない。
   ④ 直接訪問する場合には、再発給手数料がさらに安い。

☑ポイント表現

여권[旅券]　パスポート、旅券	해당[該当]　該当
만기일[満期日]　満期日	시청[市庁]　市役所
재발급[再発給]　再発給	유의하다[留意-]　留意する
신분증[身分証]　身分証	갱신하다[更新-]　更新する
	알아보다　調べる、情報を得る

[25~26] 正解：25. ②　26. ③

☆正解への道！

25. 男性は、米粉パンが小麦粉のパンと比較しても遜色がないことを伝えているので、②が正解です。「男性の中心となる考え」を問う問題なので、男性の発言から示唆されているものが何かを考えながら聞きましょう。

26. 女性の이 제과점의 우리 쌀로 만든 빵이 아주 맛있다고 소문이 자자합니다. (このパン屋の韓国産のお米で作ったパンが、とてもおいしいと評判です。)、あるいは男性の우리 가게에서는 우리 쌀로 만든 빵을 판매하고 있습니다. (当

店では韓国産の米で作ったパンを販売しています。）が聞き取れれば、③
が正解だと導けます。なお、②の**농촌진흥청**（農村振興庁）は男性に米粉
でパンを作ることを依頼しましたが、賞は与えていないので不正解です。

【音声スクリプト＋日本語訳】　± DL 42

※　[25~26] 다음을 듣고 물음에 답하십시오. (각 2점)

여자 : 이 제과점의 우리 쌀로 만든 빵이 아주 맛있다고 소문이 자자합니
다. 어떻게 밀가루가 아닌 쌀가루로 빵을 만들 생각을 하셨나요?

남자 : 네. 제가 쌀가루로 처음 빵을 만들게 된 것은 농촌진흥청의 의뢰를
받았기 때문인데요. 농촌진흥청이 빵을 만들기 위한 쌀 품종을 개
발하고, 저에게 그 쌀가루로 빵을 한번 만들어 보라고 제안했습니
다. 저는 쌀가루가 빵을 만드는 데 적합하지 않을 것 같다고 생각했
지만 그래도 한번 만들어 봤지요. 그런데 제가 걱정했던 것과는 달
리 쌀가루도 밀가루처럼 잘 부풀어 오르고, 식감도 꽤 부드러워서
전혀 거부감이 들지 않더라고요. 이때부터 우리 가게에서는 우리
쌀로 만든 빵을 판매하고 있습니다. 쌀가루 빵은 밀가루 빵과 달리
촉촉하고 쫄깃한 식감도 낼 수 있는데, 이 식감을 살려 만든 빵이 아
주 맛있다며 손님들께서 우리 가게를 많이 찾아 주고 계십니다.

※　[25~26] 次を聞いて、問いに答えてください。（各2点）

女性 : このパン屋の韓国産のお米で作ったパンが、とてもおいしいと評判
です。どのようにして、小麦粉ではなく米粉でパンを作ることをお
考えになったのでしょうか？

男性 : はい。私が米粉で初めてパンを作ることになったのは、農村振興庁
の依頼を受けたからなのですが。農村振興庁が、パンを作るための
米の品種を開発して、私にその米粉でパンを一度作ってみるよう提
案しました。私は、米粉がパンを作るのに適していないだろうと思
いましたが、それでも一度作ってみたんですよ。でも、私が心配し
ていたのとは違って、米粉も小麦粉のようによく膨れて、食感もか
なり柔らかいので、全く拒否感を感じなかったんです。この時から、
当店では韓国産の米で作ったパンを販売しています。米粉パンは小
麦粉のパンと違い、しっとりとしてコシのある食感も出せるのですが、
この食感を生かして作ったパンがとてもおいしいと、お客様が当店
に多く訪ねてくださっています。

25. 男性の中心となる考えとして、最も適切なものを選んでください。
　　① 小麦粉で作ったパンが、米粉で作ったパンよりさらにおいしい。
　　② 米粉で作ったパンは、小麦粉で作ったパンの代わりになり得る。
　　③ 他のパン屋でも、米粉を使用してパンを作らなければならない。
　　④ 客は、小麦粉で作ったパンを食べるために、この店を訪問する。

26. 聞いた内容と一致するものを選んでください。
　　① 米粉が小麦粉より健康に良い。
　　② 農村振興庁で男性に賞を与えた。
　　③ 男性は、米粉で作ったパンを販売している。
　　④ 米粉でパンを作るパン屋が増えている。

☑ポイント表現

제과점[製菓店]　パン屋、ケーキ屋。韓国ではパン屋でケーキも販売することが多い

우리 쌀　私たちの米。ここでは「韓国産の米」と訳した

소문이 자자하다　噂や評判が広まる、ここでは「評判だ」と訳した

밀가루　小麦粉。밀(小麦) + 가루(粉)

쌀가루　米粉。쌀(米) + 가루(粉)

농촌진흥청[農村振興庁]　韓国の農林畜産食品部(日本の農林水産省に相当)傘下の国家行政機関

품종[品種]　品種

적합하다[適合 - -]　適合する、適している

부풀어 오르다　膨れ上がる。ここでは「膨れる」と訳した

거부감[拒否感]　拒否感

우리 가게　私たちの店。ここでは「当店」と訳した

촉촉하다　しっとりとしている、湿り気がある。食べ物や肌、髪の毛などに使う

쫄깃하다　コシがある。歯ごたえがある感じを表す

살리다　生かす

대신하다[代身 - -]　代わる、代わりになる

[27~28] 正解：27. ②　28. ③

☆正解への道！

27.　男性は多子世帯が受けられる特典について詳細を説明し、その特典の多
　　　様化によって出生率が上昇するのではと、特典に対しての肯定的な意見
　　　を伝えています。従って正解は②。①と④については言及がなく、③は
　　　女性が話している内容です。

28. 女性の出産により休職した女性たちが昇進で不利益を当하지 않도록(出産によって休職した女性たちが昇進で不利益を受けないように)という発言は、「女性は出産により昇進で不利益を受ける」ことを示唆しています。この部分が聞き取れれば③を正解として選べます。医療費は無料ではなく減免されるので、①は不正解。また、多子世帯は子ども2人以上の世帯を指すので、②も不正解。④については言及されていません。

【音声スクリプト＋日本語訳】　⤓ DL 43

※　[27~28] 다음을 듣고 물음에 답하십시오. (각 2점)

남자 : 올해부터 다자녀 가구에게 주어지는 혜택이 더 다양해진대요. 다자녀 가구에는 전기료와 의료비, 교육비 등을 감면해 주고 주택을 구입할 때는 금리도 우대해 준다고 하네요. 무엇보다도 전에는 자녀가 3명부터 혜택이 있었는데 올해부터 2명부터 된다고 하니 더 많은 세대가 적용을 받을 수 있게 됐어요.

여자 : 그런데 과연 이 정책이 저출산 문제에 대한 대책이 될 수 있을까요? 저는 이런 금전적인 지원보다는 출산으로 인해 휴직한 여성들이 승진에서 불이익을 당하지 않도록 좀 더 근본적인 대책이 마련돼야 한다고 생각하거든요.

남자 : 그래도 요즘 아이 키우는 데 워낙 드는 비용도 만만치 않으니까 혜택이 많아지면 아무래도 출산율도 상승하지 않을까요?

여자 : 하긴. 사람마다 생각이 다르긴 하니까 좀 더 지켜봐야 할 것 같네요.

※　[27~28] 次を聞いて、問いに答えてください。(各2点)

男性 : 今年から多子世帯に与えられる特典がより多様化するそうです。多子世帯には電気代と医療費、教育費などを減免し、住宅を購入する時は金利も優遇してくれるそうですね。何よりも、以前は子どもが3人から特典があったのですが、今年から2人から良いということなので、より多くの世帯が適用を受けられるようになりました。

女性 : しかし、果たしてこの政策が少子化問題に対する対策になるのでしょうか? 私はこのような金銭的な支援よりは、出産によって休職した女性たちが昇進で不利益を受けないように、もう少し根本的な対策が設けられなければならないと思うんですよ。

男性 : それでも、最近子どもを育てるのに、なにせかかる費用も侮れませんから、特典が多くなるとやはり出生率も上昇するのではないでしょうか?

第3章　模試1回目　▼　1時間目　問題　2時間目　問題

解答・解説

女性：確かに。人によって考えが違うことは違うので、もう少し見守らな
　　　ければならないようですね。

27. 男性が話す意図として、適切なものを選んでください。
　　① 会社員の女性が離職する理由を説明しようと
　　② 多子世帯が享受できる制度を知らせようと
　　③ 多子世帯に関連した制度の問題点を指摘しようと
　　④ 職場で昇進をしようとすると多子が有利だと述べようと

28. 聞いた内容と一致するものを選んでください。
　　① 多子世帯の子どもは医療費が無料だ。
　　② 子どもが一人でも多子世帯に含まれる。
　　③ 育児休業を利用すると、昇進に不利だ。
　　④ 多子を育てるには、両親の助けが切実だ。

☑ポイント表現

다자녀 가구[多子女 家口]　多子世帯。가구[家口]は「世帯」のこと

다양해진대요　多様化するそうです。다양해진다고 해요の縮約形

혜택[恵沢]　恩恵、特典

전기료[電気料]　電気料金、電気代

감면하다[減免--]　減免する

금리[金利]　金利。鼻音化が起こるので発音は[금니]

과연[果然]　果たして

저출산 문제[低出産 問題]　少子化問題

-(으)로 인해(서)　〜によって。原因、理由を表す。ニュース報道、プレゼンのようなフォーマルな場で使われる

불이익[不利益]　不利益

당하다[当--]　（被害を）受ける、直面する

마련되다　（制度、対策、施設などが）準備される、用意される、設けられる

-는 데(에)　〜する場合、〜する状況、〜するのに。도움이 되다(役に立つ)とともによく使われる

워낙　なにせ

만만치 않다　侮れない、手ごわい。만만하다(手ごわくない、甘く見える)に否定の-지 않다がついた形で、さらに短く만만찮다とも

아무래도　どうしても、やはり

상승하다[上昇--]　上昇する

하긴　言われてみれば、確かに

-긴 하다　-기는 하다の縮約形で「〜することはする」の意味

지켜보다　見守る

직장인[職場人]　社会人、会社員。회사원[会社員]とほぼ同じ意味

이직하다[離職--]　離職する

누리다　享受する

육아 휴직[育児 休職]　育児休業

절실하다[切実--]　切実だ

韓国では日本同様、女性が仕事と育児を両立することが困難な状況が残っています。そのため出産・育児のために退職するか、非正規職を選択するケースが多く見られます。また、子育てが落ち着いた後に社会復帰しようとしても、復帰前と同条件で働くのは難しい状況も、社会問題の一つになっています。こうした境遇に置かれた女性のことを、경력단절여성[経歴断絶女性]、あるいは短く경단녀[経断女]と言います。ニュースやドラマなどでも耳にする言葉ですので、覚えておきまましょう。

[29~30] 正解：29. ④　30. ④

☆正解への道！

29. 男性の職業が何かを問われています。女性の금융 플랫폼을 만드시게 된(モバイル金融プラットフォームをお作りになった)が聞き取れれば、④を正解として選べます。男性は元歯科医師なので、③は不正解です。금융(金融)や계좌(口座)といった銀行に関する用語に囚われて①を選ばないよう、細部までしっかり聞きましょう。

30. 女性の모든 계좌를 한번에 조회할 수 있고(全ての口座を一度に照会することができ)の部分が、④で계좌를 다 같이 관리할 수 있다(口座を全て一緒に管理することができる)に言い換えられています。조회하다(照会する)の意味にたどり着かなかった人も、この対話のテーマが金融の話だと分かれば、正解が何かを推測できるでしょう。

【音声スクリプト＋日本語訳】 ⬇ DL 44

※ [29~30] 다음을 듣고 물음에 답하십시오. (각 2점)

여자 : 대표님, 치과 의사라는 타이틀을 버리면서까지 이런 모바일 금융 플랫폼을 만드시게 된 계기가 궁금합니다.

남자 : 네, 저는 항상 어떤 일을 하든지 재미있으면서도 많은 사람들에게 도움이 되는 일을 하고 싶었습니다. 그러다가 문득 번거로운 은행 업무를 좀 더 간편하고 재미있게 할 수 없을까 생각했죠. 그래서 처음에는 저 혼자 생각하고 있던 것을 실현한 앱을 한번 개발해 봤어요. 그게 제가 직업을 바꾸게 된 계기가 되었죠.

여자 : 아, 그러셨군요. 모든 계좌를 한번에 조회할 수 있고 계좌 간 이동이나 송금도 간편하게 할 수 있는 이 앱이 등장하면서 지금 금융계

에 혁신이 일고 있다고 해도 과언이 아닌데요. 앞으로 어떤 새로운 기능을 개발하실 예정이신가요?

남자: 예. 적금을 하기 쉽게 하는 기능을 추가할 생각입니다.

※ [29~30] 次を聞いて、問いに答えてください。（各2点）

女性: 代表、歯科医師という肩書を捨ててまで、このようなモバイル金融プラットフォームをお作りになったきっかけが気になります。

男性: はい、私はいつも、どんな仕事をするにしろ、面白くて、かつ多くの人に役立つ仕事をしたかったのです。そうこうするうちに、ふと面倒な銀行業務をもう少し手軽で面白くできないかと思ったんですね。そこで最初は、私一人で考えていたことを実現したアプリを、一度開発してみました。 それが、私が職業を変えることになったきっかけになったんですよね。

女性: あ、そうでいらしたのですね。全ての口座を一度に照会することができ、口座間の移動や送金も簡単にできるこのアプリが登場し、今金融業界に革新が起きていると言っても過言ではないのですが。今後、どのような新しい機能を開発なさる予定なのですか？

男性: はい。積立預金をしやすくする機能を追加するつもりです。

29. 男性が誰なのかを選んでください。
　　① 銀行で働く人
　　② ウェブデザインをする人
　　③ 歯科で治療する人
　　④ モバイル金融アプリを作った人

30. 聞いた内容と一致するものを選んでください。
　　① このアプリは、送金手数料は高いが手軽である。
　　② この銀行の店舗は時間に関係なく、いつでも開いている。
　　③ 男性は歯科業務が合わず、新しい仕事を見つけた。
　　④ アプリの利用で、個人が所有している口座を全て一緒に管理することができる。

☑ポイント表現

대표님[代表-] （企業の）代表、社長
타이틀 肩書。英語のtitleに由来

모바일 금융 플랫폼 モバイル金融プラットフォーム
계기[契機] きっかけ、契機

궁금하다　気になる、気がかりだ	조회하다[照会--]　照会する
그러다가　そうこうするうちに	금융계[金融界]　金融業界
문득　ふと	혁신[革新]　革新
번거롭다　わずらわしい、面倒だ	일다　起こる
간편하다[簡便--]　手軽だ、簡便だ	-다고 해도 과언이 아니다　～と言って
앱　アプリ	も過言ではない
계좌[計座]　口座	적금[積金]　積み立て、積立預金

\ 🔍知っておきたい！ /

韓国語ではよく、法人や企業の社長、代表者には대표님と呼びかけます。사장님という言葉もありますが、こちらは個人店主やその従業員、あるいは面識のない年上の相手に対して使われます。なお、선생님も敬意を表することができ、広範囲で使える便利な呼びかけ表現ですので、覚えておきましょう。

[31~32] 正解：31. ④　32. ①

☆正解への道！

31.　男性は「もう少し時間をかけて慎重でなければならない」という意見を述べているので、④が正解。その他の選択肢は女性の考えのため、いずれも不正解です。

32.　男性の인권 침해 등 여러 문제가 생길 수도 있고요(人権侵害など、さまざまな問題が生じることもありますし)という発言から、①が正解であることが導けます。②にある「解決策」や③にある「代案」は提示していないので、それぞれ不正解。また、男性は一貫して自分の主張を変えていないので、④も不正解です。

【音声スクリプト＋日本語訳】　⬇ DL 45

※　[31~32] 다음을 듣고 물음에 답하십시오. (각 2점)

여자 : 외국인 가사관리사를 고용할 수 있는 법을 통과시키면 맞벌이나 한부모 가정의 경제 활동을 지원하는 데 도움이 될 것 같아요. 내국인을 고용하는 것보다 인건비도 많이 저렴해지겠고요.

남자 : 그런데 문화도 다르고 말도 서투른 외국인에게 자기 아이를 맡기려는 가정이 많이 있을까요? 저 같으면 마음이 안 놓일 것 같은데요.

여자 : 외국인이라고 다 자격이 주어지는 것은 아니라고 해요. 고용부에서는

고용자의 불안을 최소화하기 위해 가사관리사 자격증을 취득하고 언어 면접을 통과한 사람에게만 일할 자격을 준다고 해요.

남자 : 그래도 저는 좀 더 시간을 가지고 신중해야 할 것 같은데요. 인권 침해 등 여러 문제가 생길 수도 있고요.

※ [31~32] 次を聞いて、問いに答えてください。(各2点)

女性：外国人家事管理士を雇用できる法を通過させれば、共働きや一人親家庭の経済活動を支援するのに役立つと思います。韓国人を雇用するより、人件費もかなり安くなるでしょうし。

男性：しかし文化も違いますし、言葉もつたない外国人に自分の子どもを預けようとする家庭が多くあるでしょうか？ 私だったら安心できないと思うのですが。

女性：外国人であれば全て資格が与えられるわけではないそうです。雇用部では雇用者の不安を最小化するために家事管理士の資格証を取得し、語学力を見る面接を通過した人にだけ、働く資格を与えるそうです。

男性：それでも、私はもう少し時間をかけて、慎重でなければならないと思いますが。人権侵害など、さまざまな問題が生じることもありますし。

31. 男性の中心となる考えとして、最も適切なものを選んでください。
　　① 外国人家事管理士を導入すれば、共働き家庭に役立つ。
　　② 外国人家事管理士は資格証があるので、特に問題がない。
　　③ 制度施行が本格化されれば、多くの人が利用しようとするだろう。
　　④ 制度施行は多様な角度から悩んで、ゆっくり決定しなければならない。

32. 男性の態度として、最も適切なものを選んでください。
　　① 制度導入時に予想される問題点について懸念している。
　　② 制度施行後の副作用に対する解決策を要求している。
　　③ 相手を説得するために、新しい代案を提示している。
　　④ 相手の意見を受け入れ、自分の意見をひるがえしている。

☑ポイント表現

가사관리사 [家事管理士] 家事管理士。雇用労働部が家事勤労者(いわゆる家政婦、お手伝いさん)の新たな名称として提案したもの。가사 도우미とほぼ同義

고용하다 [雇用--] 雇用する
통과시키다 [通過---] 通過させる
맞벌이 共働き、共稼ぎ
한부모 가정 [-父母 家庭] 一人親家庭
내국인 [内国人] 自国民。外国人 (외국인)

との対比で「韓国人」という意味で使われる

서투르다　下手だ、慣れていない、(言葉
などが)つたない

마음이 놓이다 安心する。마음을 놓다も同
様の意味(助詞に注意)

고용부[雇用部]　雇用部。正式名称は고용
노동부(雇用労働部)。日本の厚生労働省に
相当

취득하다[取得--]　取得する

언어 면접[言語 面接]　語学力を見る面接

인권 침해[人権 侵害]　人権侵害

문제가 생기다　問題が生じる、発生する

우려하다[憂慮--]　懸念する、憂慮する

부작용[副作用]　副作用

해결책[解決策]　解決策

번복하다[翻覆--]　ひるがえす、ひっくり
返す

\ 🔍 知っておきたい！/

취득하다(取得する)の類語として、以下の2つの表現を覚えておきましょう。

- 따다　「資格や賞など、苦労して手に入れるもの」を「取る」。자격증을 따다(資格を取る)など。
- 받다　許可などを「取る」。

[33~34] 正解：33. ②　34. ④

☆正解への道！

33.　前半ではプラスチックの長所を述べていますが、接続詞**하지만**(しかし)以
降はプラスチックのマイナス面を伝えています。この構成に気づければ、
正解が②であることを導けます。音声ではプラスチックの具体的な使用
方法には言及していないので、①は不正解。③と④は、言及されていな
い内容のため不正解です。

34.　音声の오늘날 플라스틱을 사용하지 않는 날이 없다고 해도 과언이 아닐 겁니
다.(今日、プラスチックを使わない日はないと言っても過言ではないでしょ
う。)の内容を言い換えた④が正解。②と③については言及がないので不
正解。①は音声の内容と相反するものなので、不正解です。

【音声スクリプト＋日本語訳】　⬇ DL 46

※　[33~34]다음을 듣고 물음에 답하십시오. (각 2점)

여자：플라스틱은 생활에 필요한 용기나 장난감 등 여러 가지 물품을 만드
　　　는 데 쓰입니다. 단단하고 질겨서 내구성도 좋고 또 부드럽고 유연
　　　해서 자유자재로 변형시킬 수 있기 때문입니다. 오늘날은 플라스틱
　　　을 사용하지 않는 날이 없다고 해도 과언이 아닐 겁니다. 게다가 금

속 이상의 강도를 내는 플라스틱도 존재한다고 하니 앞으로도 그 쓰임이 더욱더 증가할 것으로 보입니다. 하지만 플라스틱은 잘 썩지 않는다는 것이 문제입니다. 불에 태운다 하더라도 환경 호르몬이 나오기 때문에 환경오염의 최대 주범으로 간주되고 있습니다.

※ ［33〜34］次を聞いて、問いに答えてください。(各2点)

女性：プラスチックは生活に必要な容器やおもちゃなど、さまざまな物を作るのに使われます。硬くて丈夫なので耐久性も良く、また柔らかく柔軟なので自由自在に変形させることができるからです。今日、プラスチックを使わない日はないと言っても過言ではないでしょう。その上、金属以上の強度を出すプラスチックも存在するということですから、今後もその用途がますます増加するものとみられます。しかし、プラスチックは分解されにくいのが問題です。火で燃やしたとしても環境ホルモンが出るため、環境汚染の最大の主犯とされています。

33. 何についての内容なのか、適切なものを選んでください。
　　① プラスチック製品の使用方法
　　② プラスチック使用の利点と問題点
　　③ プラスチック製品の使用時の注意事項
　　④ プラスチック製品とガラス製品の違い

34. 聞いた内容として、一致するものを選んでください。
　　① プラスチックは金属より弱い。
　　② プラスチックはリサイクルができない。
　　③ 環境にやさしい製品が発売されている。
　　④ 私たちは、毎日のようにプラスチックを使用している。

☑ポイント表現

플라스틱　プラスチック
장난감　おもちゃ
물품[物品]　物品、品物、物
단단하다　硬い、丈夫だ、しっかりしている、頑丈(結び目、約束、筋肉など)
질기다　(肉が噛めないほど)硬い、(ゴムバンド・綱などが切れないほど)丈夫だ

내구성[耐久性]　耐久性
유연하다[柔軟--]　柔らかい、柔軟だ
자유자재[自由自在]　自由自在
변형시키다[変形---]　変形させる
게다가　さらに、その上
쓰임　用途、使い道。同様の意味である쓰임새も押さえておきたい
더욱더　より一層、さらに、ますます

썩다　腐る。ここでは분해되다(分解される)	유의 사항[留意 事項]　注意事項
の意味で使われている	유리[瑠璃]　ガラス
태우다　燃やす	차이점[差異点]　違い、相違点
환경 호르몬[環境 ---]　環境ホルモン	재활용[再活用]　リサイクル
환경오염[環境汚染]　環境汚染	친환경[親環境]　環境にやさしいこと、エコ
주범[主犯]　主犯	출시되다[出市 --]　発売される
간주되다[看做 --]　みなす	매일같이[毎日 --]　毎日のように
이점[利点]　利点、メリット	

\ 🔍知っておきたい！ /

音声には**단단하다**や**질기다**が「かたい」を表す形容詞として登場しましたが、
他にも以下のような形容詞があります。

- **굳다**　「こわばっている」「堅固」といったニュアンス。表情、信頼、扉など。また、餅など
が固まって硬くなっている様子も表せます。
- **딱딱하다**　「硬い床」「固いキャラメル」のように「元々固いもの」に使われる。また、「固い頭」
のように「堅苦しい」「頑固だ」といったニュアンスもある。
- **뻣뻣하다**　「体が固い」のように、「硬直している」ニュアンス。

[35~36] 正解：35. ①　**36.** ①

☆正解への道！

35.　冒頭に出てくる**하객**という言葉から、男性が結婚式のスピーチをしてい
ることが分かります。従って正解は①。単語そのものの意味が分からな
くても、男性の話の内容から祝賀メッセージを述べていることを把握で
きるでしょう。②は**다투다**(争う)の意味がカギ。③は、音声と共通で**섭섭**
하다が出てくるものの、内容が全く異なるので不正解。④は言及がない
ので不正解です。

36.　**소중한 친구**(大切な友人)が聞き取れ、なおかつ①に使われている**절친하다**
(非常に親しい)の意味が分かれば、①を正解として選べるでしょう。そ
の他の選択肢については、音声で言及がありません。なお、③に登場す
る**시원섭섭하다**は、結婚式のスピーチなどでよく使われる表現です。

【音声スクリプト＋日本語訳】 ⬇ DL 47

※　[35~36] 다음을 듣고 물음에 답하십시오. (각 2점)

남자 : 우선 이렇게 뜻 깊은 날, 하객 여러분들 앞에서 제 소중한 친구 민수
　　　를 소개할 기회를 갖게 돼 정말 영광입니다. 먼저 그동안 소중한 아
　　　드님과 따님을 사랑으로 키우신 양가 부모님 너무 고생 많으셨습니
　　　다. 오늘 저의 둘도 없는 친구 민수가 장가를 간다고 생각하니 조금
　　　섭섭하기도 하고 옆에 계시는 아름다운 신부님에게 사랑받을 모습을
　　　상상하니 흐뭇하기도 합니다. 중학교 때부터 20년 가까이 지켜본 민
　　　수는 제가 힘든 일이 있을 때마다 들어 주고 함께 고민해 준 마음이
　　　참 따뜻한 친구입니다. 이런 민수이기에 사랑이 가득한 멋진 가정을
　　　꾸리고 행복하게 잘 살 거라고 확신합니다.

※　[35~36] 次を聞いて、問いに答えてください。(各2点)

男性 : まず、このように意味深い日、招待客の皆様の前で、私の大切な友
　　　人ミンスを紹介する機会を持つことができて、本当に光栄です。ま
　　　ず、これまで大切な息子様とお嬢様を、愛情持って育てられた両家
　　　の御両親様、本当にお疲れ様でした。今日、私のかけがえのない友人、
　　　ミンスが結婚すると思うと少し寂しくもあり、隣にいらっしゃる美
　　　しい花嫁に愛される姿を想像すると、満ち足りてもいます。中学校
　　　の時から20年近く見守ってきたミンスは、私が大変なことがあるた
　　　びに聞いてくれて、一緒に悩んでくれた、心が本当に温かい友達です。
　　　このようなミンスだからこそ、愛に満ちた素敵な家庭を築き、幸せ
　　　に暮らせると確信しています。

35. 男性が何をしているかを選んでください。
　　① 友人に祝賀メッセージを伝えている。
　　② 友人と、過去のことに言及して争っている。
　　③ 友達に寂しかった気持ちを表現している。
　　④ 新婦に友達を信じてくれるよう頼んでいる。

36. 聞いた内容と一致するものを選んでください。
　　① 男性はミンスと非常に親しい間柄だ。
　　② 男性はまだいいパートナーを見つけられずにいる。
　　③ 両親は大切な息子が結婚して、ほっとしつつも寂しい。
　　④ 結婚後にミンスに会えないことを考えると悲しい。

☑ポイント表現

하객[賀客]　祝い客、（結婚式の）招待客

소중하다[所重 --]　大切だ

영광[栄光]　光栄。日本語とは漢字の並びが異なることに注意

아드님　息子様。아들(息子)の尊敬語

따님　お嬢様。딸(娘)の尊敬語

키우다　育てる

양가[両家]　両家

둘도 없다　二つとない、かけがえのない

장가를 가다[丈家 - --]　男性が結婚すること。장가들다とも

섭섭하다　心寂しい、名残惜しい

신부님[新婦 -]　신부[新婦]の尊敬語。신

랑[新郎]も覚えておこう

흐뭇하다　ほほえましい、満足だ、満ち足りている

가득하다　いっぱいだ、満ちている

멋지다　素敵だ

가정을 꾸리다　家庭を築く

행복하게 잘 살다[幸福 -- - --]　幸せに暮らす

축하 메시지[祝賀 ---]　祝賀メッセージ

다투다　争う

절친하다[切親 --]　非常に親しい

시원섭섭하다　さっぱりする一方で寂しい気もする、ほっとしつつも名残惜しい

＼ 🔍知っておきたい！／

「結婚する」は韓国語で결혼하다ですが、同様の意味で次の表現もよく使われますので、参考にしてください。

• 장가를 가다[丈家 - --]　男性に対して使う。장가は장인 장모の家、つまり「妻の実家、嫁の家」の意味

• 시집을 가다[媤 -- --]　女性に対して使う。시집は「夫の家、嫁入り先」の意味で、全体で「嫁に行く」といった意味。夫の家族と同居することを시집살이といい、ドラマなどでも登場する表現。

＼ これも 🔍知っておきたい！／

「親しい間柄」に関する表現をまとめて覚えましょう。

• 절친한 친구：非常に親しい友人、親友。縮約形は절친

• 짝：パートナー、相棒。짝には「対」「一組」という意味もある

• 단짝：親友

• 짝꿍：(学校の)隣の席の人、相棒、親友

[37~38] 正解：37. ②　38. ②

☆正解への道！

37. 女性の中心となる考えは、最後の**예상보다 빨리 전기차 시대가 도래할 것으로 전망하고 있습니다**（予想より早く電気自動車の時代が到来すると見込ん

265

でいます)。従って、正解は②。②の**かかい 未来**(近い未来)や**時代が 열릴 것이다**(時代が開かれるだろう)といった表現に注目しましょう。

なお、①は音声とは反対の内容のため不正解。③は言及がないので不正解。音声の**충전 시설**(充電施設)は、④では**충전소**(充電スタンド)に言い換えられていますが、内容不一致なので不正解。

38. 「世界の純電気自動車の販売割合が10%」「電気自動車の成長がまだ不十分な水準」といった女性の言葉から、現時点では電気自動車よりも内燃エンジン車が多いことが分かるので、正解は②。①と③は電気自動車の特徴なので不正解。④については言及がないので、不正解です。

【音声スクリプト＋日本語訳】 ⬇ DL 48

※ [37~38]다음을 듣고 물음에 답하십시오. (각 2점)

남자 : 그러면 이제 곧 전기차 시대가 올 거라고 보십니까?

여자 : 네. 현재 전 세계의 순수 전기차 판매 비중이 10%에 달했습니다. 이렇게 숫자만을 놓고 보면 전기차의 성장이 아직도 미비한 수준이라고 생각하는 분들도 계실 텐데요. 전기차 비중은 매년 급속하게 성장하고 있습니다. 역시 전기차의 매력이라고 하면 친환경적이고 내연차에 비해 가속력이 좋다는 점이겠죠. 물론 전기차가 아직 비싸고 충전시간이 길기 때문에 장거리 이동에 다소 불편한 것은 사실입니다. 하지만 전기차를 구입할 때 정부에서 보조금이 나오고 차 가격도 계속해서 떨어지고 있기 때문에 앞으로는 점차 구입하기 쉬워질 것으로 보입니다. 또한 정부 차원에서도 충전 시설 확보에 다방면으로 힘쓰고 있습니다. 이런 여러 상황들로 비추어 볼 때 예상보다 빨리 전기차 시대가 도래할 것으로 전망하고 있습니다.

※ [37~38]次を聞いて、問いに答えてください。(各2点)

男性 : それでは、もうすぐ電気自動車の時代が来ると見ていらっしゃいますか?

女性 : はい。現在、世界の純電気自動車の販売割合が10%に達しました。このように数字だけを置いて見ると、電気自動車の成長がまだ不十分な水準だと考える方もいらっしゃると思いますが。電気自動車の割合は、毎年急速に成長しています。やはり、電気自動車の魅力と言えば、エコで内燃エンジン車に比べて加速力が良いという点でしょう。もちろん、電気自動車がまだ高価で、充電時間が長いため、長

距離移動に多少不便なのは事実です。しかし、電気自動車を購入する際に政府から補助金が出て、車の価格も下がり続けているため、今後は徐々に購入しやすくなるものと見られます。また、政府レベルでも、充電施設の確保に多方面から努力しています。このようなさまざまな状況から照らしてみると、予想より早く電気自動車の時代が到来すると見込んでいます。

37. 女性の中心となる考えとして、最も適切なものを選んでください。
　　① 電気自動車は、特に長距離移動の時に便利だ。
　　② 近い未来、電気自動車の時代が開かれるだろう。
　　③ 電気自動車は、デザイン的な面で満足度が高い。
　　④ 充電スタンドがたくさんできれば、費用が多くかかるようになる。

38. 聞いた内容と一致するものを選んでください。
　　① 内燃エンジン車は、短距離移動の時に不便だ。
　　② 現在は、電気自動車より内燃エンジン車のほうが多い。
　　③ 政府は、内燃エンジン車を普及しようと努力している。
　　④ 電気自動車の製造企業は、対前年比10%増加した。

☑ポイント表現

곧　ままなく、もうすぐ。꼭（必ず）と誤りやすいので注意。머지않아（[時間的に]遠くなく）に言い換え可能

전기차[電氣車]　電気自動車

순수[純粋]　純粋。순수 전기차で「純電気自動車」と訳した

비중[比重]　比重、割合、シェア

달하다[達--]　達する。-에 달하다で「～に達する」

미비하다[未備--]　不備である、不十分である

-(으)ㄹ 텐데요　～なはずですが。話者の推測を表す

내연차[內燃車]　内燃エンジン車。ガソリン車やディーゼルカーを指す

가격이 떨어지다[価格- ----]　価格が落ちる。가격이 인하되다（価格が引き下げられる。인하は漢字で「引下」に言い換え可能

점차[漸次]　徐々に、次第に

차원[次元]　次元、レベル

다방면[多方面]　多方面

힘쓰다　力を尽くす、努力する

비추다　照らす

도래하다[到来--]　到来する。시대가 도래하다（時代が到来する）は시대가 열리다（時代が開かれる）に言い換え可能

전망하다[展望--]　見通す、見込む、予想する

충전소[充電所]　（電気自動車、スマートフォンなどの）充電スタンド

보급하다[普及-]　普及する

[39~40] 正解：39. ②　40. ①

☆正解への道！

39.　女性の**2000년부터 지진에 대비한 내진 설계가 본격화되었군요.**（韓国では2000年から地震に備えた耐震設計が本格化されたんですね。）が正解を導くポイント。耐震設計が本格化されたということは、地震が頻発し始めたという背景があると見られるので、②が正解。**내진 설계**（耐震設計）の意味が分からなくても、この単語の直前に**지진에 대비한**（地震に備えた）とヒントを提示してくれているので、意味の推測がしやすいでしょう。

40.　男性の**지진은 주로 거대 규모의 판과 판이 서로 충돌하는 수렴 부분에서 발생하는데**（地震は、主に巨大規模のプレートとプレートが互いに衝突する収れん部分で発生しますが）がポイントとなります。音声の**충돌하다**が①では**부딪히다**に言い換えられています。音声中の**대비하다**（備える）を**대피하다**（避難する）と勘違いして、②を選ばないように。

【音声スクリプト＋日本語訳】 ↓ DL 49

※　[39~40] 다음을 듣고 물음에 답하십시오. (각 2점)

여자 : 그래서 우리나라에서는 2000년부터 지진에 대비한 내진 설계가 본격화되었군요. 한국은 비교적 지진의 위험에서 안전한 나라였는데 최근 들어 지진이 왜 이렇게 자주 일어나는 걸까요?

남자 : 한반도는 유라시아 판의 안쪽에 깊숙이 들어와 있기 때문에 그동안은 지진으로부터 안전하다고 평가돼 왔습니다. 하지만 최근에는 크고 작은 지진이 1년에 200회를 넘나들 정도로 빈번하게 발생하고 있습니다. 지진은 주로 거대 규모의 판과 판이 서로 충돌하는 수렴 부분에서 발생하는데 역사적 자료들을 분석해 보면 앞으로 더 큰 지진이 올 가능성을 배제할 수 없습니다. 지진은 언제 어디서 발생할지 모르기 때문에 지진이 발생했을 때의 마음가짐과 대처 방법을 알아 둬야겠습니다.

※　[39~40] 次を聞いて、問いに答えてください。

女性 : だから、我が国（韓国）では、2000年から地震に備えた耐震設計が本格化されたのですね。韓国は比較的地震の危険から安全な国だった

のに、どうして最近になって、地震がこんなに頻繁に起きるのでしょうか？

男性：朝鮮半島はユーラシアプレートの内側に奥深く入っているため、この間、地震から安全だと評価されてきました。しかし、最近では大小の地震が1年に200回を超えるほど、頻繁に発生しています。地震は、主に巨大規模のプレートとプレートが互いに衝突する収れん部分で発生しますが、歴史的資料を分析してみると、今後さらに大きな地震が来る可能性を排除することはできません。地震はいつどこで発生するか分からないので、地震が発生したときの心構えと対処方法を知っておかなくてはならないでしょう。

39. この対話の前の内容として、最も適切なものを選んでください。
　① 韓国にある建物は、耐震設計が全てよくできている。
　② 韓国では、2000年頃から大小の地震が頻繁に起きた。
　③ 韓国政府はこれ以上、地震に備えた建物を建てないという。
　④ 韓国では昔も今も、大きな地震が起きたことがない。

40. 聞いた内容と一致するものを選んでください。
　① 地震は、プレートとプレートがぶつかる部分で発生する。
　② 地震が起きたら、いったん建物の外に出なければならない。
　③ 今後、韓国で大きな地震は起きないだろう。
　④ 地震はいつ起こるか分からないので、備えにくい。

☑ポイント表現

대비하다[対備--]　備える、準備する

내진 설계[耐震 設計]　耐震設計

최근(에) 들어　最近になって。直訳は「最近に入って」

지진이 일어나다[地震- ----]地震が起きる。言い換え表現に지진이 발생하다(地震が発生する)がある

한반도[韓半島]　朝鮮半島

유라시아　ユーラシア

판[板]　プレート、板

안쪽　内側。反対語は바깥쪽(外側)

깊숙이　奥深く

평가되다[評価--]　評価される

크고 작은　大小の。直訳は「大きくて小さい」

빈번하게[頻繁--]　頻繁に

거대 규모[巨大 規模]　巨大規模

충돌하다[衝突--]　衝突する

수렴[収斂]　収れん。「集め、引き締めること」「収縮すること」といった意味

배제하다[排除--]　排除する

마음가짐　心構え、心の持ちよう

대처 방법[対処 方法]　対処方法

건물을 짓다　建物を建てる。짓다には「作

る、(家を)建てる、(ごはんを)炊く、(服を縫う)」「(名前を)つける」「(薬を)調合する」といった意味がある

通틀어 まとめて、ひっくるめて。ここで

は、**옛날과 지금을 통틀어**を「昔も今も」と訳した

부딪히다 ぶつかる

일단[一旦] いったん、ひとまず

[41~42] 正解：41. ③ 42. ③

☆正解への道！

41. 音声では、シナモンの歴史と、これまで人々がどのようにシナモンを使ってきたかを具体的に述べています。それを短くまとめたのが正解の③です。音声には「毒が少し入っている」とありますが、「食べると有害だ」といった内容は含まれていないため、①は不正解。②と④は言及がないため不正解。

42. **약 기운을 고루 잘 퍼지게 해 준다고 합니다**(薬の効能を均等に広げてくれるといいます)を言い換えた**약이 잘 듣게 해 주는 역할을 한다**(服用した薬がよく効くようにする役割をする)が含まれる③が正解。**약이 잘 듣다**(薬がよく効く)は押さえておきたい表現。①については言及がないので不正解。②は、シナモンはニッケイの葉ではなく内樹皮なので、不正解。また、音声では万能薬とは言っていないので、④も不正解です。

【音声スクリプト＋日本語訳】 ⬇ DL 50

※ [41~42] 다음을 듣고 물음에 답하십시오. (각 2점)

여자 : 여기 보이는 이 계피는 육계나무 가지의 연한 속껍질을 벗겨서 말린 것인데요. 계피는 세계에서 가장 오래된 향신료 중의 하나로 기원전 4000년경부터 사용되었습니다. 단맛과 함께 마치 생강과 같은 매운 맛을 내는 계피는 한국에서도 향료나 약재의 원료로 쓰이거나 요리를 할 때 많이 쓰입니다. 조선 시대 의학서 "동의보감"에도 이 계피가 소개되어 있는데요. 이 "동의보감"에는 계피의 성질에 대해 몹시 따뜻하고, 맛은 달고 매우며, 독이 조금 들어 있다고 기록되어 있습니다. 또 계피의 효능에 대해서는 속을 따뜻하게 해 주고 간과 폐의 기를 고르게 하며 약 기운을 고루 잘 퍼지게 해 준다고 합니다. 한국에서는 옛날에 계피를 주로 한약재나 식혜와 수정과 등의 전통 음료를 만드는 데 사용했지만 요즘에는 커피나 빵 등에도 넣어 먹습니다.

※ [41~42]次を聞いて、問いに答えてください。

女：こちらに見えるこのシナモンは、ニッケイの枝の薄い内樹皮をはがして乾かしたものなのですが。シナモンは世界で最も古い香辛料のうちの一つで、紀元前4000年頃から使用されていました。甘い味とともに、まるでショウガのような辛さを出すシナモンは、韓国でも香料や薬剤の原料として使われたり、料理をするときに多く使われます。朝鮮時代の医学書『東医宝鑑』にもこのシナモンが紹介されているのですが。『東医宝鑑』には、シナモンの性質について非常に温かく、味は甘く、辛く、毒が少し入っていると記録されています。また、シナモンの効能については、胃を温めてくれ、肝臓と肺の気を均一にし、薬の効能を均等に広げてくれるといいます。韓国では昔、シナモンを主に韓方薬の材料やシッケやスジョングァなどの伝統飲料を作るのに使いましたが、最近ではコーヒーやパンなどにも入れて食べます。

41. この講演の中心となる内容として、最も適切なものを選んでください。
    ① シナモンには毒が入っていて、たくさん食べると有害だ。
    ② 韓方薬は、効能を考えて材料を選択しなければならない。
    ③ シナモンは、昔も今も生活で有用に使われる。
    ④ ショウガと一緒にシナモンを摂取すると、効能がさらに良くなる。

42. 聞いた内容と一致するものを選んでください。
    ① シナモンはにおいがひどいので、好き嫌いが分かれる。
    ② シナモンは、木に生えた葉を乾かしたものだ。
    ③ シナモンは、服用した薬がよく効くようにする役割をする。
    ④ 『東医宝鑑』には、シナモンが万能薬だと記録されている。

☑ポイント表現

계피[桂皮]　シナモン

육계나무[肉桂--]　ニッケイ。シナモンはニッケイの内樹皮を乾燥させたもの

가지　枝

연하다　薄い、柔らかい

속껍질　内樹皮（栄養素を運ぶ役割を担う部分）

벗기다　皮をはがす、服を脱がす

말리다　乾かす

향신료[香辛料]　香辛料。発音は[향신뇨]

경[頃]　～頃

단맛　甘味、甘さ、甘い味

마치　まるで

동의보감[東医宝鑑]　東医宝鑑。朝鮮時代の医学書で、著者は韓国ドラマの主人公にもなった許浚（ホジュン）。1613年の刊行以降医学書として高い評価を得て、中国・日本を含めて広く流布した

몹시　非常に

속　胃、おなか、中、内部

간[肝]　肝、肝臓

폐[肺]　肺

고르다　ならす、均一にする

약 기운[藥 氣運]　薬の効果

고루　均等に、平等に

퍼지다　広がる

한약재[韓藥劑]　韓方薬の材料

식혜　シッケ。日本の甘酒に似た、韓国伝統の発酵飲料

수정과[水正果]　スジョングァ。干し柿と、ショウガやシナモン、砂糖などで作った冷やしたジュースを合わせていただく、韓国のデザート飲料。甘みと刺激を同時に楽しめる

해롭다[害--]　有害だ。反対語は이롭다(有益だ)

한방약[韓方藥]　韓国で発展した「韓方」の考えで処方された薬

예나 지금이나　昔も今も

냄새가 고약하다　においがひどい。냄새가 지독하다とも表現できる。고약하다には「偏屈だ、気難しい、厄介だ」の意味があり、성격이 고약하다(性格が気難しい)などのような場合にも使われる

호불호가 갈리다[好不好- ----]　好き嫌いが分かれる。갈리다は「分かれる、(票や意見が)割れる

이파리　葉っぱ。同様の意味で잎새、잎사귀、잎もある。ここでは、**나무에 붙은 이파리**を「木に生えた葉」と訳した

복용하다[服用-]　服用する

약이 잘 듣다　薬がよく効く

만병통치약[萬病通治藥]　万能薬

\ 🔍知っておきたい！ /

漢字語の合成語で、**량**(量)、**력**(力)、**료**(料)などのように ㄹ から始まる接尾辞で終わるときは、それらの前に ㄴパッチムが来ても流音化しません。従って、**향신료**[香辛料]のように、 ㄹ が ㄴ に変化し、 ㄴ＋ㄴ の発音になるので注意が必要です。

\ これも 🔍 知っておきたい！ /

音声に**계피의 성질에 대해 몹시 따뜻하고**(シナモンの性質について非常に温かく)とありますが、これは韓方薬の材料としてのシナモンが「熱」の性質を持つことを伝えています。

ちなみに「熱」は五性という「食べ物がもたらす性質」に関わるものの一つで、ほかに「寒」「涼」「平」「温」があります。

[43~44] 正解：43. ④　44. ①

☆正解への道！

43.　音声の前半はサンゴの特徴を伝え、後半ではサンゴがエサを捕まえて食べる方法について言っているので、正解は④。**산호**(サンゴ)の意味が分

からなくても、**바다**(海)、**풀처럼 생긴**(草のような形をした)、**몸이 부드러워**(体が柔らかく)などの表現から、何であるかを推測できるでしょう。音声中に**자포동물**(刺胞動物)などなじみのない語彙が登場しますが、ここでは「よく分からないけれど、○○動物だから何かの動物の種類なんだな」とざっくり把握できればOKです。不正解の選択肢は、内容を正しく聞き取れていないと、自分の知識や一般常識に頼ってつい選んでしまいがちなものが揃っているので、要注意。

44. 소화기관은 있으나 항문이 없기 때문에 다 먹고 난 찌꺼기는 다시 입으로 뱉어 낸다(消化器官はあるが肛門がないため、食べ終わったカスは再び口で吐き出す)が聞き取れれば、①を正解として選べます。

【音声スクリプト＋日本語訳】 ⬇ DL 51

※ [43~44] 다음을 듣고 물음에 답하십시오. (각 2점)

남자 : 여기 맑고 깨끗한 바다에는 화려한 색색의 산호들이 물고기들과 어우러져 춤을 추고 있다. 언뜻 보면 풀처럼 생긴 산호들은 18세기 이전까지만 해도 식물로 오인되었지만 그 후에 동물인 것으로 밝혀졌다. 산호는 해파리나 말미잘 등과 함께 자포동물에 속하는데 그 특징은 뼈가 없다는 점이다. 산호는 몸이 부드러워 유연하게 움직이고 몸 끝에 입이 달려 있다. 산호의 입 주변에는 자포가 붙어 있는데 그걸로 동물성 플랑크톤이나 게, 새우, 작은 물고기를 잡아먹는다. 산호는 신경이 없어서 통증을 느끼지 못하고 소화기관은 있지만 항문이 없기 때문에 다 먹고 난 찌꺼기는 다시 입으로 뱉어 낸다.

※ [43~44]次を聞いて、問いに答えてください。

男性：ここの澄んだきれいな海には、華やかな色とりどりのサンゴが、魚たちと調和して踊っている。一見すると草のような形をしたサンゴは、つい18世紀以前までは植物と誤認されていたが、その後、動物であることが明らかになった。サンゴはクラゲやイソギンチャクなどとともに刺胞動物に属するが、その特徴は骨がないという点である。サンゴは体が柔らかく柔軟に動き、体の先に口がついている。サンゴの口の周辺には刺胞がついているが、それで動物性プランクトンやカニ、エビ、小魚を捕まえて食べる。サンゴは神経がないので痛みを感じることができず、消化器官はあるが肛門がないため、食べ終わったカスは再び口で吐き出す。

43. 何についての内容なのか、適切なものを選んでください。
　　① サンゴの独特な繁殖過程
　　② 海中でのサンゴの役割
　　③ サンゴと魚の共生関係
　　④ サンゴの特徴とエサを捕まえる方式

44. サンゴが口でカスを吐き出す理由として、合うものを選んでください。
　　① 肛門がないため　　　　　② 神経がないため
　　③ 消化器官がないため　　　④ 口が体の下側にあるため

☑ポイント表現

맑다　澄んでいる、晴れる、清らかだ

화려하다[華麗--]　華やかだ、華麗だ

색색[色色]　色とりどり

산호[珊瑚]　珊瑚

어우러지다　調和する

언뜻 보면　一見すると。直訳は「ちらっと見ると」

풀 草

만 해도　(時間を表す言葉が来て)つい~までは、(~のときには)まだ

오인되다[誤認--]　誤認される、間違えられる

해파리　クラゲ

말미잘　イソギンチャク

자포동물[刺胞動物]　刺胞動物。サンゴ、イソギンチャク、クラゲなど

속하다[属--]　属する

뼈　骨

달리다　つく、備わる

동물성 플랑크톤[動物性 ----]　動物性プランクトン

통증[痛症]　痛み

소화기관[消化器官]　消化器官

항문[肛門]　肛門

찌꺼기　カス

뱉다　吐く、吐き出す

번식[繁殖]　繁殖

[45~46] 正解：45. ② 46. ③

☆正解への道！

45.　전쟁을 하기 위해 군대가 생겨나면서부터라는 설이 유력합니다(戦争をするために軍隊ができてからという説が有力です)がこの問題を解くポイント。ズボンが登場した時期を把握できれば、正解が②であることが分かります。なお、①と③は本文の内容とは違うことを言っているので不正解。④は言及されていないので不正解です。

274

46. 女性の話し方を問う問題です。人類がなぜズボンをはくようになったかを、歴史的な経緯や大学の研究結果を紹介しなから解説をしているので、正解は③です。①と④は言及されていないので不正解。スカートの形については音声で触れられていますが、ズボンの形と比較はしていないので、②も不正解です。

【音声スクリプト＋日本語訳】　⬇ DL 52

※　[45~46] 다음을 듣고 물음에 답하십시오. (각 2점)

여자 : 오늘은 우리 생활에 없어서는 안 될 의복인 바지에 대해 얘기해 보도록 하겠습니다. 오늘날 우리는 남녀노소 할 것 없이 바지를 즐겨 입지만, 인간이 처음에 옷을 입기 시작했을 땐 바지는 없었고 치마만 있었답니다. 인간이 바지를 언제부터 입게 되었는지에 대해서는 여러 추측이 난무하지만 전쟁을 하기 위해 군대가 생겨나면서부터라는 설이 유력합니다. 이런 전쟁의 부산물인 바지가 지금의 지위를 얻게 된 것은 1800년대를 휩쓸었던 자전거의 인기 때문이었는데요. 한 대학의 연구팀에 따르면 당시만 해도 여성들은 코르셋으로 몸을 조이고 통이 넓고 긴 치마를 입었는데 자전거가 큰 인기를 끌면서 여자들도 바지를 평상복처럼 입기 시작한 것이죠.

※　[45~46] 次を聞いて、問いに答えてください。

女性 : 今日は私たちの生活になくてはならない衣服であるズボンについて話してみようと思います。今日、私たちは老若男女を問わずズボンを好んで着ていますが、人間が最初に服を着始めたときは、ズボンはなく、スカートだけあったそうです。人間がズボンをいつからはくようになったのかについては、さまざまな推測が飛び交いますが、戦争をするために軍隊ができてからという説が有力です。このような戦争の副産物であるズボンが今の地位を得るようになったのは、1800年代を席巻した自転車の人気のためだったのですが。ある大学の研究チームによると、当時はまだ女性はコルセットで体を締め、幅が広く長いスカートをはいていましたが、自転車が大人気となり、女性たちもズボンを普段着のようにはき始めたのですね。

45. 聞いた内容と一致するものを選んでください。
　① 人類は、スカートよりズボンを先にはいた。
　② 軍隊ができると同時に、ズボンをはき始めた。

③ ズボンが出るやいなや、自転車に乗る人が多くなった。

④ ズボンが人気を席巻すると同時に、スカートをはかなくなった。

46. 女性の話し方として、適切なものを選んでください。

① ズボンの概念について定義している。

② ズボンとスカートの形を比較している。

③ ズボンをはくようになった契機について説明している。

④ 最初に作られたズボンの形態を描写している。

☑ポイント表現

없어서는 안 되다　なくてはならない

남녀노소 할 것 없이[男女老少 - - --]
老若男女を問わず。直訳は「老若男女言うことなく)」

즐겨 입다　好んで着る。直訳は「喜んで着る」

답니다　다고 합니다の縮約形で「～だそうです」の意味

추측[推測]　推測

난무하다[乱舞 --]　飛び交う、乱舞する

-(으)면서부터　～してから(ずっと)、～して以来

부산물[副産物]　副産物

휩쓸다　席巻する、襲う、飲み込む

조이다　締める、引き締める

통이 넓다　(ズボンなどの)幅が広い。통は「ズボンや袖の幅」、「腰回り」、「足の太さ」の意味。통이 크다(度量が大きい)のように、「人の度量」「心の広さ」を例えるときにも使われる

큰 인기를 끌다　大人気となる。直訳は「大きな人気を引っ張る」

평상복[平常服]　普段着

개념[概念]　概念

정의하다[定義 --]　定義する

모양[模様]　形、様子

계기[契機]　契機、きっかけ

형태[形態]　形態

묘사하다[描写 --]　描写する

＼ 🔍知っておきたい！ ／

ここでは**바지**(ズボン)や**치마**(スカート)にまつわる表現を見てみましょう。

• **통바지**　통이 넓은 바지(幅の広いズボン)が縮約された言葉で、ワイドパンツやガウチョパンツのことを指す

• **나팔바지**[喇叭 --]　ラッパズボン。ズボンのすその形がラッパに似ていることから

• **반바지**[半 --]　半ズボン

• **청바지**[青 --]　ジーパン。直訳は「青ズボン」

• **청치마**[青 --]　デニムスカート。直訳は「青スカート」

• **앞치마**　앞(前)＋치마(スカート)で、「エプロン、前掛け」のこと

• **바지사장**　「名前だけの社長」。会社の経営には参加せず、名義だけを貸した人や実権の

ないトップを指す言葉。似た言葉に얼굴마담(顔マダム)があるが、こちらは飲食店などで、顧客を誘致するために前に出る人といった意味。最近では、ある分野や集団を代表する特徴的な人物も意味することも

[47~48] 正解：47. ②　48. ②

☆正解への道！

47. 女性の前半の話の内容から、正解が②と導けます。①と④については言及がありません。また、「新入生が減ると、学校予算が大幅に減少せざるを得ない」という話は出てきますが、閉講になる授業については言及がないので、③は不正解です。

48. 女性の最後の言葉が正解を導くポイント。女性は学齢人口の急激な減少への対策として、「政府レベルの財政的支援」や「大学の産業需要に合う学科の設置」、「定員調整」を提示しているので、②が正解です。政府を批判する内容は述べていないので、①は不正解。また、「根拠のない憂慮」について音声内で述べられていないので、③も不正解。なお、女性は国家の対応に対する代案を述べるぐらいなので、「肯定的に評価」とは言えないため、④も不正解です。

【音声スクリプト＋日本語訳】　⬇ DL 53

※　[47~48] 다음을 듣고 물음에 답하십시오. (각 2점)

남자 : 본격적인 인구 감소로 학령 인구 절벽이 더 가속화될 전망이라고요.

여자 : 네, 현재 우리나라에서는 지방을 중심으로 학생 수가 급격히 줄어들고 있는 상황입니다. 그래서 초, 중, 고등학교는 물론 대학교에서도 앞으로의 학교 운영에 대해 깊은 고민에 빠져 있습니다. 특히 대학교의 경우, 운영비의 대부분을 등록금으로 충당하고 있기 때문에 신입생이 줄어들면 학교 예산이 크게 감소할 수밖에 없는데요. 만약 이 부족한 비용을 학생들에게 전가해 등록금을 인상한다면 학생 수가 줄기 때문에 이러지도 저러지도 못하고 발만 동동 구르고 있는 상황입니다. 교육은 국가의 미래와도 직결되는 문제니까 정부 차원의 재정적 지원과 대학들의 산업 수요에 맞는 학과 조성이나 정원 조정 등의 대책 마련이 시급해 보입니다.

※　[47~48] 次を聞いて、問いに答えてください。

男性：本格的な人口減少で、学齢人口の急激な減少がさらに加速化する見
　　　通しです。

女性：はい、現在我が国（韓国）では、地方を中心に学生数が急激に減って
　　　いる状況です。そのため、小、中、高等学校はもちろん大学でも、
　　　今後の学校運営について深い悩みに陥っています。特に大学の場合、
　　　運営費の大部分を授業料で充当しているため、新入生が減ると学校
　　　予算が大幅に減少せざるを得ないのですが。もし、この不足した費
　　　用を学生たちに転嫁して授業料を引き上げれば学生数が減るため、
　　　どうすることもできずに地団駄を踏んでいる状況です。教育は国家
　　　の未来とも直結する問題なので、政府レベルの財政的支援と、大学
　　　の産業需要に合う学科の設置や、定員調整などの対策準備が急がれ
　　　るようです。

47. 聞いた内容と一致するものを選んでください。
　① 大学の定員が達しないと、学力水準が低くなる。
　② 学生数の急減は、大学運営の危機を引き起こす。
　③ 新入生が急激に減って、閉講になる授業が多くなった。
　④ 学生たちは、授業料の工面のために学資金を借りている。

48. 女性の態度として、適切なものを選んでください。
　① 学齢人口の急激な減少の原因が政府にあると批判している。
　② 学齢人口の急激な減少に備えるための代案を提示している。
　③ 学齢人口の急激な減少に対する根拠のない懸念に対して警戒している。
　④ 学齢人口の急激な減少に対する国家の対応を、肯定的に評価している。

☑ポイント表現

学령 인구 절벽 [学齢 人口 絶壁] 小学校1
年生から高校3年生までの学齢人口が急激に
減少する現象を指す言葉。2024年度は新入
生がゼロの小学校が全国で157校もあるな
ど、社会的なイシューになっている

가속화되다 [加速化--] 加速化する

급격히 [急激-] 急激に

초, 중, 고등학교 [初、中、高等学校] 小
(学校)、中(学校)、高等学校。

대학교 [大学校] 大学

등록금 [登録金] （大学などの)授業料

충당하다 [充当--] 充当する

크게 大きく、大幅に

할 수밖에 없다 ~せざるを得ない、~す
るしかない

전가하다 [転嫁--] 転嫁する

인상하다 [引上--] 引き上げる

이러지도 저러지도 못하다 身動きが取
れない、にっちもさっちもいかない、どう

することもできない	緊急だ
발만 동동 구르다 地団駄を踏む。直訳は「足をドンドン踏み鳴らす」	**미달되다**[未達--] 達しない、未達だ
직결되다[直結--] 直結する	**급감**[急減] 急減
재정적 지원[財政的 支援] 財政的支援	**야기하다** 引き起こす
수요[需要] 需要	**폐강**[閉講] 閉講
조성[造成] 造成。ここでは**학과 조성**で「学科の設置」と訳した	**학자금 마련**[学資金--] 学資金の工面
	빌리다 借りる
대책 마련[対策--] 対策作り、対策準備	**근거**[根拠] 根拠
시급하다[時急--] 急がれる、急を要する、	**우려**[憂慮] 心配、懸念、憂慮
	경계하다[警戒--] 警戒する

\ 🔍知っておきたい！ /

韓国は日本以上に少子化(저출산[低出産])が深刻なため、韓国政府はその対策に躍起になっています。2013年には未就学児童(미취학아동)が通う保育園(어린이집)や幼稚園(유치원)が完全無償化されました。

[49~50] 正解：49. ② 50. ③

☆正解への道！

49. 音声中の**효율적인 학습이 가능하게 됩니다**(効率的な学習が可能になります)が正解を選ぶときのポイントになります。従って、正解は②です。メタ認知の向上には、親の称賛ではなく、「子どもが十分に考えて表現できる学習の雰囲気を作ること」が必要と述べているので、③は不正解。①と④には言及がないので不正解です。

50. 最初の**오늘은 요즘 특히 주목받고 있는 메타인지 학습법에 대해서 소개해 보겠습니다**(最近特に注目されているメタ認知学習法についてご紹介します)が男性の話のテーマです。この文の内容を言い換えている③が正解となります。音声では、メタ認知学習法のみを紹介しているので、「分類している」と述べている①は不正解。また、音声ではメタ認知学習用の短所は伝えていないので、②も不正解。親の関与についての内容は音声の後半に出てきますが、内容が異なるため、④も不正解です。

【音声スクリプト＋日本語訳】 ⬇ DL 54

※ [49~50] 다음을 듣고 물음에 답하십시오. (각 2점)

남자 : 지금까지 다양한 교육법과 학습법들을 소개해 왔는데요. 오늘은 요즘 특히 주목받고 있는 메타인지 학습법에 대해서 소개해 보겠습니다. 메타인지는 자신의 생각을 객관적으로 판단할 수 있는 능력인데요. 메타인지 학습법에서는 자기가 아는 것과 모르는 것이 무엇인지를 제대로 파악하는 것이 중요합니다. 그것을 알기 위해서는 질문에 대해 자신의 생각을 말로 설명해 보면 됩니다. 그럼 자신이 무엇을 모르는지 알 수 있겠지요? 그 모르는 부분을 알기 위해 노력하게 되면 시간을 낭비하지 않고 효율적인 학습이 가능하게 됩니다. 보통 아이들은 부모에게 칭찬받고 싶은 마음에 자기가 알든 모르든 부모가 원하는 대답을 하는 경향이 있는데요. 그래서는 메타인지를 높이기 어렵습니다. 부모님들께서는 일단 조급한 마음을 내려놓으시고 자녀들이 충분히 생각하고 표현할 수 있는 학습 분위기를 조성해 주서야겠습니다.

※ [49~50] 次を聞いて、問いに答えてください。(各2点)

男性：ここまで、さまざまな教育法と学習法を紹介してきたのですが。今日は、最近特に注目されているメタ認知学習法についてご紹介します。メタ認知は、自分自身の考えを客観的に判断できる能力なのですが。メタ認知学習法では、自分が知っていることと知らないことが何かを正しく把握することが重要です。それを知るためには、質問に対して自分の考えを言葉で説明してみると良いです。すると、自分が何を知らないのか分かりますよね？ その知らない部分を知るために努力するようになれば、時間を浪費せずに、効率的な学習が可能になります。ふつう、子どもたちは親に褒められたい気持ちで、自分が知っていても知らなくても、親が望む答えをする傾向があるのですが。それではメタ認知を高めることは難しいです。保護者の皆様はひとまず焦る気持ちを落ち着かせて、お子さんが十分に考えて表現できる学習の雰囲気を作っていただかなければなりません。

49. 聞いた内容と一致するものを選んでください。
　① メタ認知で重要な点は、創造力である。
　② メタ認知は効率的な学習に役立つ。
　③ メタ認知の向上には、親の称賛が必要である。
　④ メタ認知学習の阻害要因としては、不安感がある。

50. 男性の話し方として、適切なものを選んでください。

① 最近流行している学習法を分類している。
② メタ認知学習法の長所と短所を比較している。
③ 最近脚光を浴びている学習法を説明している。
④ 親の関与と学習効果の相関関係を分析している。

☑ポイント表現

메타인지 メタ認知
자신[自身] 自身、自分自身
제대로 正しく、きちんと
낭비하다[浪費 --] 浪費する
부모[父母] 父母、親。ここでは、**부모님들**を「保護者の皆様」と訳した
칭찬받다[称賛 --] 称賛される、褒められる
경향[傾向] 傾向
조급하다[躁急 --] せっかちだ。ここでは「焦る」と訳した
마음을 내려놓다 気持ちを落ち着かせる
자녀들[子女 -] 子女たち、子どもたち。ここでは「お子さん」と訳した
조성하다[造成 --] 造成する。ここでは「作る」と訳した
창의력[創意力] 創造力
저해[阻害] 阻害
각광을 받다[脚光 - --] 脚光を浴びる。주목을 받다(注目を受ける)とも言い換え可能

[51]

模範解答： ㋐ 실시할 예정입니다(実施する予定です)、 실시하려고 합니다(実施しようと思います)など ㋑ 일정을 확인하신 후(日程を確認なさった後)、 날짜를 확인하신 후(日づけを確認なさった後)、 내용을 확인하신 후(内容を確認なさった後)など

☆正解への道！

㋐ カッコの文の冒頭に**앞으로**(今後)とあるので、-(으)ㄹ 예정입니다(〜する予定です)や-(으)려고 합니다(〜しようと思います)のような表現が入るのが適切です。-(으)ㄹ 예정이다は「〜する予定だ」の意味なので、動詞は未来連体形にすることに注意しましょう。

㋑ カッコの前に**첨부 파일의**(添付ファイルの)とあり、後ろには**면접에 참석해 주시기 바랍니다**(面接にご参加ください)とあるので、カッコには「日程／内容を確認してから」という内容が入るのが適切です。案内を送付している相手に対して**귀하**(貴下)という敬称を使っているので、模範解答の**확인하신 후**のように、尊敬表現を使います。また、**후**(後)の前に来る動詞は過去連体形にします。

【問題文の日本語訳】 ※カッコ部分には、模範解答の一番目の日本語訳を入れています。

※ [51〜52] 次の文章の㋐と㋑に、適切な言葉をそれぞれ書いてください。
（各10点）

件名：インジュ企業　書類選考　結果案内
差出人　インジュ企業〈inju ○○○@△△△〉
宛先　キム・ミンジュ〈kij ○○○@△△△〉

こんにちは。採用担当者です。
おめでとうございます。貴下は当社の書類選考に合格なさいました。
今後、書類選考合格者を対象に、面接を（㋐ 実施する予定です）。
添付ファイルの（㋑日程を確認なさった後）、面接にご参加ください。

---

[52]

模範解答： ㉠ 그림으로 그리게 한다(絵でえがかせる)、그림으로 표현하게 한다(絵で表現させる)、그림으로 나타내게 한다(絵で示させる)など　㉡ 안정을 찾을 수 있다(安定を見出すことができる)、편안함을 얻을 수 있다(安らぎを得ることができる)、기쁨을 느낄 수 있다(喜びを感じることができる)など

☆正解への道！

㉠　カッコの前に**치료사는 먼저 환자들에게 그들의 생각과 감정을**(セラピストはまず患者たちに、彼らの考えと感情を)とあるので、カッコには **-게 하다**を使った使役表現が入ります。また、最後の文に**환자가 그림을 완성하면**(患者が絵を完成すれば)とあるので、セラピストが患者に絵をかいてもらっていることが分かります。

㉡　カッコが含まれた文章が**아울러**(同時に)で始まることから、カッコには前の文の流れに沿った内容が入ることが分かります。前の文の**마음속의 부정적인 감정들을 완화시킬 수 있다**(心の中のネガティブな感情を緩和させることができる)を違う表現にした、「安定(喜び、安らぎ)を得ることができる」といった内容を入れるのが適切です。

【問題文の日本語訳】　※カッコ部分には、模範解答の一番目の日本語訳を入れています。

> 　アートセラピーをするとき、セラピストはまず患者たちに、彼らの考えと感情を（㉠ 絵でえがかせる）。そうすれば、患者は自分が感じたことを表現しながら、心の中のネガティブな感情を緩和させることができる。同時に、患者は自分が好きな色を見ながら、心理的な（㉡ 安定を見出すことができる）。患者が絵を完成すれば、セラピストはその絵を通じて、患者の心理状態を把握する。

미술 치료[美術 治療] アートセラピー	완화시키다[緩和---] 緩和させる
치료사[治療師] セラピスト	아울러 合わせて、同時に
부정적[否定的] ネガティブ、否定的	심리 상태[心理 狀態] 心理状態
	파악하다[把握--] 把握する

---

[53]

模範解答と日本語訳:

지금 농어촌에서는 인구 감소와 함께 고령화도 가파르게 진행되고 있다. 먼저, 농업에 종사하는 인구는 2000년부터 20년 사이에 절반가량 줄어든 것으로 나타났다. 어업에 종사하는 인구는 더 빠른 속도로 감소하고 있다. 한편, 고령화 또한 빠르게 진행돼 20년 전까지만 해도 40대였던 농가와 어가의 중위 연령은 60세를 훌쩍 넘겼다. 이 추세대로라면 농어촌의 노동력 부족으로 인해 농수산물 공급에 큰 문제가 생길 수 있다. 농어촌의 인력난 해소를 위해 젊은 인구가 농업과 어업에 매력을 느낄 수 있도록 다양한 방안을 강구해야 하겠다. (298字)

現在、農漁村では人口減少とともに、高齢化も急速に進んでいる。まず、農業に従事する人口は2000年から20年の間に半分ほど減ったことが分かった。漁業に従事する人口はより速い速度で減少している。一方、高齢化もまた急速に進み、20年前までは40代であった農家と漁家の中位数年齢は60歳をはるかに超えた。この傾向のままであれば、農漁村の労働力不足によって農水産物供給に大きな問題が生じる可能性がある。農漁村の人材不足解消のために、若い人口が農業と漁業に魅力を感じられるよう、多様な方策を講じなければならない。

☆正解への道！ 提示されている資料は①「棒グラフ」、②「折れ線グラフ」、③「傾向」、④「対策」の4つですが、作文ではこれら全てに言及する必要があります。書く順番は①→②→③→④。字数内に収めるため、①では農業人口の減少について**절반가량**(半分程度)とコンパクトにまとめています。また、②でも、農家と漁家の中位数年齢の推移について、**60세를 훌쩍 넘겼다**(60歳をはるかに超えた)とまとめています。データの内容を読み解き、短くまとめる練習をしておきましょう。

【問題文の日本語訳】

※53.　次は、「農・漁業人口数と年齢変化」に対する資料である。この内容を200〜300字の文章で書いてください。　ただし、文章のタイトルは書

かないでください。(30点)

農・漁業人口の推移 (単位：名、%)

農家
漁家

403.1万 (8.8%)
343.4万
306.3万
256.9万
231.7万 (4.5%)

25.1万 (0.5%)
22.1万
17.1万
12.8万
9.8万 (0.2%)

2000 2005 2010 2015 2020年

（　）の中は総人口に対する割合

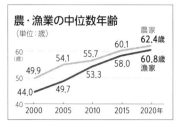

農・漁業の中位数年齢
(単位：歳)

農家
62.4歳
漁家
60.8歳

49.9 54.1 55.7 60.1 62.4
44.0 49.7 53.3 58.0 60.8

2000 2005 2010 2015 2020年

動向　労働力不足→農水産物供給の減少

対策　人材不足解消、若者への農漁業の魅力アピール

☑ポイント表現

어업[漁業]　漁業
농가[農家]　農家
어가[漁家]　漁家(漁家)。漁業で生計を立てている家、人
추이[推移]　推移
전체 인구[全体 人口]　総人口
대비[対比]　対比、比べること。ここでは「対する」と訳した
비중[比重]　比重、割合、シェア
중위 연령[中位 年齢]　中位数年齢。総人口を年齢順に並べたときに、中央にいる人の年齢
추세[趨勢]　趨勢、傾向
공급량[供給量]　供給量
감소[減少]　減少
인력난 해소[人力難 解消]　人材不足解消

어필　アピール
농어촌[農漁村]　農漁村
고령화[高齢化]　高齢化
가파르다　急だ、険しい。ここでは가파르게を「急速に」と訳した
진행되다[進行--]　進行する、進む
종사하다[従事--]　従事する
절반 가량[折半--]　半分ほど。가량は「～くらい、ほど、程度」
한편[-便]　(副詞的に)一方
-까지만 해도　までは(～だったのに、今は)。前に「時間を表す表現」が来る
훌쩍 넘기다　はるかに超える。훌쩍は「ぐいっと、ひょいと、瞬く間に、一気に」
방안[方案]　方策
강구하다[講究--]　講じる

---

[54]

模範解答と日本語訳：

　코로나19 사태를 겪으며 일하는 장소와 방식이 많이 바뀌었다. 요즘 사람들은 일자리를 구할 때 재택근무가 가능한지를 중요한 선택지의 하나로 생각하고 있다. 이 글에서는 재택근무의 필요성과 이점, 그리고 앞으로의 방향성에 대해

살펴보고자 한다.

　요즘에는 일할 사람이 부족한 것이 큰 사회 문제가 되고 있다. 이럴 때 재택근무가 활성화되면 인력난을 해소하는 데 도움이 된다. 예를 들면, 육아 중인 사람이나 부모를 돌보고 있는 사람 혹은 이동이 불편한 사람도 쉽게 일할 수 있어 다양한 인력 확보가 가능해진다.

　또한 재택근무는 기업과 직원에게도 도움이 된다. 직원들이 집에서 일하면 기업은 큰 사무실을 빌리지 않아도 되고 전기세나 사무용품비 등의 고정 비용도 절약할 수 있기 때문에 수익 구조가 좋아진다. 직원들은 출퇴근을 하지 않아도 되고 근무 중에 걸려 오는 전화나 다른 직원들의 방해를 받지 않고 일에 집중할 수 있다.

　앞으로 재택근무가 사회적으로 자리 잡기 위해서는 기업과 직원들의 노력이 요구된다. 기업은 직원들이 집이라는 사적 공간에서도 업무에 몰입할 수 있는 다양한 방안을 모색해야 할 것이다. 직원들은 재택근무가 직장에 와서 일하는 것보다 더 좋은 성과를 낼 수 있다는 것을 보여 주어 기업에 신뢰를 심어 줘야 한다. 이렇게 서로가 만족하게 되면 그것이 사회의 발전으로 이어져 재택근무가 하나의 안정적인 근무 형태로 안착하게 될 것이다. (700字)

　コロナ禍を経験し、働く場所と方式が大きく変わった。最近の人々は、仕事を探す際に在宅勤務が可能かどうかを重要な選択肢の一つと考えている。この文では、在宅勤務の必要性と利点、そして今後の方向性について明らかにしてみようと思う。

　最近は働く人が不足していることが、大きな社会問題になっている。このようなとき、在宅勤務が活性化されれば人材難を解消するのに役立つ。例えば、育児中の人や親の面倒を見ている人、あるいは移動が不便な人も簡単に仕事ができ、多様な人材確保が可能になる。

　また、在宅勤務は企業と社員にも役立つ。社員が家で働けば、企業は大きなオフィスを借りなくてもいいし、電気代や事務用品費などの固定費用も節約できるため、収益構造が良くなる。社員は出退勤をしなくても良いし、勤務中にかかってくる電話や他の社員に邪魔されずに、仕事に集中できる。

　今後、在宅勤務が社会的に定着するためには、企業と社員の努力が要求される。企業は社員が家というプライベートスペースでも業務に集中できる多様な方策を模索しなければならないだろう。社員は、在宅勤務が職場に来て仕事をするより、もっと良い成果を出せるということを示し、企業に信頼を植えつけなければならない。このように、お互いが満足するようになれば、それが社会の発展につながり、在宅勤務が一つの安定的な勤務形態として定着することになるだろう。

☆正解への道！　序論に当たる１段落目では、問題文で提示された３つの質問、

①在宅勤務が必要な理由、②在宅勤務をしたときに得られる成果、③今後、在宅勤務が定着するために必要な支援について、簡潔に提示しています。そして、2段落目では①に対する自分の考え（在宅勤務が人材難の解消に役立つ）、3段落目では②に対する自分の考え（企業と社員、双方に利益があることを、具体例とともに提示）、4段落目では③に対する自分の考え（企業と社員の努力が要求される）を書いています。1〜4段落目の内容を少々コンパクト人して、「結論」の段落を設けてもOK。その場合は、内容はあくまでも前段までの「まとめ」に留め、新しい内容は書かないようにします。

【問題文の日本語訳】

※54. 次を参考にして、600〜700字で文章を書いてください。ただし、問題をそのまま書き写さないでください。（50点）

在宅勤務は業務形態の多様性と費用節減など企業と社員に利点があるため、コロナ禍以後にも多様な業種で採用され、一つの一般的な勤務形態として定着しつつある。以下の内容を中心に「ポストコロナ時代の在宅勤務の必要性と方向性」に対する自分の意見を書きなさい。

・在宅勤務が必要な理由は何か？
・在宅勤務をしたときに得られる成果は何か？
・今後、在宅勤務がうまく定着するためには、何が支援されなければならないか？

☑ポイント表現

재택근무[在宅勤務]　在宅勤務
업무 형태[業務 形態]　業務形態
절감[節減]　節減
직원[職員]　職員。ここでは「社員」と訳した
코로나19 사태[--- -- 事態]　コロナ禍。直訳は「COVID-19事態」
이점[利点]　利点
업종[業種]　業種
채택되다[採択--]　採択される。ここでは「採用される」と訳した

자리 잡다　定着する
성과[成果]　成果
뒷받침되다　支えられる、後押しされる。ここでは「支援される」と訳した
살펴보다　明らかにする、詳しく調べる
인력난[人力難]　人材難
- 는 데 도움이 된다　〜するのに役立つ
육아[育児]　育児
돌보다　世話をする、面倒を見る
사무실[事務室]　オフィス、事務室
전기세[電気税]　電気代

수익 구조[収益 構造]　収益構造

방해를 받다[妨害- --]　妨害を受ける。
ここでは「邪魔される」と訳した

사적 공간[私的 空間]　私的空間、プライ
ベートスペース

몰입하다[没入 --]　没頭する、集中する

모색하다[模索 --]　模索する

근무 형태[勤務 形態]　勤務形態

안착하다[安着 --]　定着する

memo

[1～2] 正解：1.③　2.①

☆正解への道！

1. 選択肢の動詞は全て **가다**(行く)。**길을 가다**(道を歩く。直訳は「道を行く」)と後ろの**친구를 만났다**(友達に会った)の2つの動作を自然につなげる接続語尾が正解となります。「歩く」と「友達に会う」という動作は全く異なるため、「別の行動への移行」を表す③が正解です。

2. **어제 산 옷이 예뻐서**(昨日買った服が可愛いので)は、この後に来る行動の原因・理由を表していますので、流れが自然な①が正解。④の **-기 마련이다**は一般論を述べるときに使われる表現なので、不正解です。

【日本語訳】

※　[1～2]（　　　　）に入る言葉として、最も適切なものを選んでください。（各2点）

1. 道を（　　　　　　）友達に会った。
   ① 歩いても　　② 歩きに　　③ 歩いていて　　④ 歩こうとすると

2. 昨日買った服が可愛いので、他の色でもう一つ（　　　　　）。
   ①買おうと思う　　　②買うほうだ
   ③買ったことがない　　④買うものだ

☑ポイント表現

1.
-아/어도　～しても。前の事柄が、後ろの事柄に影響しないことを意味する

-(으)러　～しに。移動の目的を表す。가다(行く)や오다(来る)のような移動を表す動詞が続く

-다가　～しかけて、～してたが、～していて。動作や状態が途中で中断されたり、他の現象や動作に変わったりするときに使われる表現

-(으)려면　-(으)려고 하면の縮約形。～しようとすると

2.
-(으)려고 하다　～しようと思う、～しようとする

-(으)ㄴ/는 편이　～するほうだ。断定的な言い方を避け、「どちらかに近い」という

ニュアンスを表す表現

-(으)ㄴ 적이 없다　したことがない。反
対表現は -(으)ㄴ 적이 있다(したことがある)

-기 마련이다　～するものだ。あることが

起こることが当然だ、一般的だという意味
の表現。似た意味を持つ表現である -는 법
이다もあわせて押さえておきたい

[3～4] 正解： 3. ③　 4. ④

☆正解への道！

3. 下線部分の **가 봤자**(行ったところで)の **-아/어 봤자**は否定的な仮定の意味
   で、これと置き換えられるのは、同様の意味を持つ **-더라도**の③。②の **-
   느라고**の後ろには「～できなかった」のような否定的な内容が来ます。こ
   の文の場合は後ろに推測の内容が来ているので、②は不正解です。

4. 下線部分の **자주 지각하곤 한다**(よく遅刻する)には、習慣的な行為を表す
   -곤 하다が使われています。選択肢のうち、否定的な意味の行為が繰り
   返されることを表す **-기 일쑤(이)다**の④が正解となります。②の **-기 쉽
   다**(～しやすい)は「～するのが簡単だ」の意味。

【日本語訳】

> ※　[3～4] 下線を引いた部分と、意味が最も似ているものを選んでください。
> (各2点)
>
> 3. どうせ今<u>行ったところで</u>、時間が遅いので誰もいないでしょう。
> 　　①行くとすぐに　　②行っていて　　③行っても　　④行こうとして
>
> 4. ミンスは学校がすぐ家の前なのに、<u>よく遅刻する</u>。
> 　　①遅刻する価値がある　　　②遅刻しやすい
> 　　③遅刻するはずがない　　　④遅刻しがちだ

☑ポイント表現

3.

어차피　どうせ

-아/어 봤자　～してみたところで。後ろ
に「無駄だ」のような否定的な内容が来る

-자마자　～するとすぐに

-느라(고)　～していて。あることに夢中
になって他の何かが出来なかったり、よく
ない結果を招いたり、大変な状況になった
というときに使う表現。-느라(고)の前の文
と後ろの文の主語は同一人物

-더라도　(たとえ、どんなに)～しても、

〜くても。実現可能性が低いことや、否定的な状況での仮定を意味する。似た表現である-아/어도に比べ、더라도は仮定のニュアンスが強い。아무리(どんなに)とともによく使われる

-(으)려다가　-(으)려고 하다가の縮約形。〜しようとして

4.

-(이)면서　（名詞に接続して）〜でありながら。用言に接続する場合は-(으)면서

-곤 하다　あることが繰り返し起こるときや、人がある行動を習慣的に行うときに使う表現

-(으)ㄹ 만하다　〜する価値がある、〜できる、〜するに値する

-기 쉽다　〜しやすい(「〜するのが簡単だ」の意味)

-(으)ㄹ 리가 없다　〜するはずがない

-기 일쑤(이)다　〜しがちだ、〜する傾向がある。否定的な意味の行為が繰り返されることを表し、動詞の後ろにつく

[5〜8] 正解：5. ②　6. ②　7. ②　8. ①

☆正解への道！

5. 꿀잠の意味が分かれば、すぐに正解②を選べます。単語の意味が分からなくても、잠(眠り)から意味の推測が可能でしょう。また、「一日の疲労をさっとほぐしてくれる」といった内容などからも、正解である②の침대(ベッド)を、確信を持って選べるでしょう。

6. 교육(教育)、지도(指導)、내신(内申)、수능(修能。大学修学能力試験のこと)といった単語から、正解は②であることが分かります。④の도서관(図書館)と迷った人もいるかもしれませんが、지도(指導)という言葉とは合わない場所なので、不正解です。

7. 속도는 줄이고(速度は落として)からすぐに正解の②を選べます。本文2行目の운전 습관(運転習慣)まで読めば、正解に確信が持てますね。

8. 깨질 수 있습니다(割れることがあります)に続いて、観覧の際に注意すべき点を述べているので、正解は①。상품(商品)という単語だけを見て、③や④を選んでしまわないように注意しましょう。

【日本語訳】

※　[5〜8] 次は何についての文なのか、選んでください。（各2点）

5. あなたの健康は質の高い眠りから

一日の疲労をさっとほぐしてくれる柔らかさを感じてみてください。
　①食卓　　　②ベッド　　　③机　　　④椅子

6. レベル別指導でオーダーメイド教育！
　内申と修能を徹底して準備して差し上げます。
　①銀行　　　②塾　　　③病院　　　④図書館

7. 速度は落として停止線は守って
　みんなが幸福な運転習慣を作りましょう。
　①健康管理　　　②交通安全　　　③環境保護　　　④火災予防

8. 陳列された商品はガラスのため、割れることがあります
　触らず、目でだけ見てください。
　①注意事項　　　②利用案内　　　③製品紹介　　　④使用方法

☑ポイント表現

5.
꿀잠　質の高い眠り。直訳は「ハチミツの眠り」
싹　さっと、すっかり、残らず
피로를 풀다　疲労をほぐす。直訳は「疲労を解く」
포근함　柔らかさ。形容詞の포근하다（柔らかい、ふかふかだ）＋-(으)ㅁ（名詞化語尾）

6.
맞춤 교육　オーダーメイド教育。맞춤は맞추다（合わせる）＋-(으)ㅁ（名詞化語尾）
내신[内申]　内申
수능[修能]　大学修学能力試験（大学修学能力試験）の略称。毎年11月第3木曜日に実施される、大学入学共通テスト。4年制大学を志願する大部分がこの試験を受ける
철저히[徹底-]　徹底して
대비하다[対備--]　備える
학원[学院]　塾

7.
속도는 줄이고　速度は落として。直訳は「速度は少なくして」
선은 지키고　停止線は守って。直訳は「線は守って」

8.
진열되다[陳列--]　陳列される
-(이)므로　～なので。名詞につき、原因・理由・根拠を表す。用言につくときは-(으)므로
깨지다　割れる

＼ 🔍知っておきたい！ ╱
꿀（ハチミツ）は名詞の前につけて「とても良い」という意味で使われます。
以下の例を参考にしてください。
・꿀피부：ハチミツ肌。まるでハチミツを塗ったようにしっとりしてツヤのある肌

- **꿀팁**：お役立ちのtips
- **꿀맛**：おいしい味

[9～12] 正解： 9.④ 10.③ 11.① 12.①

☆正解への道！

9. 最後の2文がポイント。**인주 시민은 파라솔, 튜브, 야영장 이용 시 50% 할 인해 드립니다.**（インジュ市民はパラソル、浮き輪、キャンプ場利用時、50％割引いたします。）の後の文に、**샤워장 이용은 제외**（シャワールームの利用は除く）とあるので、シャワールームを使うには、誰でも料金がかかることが分かります。従って、正解は④です。

10. ③の**최상위**（最上位）に着目。最も割合が多いアイテム、つまり最上位アイテムは「子どもたちがあげたいプレゼント」が健康食品であるのに対して、「両親がもらいたいプレゼント」は商品券とそれぞれ異なりますが、どちらも割合は33％と同じです。従って、正解が③と分かります。

11. 本文中の**올여름**（今夏）や**무더위**（蒸し暑さ）が、①では**이번 여름**（この夏）や**습하고 더운**（じめじめして暑い）に言い換えられていることが分かれば、正解として選べますね。

12. **겨울을 앞둔 11월에 김장을 하고**（冬を目前にした11月にキムジャンを行い）がポイント。「冬を目前にした11月に」が、①では**늦가을**（晩秋）に言い換えられていることが分かれば、正解を導けます。

【日本語訳】

※ **[9～12]** 次の文章またはグラフの内容と一致するものを選んでください。
（各2点）

9. インジュ市海水浴場は以下のように運営されます。
- ■ 開場日：7月12日(水曜日)
- ■ 閉場日：8月25日(金曜日)
- ■ 利用料金：無料(その他の付帯施設などは有料)
- ■ 水泳可能時間：午前9時から午後6時まで

インジュ市民はパラソル、浮き輪、キャンプ場利用時、50％割引いたします。
(ビーチのピクニックテーブルとシャワールームの利用は除く)

① この海水浴場は年中無休で運営する。
② 平日には利用料金を50%割引してくれる。
③ インジュ市民は全ての施設を半額で利用できる。
④ シャワールームを使用するには、誰もが使用料を支払わなければならない。

10.

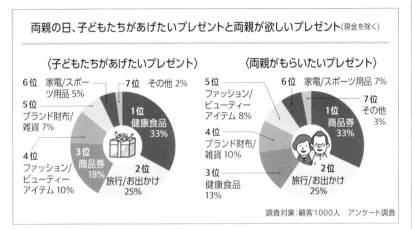

両親の日、子どもたちがあげたいプレゼントと両親が欲しいプレゼント(現金を除く)

〈子どもたちがあげたいプレゼント〉

6位 家電/スポーツ用品 5%
7位 その他 2%
1位 健康食品 33%
5位 ブランド財布/雑貨 7%
4位 ファッション/ビューティーアイテム 10%
3位 商品券 18%
2位 旅行/お出かけ 25%

〈両親がもらいたいプレゼント〉

5位 ファッション/ビューティーアイテム 8%
6位 家電/スポーツ用品 7%
1位 商品券 33%
7位 その他 3%
4位 ブランド財布/雑貨 10%
3位 健康食品 13%
2位 旅行/お出かけ 25%

調査対象:顧客1000人 アンケート調査

① 2つの調査全てで、商品券よりも財布のほうが人気がある。
② 両親は旅行よりスポーツ用品をさらに好む。
③ 2つの調査の最上位アイテムは異なるが、割合は同じである。
④ 両親に最も人気のあるプレゼントは、健康食品だ。

11. 今夏の蒸し暑さが予想される中、エネルギー公団では、各企業を対象に省エネキャンペーンを実施している。簡単に企業内の省エネシーンを動画で撮って、アップする方式だ。例えば、社員たちは自分たちの涼しげな服装と節電行動のコツを紹介する映像をアップしている。このキャンペーンは6月に始められたが、すでに口コミで広がっていて、斬新で面白い映像が人気を集めている。
① この夏には、じめじめして暑い日が多いだろう。
② 社員たちは、面白い動画を選ぶ投票をした。
③ 企業は、従業員の服装の自由化に賛成している。
④ 口コミで人々をキャンペーンに参加させるのは難しい。

12. ヨーロッパ最大の韓国人居住地域が存在するとある地域で、韓国との国交樹立140年を記念して、11月22日をキムチの日に指定した。これには冬を目前にした11月にキムジャンを行い、キムチに22種類の効能があるという意味が込められている。韓国のキムジャン文化はユネスコ無形文化遺産にも登録されており、キムチは世界各地で韓国の食べ物と文化を伝える中心的な役割を果たしている。
　① 韓国でキムジャンは晩秋に行う。
　② ヨーロッパは韓国人移民者が最も多い。
　③ キムチの効能がヨーロッパで認められた。
　④ 国家間の関係を結ぶと、記念行事を行う。

☑ポイント表現

9.
개장일[開場日]　開場日、オープン日(오픈일)
폐장일[閉場日]　閉場日
기타[其他]　その他
부대시설[付帯施設]　付帯施設
튜브　浮き輪。英語のtubeから
야영장[野営場]　キャンプ場
해변[海辺]　ビーチ、海辺
제외[除外]　除外。ここでは「～は除く」と訳した
연중무휴[年中無休]　年中無休
반값[半-]　半額
지불하다[支払--]　支払う
10.
어버이날　両親の日。毎年5月8日
선물[膳物]　プレゼント、贈り物
나들이　お出かけ、外出
선호한다[選好--]　好む
명품[名品]　ブランド品。ここでは、**명품지갑**を「ブランド財布」と訳した
최상위[最上位]　最上位
품목[品目]　品目、アイテム

11.
올여름　今年の夏、今夏
무더위　蒸し暑さ
- 는 가운데　する中、～する最中に
에너지 공단[--- 公団]　エネルギー公団
에너지 절약 캠페인　省エネキャンペーン。直訳は「エネルギー節約キャンペーン」
시행하다[施行--]　施行する、実施する
동영상[動映像]　動画
올리다　(記事や写真をSNSやネット、ブログなどに)上げる
전기 절약[電気 節約]　電気の節約。ここでは「節電」と訳した
입소문을 타다　口コミや噂が広がる。直訳は「口コミや噂に乗る」
참신하다[斬新--]　斬新だ
인기를 끌다[人気 - --]　人気を集める。直訳は「人気を引く」
습하다[湿--]　じめじめする
뽑다　選ぶ、抜き取る
복장 자율화[服装 自律化]　服装の自由化
12.
유럽　ヨーロッパ
한인 주거지[韓人 住居地]　韓国人居住地域

수교 체결[修交 締結]　국교수립
앞두다　目前にする、控える
김장　キムジャン。キムチを漬け込む作業
で、晩秋から初冬にかけて行う
담기다　入れられる、込められる、盛られ

る
유네스코 무형 문화유산　ユネスコ無形
文化遺産
등재되다[登載--]　登録される

[13~15] 正解：13. ②　14. ③　15. ②

☆正解への道！

13.　①～④は(다)または(라)が1番目に置かれています。(라)は그렇다면(そ
うだとすれば)で始まっていますが、これは前の話を受ける表現なので、
1番目には来ません。従って、正解は(다)で始まる①か②に絞られます。
「お湯で洗顔する人がいる」の次に来ているのは、①が「30度前後のぬるま
湯で洗うのが良い」、②が「しかし、お湯はむしろ皮膚を傷つける可能性
がある」という内容です。残りの文との組み合わせを考えると、①はうま
く文章が流れません。一方、②はその後「皮膚を傷つけず洗うには、水は
何度程度が良い？」→「30度前後のぬるま湯で洗うのが良い」とスムーズに
つながります。従って、正解は②となります。

14.　①～④は(가)または(나)が1番目に置かれています。(가)は그러나(しか
し)で始まっていますが、これは前の話を受ける表現なので、1番目には
来ない表現です。従って、正解は(나)で始まる③か④に絞られます。「休
日ごとにグルメツアーをした」の次に来ているのは、③は「太ったので家
でご飯を作って食べることにした」、④は「休日が楽しくなく、憂鬱な気
分になった」という内容です。残りの文との組み合わせを考えると、④は
展開に無理がありますが、正解の③はスムーズにつながります。

15.　①～④は(다)または(라)が1番目に置かれています。(라)は이때(この時)
で始まっていますが、文の前に状況説明などが必要なため、1番目には来
ません。従って、正解は(다)で始まる①か②に絞られます。さらに、大
きな話から詳細な話へと流れるように文を組み立ててみましょう。(다)
の後ろは(라)-(나)-(가)と来るのが自然なので、正解は②です。

【日本語訳】

※　[13~15] 次を順序通りに配列したものを選んでください。(各2点)

13. (가) 30度前後のぬるま湯で洗うのが良いという。

　　(나) しかし、お湯はむしろ皮膚を傷つける可能性がある。

　　(다) 老廃物除去のために、お湯で洗顔する人がいる。

　　(라) そうだとすれば、皮膚を傷つけずに洗うには、水は何度程度が良いだろうか？

　　① (다)-(가)-(나)-(다)　　② (다)-(나)-(라)-(가)

　　③ (라)-(가)-(나)-(다)　　④ (라)-(다)-(나)-(가)

14. (가) しかし、とても太ったので、家でご飯を作って食べることにした。

　　(나) 私はおいしい食べ物を食べるために、休日ごとにグルメツアーをした。

　　(다) そうしたところ、これ以上休日が楽しくなく、憂鬱な気分になった。

　　(라) 私はまたおいしい店を訪ねるようになり、幸せな休日を過ごしている。

　　① (가)-(나)-(다)-(라)　　② (가)-(다)-(라)-(나)

　　③ (나)-(가)-(다)-(라)　　④ (나)-(다)-(라)-(가)

15. (가) 개미(アリ)、제비(ツバメ)、너구리(タヌキ)、메기(ナマズ)、독수리(ワシ)など10個である。

　　(나) この名前の中には、韓国語の名前も含まれている。

　　(다) 一国で同じ時期に、複数の台風が同時に接近することがある。

　　(라) この時、天気予報で台風が混同されないように、名前をつけることになった。

　　① (다)-(가)-(나)-(라)　　② (다)-(라)-(나)-(가)

　　③ (라)-(가)-(다)-(나)　　④ (라)-(다)-(나)-(가)

☑ポイント表現

13.

안팎　内外、前後、~ぐらい、頃

미지근한 물　ぬるま湯。直訳は「ぬるい水」

뜨거운 물　お湯。直訳は「熱い水」

상하다[傷--]　傷つく、傷む

노폐물[老廃物]　老廃物

세안하다[洗顔-]　洗顔する

손상[損傷]　損傷、傷つけること

14.

살이 찌다　太る。「やせる」は살이 빠지다

밥을 짓다　ご飯を炊く、ご飯を作る

맛집 탐방[-- 探訪]　グルメツアー、食べ歩き。맛집は「おいしい店」

그랬더니　そうしたところ

15.

개미　アリ

제비　ツバメ

너구리　タヌキ

메기　ナマズ

독수리　ワシ

복수　複数

태풍[台風]　台風
접근하다[接近--]　接近する
일기예보[日気予報]　天気予報

혼동되다[混同--]　混同する
이름을 붙이다　名前をつける。이름을 짓
다とも

[16~18] 正解：16. ③　17. ②　18. ②

☆正解への道！

16. 冒頭から中盤までは「ロボットが進化することで、人が仕事を行う上でプラスになること」が述べられています。そして、カッコの直前に그러나(しかし)が来て、かつカッコの後ろでは「労働者はロボットができない仕事を探さなければならない」とあるため、カッコには「ロボットが進化することで、人が仕事を行う上でマイナスになること」が来ます。従って正解は③です。

17. 冒頭に登場する「韓国のチメク文化」が、次の文では「アメリカで韓国式チキンを売る店舗」という形で表現されています。また、「韓国のチメク文化が再び人気を集めている」とあるので、カッコには「再び人気を集めている」と似た意味の②が入ります。

18. 集中豪雨で被害を受けた農家に支給される支援金と、集中豪雨によって発生した物価上昇対策に関する内容。カッコの直前に이와 관련하여(これと関連して)とあるので、前で述べられている「集中豪雨」を言い換えた「水害」を含み、なおかつ内容が近い②が正解となります。

【日本語訳】

※　[16~18] (　　　　　)に入る言葉として、最も適切なものを選んでください。
（各2点）

16. ロボットが人のように手を自由に動かすことができるようになれば、私たちの生活は、今よりもはるかに便利になるだろう。あえて人がしなくてもよい反復的な業務や、負傷を負う可能性のある危険な業務をロボットが代わりにできるためである。しかし、これによって、(　　　　　)なるだろう。従って、労働者はこれに備えて、ロボットができない仕事を探さなければならないだろう。

① 多様なロボットを見ることができないように

② 陳列された商品が破損するように
③ 人々の仕事場が減るように
④ お店に来たお客さんが不便に

17. チキンとビールを一緒に食べる韓国のチメク文化が、アメリカで再び人気を集めている。あるチキンのフランチャイズは、17年前にアメリカで韓国式チキンを売る店舗を初オープンしたが、最近（　　　　　　　　）、大小の店舗をアメリカ全域に拡大している。サクサクしていて、多様な味のソースを打ち出す韓国式チキンは、一食の食事としても十分で、お酒のつまみとしても最高なので、海外でも好評を得ている。

① 以前の不満が解決され
② 再び大きな反響を得るようになり
③ 他の店が閉店することになって
④ 以前より駐車するのが楽になったので

18. 最近、集中豪雨によって被害を受けた農家に、早ければ来月から大規模な支援金が支給される予定だ。農家は、この支援金を復旧作業だけでなく、廃棄物処理費、施設補修にも使うことができる。また、これと関連して、（　　　　　　　　）発生した物価上昇に対する安定化対策も実施される予定だ。政府は、いくつかの品目を定め、需給不安が解消されるまで、最大30％割引された価格で購入できるよう支援すると明らかにした。

① 日照りで収穫が減り
② 水害で供給が減少し
③ 冬の厳しい寒さによって
④ 野生動物による被害のために

☑ ポイント表現

16.
로봇 ロボット
삶 生活、人生。살다（生きる、暮らす）＋
-(으)ㅁ（名詞化語尾）
굳이 あえて、無理に
반복적[反復的] 反復的

부상을 입다[負傷- --] 負傷を負う。直訳は「負傷を被る」
대신하다[代身--] 代わる、代わりとなる
진열되다[陳列--] 陳列される
일자리 仕事(場)、働き口、雇用
17.
치맥[- 麦] 치킨（チキン。主にフライドチ

キンを指す)と맥주(ビール)を合わせた呼び方。韓国人がこよなく愛する組み合わせ

프랜차이즈　フランチャイズ

매장[売場]　店舗、売り場

선보이다　披露する、初公開する。ここでは「初オープンする」と訳した

바삭하다　パリパリしている、カリカリしている、サクサクしている。食感を表現するときによく使われる

내세우다　打ち出す、前面に出す

끼　食事の回数、〜食(単位)。한 끼は「一食」。

술안주　お酒のつまみ

그만이다　十分だ、満足だ、最高だ

호응을 얻다[呼応 - --]　好評を得る、支持を得る、共感を呼ぶ

18.

집중호우[集中豪雨]　集中豪雨

-(으)로 인해(서)[- 因-]　〜によって。

原因や理由を表す表現でニュース報道、プレゼンテーションのようなフォーマルな場面で使う

피해를 입다[被害 - --]　被害を被る

이르다　早い(르変則)。同じスペルでも「至る」の意味になると러変則(이르러요)

복구 작업[復旧 作業]　復旧作業

시설 보수[施設 補修]　施設補修

물가 인상[物価 引上]　物価上昇、物価引き上げ

수급 불안[需給 不安]　需給不安

가뭄　日照り

수확[収穫]　収穫

수해[水害]　水害

공급[供給]　供給

극심하다[極甚 --]　激しい、甚だしい。ここでは、극심한 추위を「厳しい寒さ」と訳した

[19〜20] 正解：19. ③　20. ②

☆正解への道！

19.　カッコの前の内容は「食べられる食器やカトラリー」「日本で作られた食べられるスプーン」の話であるのに対し、カッコの後ろでは、「アメリカで登場した、パスタで作ったストロー」の話に移行しています。このように話題が移る際には、**한편**(一方)を入れるのが適切なので、正解は③です。

20.　この文章は、冒頭でテーマが述べられ、その後に具体例が並べられるという、内容をイメージしやすい構成をとっています。この問題はテーマを選ぶものなので、冒頭の文の内容を言い換えた②が正解。本文の**일회용 플라스틱**(使い捨てプラスチック)が、②では**환경을 생각해 만든 제품들**(環境を考えて作った製品)という表現になっています。

【日本語訳】

※　[19〜20]次を読んで、問いに答えてください。(各2点)

最近、使い捨てプラスチックに代わる素材として注目されている製品がある。実際に食べられる材料で作ったコップやストロー、スプーンのような食器やカトラリーである。日本のある製菓メーカーでは抹茶、カボチャ、ビーツ、おからなどの野菜パウダーに小麦粉、砂糖、卵をこねてスプーンを作ったが、サクサクとしたスナックのように食べられるので、人気を集めている。（　　　　　　　）アメリカでは、パスタで作ったストローまで登場した。

19. （　　　　　　　）に入る言葉として、最も適切なものを選んでください。
　　① 万一　　　② たとえ　　　③ 一方　　　④ 果たして

20. 上の文章のテーマとして、最も適切なものを選んでください。
　　① 食品として作った皿は、おいしいので人気がある。
　　② 環境を考えて作った製品が注目されている。
　　③ ゴミを排出しないようにする努力をしなければならない。
　　④ プラスチック素材の容器は、まもなく消えるだろう。

☑ポイント表現

일회용 플라스틱[一回用-----]　使い捨てプラスチック

대체하다[代替--]　代替する、（取って）代わる

주목받다[注目--]　注目される

빨대　ストロー。빨다(吸う)＋대(棒)

식기구[食器具]　食器やカトラリー

제과 업체[製菓業体]　製菓メーカー。업체は「企業」「メーカー」「業種」の意味

말차[抹茶]　抹茶

호박　カボチャ

비트　ビーツ

비지　おから。싼 게 비지떡(安物買いの銭失い。直訳は「安いのがおから餅」)も覚えておこう

가루　粉、パウダー

설탕[雪糖]　砂糖

계란[鶏卵]　鶏卵、卵

반죽하다　こねる、生地にする

스낵　スナック

만일[万一]　万一

비록　たとえ

한편　一方

과연[果然]　果たして

머지않아　まもなく、もうすぐ

[21~22] 正解：21. ①　22. ④

☆正解への道！

21.　カッコの後ろに置かれている**가끔 날을 잡아 한꺼번에 몰아서 운동을 하는 사람들이 있는데**（たまに日を決めて、一度に追い込んで運動をする人がいる

が)がポイント。この表現を受けて、カッコに入れるべき内容は「普段は
運動しない」。カッコの前に운동과(運動と)が来ているので、①の담 쌓
고を入れれば「運動と縁を切って」となり、これが正解となります。

22. 正解の④以外は、いずれも本文の内容と一致しません。④の内容は、本
文の真ん中あたり、윗몸일으키기를 하는데 이것도 무리하게 하면 척추 불균
형을 유발하고 허리 건강에 악영향을 끼칠 수 있다(腹筋をするが、これも無
理にすると、脊椎バランスの不均衡を誘発し、腰の健康に悪影響を及ぼ
す可能性がある)に含まれています。

【日本語訳】

> ※ [21〜22]次を読んで、問いに答えてください。(各2点)
> よく、運動は健康に良いと知られている。しかし、いきなり行う過度な
> 運動は、むしろ健康を害する恐れがある。多くの人がおなかのぜい肉を取
> ろうと腹筋をするが、これも無理にすると、脊椎バランスの不均衡を誘発し、
> 腰の健康に悪影響を及ぼす可能性がある。また、普段運動と(　　　　　)
> 過ごしていたのに、たまに日を決めて、一度に追い込んで運動をする人が
> いるが、そうすると疲労感が押し寄せ、かえって健康が悪化する恐れがあ
> る。
>
> 21. (　　　　)に入る言葉として、最も適切なものを選んでください。
>   ① 縁を切って　　　　② 一線を越えて
>   ③ 力を競って　　　　④ 顔色を伺って
>
> 22. 上の文章の内容と一致するものを選んでください。
>   ① 運動を頻繁にするほど、体が丈夫になる。
>   ② 運動は、集中的にするほうが効果的だ。
>   ③ 疲労感が押し寄せてきたら、運動をするのが良い。
>   ④ 腹筋を無理に行えば、腰を痛める可能性がある。

☑ポイント表現

흔히　よく、頻繁に
뱃살을 빼다　おなかのぜい肉を取る。뱃
살は直訳すると「おなかの肉」

윗몸일으키기　腹筋。直訳は「上体起こし」
척추 불균형[脊椎不均衡]　脊椎バランス
の不均衡。直訳は「脊椎不均衡」
유발하다[誘発--]　誘発する

악영향을 끼치다 [悪影響- ---] 悪影響を及ぼす

날을 잡다 日程を決める。直訳は「日をつかむ」

한꺼번에 一気に、ひとまとめに

몰다 追い込む、駆る

피로감[疲労感] 疲労感

밀려 오다 押し寄せる。近い表現に몰리다(押し寄せる、追い込まれる)がある

우려 [憂慮] 心配、懸念。ここでは「恐れ」と訳した

담을 쌓다 縁を切る、関係を断つ

선을 넘다 一線を越える。直訳は「線を越える」

힘을 겨루다 力を競う

눈치를 보다 顔色を伺う

\ 🔍知っておきたい！ /

会話でよく使われる**밀리다**(押される、たまる)を使った表現を集めてみました。

- 밀린 잠을 자다 寝だめする
- 밀린 숙제 たまった宿題
- 밀린 빨래 たまった洗濯
- 밀린 집안일 たまった家事

[23~24] 正解：23. ④ 24. ②

☆正解への道！

23. 下線部の直前に置かれた**생각지 못한 동생들의 반응에**(思いもよらなかった妹たちの反応に)がポイント。この表現とマッチする形容詞は、④の**당황스럽다**(とまどう)。他の選択肢もTOPIK Ⅱに頻出する形容詞ですので、覚えておきましょう。

24. 本文前半で、「私」がアメリカに留学してそのまま現地で就職し、同僚と結婚することになったことが描かれています。結婚することを報告すると、妹たちが**언니가 결혼해서 영영 한국에 돌아오지 않게 되면 어떡해.**(お姉さんが結婚して、永遠に韓国に戻ってこなくなったらどうするの。)と言うことから、「私」が韓国には住んでおらず、妹たちと離れて暮らしていることが分かります。従って、正解は②です。

【日本語訳】

※ [23~24]次を読んで、問いに答えてください。（各2点）

　私たち三姉妹は、互いに秘密が一つもないほど親しい。私たち三人のうち誰か一人が悩んでいる日なら、その日は誰もが万事を差し置いて一緒に話を交わした。長女の私は、高校を卒業し、夢に描いたアメリカに留学することになった。私はそこでロースクールに進学し、卒業後もそのままア

メリカに残り、ローファームで仕事をすることになった。そんな中、ある同僚と結婚を約束した。私は誰よりも妹たちに祝ってもらいたくて、一番先にビデオ通話で妹たちに知らせた。「みんな、私、この人と結婚しようと思うの」。ところが、予想とは異なり、妹たちの表情が暗くなった。思いもよらなかった妹たちの反応に、<u>一瞬私も次の言葉を続けることができなかった</u>。すると、妹たちはすすり泣きながら言った。「お姉さんが結婚して、永遠に韓国に戻ってこなくなったらどうするの。それに、お姉さんが外国で寂しいような気もして……」。妹たちが私のことを考えてくれる気持ちを知ると、私もついぐっときて、わんわん泣いてしまった。

23. 下線を引いた部分に表れた「私」の心情として、最も適切なものを選んでください。
　　① はにかむ　　　　② 不憫だ
　　③ 恥ずかしい　　　④ とまどう

24. 上の文章の内容と一致するものを選んでください。
　　① 私はよく外国へ旅行に行った。
　　② 私と妹たちは今一緒に住んでいない。
　　③ 妹たちの反応は、私が予想した通りだった。
　　④ 私は、妹たちと定期的に韓国で会う。

☑ポイント表現

자매[姉妹]　姉妹

친하다[親--]　親しい

너 나 할 것 없이　誰彼言うことなく、誰もが。直訳は「あなた、私と言うことなく」

만사를 제쳐 두고　万事を差し置いて

고민이 생기다　悩みが生じる。ここでは、고민이 생기는を「悩んでいる」と訳した

맏이　長子。長男や長女のこと

로스쿨　ロースクール、法科大学院。법학전문대학원[法学専門大学院]とも

로펌　ローファーム、(大規模な)法律事務所

영상통화[映像通話]　ビデオ通話。ちなみに、アイドルなどとビデオ通話を通じて会話できるイベントを영통というが、これは영상통화を略した言葉

얘들아　みんな。얘は이 아이の縮約語なので、つまり이 아이들아の意味。先生が学生たちを呼んだり、親しい友達や後輩たち、弟や妹たちを呼ぶときに使う表現

순간[瞬間]　瞬間、一瞬

그러자　すると

훌쩍이다　すする、すすりあげる

영영[永永]　永遠に、いつまでも

울컥하다　ぐっとくる、ムカッとする。突然涙が出たり、怒りを感じたりといった激しい感情が込み上げてきたときに使う表現

305

엉엉　わんわん、わあわあ。声を張り上げ
て泣く様子を表す擬態語
수줍다　はにかむ、恥ずかしい
안쓰럽다　不憫だ、いじらしい

창피하다　恥ずかしい、恥をかく
당황스럽다[唐慌 --]　とまどう、当惑す
る、困惑する
주기적[週期的]　周期的、定期的

\\ 🔍知っておきたい！ /

TOPIKの小説やエッセイを扱う問題でよく出る、感情表現をまとめました。
目を通しておきましょう。

• 탐탁지 않다　好ましくない、気に入らない
• 코끝이 찡하다　胸が熱くなる、感動する。直訳は「鼻先がじいんとする」
• 눈시울이 뜨거워지다　目頭が熱くなる
• 얼굴이 화끈거리다　恥ずかしい。直訳は「顔がほてる」
• 가슴이 벅차다　胸がいっぱいになる
• 손발이 맞다　呼吸が合う、息が合う。直訳は「手足が合う」
• 마음이 무겁다　気が重い。直訳は「心が重い」
• 상황이 곤란하다　困った状況や、難しい状況にある。直訳は「状況が困難だ」
• 처지가 곤란하다　困難な状況に置かれている。直訳は「置かれた状況が困難だ」
• 이러시면 곤란합니다　このようになさっては困ります。直訳は「このようになさっては
困難します」

[25~27] 正解：25. ③　26. ④　27. ④

☆正解への道！

25.　**실적 발표 앞두고**(業績発表を控え)が正解を導くカギ。「業績発表を控え」
とはつまり「業績を発表する前」ということ。これで②か③に正解が絞れ
ますが、②の内容は見出しから読み取れません。また、見出しに**종가**と
いう言葉があり、株の終値が歴代最高値であることが分かるので、正解
は③です。

26.　見出しの**가요계 폭풍 전야**(歌謡界暴風前夜)は、前の**3대 걸그룹 신곡 동시
발표**(三大ガールズグループの新曲が同時発表)を受け、歌謡界の競争が
激しくなることを意味する比喩的表現。従って、④が正解です。

27.　見出しの**요금 확 뛰는데**(料金が急騰するのに)と**심드렁**(冷ややか)が正解
を導くポイントになります。①と③については見出しに言及がありませ
んので、「料金が上がる」ことが含まれている②か④が正解となります。

②の반색하다は「大喜びする」、④の시큰둥하다は「気乗りしない」という意味ですので、正解は④に絞られます。

【日本語訳】

※ [25～27]次の新聞記事の見出しを、最もよく説明したものを選んでください。(各2点)

25. A社、業績発表を控え、終値が歴代最高値
　① A社が成果を発表したが、史上最高値を達成した。
　② A社は業績を発表する前に、社員に事前に報告した。
　③ A社は成果発表前に、すでに株価が最高価格に達した。
　④ A社が業績発表をしてから、株価が急激に上昇した。

26. 三大ガールズグループの新曲が同時発表、歌謡界暴風前夜
　① 三大ガールズグループの新曲発表に、他の歌手たちが非常に心配している。
　② 人気グループは一緒にカムバックしてこそ、爆発的な人気を期待できる。
　③ 人気グループの同時登場により、アルバム市場は莫大な収益が発生するであろう。
　④ 三大ガールズグループが同時期に新曲を発表することで、激しい競争が予想される。

27. 料金が急騰するのに、タクシー運転手は「冷ややか」
　① タクシー運転手は、近距離乗車を拒否することもある。
　② タクシー代が大幅に上がり、タクシー運転手たちが大喜びしている。
　③ がらりと変わった料金制度に、タクシー運転手たちは混乱している。
　④ タクシー代は上がったが、タクシー運転手たちの反応は気乗りしない。

☑ポイント表現

25.
A기업[A企業]　A社
실적[実績]　実績、業績
앞두다　先立つ、控える
종가[終価]　終値(1日の最後に取引された株価)。発音は[종까]

역대[歴代]　歴代。会話では역대급[歴代級]といった単語も使われるが、これは最高、あるいは最悪なことを強調して表現したもの
최고치[最高値]　最高値
달성하다[達成 --]　達成する
주식 가격[株式 価格]　株価

달하다[達--] 達する

상승하다[上昇--] 上昇する

26.

걸그룹 ガールズグループ、女性アイドルグループ。ボーイズグループ、男性アイドルグループは보이그룹

신곡[新曲] 新曲

가요계[歌謡界] 歌謡界

폭풍 전야[暴風 前夜] 暴風前夜

컴백하다 カムバックする

폭발적[爆発的] 爆発的

음반 시장[音盤 市場] アルバム市場。음반はレコードやCDを指す

엄청나다 ものすごい、とんでもない。ここでは「莫大だ」と訳した

수익[収益] 収益

-(으)ㅁ에 따라 ~することで

치열하다[熾烈--] 熾烈だ、激しい

27.

확 パッと、エイッと。急に勢いよく、力強く行う感じを表す

뛰다 飛び跳ねる、走る。ここでは、확 뛰는데を「急騰するのに」と訳した

택시 기사[-- 技士] タクシー運転手。タクシー運転手への呼びかけとして기사님[技士-]がよく使われる

심드렁하다 関心がない、気乗りしない、不満気だ

근거리 승차[近距離 乗車] 近距離乗車

거부하다[拒否--] 拒否する

택시비[--費] タクシー代

반색하다 大喜びする

헷갈려하다 混乱する(動詞)。헷갈리다(混乱している、形容詞) + -아/어하다

시큰둥하다 気乗りしない、生意気だ、こしゃくだ

\ 知っておきたい！ /

日本よりも安く利用できる韓国のタクシーですが、最近ではなかなか捕まらないようです。その理由の一つに택시 기사 부족(タクシー運転手の不足)がありますが、もう一つの理由として、카카오택시(カカオタクシー)をはじめとしたタクシーアプリが挙げられます。タクシーアプリではユーザーが現在地と行き先を入力して呼び出しますが、タクシー運転手はそれを見て応じるか否かを決めます。そのため、比較的近距離の客はなかなかタクシーが捕まらないようです。特に、終電後の繁華街では택시 잡기가 하늘에 별따기예요.（タクシーを捕まえるのが高嶺の花です。）という言葉がささやかれるほどだといいます。

[28~31] 正解：28. ②　29. ④　30. ①　31. ③

☆正解への道！

28. 좌석을 뒤로 젖히는 행위(座席を後ろに倒す行為)、개인에 따라 불편함을 느끼는 정도(個人によって不便さを感じる程度)といった表現から、正解が座席の背もたれの使用で起こるトラブルに関する②であることを導けます。

29. カッコの前の**소화가 잘 되지 않기에**(消化が良くないため)がポイント。「消化が良くない」ということは「栄養分を吸収しづらい」につながります。そのため、カッコの後ろには、栄養分を摂取するための食べ方が紹介されています。従って、正解は④。

30. カッコの前に、紫外線が皮膚の老化や皮膚がんを誘発するという内容が書かれていることから、日焼け止めを塗ることは皮膚の美容だけでなく、皮膚の健康のためにもなることが分かります。従って、正解は①です。

31. カッコの前の**아홀로틀을 미국에서 사육하면 도롱뇽으로 바뀌게 되는 것으로**(アホロートルをアメリカで飼育すると、サンショウウオに変わることから)がポイント。「環境が変われば形態が変化する」ことが分かるので、正解は③となります。

【日本語訳】

※ [28～31]( )に入る言葉として、最も適切なものを選んでください。
（各2点）

28. 飛行機で座席を後ろに倒す行為は、座席を購入した顧客の権利ではない。個人によって不便さを感じる程度が異なる、主観的な要素であるためだ。従って、消費者院では、( )トラブルに対しては、検討対象として設定していない。航空会社側もこの問題について、権利ではないマナーの範ちゅうだと答えた。
① 機内食のメニュー変更による
② 座席の背もたれの使用による
③ 荷物収納棚の利用制限による
④ キャビンアテンダントの不親切な態度による

29. スイカの種は食べられる種なので、飲み込んでも良い。スイカの種は、栄養面ではタンパク質の含有量が高く、ビタミンBとマグネシウムも入っている。しかし、スイカの種はそのまま飲み込むと消化が良くないため、スイカの種の( )、すりおろして食べたり、よく噛んで食べなければならない。
① 味見をしたければ
② 形を変えたければ
③ 固い食感を感じようとすれば

④ 栄養分を摂取したければ

30. 皮膚の美容のために開発された日焼け止めは、今や現代人になくてはならない生活必需品となった。紫外線がしみ、そばかす、しわを作るのはもちろん、ひいては皮膚の老化や皮膚がんを誘発するということが明らかになったためである。世界保健機構(WHO)は、紫外線を1群発がん物質に指定し、（　　　　　　）日焼け止めを2時間ごとに塗り直すことを推奨している。
　① 肌の健康のため
　② 日光を浴びるため
　③ くすみを隠すため
　④ 若く見せるために

31. アホロートルはえらが頭の両側に出っ張っているが、尻尾はひれのような形をしている。ウーパールーパーまたはメキシコサンショウウオとも呼ばれる。体長は22〜30cmで、幼い姿のまま成長するが、このような現象を幼形成熟という。アホロートルをアメリカで飼育すると、サンショウウオに変わることから推測してみると、（　　　　　　）と推定される。
　① アメリカでは生存しにくい
　② 外部環境の影響を受けない
　③ 環境が変われば形態が変化する
　④ 新しい生息地で繁殖力が優れている

☑ポイント表現

28.
젖히다　後ろに反らす。座席を後ろに倒すときなどにも使う
구매하다[購買--]　購入する、買う
소비자원[消費者院]　日本の国民生活センターと似た機能を持つ、韓国の国家機関
갈등[葛藤]　葛藤、トラブル、いざこざ
영역[領域]　領域、範ちゅう
좌석 등받이　座席の背もたれ
짐칸　(飛行機やバスの)荷物収納棚、荷物収納スペース

승무원[乗務員]　乗務員、(飛行機の)キャビンアテンダント
29.
수박씨　スイカの種
씨앗　種
단백질[蛋白質]　タンパク質
함량[含量]　含有量
마그네슘　マグネシウム
삼키다　飲み込む
씹다　噛む
모양[模様]　形、様子
딱딱하다　固い

섭취하다[摂取--] 摂取する

30.

피부 미용[皮膚 美容] 皮膚の美容

자외선 차단제[紫外線 遮断剤] 日焼け止め。선크림(サンクリーム)とも

없어서는 안 되다 なくてはならない

생활 필수품[生活 必需品] 生活必需品。略して생필품[生必品]とも

기미 しみ

주근깨 そばかす

주름 しわ

나아가 ひいては。나아가서의 서を略したもの

피부암[皮膚癌] 皮膚がん

유발하다[誘発--] 誘発する

세계보건기구[世界保健機構] 世界保健機関(WHO)。日本語の名称とは漢字が異なることに注意

발암 물질[発癌 物質] 発がん物質

덧바르다 塗り重ねる、塗り直す

권장하다[勧奨--] 勧奨する、すすめる

햇빛을 쐬다 日光に当たる、日光を浴びる

잡티를 가리다 くすみを隠す。ちなみに目の下に出る「くま」は다크써클(直訳は「ダークサークル」)

31.

아홀로틀 アホロートル。メキシコ原産の両生類で、ウーパールーパー、メキシコサンショウウオとも

아가미 えら

튀어나오다 出っ張る、突き出る、飛び出る、飛び出す

꼬리 しっぽ。꼬리가 길면 밟힌다(ことわざで「しっぽが長ければ踏まれる」。意味は「悪事を続けると見つかるものだ」)も覚えておこう

지느러미 ひれ

처럼 생겼다 ～のような形をしている

우파루파 ウーパールーパー

혹은 あるいは

멕시코도롱뇽 メキシコサンショウウオ

몸길이 体長。直訳は「体の長さ」

현상[現象] 現象

유형 성숙[幼形成熟] 幼形成熟(成体だが、幼生の形を残すもの)

사육하다[飼育--] 飼育する

미루어 보다 推測してみる。미루다は「推測する」のほかに「延期する」「任せる」の意味も

추정되다[推定--] 推定される

형태[形態] 形態

서식지[棲息地] 生息地

번식력[繁殖力] 繁殖力

\ 知っておきたい！ /

果物に関することわざを3つ紹介します。

- 수박 겉 핥기：スイカの皮舐め。うわべだけを見て、浅はかな行動をすること
- 까마귀 날자 배 떨어진다：カラスが飛び立つやいなや、梨が落ちる。「あらぬ疑いをかけられる」といった意味を持つことわざ
- 남의 잔치에 감 놔라 배 놔라 한다：人の祝いの席に柿を置け、梨を置けと言う。他人のすることにいらぬ口出しをすること

[32～34] 正解：32. ①　33. ④　34. ①

☆正解への道！

32. 本文の**상용화**(商用化)や**시험적으로 진행하다**(試験的に進める)を、正解の①では**일상화**(日常化)や**시험 단계에 있다**(試験段階にある)に言い換えています。一致する内容のものを選ぶ問題では「言い換え表現」に注目してみましょう。

33. **토양이 산성일 때는 청색을 많이 띠게 되고 알칼리 토양에서는 붉은색을 띠는 특성을 갖는다**(土壌が酸性の時は青色を多く帯びるようになり、アルカリ土壌では赤色を帯びる特性を持つ)の内容を表しているのは、正解の④。①の**적색**は「赤色」なので、アルカリ土壌の場合の色です。

34. **지두화**(指頭画)は手を使ってえがく絵のことを指します。②は「文章」を書いたとしているので、不正解。また、指頭画の線の特徴については述べられていますが、題材については述べられていないので、③も不正解。④は文中で述べられていないので、不正解です。本文の**보존되어 남아 있다**(保存されて残っている)は、正解の①では**현존하고 있다**(現存している)という表現に言い換えられています。

【日本語訳】

※　[32～34] 次を読んで、文章の内容と一致するものを選んでください。（各2点）

32. 操縦士が搭乗しない無人飛行機をドローンという。 現在、多くの企業がドローンを宅配業に利用する計画を立てている。ドローンを商用化しようと、最近、あるウォーターパークでは、ドローン配送サービスを試験的に進めることにした。利用者が携帯電話を利用して注文すれば、ウォーターパーク入口の決められたところに、ドローンが商品を配達してくれる。

① ドローンは現在、日常化のための試験段階にある。
② 当初、ドローンは配達に利用するために作られた。
③ 注文すれば、どんな場所でもドローンが直接配達してくれる。
④ ウォーターパークでは、ドローンを利用した配達が一般的だ。

33. アジサイは、夏が来る前に美しく咲く。最初は緑色を帯びた白い色だが、次第に明るい青色に変わり、後に赤色が漂う紫色に変わる。この時、土

壊が酸性の時は青色を多く帯びるようになり、アルカリ土壊では赤色を帯びる特性を持つ。そのため、土壊に添加物を入れれば花を望む色に変えることができる。

① アジサイは酸性土壊で赤色を帯びる。
② アジサイは真夏に満開になる花だ。
③ アジサイは刻々と形を変え続ける。
④ アジサイは土の成分によって色が変わる。

34. 指頭画は指や手のひら、手の甲などに墨をつけてえがく絵で、このような画法は、8世紀頃に中国の唐で始まった。これが朝鮮に入ってきたのは18世紀初期で、朝鮮時代の指頭画は線が強く、スピード感が感じられるのが特徴である。その後、指頭画は後代の画家たちに継承されたが、これ以上発展できず、次第に衰退していった。せめてもの救いは、今もいくつかの作品がよく保存されて残っているという点である。

① 朝鮮時代にかかれた指頭画が現存している。
② 朝鮮時代には筆を使わず、手で文章を書いた。
③ 朝鮮時代の指頭画を通じて、当時の生活を垣間見ることができる。
④ 朝鮮時代の画家たちは、指頭画を後代に残そうと努めた。

☑ポイント表現

32.

조종사[操縦士]　操縦士、パイロット

탑승하다[搭乗--]　搭乗する

드론　ドローン

택배업[宅配業]　宅配業

계획을 세우다　計画を立てる

상용화하다[商用化--]　商用化

- 고자　～しようと(思う)。意図や目的を表す

물놀이장[---場]　ウォーターパーク。直訳は「水遊び場」。워터파크ともいう

시범적[示範的]　試験的

진행하다[進行--]　進行する、進める

애초[-初]　最初、当初、初め(名詞だが、副詞的にも用いられる)

33.

수국[水菊]　アジサイ

활짝 피다　(花などが)ぱっと咲く。ここでは「美しく咲く」と訳した

녹색[緑色]　緑色

띠다　(色や活気を)帯びる。띄다(目立つ、目につく)との混同に注意

청색[青色]　青色。파란색

기운이 돌다[気運- --]　雰囲気が漂う。기운は「物事の雰囲気や勢い」のこと

자색[紫色]　紫色。보라색

토양[土壌]　土壌

산성[酸性]　酸性

알칼리　アルカリ

첨가물[添加物]　添加物

적색[赤色]　赤色。붉은색

한여름 真夏	「入ってくる」と訳した
만개하다[満開 --] 満開になる	초반[初盤] 序盤、初期
시시각각[時時刻刻] 刻々と	조선 시대[朝鮮 時代] 朝鮮時代(1392~
흙 土	1910年)。初代王は李成桂(이성계)
34.	획[画] 絵筆で書いた線や線、字画
지두화[指頭画] 指頭画。手や指で書く絵	속도감[速度感] スピード感
손가락 指	후대[後代] 後代、後の時代、後世
손바닥 手のひら	계승되다[継承 --] 継承される
손등 手の甲	쇠퇴하다[衰退 --] 衰退する
먹 墨	그나마 다행이다[--- 多幸 --] せめてもの
묻히다 (粉・液体などを)つける、まぶす	救いだ、不幸中の幸いだ
화법[画法] 画法	붓 筆
무렵 頃	현존하다[現存 --] 現存する
당나라[唐 --] 中国の唐	엿보다 垣間見る
유입되다[流入 -] 流入する。ここでは	애쓰다 非常に努力する、尽力する、頑張る

[35~38] 正解：35. ③　36. ③　37. ④　38. ④

☆正解への道！

35.　この文章のテーマは、最後に置かれた**이것은 언어 습득 과정에 꼭 필요한 긍정적인 것으로 간주할 수 있다**(これは言語習得過程で必ず必要な、ポジティブなものと見なすことができる)。ここでの**이것**(これ)とは、「学習者が自分なりに考え出した表現を試してみる過程」を指すので、③が正解となります。①は言及がないので不正解。また、文中で「誤りを犯さないようにする努力」は求められていないので、②も不正解。「単純なミス」は有用で価値のある誤りに含まれないため、④も不正解。

36.　この文章のテーマは、**영상 매체를 통해 정보를 얻고자 할 때는 그것이 참인지 거짓인지 검증해 받아들여야 한다**(映像媒体を通じて情報を得ようとする時は、それが真実なのか嘘なのかを検証して受け入れなければならない)。正解の③では、**진위를 확인하여 취해야 한다**(真偽を確認して選ばなくてはならない)と言い換えられています。①、②、④の内容には言及がありません。

37.　この文章のテーマは、**자신이 감당할 수 있는 선에서 현명하게 소비하는 습관을 기르는 것이 좋다**(自分が耐えられる範囲で、賢明に消費する習慣をつ

けるほうが良い)。**自身が感当할 수 있는 선(自分が耐えられる範囲)とは、**つまり「やりくりできる範囲」「まかなえる範囲」のこと。従って、「自分自身の経済事情を考慮して支出する」④が正解となります。

38. この文章のテーマは、**모두가 함께 살아갈 수 있는 환경을 만드는 데 힘써야겠다(皆がともに生きていける環境を作ることに努力しなければならない)。**この文章を言い換えている④が正解となります。**함께 살아갈 수 있는(とも生きていける)は、**④では**공생(共生)と表現されています。**

【日本語訳】

> ※　[35〜38]次を読んで、文章のテーマとして最も適切なものを選んでください。(各2点)
>
> 35. 第二言語の習得過程で発生する誤りは、ネガティブで避けなければならないものと見ることもできるが、観点によっては有用で価値のあるものとも見ることができる。学習者の誤りが単純なミスによるものでなければ、それは学習者が自分なりに考え出した表現を試してみる過程だからだ。これを目標言語に接近するための戦略の一つと見れば、これは言語習得過程で必ず必要な、ポジティブなものと見なすことができる。
>   ① 学習者は新しい言語に接するとき、不安を感じることがある。
>   ② 言語を学ぶとき、誤りを犯さないようにする努力が必要だ。
>   ③ 言語習得の過程で発生する誤りは、全て価値あるものである。
>   ④ 学習者は、単純なミスを通じて、外国語を自分の言語として確立していく。
>
> 36. インターネットを通じて映像媒体の検索が可能になり、多様な情報に気軽に接することができるようになった。しかし、このメディアは誰でも発信できるため、受信者はともすれば根拠のない誤った情報を事実として受け入れる恐れがある。従って、映像媒体を通じて情報を得ようとする時は、それが真実なのか嘘なのかを検証して受け入れなければならない。
>   ① 子どもたちの映像媒体の使用を制限しなければならない。
>   ② 根拠のない情報発信者を見つけ出して、通報しなければならない。
>   ③ 映像媒体を通じた情報は、真偽を確認して選ばなくてはならない。
>   ④ 映像媒体の過度な使用による視力低下が懸念される。
>
> 37. 携帯電話の小額決済システムは、携帯電話さえあれば現金を持ち歩く必

要がなく、とても手軽だが、自分も知らないうちにお金を使ってしまいやすい。各通信会社は、小額決済の限度を100万ウォン以下と定めているが、料金を適切な時に納付しなければ、個人の信用に問題が発生することになる。前払いであれ後払いであれ、自分が耐えられる範囲で、賢明に消費する習慣をつけるほうが良い。

① クレジットカードはなるべく使わないほうがいい。
② 後払い決済のほうが、前払い決済より便利だ。
③ 前払いで支払うと節約に役立つ。
④ 自分自身の経済事情を考慮して支出しなければならない。

38. 自然生態系を維持するのに役立つ韓国の在来種のフンコロガシは、絶滅して久しい。昆虫研究者は、フンコロガシを探すために10年間余り全国津々浦々を歩き回ったが、結局発見できなかった。現在はモンゴルからフンコロガシを持ち込んで、繁殖させようとしている。今、私たちは周辺の多様な生命体を大切に守って保護し、皆がともに生きていける環境を作ることに努力しなければならない。

① 現在、韓国ではフンコロガシに関する研究が、途方もなく非常に不足している。
② 在来種のフンコロガシと最も類似した外来種のコガネムシを発見した。
③ 国内の生態系を脅かす外来種の昆虫を捜し出して、退治しなければならない。
④ フンコロガシをはじめとする、さまざまな生物との共生のために努力しなければならない。

☑ポイント表現

35.
주제[主題]　主題、テーマ
제2 언어의 습득[第2言語 - 習得]　第二言語の習得
오류[誤謬]　誤謬、誤り、エラー
부정적[否定的]　ネガティブ、否定的
관점[観点]　観点
자기 나름대로　自分なりに
근접하다[近接 - -]　接近する
긍정적[肯定的]　ポジティブ、肯定的

간주하다[看做 - -]　見なす
범하다[犯 - -]　犯す
확립하다[確立 - -]　確立する
36.
영상 매체[映像媒体]　映像媒体、映像メディア
자칫하면　ともすれば、ややもすれば、まかり間違えば
참　真実、誠
검증하다[検証 - -]　検証する
신고하다[申告 - -]　申告する、通報する

진위[眞僞]　真偽

취하다[取--]　選ぶ、取る

시력 저하[視力低下]　視力低下

37.

소액 결제[少額決済]　少額決済

간편하다 [簡便--]　手軽だ、簡単だ

통신사[通信社]　通信会社

제때　適切なとき、ちょうどよいとき

납부하다[納付--]　納付する

선불[先拂]　先払い

후불[後拂]　後払い

감당하다 [堪當--]　うまくやり遂げる、乗り切る、耐える

선[線]　線、ライン。ここでは「範囲」と訳した

현명하다 [賢明--]　賢明だ

습관을 기르다[習慣- ---]　習慣をつける。直訳は「習慣を育てる」

신용카드[信用--]　クレジットカード。ちなみに「デビットカード(銀行口座から即時決済されるカード)」는 체크카드

- 는 데 도움이 되다　～するのに役立つ

지출하다[支出--]　支出する

38.

자연 생태계[自然 生態系]　自然生態系

토종[土種]　在来種

쇠똥구리　フンコロガシ

멸종되다[滅種--]　絶滅する

곤충[昆蟲]　昆虫

전국 방방곡곡[全國坊坊曲曲]　全国津々浦々

몽골　モンゴル

턱없이　途方もなく

유사하다[類似--]　類似する、似ている

외래종[外來種]　外来種

위협하다[脅威--]　脅かす

퇴치하다[退治--]　退治する

공생[共生]　共生

\ 🔍 知っておきたい！ /

動画媒体に関する語彙をチェックしておきましょう。

- 동영상[動映像]：動画
- 너튜브：YouTube（유튜브）を意味する新造語。商標登録であるYouTubeのYou（유）を너（君）に変えて表現している。バラエティ番組のテロップなどにもよく登場する
- 페이크뉴스：フェイクニュース。가짜뉴스(偽ニュース)とも
- 팩트체크：ファクトチェック

[39~41] 正解：39. ②　40. ①　41. ②

☆正解への道！

39.　「与えられた文」の冒頭にある또（また）がポイント。또は、前の内容につけ加える働きをする接続詞なので、또の前後に来る文は、同じようなテーマを扱っています。「与えられた文」の内容は추억 속 옛날 과자들(思い出の中の昔のお菓子)で、これは복고 열풍(レトロブーム)の具体例となりま

す。これと同様にレトロブームの具体例を述べているのは⑤の前の文です。従って、正解は②。

40. 「与えられた文」は、이렇게(このように)に続いて진맥(診脈)とは何かの説明をしています。「与えられた文」の前には、진맥という言葉を出さずに진맥の具体的な内容を述べる文章が来て、それを이렇게で受けるのが文の流れとしてスムーズです。従って、正解は①。

41. 「与えられた文」の内容は「野菜を相場より30%ほど安く販売している店がある」ということ。どこに「与えられた文」を入れるかを考えるときに、キーとなるのが、⑤の直後に来る2つの文です。「若干傷があるが、食べるのに支障がない野菜」を「味や栄養は変わらないので、（節約したいから）大量購入をためらわない」人を狙って販売していると分かります。これら2つの文の前に「与えられた文」を置くとスムーズに意味が伝わるので、正解は②となります。

【日本語訳】

※ [39～41]「与えられた文」が入る場所として、最も適切なものを選んでください。（各2点）

39. また、思い出の中の昔のお菓子も再び登場し、飛ぶように売れている。

　最近、再びレトロブームが起きている。（　㋐　）90年代のファッションが再び流行し、歌手たちは以前の歌謡曲をリメイクして歌うことが多くなった。（　㋑　）このようなことを通じて、30、40代は20～30年前の過ぎ去った時間を追憶しながら、郷愁を感じている。（　㋒　）10代と20代は、アナログ感性が漂う見慣れないものを、斬新な文化として受け入れている。（　㋓　）

　①㋐　　　　②㋑　　　　③㋒　　　　④㋓

40. このように、脈を取って診断する方法を診脈という。

　時代劇では、病気を治す人が患者の手首に指を当て、患者の体の状態を判断する場面が出てくる。（　㋐　）診脈は、今日でも韓医学では一般的に行われている診断法である。（　㋑　）しかし、診脈だけでは患者

の症状に対する正確な処方を下すことができない。（　㉓　）韓医師は診脈のほかにも、患者に症状について尋ね、痛い部位に触れてみた後、患者の状態と病気を診断する。（　㉔　）

① ㉑　　　　② ㉒　　　　③ ㉓　　　　④ ㉔

41. あるコンビニエンスストアでは、節約族を狙って野菜を相場より30％ほど安く販売している。

　　最近発生した集中豪雨と猛暑のため、野菜の価格が再び変動している。（　㉑　）しかも物価上昇まで相まって、サンチュとホウレンソウの価格は前月より2倍ほど急騰した。（　㉒　）これらの野菜は若干傷があるが、食べるのに全く支障がない。（　㉓　）購入者は、味と栄養は他の商品と別段差がないとして、大量購入をためらわない。（　㉔　）

① ㉑　　　　② ㉒　　　　③ ㉓　　　　④ ㉔

☑ポイント表現

39.

추억[追憶]　思い出、追憶

불티나게 팔리다　飛ぶように売れる。直訳は「火の粉が飛び散るように売れる」

복고 열풍[復古 熱風]　レトロブーム

가요[歌謡]　歌謡、歌謡曲

리메이크하다　リメイクする

3040세대　30、40代

향수[郷愁]　郷愁

아날로그　アナログ

감성[感性]　感性

풍기다　漂う、におわす

낯설다　見慣れない、よく知らない。反対語は낯익다で「見覚えがある、顔なじみである」。発音は[난낙따]

참신하다[斬新 --]　斬新だ

40.

맥을 짚다　脈を取る。比喩的に「読み取る」といった意味にも。例：世界経済の脈を

짚다（世界経済の動向を読み取る）

진단하다[診断 --]　診断する

사극[史劇]　時代劇

손목　手首

손가락　指

대다　当てる

진맥[診脈]　診脈、脈を診ること

한의학[韓医学]　韓医学、韓方医学

행해지다[行 ---]　行われる

처방을 내리다[処方 - ---]　処方を下す

한의사[韓医師]　韓医師

증상[症状]　症状

41.

알뜰족[-- 族]　節約族。알뜰は「節約」や「お買い得」を意味する言葉

겨냥하다　狙う、ターゲットにする。

시세[時勢]　相場、時勢

저렴하다[低廉 --]　安い、お手ごろだ

집중호우[集中豪雨]　集中豪雨

폭염[暴炎]　猛暑

채소[菜蔬] 野菜。야채[野菜]とも

꿈틀거리다 くねくね動く、うごめく。こ
こでは「変動する」と訳した

물가 상승[物価 上昇] 物価上昇

맞물리다 絡み合う、密接に関係する

시금치 ホウレンソウ

가량 ～くらい、程、おおよそ

급등하다[急騰--] 急騰する

약간[若干] 若干、やや

흠집 傷

지장[支障] 支障

구매자[購買者] 購入者

별반[別般] 特別、とりわけ、別段

망설이다 ためらう、躊躇する

[42~43] 正解：42. ① 43. ④

☆正解への道！

42. ミンスの母は裕福だったときの友人といまだに会っていますが、経済的
に余裕のないミンスの母が買い物をしたくてもできないことは、ミンス
には分かっていました。母の気持ちを思うミンスの心情を端的に表して
いるのは①で、これが正解となります。

43. 어머니는 다른 누구보다 교육열이 높았기 때문에(母は他の誰よりも教育熱が
高かったので)の部分がポイント。교육열이 높다(教育熱が高い)が、正解
の④では교육을 중시하다(教育を重視する)に言い換えられています。

【日本語訳】

> ※ [42~43]次を読んで、問いに答えてください。(各2点)
>
> 　私が小学生のときまでは、私の家はかなり裕福なほうだった。父は貿易
> 会社を経営し、私の家には世界各地の高価な品物であふれていた。母は他
> の誰よりも教育熱が高かったので、姉と私は放課後、補習塾はもちろん、
> ピアノ、美術、英語の家庭教師のような、さまざまな私教育を受けること
> ができた。ところが、私が中学２年生になった年、突然IMF危機が起こっ
> た。そのとき、多くの企業が不渡りを出したが、私の父の会社も同様だった。
> 父が失業者になったのをきっかけに、私の家は急に貧しくなった。
>
> 　(中略)大学の図書館で就職準備をして家に帰ると、母は狭い台所で夕食
> を作っていた。その日に限って、母の後ろ姿が限りなく小さく見えた。
>
> 「お母さん、今日は何をなさいましたか？」
>
> 「あ。ミンス、帰ってきたのね。うちの息子は、勉強頑張ってきた？ お母
> さん、今日おばさんたちと集まりがあったの」
>
> 　母は月に一度、私たちが裕福に暮らしていたときの友達と、いまだに会っ

ていた。今日はその友達と昼食を一緒に食べて、買い物に行ったと言った。
　「お母さんは今日も見物だけしたんでしょう？」
　「うん。気に入ったものがあまりなかったのよ」
　母は平気なふりをしたが、なぜか私には寂しさが伝わってきた。私は母の昔の姿を取り戻そうと決心し、部屋に入って電気をつけ、ペンをぎゅっと握った。

42. 下線を引いた部分に表れた「ミンス」の心情として、最も適切なものを選んでください。
　　① 心が痛い　　　　　② 安心する
　　③ 気持ちが楽だ　　　④ 気持ちが軽い

43. 上の文章の内容から分かることを選んでください。
　　① ミンスは両親に対して怒っている。
　　② ミンスの父親は定年になって退職した。
　　③ ミンスが幼い頃、ミンスの家は貧しかった。
　　④ ミンスの母親は、子どもたちの教育を重視した。

☑ポイント表現

만 해도　ほんの〜までは、つい〜までは。前に時間を表す表現が来る

-(으)ㄴ/는 편이다　〜なほうだ

넘쳐나다　あふれる

교육열[教育熱]　教育熱。発音は[교융녈]

방과 후[放課 後]　放課後

보습 학원[補習 学院]　補習塾

방문 영어[訪問 英語]　英語の家庭教師（家に先生が来て教えるタイプのもの）

사교육[私教育]　私教育（塾、家庭教師など）。反対語は공교육[公教育]

IMF 사태[--- 事態]　IMF危機。外貨の急速な流出に直面した韓国政府は1997年11月21日、国際通貨基金(IMF)に緊急融資を申請。企業の倒産が相次いだ

터지다　起こる、爆発する

부도[不渡]　不渡り

실업자[失業者]　失業者

형편이 어렵다　生活が苦しい、貧しい。형편[形便]は「暮らし向き、経済状況」

취업 준비[就業 準備]　就職準備

그날따라　その日に限って

뒷모습　後ろ姿。発音は[뒨모습]

한없이[限--]　限りなく

엄만　엄마는(お母さんは)の縮約形

우리 아들　うちの息子、私たちの息子。呼びかけにも使う

아무렇지 않다　平気だ、何ともない

-(으)ㄴ/는 척하다　〜ふりをする

왠지 모르게　何となく、どういうわけか、なぜか

쓸쓸함　寂しさ。쓸쓸하다(寂しい)＋-(으)ㅁ(名詞化の語尾)

되찾다 取り戻す
-(으)리라 ～であろう、～するつもりだ。状況に対する推測や話し手の意志を表す
불을 켜다 電気や明かりをつける。反対語は불을 끄다(電気や明かりを消す)
꽉 움켜쥐다 ぎゅっと握る
마음이 놓인다 安心する。直訳は「心が置かれる」
홀가분하다 気楽だ、気持ちが軽い
가난하다 貧しい

[44~45] 正解：44. ④　45. ④

☆正解への道！

44. カッコの前に置かれている**세종이 직접 창제 동기에 대해 쓴 '어제서문'**(世宗が自ら創製の動機について書いた「御製序文」)がポイントです。そして、**이렇게 (　　　) 자료**の部分ですが、「このように」と受けていることから、(　　　　)**자료**とはつまり、世宗が自ら記した**'어제서문'**(「御製序文」)のことを指していることが分かります。従って、④が正解です。

45. 訓民正音とはハングルそのもののこと、あるいはハングル創製についての経緯が書かれた書物の総称を指します。文章からは、「解例本があるおかげで、どんな文字をいつ、誰がどのように作ったのか」や、「ハングル創製の原理」を知ることができるので、正解は④。なお、①はハングルについて広く知られている内容ではありますが、文中で触れられていません。正解として選ばないよう、注意しましょう。

【日本語訳】

※　[44～45]次を読んで、問いに答えてください。(各2点)

訓民正音は、朝鮮の第4代王である世宗が作った文字である。どんな文字をいつ、誰がどのように作ったのか記録として残っているのは、世界的にもその類例がない。私たちがそのような内容を知ることができるのは、解例本が発見されたためだが、そこには世宗が自ら創製の動機について書いた「御製序文」が掲載されている。このように、(　　　　　)資料もやはり、訓民正音が唯一だという。また、解例本には創製の原理についても記録されているが、子音字は舌や唇のような調音器官を模して作り、母音字は天と地と人の姿を抽象化して作ったという。

44. (　　　　)に入る言葉として、最も適切なものを選んでください。

① 漢字でできた本をハングルに翻訳した

② 王が他国から自ら持ってきた

③ 子音と母音の違いが書かれている

④ 文字を作った人が自らその理由を明らかにした

45. 上の文章のテーマとして、最も適切なものを選んでください。

① ハングルは、庶民が文を読み書きするのに寄与したところが大きい。

② ハングルを習得するためには、子音と母音の由来を知らなければならない。

③ 世宗は地方にいる学者たちを呼んで、解例本を作らせた。

④ 解例本を通じて、ハングルに関するさまざまな事実が知られるようになった。

☑ポイント表現

훈민정음[訓民正音]　訓民正音。「民を訓(おし)える正しい音」の意味で、ハングルのこと。あるいはハングル創製についての経緯が書かれた書物の総称を指す

세종[世宗]　世宗大王(1397年～1450年)。朝鮮王朝の第4代国王

유례[類例]　類例

해례본[解例本]　解例本。韓国の国宝第70号。1997年、ユネスコ「世界の記憶」に登録された

직접[直接]　直接(に)、直直に、じかに。ここでは「自ら」と訳した

창제[創製]　創製

어제서문[御製序文]　世宗が自らしたためた、ハングル創製の動機についての序文

자음자[子音字]　子音字。ちなみに「母音字」は모음자

혀　舌

입술　唇

조음 기관[調音 器官]　調音器官。声帯以外の、声を出すときに使う器官のこと(唇、舌、歯など)

본뜨다　手本にする、模する

추상화하다[抽象化--]　抽象化する

임금　君主、王

적히다　記される、書かれる

밝히다　明らかにする、明かす

기여하다[寄与--]　寄与する

바　～するところ、～すること

[46~47] 正解：46. ④　47. ②

☆正解への道！

46. 海外では、宇宙旅行を見据えて宇宙医学の研究を進めているが、韓国はかなり不足している状況だと述べた後の文、**국가 차원의 장기적인 지원과 연구진의 적극적인 노력이 필요하다**(国家レベルの長期的な支援と、研究グ

ループの積極的な努力が必要だ)がポイント。**国内で 活発히 이뤄져야 한다**(国内で活発に行われなければならない)が文の内容に合うため、④が正解。①と③は文中で言及がないので、不正解。②は、宇宙医学に関して、国内の研究が不足していることについては述べられていますが、専門家不足については言及がないので、不正解です。

47.　文章の中ほどに**인간이 우주에서 생활하게 되면 몸 상태가 지구에서와는 많이 달라진다**(人間が宇宙で生活することになれば、体の状態が地球においてとは大きく変わる)、**우주에서 귀환한 사람들이 지구 환경에 다시 잘 적응할 수 있게 하기 위한 연구도 함께 진행되고 있다**(宇宙から帰還した人々が地球環境に再びよく適応できるようにするための研究も、ともに進められている)とあり、この部分をまとめている②が正解。①と③は文中で言及がないので、不正解。④は、前半の内容は文中で言及されているが、後半の内容については言及されていないため、不正解。

【日本語訳】

※　[46～47] 次を読んで、問いに答えてください。(各2点)

　民間による宇宙開拓が本格化している中、さまざまな国では宇宙旅行のための投資と研究を本格化している。宇宙に関して研究する分野は多様だが、特に宇宙医学は宇宙で人間が健康に生活できる方法を研究する。宇宙は無重力状態であるため、人間が宇宙で生活することになれば、体の状態が地球においてとは大きく変わる。その中でも、宇宙放射線をたくさん浴びれば、人間はさまざまな病気にかかることになる。また、宇宙から帰還した人々が地球環境に再びよく適応できるようにするための研究も、ともに進められている。このように、海外の先進国は、これから迫りくるであろう宇宙旅行に備えて、かなり前から宇宙医学を発展させてきているが、それに比べて(韓国)国内の研究はまだかなり不足している状況だ。これから迫りくる時代に、国民の安全な宇宙旅行のためには、国家レベルの長期的な支援と、研究グループの積極的な努力が必要だ。

46. 上の文章に表れた筆者の態度として、最も適切なものを選んでください。
　　① 宇宙医学研究に対する政府の過度な介入を警戒している。
　　② 宇宙医学発展のための専門家不足の現象について懸念している。
　　③ 宇宙医学を発展させようとする宇宙飛行士の努力に感嘆している。
　　④ 宇宙医学研究が国内で活発に行われなければならないと強調している。

47. 上の文章の内容と一致するものを選んでください。

　　① 宇宙にある放射線のせいで、当分の間は宇宙に行けないだろう。

　　② 宇宙で起こる人間の身体変化に備えた研究が進められている。

　　③ 韓国政府は宇宙医学研究のための資金支援を惜しんでいない。

　　④ まもなく宇宙旅行時代が開かれるので、宇宙飛行士がたくさん必要
　　　になるだろう。

☑ポイント表現

개척[開拓]　開拓

우주의학[宇宙医学]　宇宙医学

무중력 상태[無重力 状態]　無重力状態

우주방사선[宇宙放射線]　宇宙放射線

쐬다　浴びる

귀환하다[帰還--]　帰還する

국가 차원[国家 次元]　国家レベル、国家
の次元

연구진[研究陣]　研究陣、研究グループ

개입[介入]　介入

경계[警戒]　警戒

우주 비행사[宇宙 飛行士]　宇宙飛行士

감탄하다[感嘆--]　感嘆する

이루어지다　成し遂げられる。ここでは「行
われる」と訳した

당분간[当分間]　当分の間

곧　まもなく。꼭(必ず)と混同しやすいの
で注意

[48~50] 正解：48. ①　49. ④　50. ③

☆正解への道！

48. **목표 시점보다 더 빨리 탄소 중립을 실현할 수 있게 우리 모두 노력해야 할 것이다**(目標時点より早くカーボンニュートラルを実現できるよう、私たち皆が努力しなければならないだろう)が、筆者がこの文を書いた目的です。従って、正解は①です。

49. カッコの前に置かれた**이런 상황을**(このような状況を)がポイント。**이런**(このような)は、二酸化炭素濃度の急激な増加によって、韓国が深刻な影響を受けているという状況を指しています。一方、カッコの後ろでは、問題に対処するための目標について述べられています。深刻な影響を受けているという状況を受け止めて、それに対処する目標を定めたという流れが自然なので、正解は④。

50. **정부가 앞장서서 탄소 중립을 위해 노력하는 기업과 개인에게 다양한 혜택을 주며 그 중요성을 알리려고 하고 있다**(政府が先頭に立って、カーボンニュー

トラルのために努力する企業と個人にさまざまな恩恵を与え、その重要性を知らせようとしている)がポイントです。文中の炭素 中立(カーボンニュートラル)を二酸化炭素を줄이다(二酸化炭素を削減する)、그 중요성을 알리려고하고 있다(その重要性を知らせようとしている)を노력하고 있다(努力している)のように、表現を言い換えている③が正解。①は文の内容と反することなので、不正解。②と④については言及がないので、不正解です。

【日本語訳】

※ [48~50]次を読んで、問いに答えてください。(各2点)

　産業革命以後、地球の二酸化炭素濃度は増加し続けている。二酸化炭素は、地球温暖化の原因のうちの一つだが、産業革命以後、地球の温度が1度上がるのにかかる時間が、100年ほどで非常に短くなった。このような二酸化炭素濃度の急激な増加は、世界各地に大小の自然災害を発生させている。我が国(韓国)も、地球温暖化によって夏と冬が長くなり、四季を失う危機にまで直面することになった。このような状況を(　　　　　　　)、韓国政府は、国内で排出する炭素と吸収する炭素の量を同じにし、2050年までに実質排出量をゼロにするというカーボンニュートラルを目標に設定した。政府が先頭に立って、カーボンニュートラルのために努力する企業と個人にさまざまな恩恵を与え、その重要性を知らせようとしているという点は、非常に勇気づけることと言える。ただ、毎年自然災害による人命および経済的被害が目立って深刻になっているため、目標時点より早くカーボンニュートラルを実現できるよう、私たち皆が努力しなければならないだろう。

48. 上の文章を書いた目的として、最も適切なものを選んでください。
　　① カーボンニュートラルの速やかな実現を促そうと
　　② 二酸化炭素を減らす方法を提示しようと
　　③ カーボンニュートラルを怠る政府を非難しようと
　　④ 二酸化炭素と地球温暖化の相関関係を説明しようと

49. (　　　　)に入る言葉として、最も適切なものを選んでください。
　　① 満足に思った　　　　　② 大したことないように見た
　　③ 楽観的に考えた　　　　④ 深刻に受け止めた

50. 上の文章の内容と一致するものを選んでください。

---

① 産業革命以後、地球温暖化が遅れている。

② 二酸化炭素の増加は、特に韓国で目立つ。

③ 政府は二酸化炭素を削減するために努力している。

④ 企業は、カーボンニュートラルのために我先に競争している。

☑ポイント表現

산업혁명[産業革命]　産業革命

이산화탄소 농도[二酸化炭素 濃度]　二酸化炭素濃度

지구온난화[地球温暖化]　地球温暖化

지구촌[地球村]　世界。地球、世界を一つの村と捉えた表現で、環境問題やグローバル志向に関連する話題で、頻繁に用いられる

곳곳　あちこち、至る所。ここでは「各地」と訳した

자연재해[自然災害]　自然災害

처하다[処--]　処する、直面する

실질[実質]　実質

배출량[排出量]　排出量

제로　ゼロ

탄소 중립[炭素中立]　カーボンニュートラル。温室効果ガスの排出量を全体として差し引きゼロにするという意味

앞장서다　先頭に立つ

고무적[鼓舞的]　勇気づけること

눈에 띄다　目立つ、目を引く、目につく

조속하다[早速--]　速やかだ

촉구하다[促求--]　促す、求める

게을리하다　怠る、怠ける

대수롭지 않다　大したことない。대수롭다は「重要だ、大したことだ」

여기다　思う

낙관적[楽観的]　楽観的

받아들이다　受け入れる、受け止める

더뎌지다　遅くなる

앞다투다　先を競う。ここでは앞다투어を「我先に」と訳した

模試 2 回目

📖 模試2回目　表紙と裏表紙の日本語訳

本書では、実際の TOPIK Ⅱ と似た形式の表紙と裏表紙を掲載しています。以下がその日本語訳となりますので、参考にしてください。

【表紙】331 ページ

韓国語能力試験
1時間目　聞き取り、筆記
受験番号
名前　韓国語
　　　英語

【表紙】351 ページ

韓国語能力試験
2時間目　読解
受験番号
名前　韓国語
　　　英語

【裏表紙】332 ページ、352 ページ

注意事項
1. 試験開始の指示があるまで、問題を開かないでください。
2. 受験番号と名前を正確に書いてください。
3. 答案用紙をしわくちゃにしたり、破ったりしないでください。
4. 答案用紙の名前、受験番号、および正答の記入は、配布されたペンを使用してください。
5. 正答は、答案用紙に正確に表示してください。
6. 問題を読むときは、声が出ないようにしてください。
7. 質問があるときは手を挙げて、監督官が来るまでお待ちください。

★筆記問題の最後にある韓国語文★ 349 ページ

1時間目の聞き取り、筆記試験が終わりました。
2時間目は読解試験です。

한국어능력시험
The Test of Proficiency in Korean

TOPIK II

| 1교시 | 듣기 , 쓰기
(Listening, Writing) |

수험번호 (Registration No.)		
이 름 (Name)	한국어 (Korean)	
	영 어 (English)	

유 의 사 항
Information

1. 시험 시작 지시가 있을 때까지 문제를 풀지 마십시오.
   Do not open the booklet until you are allowed to start.

2. 수험번호와 이름을 정확하게 적어 주십시오.
   Write your name and registration number on the answer sheet.

3. 답안지를 구기거나 훼손하지 마십시오.
   Do not fold the answer sheet; keep it clean.

4. 답안지의 이름, 수험번호 및 정답의 기입은 배부된 펜을 사용하여 주십시오.
   Use the given pen only.

5. 정답은 답안지에 정확하게 표시하여 주십시오.
   Mark your answer accurately and clearly on the answer sheet.

   marking example ① ● ③ ④

6. 문제를 읽을 때에는 소리가 나지 않도록 하십시오.
   Keep quiet while answering the questions.

7. 질문이 있을 때에는 손을 들고 감독관이 올 때까지 기다려 주십시오.
   When you have any questions, please raise your hand.

TOPIK Ⅱ 듣기(1번~50번)

※ [1~3] 다음을 듣고 가장 알맞은 그림 또는 그래프를 고르십시오. (각 2점)

⬇ DL 55-57

1. ①  ②

③  ④

2. ①  ②

③  ④

3. ① 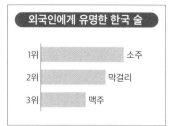 ②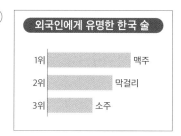

③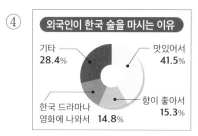

※ [4~8] 다음을 듣고 이어질 수 있는 말로 가장 알맞은 것을 고르십시오.
(각 2점)   ⬇ DL 58-62

4. ① 아침 10시부터 한대.
   ② 밤 10시까지는 집에 와야 한다.
   ③ 어제 가 보니까 이제 안 하더라.
   ④ 예매를 하지 않으면 볼 수 없다네.

5. ① 그럼요. 모집은 온라인으로 해서 다 끝났어요.
   ② 정말요? 저라면 언제든지 최선을 다하겠습니다.
   ③ 그럴까요? 그런데 제가 아직 가입이 안 돼 있는데.
   ④ 맞아요. 좋은 사람을 구하는 일은 언제나 힘들어요.

6. ① 그냥 마음 가는 대로 사렴.

　② 너도 색만 다른 걸로 사면 어때?

　③ 그럼 우리 다른 데도 둘러보고 올까?

　④ 좀 더 큰 사이즈 없는지 내가 물어볼게.

7. ① 그럼 일기예보는 매일 꼭 봐야 해요.

　② 맞아요. 봄에는 바람이 제법 세게 불어요.

　③ 그럼요. 올 겨울은 작년보다 더 추울 거래요.

　④ 이제 겨울 옷은 옷장에 넣어 둬도 될 거예요.

8. ① 그럼 가격을 좀 깎아 주십시오.

　② 그거 좋네요. 꼭 부탁드리겠습니다.

　③ 예약은 인터넷으로 하면 되는 거죠?

　④ 그럼, 조금 일찍 다섯 시부터도 안 되나요?

※ [9~12] 다음을 듣고 여자가 이어서 할 행동으로 가장 알맞은 것을 고르십시오. (각 2점)　　　　　↓ DL 63-66

9. ① 슈퍼에 간다.　　　② 물을 끓인다.

　③ 냉장고를 연다.　　　④ 우유를 줍는다.

10. ① 보관함에 간다.　　　② 가방을 맡긴다.

　③ 편하게 눕는다.　　　④ 전시장 안으로 들어간다.

11. ① 노래를 부른다.　　　② 집에 돌아간다.

　③ 돈을 바꾸러 간다.　　　④ 가게 주인을 부르러 간다.

12. ① 상자를 치운다.　　　　　② 휴식을 취한다.

　　③ 청소를 계속한다.　　　　④ 선생님을 찾아간다.

※ [13~16] 다음을 듣고 들은 내용과 같은 것을 고르십시오. (각 2점)

⬇ DL 67-70

13. ① 남자와 여자는 초등학생이다.

　　② 남자는 현재 형과 같이 살고 있다.

　　③ 여자는 남자의 형을 만난 적이 없다.

　　④ 사진에는 여자의 쌍둥이 형제가 찍혀 있다.

14. ① 입학식은 체육관에서 열린다.

　　② 체육관에는 학생만 들어갈 수 있다.

　　③ 학생들은 10시에 단체 사진을 찍는다.

　　④ 입학식 후 학부모 참관이 예정돼 있다.

15. ① 이번 화재로 인한 사망자는 없다.

　　② 이번 산불은 오늘 아침에 발생했다.

　　③ 산불을 막지 못한 책임은 산림청이 져야 한다.

　　④ 산에서 담배를 피운다고 불이 나거나 하지 않는다.

16. ① 여자는 철학에 관한 글을 썼다.

　　② 여자는 사랑을 소재로 책을 만든다.

　　③ 여자는 많은 사람들과 사랑을 해 왔다.

　　④ 여자는 학문을 통해 큰 돈을 벌 수 있었다.

※ [17~20] 다음을 듣고 <u>남자</u>의 중심 생각으로 가장 알맞은 것을 고르십시오. (각 2점)　　　　↓ DL 71-74

17. ① 경제학 원론은 너무 어렵다.
　② 김 교수님 수업은 과제가 많다.
　③ 과제 제출은 미리 하는 것이 좋다.
　④ 과제는 다 같이 힘을 합쳐서 해야 한다.

18. ① 운동은 항상 무리하지 말고 가볍게 해야 한다.
　② 아침 운동은 상쾌한 하루를 보내는 데 도움이 된다.
　③ 운동을 시작해서 체력 소모가 심하면 그만둬야 한다.
　④ 아침에 운동을 못 할 거 같으면 오후에 운동하면 된다.

19. ① 사회 현상은 다각도로 바라봐야 한다.
　② 기자의 강연회는 현장 이야기를 해야 한다.
　③ 신문과 뉴스는 모든 사실을 전달하지는 않는다.
　④ 기자가 되기 위해서는 신문을 많이 읽어야 한다.

20. ① 용서받지 못할 죄를 저지르면 안 된다.
　② 용서를 구할 때는 종교의 힘에 의지하는 것이 좋다.
　③ 죄는 미워하되 그 사람 자체를 미워해서는 안 된다.
　④ 용서를 받기 위해서는 먼저 당사자에게 사죄할 필요가 있다.

第4章 模試2回目 ▼ 1時間目 問題 2時間目 問題 ｜ 解答・解説

21.　남자의 중심 생각으로 가장 알맞은 것을 고르십시오.

　　① 요즘 해외에서 한국 드라마를 보는 사람이 많아졌다.
　　② 드라마 주인공과 직접 여행하는 일정을 확보해야 한다.
　　③ 여행 계획을 짤 때는 구체적인 동선을 미리 확인해야 한다.
　　④ 각 국가별 선호하는 한국 드라마를 알아보는 것이 필요하다.

22.　들은 내용과 같은 것을 고르십시오.

　　① 남자는 여자의 직장 부하다.
　　② 남자는 여름 휴가 계획을 짜고 있다.
　　③ 남자는 드라마를 즐겨 보지는 않는다.
　　④ 남자는 여자의 계획이 흥미롭다고 생각한다.

23.　남자가 무엇을 하고 있는지 고르십시오.

　　① 청소년 캠프 일정을 변경하고 있다.
　　② 청소년 캠프의 취지를 설명하고 있다.
　　③ 청소년 캠프의 참가 방법을 소개하고 있다.
　　④ 청소년 캠프 참가비 지불 방법을 안내하고 있다.

24. 들은 내용과 같은 것을 고르십시오.

　① 인주시는 겨울 캠프도 준비하고 있다.
　② 학부모는 참가비를 할인받을 수 있다.
　③ 캠프 참가비는 현금 결제만 가능하다.
　④ 캠프 안내를 참가자에게 메일로 보냈다.

※ [25~26] 다음을 듣고 물음에 답하십시오. (각 2점)　　⬇ DL 77

25. 남자의 중심 생각으로 가장 알맞은 것을 고르십시오.

　① 태양광 발전에는 태양전지가 꼭 필요하다.
　② 사막에서는 태양열 발전만 유용하게 사용된다.
　③ 비슷하지만 다른 기술의 개발은 기술 발전의 밑바탕이 된다.
　④ 태양광 발전이든 태양열 발전이든 상황에 맞는 기술을 활용해
　　　야 한다.

26. 들은 내용과 같은 것을 고르십시오.

　① 태양광 발전이 태양열 발전보다 우수한 기술이다.
　② 사막에서는 태양광 발전의 효율이 떨어질 수 있다.
　③ 요즘 기술의 발달로 태양열 발전을 사용하는 나라는 없다.
　④ 태양열 발전은 밤에도 가능하지만 태양광 발전은 불가능하다.

27. 남자가 말하는 의도로 알맞은 것을 고르십시오.

　① 안내문 작성을 부탁하려고
　② 국제 스포츠 대회에 직접 참가하려고
　③ 자원봉사에 함께 참가할 것을 제안하려고
　④ 전단지 돌리는 일을 함께 하자고 부탁하려고

28. 들은 내용과 같은 것을 고르십시오.

　① 스포츠 대회는 금년 여름에 개최될 예정이다.
　② 스포츠 대회 참가는 이번 주까지 신청을 받는다.
　③ 자원봉사 참가 신청서는 우편을 통해 보내면 된다.
　④ 자원봉사 참가 신청에 필요한 서류는 안내문에 쓰여 있다.

29. 남자가 누구인지 고르십시오.

　① 드라이버를 훈련시키는 사람
　② 레이스 전 자동차의 최종 점검을 하는 사람
　③ 자동차 경주에서 우승하기 위한 전략을 짜는 사람
　④ 자동차의 성능을 높이기 위해 기술 개발을 하는 사람

30. 들은 내용과 같은 것을 고르십시오.

① 타이어 상태는 점검하지 않아도 된다.
② 남자는 레이스가 끝나면 일을 시작한다.
③ 레이스 전 최종 점검은 드라이버와 같이 한다.
④ 남자는 직접 레이스에 나가 차를 몰기도 한다.

※ [31~32] 다음을 듣고 물음에 답하십시오. (각 2점) ⬇ DL 80

31. 남자의 중심 생각으로 가장 알맞은 것을 고르십시오.

① 학부모 간의 경쟁이 학생들의 성적 향상에 도움이 된다.
② 개인 정보를 이용하기 위해서는 학부모의 동의가 필요하다.
③ 학생들의 성적 향상을 위해서는 개인 정보를 이용할 수 있다.
④ 학생들의 성적을 높이기 위해서는 자료를 많이 제공해야 한다.

32. 남자의 태도로 가장 알맞은 것을 고르십시오.

① 예상되는 문제점을 우려하고 있다.
② 문제의 해결 방안을 요구하고 있다.
③ 자신의 의견을 일관되게 주장하고 있다.
④ 상대방의 의견에 적극적으로 동의하고 있다.

33. 무엇에 대한 내용인지 알맞은 것을 고르십시오.

　　① 한국의 전통 행사와 떡
　　② 한국의 쌀 생산량과 떡의 관계
　　③ 한국에서 떡을 만드는 전통 방식
　　④ 한국 사회에서 떡이 가지는 의미

34. 들은 내용과 같은 것을 고르십시오.

　　① 쌀로 만든 것만을 떡이라고 한다.
　　② 떡은 옛날 음식으로 이제는 먹지 않는다.
　　③ 한국어에는 떡과 관련한 관용 표현이 있다.
　　④ 떡을 만들 때 드는 비용을 떡값이라고 한다.

35. 남자는 무엇을 하고 있는지 고르십시오.

　　① 공정 무역의 정당성에 대하여 연설하고 있다.
　　② 협동조합을 새로 만들기 위하여 다짐하고 있다.
　　③ 공정 무역에 대한 관심과 지원을 부탁하고 있다.
　　④ 조합 창립 10주년을 맞아 소감과 기대를 밝히고 있다.

36. 들은 내용과 같은 것을 고르십시오.

① 공정 무역은 선진국 소비자의 삶을 크게 개선해 왔다.
② 공정 무역 협동조합은 앞으로 10년만 사업을 할 예정이다.
③ 이 조합의 공정 무역 상품으로는 커피나 차, 초콜릿 등이 있다.
④ 조합의 여러 활동에도 불구하고 아직 공정 무역의 인지도는 낮다.

※ [37~38] 다음을 듣고 물음에 답하십시오. (각 2점)　　　⬇ DL 83

37. 여자의 중심 생각으로 가장 알맞은 것을 고르십시오.

① 레트로 패션은 앞으로 유행할 것이다.
② 복고풍 패션의 인기는 쉽게 사라지지 않을 것이다.
③ 복고풍 패션을 레트로 패션이라고 부르기도 한다.
④ 옛날 패션을 재해석한 스타일은 언제나 인기가 있다.

38. 들은 내용과 같은 것을 고르십시오.

① 복고풍 아이템은 종류가 많지 않다.
② 올해부터 레트로 패션이 유행하기 시작했다.
③ 앞으로 몇 년 후에는 복고 열풍도 사그라질 것이다.
④ 옛날 패션을 재해석한 스타일이 최근 인기를 끌고 있다.

39. 이 대화 전의 내용으로 가장 알맞은 것을 고르십시오.

　① 출산율 계산을 위한 새로운 지표가 개발되었다.
　② 새로운 저출산 정책에 대한 정부의 발표가 있었다.
　③ 정부의 저출산 정책을 긍정하는 언론 보도가 있었다.
　④ 정부는 저출산 개선을 위한 정책 자문 위원을 새로 뽑았다.

40. 들은 내용과 같은 것을 고르십시오.

　① 전문가들은 앞으로 출산율이 오를 것으로 예상했다.
　② 새로운 저출산 정책은 앞으로 10년 동안 진행될 것이다.
　③ 그동안 정부는 주로 경제적 도움을 주는 정책을 시행해 왔다.
　④ 젊은 부모들은 정부가 기존의 정책을 계속 유지하기를 바란다.

41. 이 강연의 중심 내용으로 가장 알맞은 것을 고르십시오.

　① 로봇의 직립 보행에는 카메라 센서가 가장 중요하다.
　② 로봇 기술의 발전을 위한 인간의 노력은 이미 끝났다.
　③ 로봇이 인간 생활에 더 깊이 관여하기까지는 아직 멀었다.
　④ 직립 보행 로봇의 작동 원리는 인간의 보행 원리와 동일하다.

42. 들은 내용과 같은 것을 고르십시오.

① 직립 보행 로봇의 기술은 이미 한계에 다다랐다.
② 센서는 로봇이 주변 환경을 감지하는 데 사용된다.
③ 두 다리로 걷는 로봇은 네 다리로 걷는 로봇보다 뛰어나다.
④ 로봇은 인간처럼 시각과 청각을 이용하여 동작을 제어한다.

※ **[43~44] 다음을 듣고 물음에 답하십시오. (각 2점)**　　↓ DL 86

43. 무엇에 대한 내용인지 알맞은 것을 고르십시오.

① 마시멜로의 제작 방법
② 학업 성취도와 성공의 상관 관계
③ 아이를 대상으로 한 실험의 윤리적 논의
④ 자기 통제력과 충동성이 성공에 미치는 영향

44. 자기 통제력이 있는 아이가 성인이 돼서 성공할 가능성이 높은 이유로 맞는 것을 고르십시오.

① 다양한 경험을 할 수 있기 때문에
② 부모가 아이를 잘 통제했기 때문에
③ 성인이 되면 통제력이 필요 없어지기 때문에
④ 자기 통제력은 성인이 된 후에도 지속되기 때문에

45. 들은 내용과 같은 것을 고르십시오.

① 집현전은 세조 때 한층 발전하게 된다.
② 세종은 고려의 제도를 그대로 계승하려고 했다.
③ 집현전 학사는 왕에게 정치적 조언을 해서는 안 되었다.
④ 집현전은 조선의 학문 발전과 문화 발전에 큰 영향을 미쳤다.

46. 여자가 말하는 방식으로 알맞은 것을 고르십시오.

① 집현전과 홍문관을 비교하고 있다.
② 집현전 설치의 목적을 분석하고 있다.
③ 집현전의 역할과 업적을 설명하고 있다.
④ 집현전 학사들의 서적 편찬 모습을 묘사하고 있다.

※ [47~48] 다음을 듣고 물음에 답하십시오. (각 2점)　　　⬇ DL 88

47. 들은 내용과 같은 것을 고르십시오.

① 소프트 파워는 21세기에 들어와 제기된 개념이다.
② 요즘 국제 관계에서는 하드 파워가 중요시되고 있다.
③ 군사력에 의한 복종은 상대국의 반발을 야기할 수 있다.
④ 경제력을 사용하면 상대방이 스스로 복종하게 만들 수 있다.

48. 남자의 태도로 알맞은 것을 고르십시오.

① 소프트 파워의 가치를 높이 평가하고 있다.
② 소프트 파워의 활용 방안을 검토하고 있다.
③ 하드 파워와 소프트 파워의 상관관계를 비교하고 있다.
④ 하드 파워가 국제 관계에 미치는 영향을 우려하고 있다.

※ [49~50] 다음을 듣고 물음에 답하십시오. (각 2점)   ⬇ DL 89

49. 들은 내용과 같은 것을 고르십시오.

① 헌법재판소는 사법부에 소속되어 있다.
② 헌법은 시대의 변화와 상관없이 그대로 유지된다.
③ 헌법은 어떻게 해석하느냐에 따라 분쟁이 생길 수도 있다.
④ 앞으로 사회가 더 발전하면 헌법재판소의 역할은 축소될 것이다.

50. 남자가 말하는 방식으로 알맞은 것을 고르십시오.

① 헌법재판소의 역할 확대를 주장하고 있다.
② 헌법재판소의 역사적 의의를 설명하고 있다.
③ 헌법재판소의 역할과 중요성을 강조하고 있다.
④ 헌법재판소의 개선 방향에 적극 동의하고 있다.

※ [51~52] 다음 글의 ㉠과 ㉡에 알맞은 말을 각각 쓰시오. (각 10점)

51.

↩ ✉ 🗑

제목 : 자연 속 청소년 캠프 참가자 모집

보낸 사람　　인주시 청소년과 〈inju○○○@△△△〉
받는 사람

─────────────────────

안녕하세요? 인주시 청소년과입니다.

이번 7월 30일(금)부터 8월 1일(일)까지 2박 3일로 열리는 인주시 청소년 캠프 참가자를 모집하고 있습니다.

인주시에 사는 중고등학생이라면 (　　㉠　　).

모집 인원은 30명이고 지원자가 30명을 넘는 경우에는 (　　㉡　　). 자세한 내용은 첨부 파일을 참고하시거나 인주시 청소년과로 문의해 주시기 바랍니다.

52.

　　인간은 현실에 안주하지 않고 항상 더 높은 이상을 추구한다. 하지만 이상을 실현하기 위해서는 그에 맞는 지식이 필요하다. 지식은 여러 가지 경험을 통해서 얻을 수 있는데, 경험에는 직접 몸으로 경험하는 것도 있고 (　　㉠　　) 것도 있다. 물론 모든 것을 다 우리가 직접 체험할 수 있다면 무엇보다 좋겠지만 (　　㉡　　). 그러므로 우리는 많은 책을 읽어야 한다.

53. 다음은 '인주시 경력 단절 여성의 규모 변화'에 대한 자료이다. 이 내용을 200~300자의 글로 쓰시오. 단, 글의 제목은 쓰지 마시오. (30점)

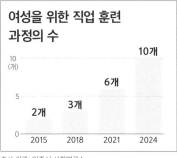

여성을 위한 직업 훈련 과정의 수
- 2015: 2개
- 2018: 3개
- 2021: 6개
- 2024: 10개

조사 기관: 인주시 사회연구소

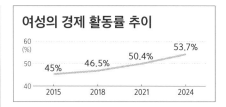

여성의 경제 활동률 추이
- 2015: 45%
- 2018: 46.5%
- 2021: 50.4%
- 2024: 53.7%

원인 여성 직업 훈련 과정의 증가

전망 전문 기술과 역량 갖춘 여성의 증가, 여성의 경제 활동 증가, 사회와 경제의 균형 잡힌 발전

54. 다음을 참고하여 600~700자로 글을 쓰시오. 단, 문제를 그대로 옮겨 쓰지 마시오. (50점)

> 한국에서 교복은 오랫동안 학교 교육의 상징과도 같았다. 하지만 개성과 창의력이 중시되는 요즘, 교복 착용에 대한 논의가 활발하게 이루어지게 되었다. 아래의 내용을 중심으로 '교복 착용 찬반 논란'에 대한 자신의 의견을 쓰라.
>
> · 교복을 착용하면 어떠한 좋은 점이 있는가?
> · 교복 착용의 문제점은 무엇인가?
> · 교복 착용을 어떻게 결정해야 하는가?

* 원고지 쓰기의 예

	북	극	곰	은		몸	에		지	방	을		저	장	해		놓	아	야
사	냥	이		힘	든		여	름	을		버	틸		수		있	다	.	그

제1교시 듣기, 쓰기 시험이 끝났습니다. 제2교시는 읽기 시험입니다.

한국어능력시험
The Test of Proficiency in Korean

TOPIK II

| **2교시** | **읽기**
(Reading) |

수험번호 (Registration No.)	
이 름 (Name)	한국어 (Korean)	
	영 어 (English)	

ALC PLESS INC.

유 의 사 항
Information

1. 시험 시작 지시가 있을 때까지 문제를 풀지 마십시오.
   Do not open the booklet until you are allowed to start.

2. 수험번호와 이름을 정확하게 적어 주십시오.
   Write your name and registration number on the answer sheet.

3. 답안지를 구기거나 훼손하지 마십시오.
   Do not fold the answer sheet; keep it clean.

4. 답안지의 이름, 수험번호 및 정답의 기입은 배부된 펜을 사용하여 주십시오.
   Use the given pen only.

5. 정답은 답안지에 정확하게 표시하여 주십시오.
   Mark your answer accurately and clearly on the answer sheet.

   marking example ① ● ③ ④

6. 문제를 읽을 때에는 소리가 나지 않도록 하십시오.
   Keep quiet while answering the questions.

7. 질문이 있을 때에는 손을 들고 감독관이 올 때까지 기다려 주십시오.
   When you have any questions, please raise your hand.

※ [1~2] (   )에 들어갈 말로 가장 알맞은 것을 고르십시오. (각 2점)

1. 집에 (   ) 친구에게 전화를 했다.

① 도착하면서　　　　　　　② 도착하든지
③ 도착하자마자　　　　　　④ 도착하다가는

2. 저도 요즘 일을 너무 많이 해서 그런지 (   ).

① 피곤하기 쉬워요　　　　　② 피곤하기 힘들어요
③ 피곤하기 마련이에요　　　④ 피곤하기 짝이 없어요

※ [3~4] 밑줄 친 부분과 의미가 가장 비슷한 것을 고르십시오. (각 2점)

3. 창문을 <u>여니까</u> 아름다운 풍경이 눈에 들어왔다.

① 열자　　　　　　　　　　② 열거든
③ 열더니　　　　　　　　　④ 열기 때문에

4. 이렇게 큰 상을 주셔서 <u>감사할 따름입니다.</u>

① 감사할 뿐입니다　　　　　② 감사할 뻔했습니다
③ 감사할 만했습니다　　　　④ 감사할 지경입니다

※ [5~8] 다음은 무엇에 대한 글인지 고르십시오. (각 2점)

5.

꿈나라가 천국으로!!!
목이 편한 맞춤 잠자리를 경험해 보세요.

① 베개　　② 방석　　③ 소파　　④ 잠옷

6.

신간에서 베스트셀러, 스테디셀러까지
마음의 양식을 차곡차곡 쌓아 보세요.

① 식당　　② 서점　　③ 쌀가게　　④ 부동산

7.

플라스틱 없이 사는 날, 지구가 웃는다!
플라스틱 사용 줄이기는 선택이 아닌 필수입니다.

① 환경 보호　　　② 건강 관리
③ 물자 절약　　　④ 과소비 금지

8.

❶ 새치기는 절대로 하지 마세요.
❷ 안으로 들어가실 때 앞사람을 밀지 마세요.

① 티켓 예약　　　② 식사 예절
③ 구입 신청　　　④ 입장 안내

9.

2학기 교환학생 도우미를 찾습니다.

- 활동 기간 : 2025년도 2학기
- 대상일 : 외국인 학생과 교류하고 싶은 본교 학생
- 신청 기간 : 2025년 8월 1일~8월 31일
- 신청 방법 : 국제교류처 홈페이지에서 신청서 다운로드 후 전자우편
  접수 　(E-mail : global-communication@alc.ac.kr)

도우미 활동을 하신 분께는 자원봉사 활동 증명서를 발급해 드립니다.

① 활동에 따라 사례비를 청구할 수 있다.
② 도우미 활동은 8월 한 달 동안 진행된다.
③ 이 학교 학생만 도우미로 활동할 수 있다.
④ 참가하고 싶은 사람은 전화로 연락하면 된다.

10.

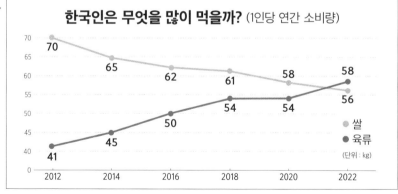

① 육류 소비량은 2012년 이후 2배로 늘어났다.
② 쌀 소비량은 앞으로도 계속 늘어날 전망이다.
③ 2022년에 한국인은 쌀보다 육류를 많이 먹는다.
④ 2010년대에 들어와 육류 소비량은 정체된 적이 없다.

11.

> 그동안 한국에서는 '세는 나이', '연 나이', '만 나이' 등 총 3가지 나이 계산법을 사용해 왔다. 하지만 2023년 6월 28일부터 '만 나이 통일법'이 정식으로 시행되면서 별다른 언급이 없다면 언제나 '만 나이'를 의미하게 되었다. 한국식 '세는 나이'는 태어난 연도에 1살이 되어 새해 첫 날에 한 살씩 나이를 먹는 방식이다. 반면 '만 나이'는 0세부터 시작해 생일을 기준으로 한 살씩 늘게 된다. 이번 법률 제정으로 나이 계산법이 통일되면서 한국 국민들의 나이는 한 살 또는 두 살까지 어려지게 되었다.

① 이제 한국식 '세는 나이'는 사용해서는 안 된다.
② '만 나이'에서는 새해 1월 1일을 기준으로 나이가 는다.
③ '세는 나이'로 계산하면 '만 나이' 때보다 나이가 많아진다.
④ '나이 계산법'과 상관없이 요즘 한국 사람들은 나이보다 젊어 보인다.

12.

> 한국에서는 식사할 때 그릇을 상 위에 놓고 숟가락과 젓가락으로 음식을 먹는다. 일본 사람들은 끝이 뾰족한 젓가락을 사용하는데 음식을 흘리지 않도록 밥그릇을 들고 먹는다. 한편, 중국에는 튀기거나 볶은 요리가 많은데 이것들은 대체로 기름이 많고 뜨겁기 때문에 중국의 젓가락은 한국보다 더 길다. 이처럼 나라마다 다른 식사 방법과 다양한 음식은 그 나라의 문화를 잘 보여 준다.

① 한국에서는 밥그릇을 손에 들고 밥을 먹는다.
② 일본에서는 밥을 먹을 때 숟가락을 사용한다.

③ 중국에서는 한국보다 더 짧은 젓가락을 사용한다.

④ 한중일 동아시아 3국에서는 모두 젓가락을 사용한다.

※ **[13~15] 다음을 순서에 맞게 배열한 것을 고르십시오. (각 2점)**

13.

> (가) 그러나 몇몇 시장은 그대로 남아 있다.
>
> (나) 예를 들어 남대문시장은 서울을 대표하는 재래시장이다.
>
> (다) 서울의 재래시장은 급속한 산업화와 도시화로 인해 많이 사라졌다.
>
> (라) 오늘도 하루에 30만 명이 넘는 사람들이 남대문시장을 찾고 있다.

① (다) - (가) - (나) - (라)　　② (다) - (라) - (가) - (나)

③ (나) - (가) - (라) - (다)　　④ (나) - (라) - (가) - (다)

14.

> (가) 한 친구가 나에게 아침에 미역국은 먹었냐고 물어봤다.
>
> (나) 한국 친구들을 불러서 우리 집에서 간단하게 파티를 했다.
>
> (다) 나는 지난달에 한국에 와서 처음으로 한국에서 생일을 맞았다.
>
> (라) 알고 보니 한국에서는 생일날 아침에 미역국을 먹는다고 한다.

① (라) - (나) - (다) - (가)　　② (라) - (나) - (가) - (다)

③ (다) - (나) - (가) - (라)　　④ (다) - (나) - (라) - (가)

15.

> (가) 이를 태풍이라고 한다.
>
> (나) 자전은 지구에 낮과 밤, 그리고 계절의 변화를 만든다.
>
> (다) 이로 인해 지구에는 태양으로부터 받는 열량의 차가 발생한다.
>
> (라) 이러한 열에너지 불균형의 해소를 위해 대규모 대기순환이 일어난다.

① (다) - (가) - (라) - (나)　　② (다) - (나) - (라) - (가)

③ (나) - (가) - (라) - (다)　　④ (나) - (다) - (라) - (가)

※ [16~18] (　　　　)에 들어갈 말로 가장 알맞은 것을 고르십시오.
　　(각 2점)

16.

> 　생성형 인공지능은 기존 콘텐츠의 패턴을 활용해 추론한 결과로 새로운 콘텐츠를 만들어 내는 기술을 가리킨다. 기존의 인공지능이 단순히 데이터와 패턴만을 학습하여 (　　　　　　　) 생성형 인공지능은 기존 데이터에 대한 단순한 이해를 넘어 새로운 결과물을 탄생시키는 단계에까지 도달했다.

① 새로운 가능성을 탐색했다면

② 대상을 이해하는 데 그쳤다면

③ 독창적인 콘텐츠를 만들어 낸다면

④ 기존에 없던 결과를 도출해 낸다면

17.

> 생명체란 생명을 가진 모든 것을 가리킨다. 생명체는 세포로 이루어져 있고, 세포는 DNA를 가지고 있다. 생명체는 영양소를 섭취하고, 에너지를 생성하며, 생식하고 번식한다. 이러한 생명체가 (   ) 그 기원은 아직 밝혀지지 않았지만 생명체가 지구의 생태계를 유지하는 데 필수적인 역할을 하고 있다는 사실은 의심할 여지가 없다.

① 과거에 언제 멸종했는지
② 언제 우주로 퍼져 나갈지
③ 지구상에 어떻게 생겨난 것인지
④ 외계 생명체와 어떤 관련이 있는지

18.

> 인간의 뇌에서 언어 능력을 관장하는 부위는 크게 브로커 영역과 베르니케 영역으로 나눌 수 있다. 브로커 영역은 언어 처리에 관여하는데 대뇌의 왼쪽 정면에 위치한다. 이 영역의 손상은 언어 표현 능력에 영향을 주며, 문법적 측면의 어려움을 초래한다. 베르니케 영역은 언어 이해와 관련이 있는 부위로, 브로커 영역과 인접해 있으며 주로 왼쪽 대뇌 반구에 위치한다. 이 영역의 손상은 문장 이해에 어려움을 초래하여 (   ).

① 말은 할 수 있어도 글은 쓰지 못한다
② 자기가 하는 말을 귀로 들을 수 없게 된다
③ 타인과 소통할 때 항상 메모를 하려고 한다
④ 다른 사람이 말한 내용을 이해하지 못하게 된다

노이즈 마케팅은 제품이나 서비스를 홍보할 때 세간의 주목을 끌기 위해 고의적으로 논란을 일으키는 마케팅 전략을 말한다. 대중의 감정을 자극하여 제품 또는 브랜드의 인지도를 높이는 데 사용된다. 이러한 전략은 많은 사람들의 관심을 불러 모으고 미디어 노출을 높일 수 있지만, 동시에 사람들에게 부정적인 반응을 불러일으켜 (   ) 브랜드 이미지에 해를 끼칠 수도 있다. 따라서 제품이나 브랜드의 가치와 이미지를 향상시키는 데에만 혈안이 되기보다 사회적 책임과 윤리적 기준을 준수하는 마케팅 전략을 추구하는 것이 중요하다.

19. (   )에 들어갈 말로 가장 알맞은 것을 고르십시오.

① 한층   ② 차마   ③ 오히려   ④ 애당초

20. 윗글의 주제로 가장 알맞은 것을 고르십시오.

① 노이즈 마케팅은 부정적인 감정을 느끼게 한다.
② 대중의 감정적 반응을 불러일으키는 것은 좋은 홍보 방법이다.
③ 마케팅 전략을 세울 때는 윤리적·사회적 측면을 고려해야 한다.
④ 홍보를 성공적으로 하기 위해서는 노이즈 마케팅을 사용해야 한다.

※ [21~22] 다음을 읽고 물음에 답하십시오. (각 2점)

> 우리는 누구나 다양한 습관에 따라 행동한다. 습관에 따른 자동적 반응은 우리의 일상을 지탱하는 중요한 요소 중 하나다. 하지만 때로 습관은 우리를 좋지 않은 방향으로 이끌기도 한다. 일단 습관이 한번 몸에 배면 고치기가 쉽지 않다. 그렇다고 습관을 바꾸는 것이 전혀 불가능한 것은 아니다. 쉽지는 않겠지만 (   )라는 속담처럼 마음을 다잡고 일단 시작하는 것이 중요하다. 나쁜 습관 고치기는 우리가 어려움을 극복하고 더 나은 삶을 살기 위한 첫걸음인 것이다.

21. (   )에 들어갈 말로 가장 알맞은 것을 고르십시오.

① 우물 안 개구리
② 천 리 길도 한 걸음부터
③ 원숭이도 나무에서 떨어진다
④ 사공이 많으면 배가 산으로 간다

22. 윗글의 내용과 같은 것을 고르십시오.

① 나쁜 습관을 고치면 더 나은 삶을 살 수 있다.
② 습관에 따라 행동하면 행복한 삶을 살 수 있다.
③ 어려움을 극복하기 위해서는 습관에 따라 살아야 한다.
④ 습관을 자동 반응의 단계에까지 끌어올리면 성공할 수 있다.

※ [23~24] 다음을 읽고 물음에 답하십시오. (각 2점)

어린 시절 이웃에 또래 친구가 살고 있었다. 그 친구 이름은 유이. 같은 유치원과 초등학교를 다니며 언제나 우리는 많은 것을 함께했다. 하지만 성장과 함께 우리 사이는 점점 변해갔다. 중학교에 올라가자 우리는 관심 있어 하는 것이나 어울리는 친구 모두 달라졌다. 유이는 내가 잘 모르는 친구들과 놀기 시작했고, 나 역시 새로운 친구들을 만나게 되었다. 점점 더 둘이 같이하는 시간이 줄어들고, 어느새 우리는 소원해져 있었다. 그리고 고등학교에 들어가면서 나는 이사를 가게 돼 그 후로는 유이를 만날 수 없었다.

며칠 전 방 청소를 하다가 어렸을 때 유이와 주고받았던 편지 뭉치를 발견했다. 오랜만에 그 편지들을 읽자 유이와 함께했던 시간들이 새록새록 떠오르며 눈시울이 붉어졌다. 그녀와 함께한 행복한 시간들이 나를 지금의 모습으로 성장시켜 줬고, 그것은 언제나 나에게 따뜻한 추억으로 남을 것이다. 언젠가 다시 유이와 만나서 옛이야기를 나눌 수 있었으면 좋겠다.

23. 밑줄 친 부분에 나타난 '나'의 심정으로 가장 알맞은 것을 고르십시오.

① 그립고 아쉽다　　　　② 슬프고 쓸쓸하다
③ 기쁘고 만족스럽다　　④ 서운하고 걱정스럽다

24. 윗글의 내용과 같은 것을 고르십시오.

① 나는 유이와 같은 유치원을 다녔다.
② 나는 오랜만에 유이한테 편지를 썼다.
③ 나는 대학교에 입학해서 유이와 다시 만났다.
④ 나는 초등학교 때부터 같은 집에서 살고 있다.

※ **[25~27] 다음 신문 기사의 제목을 가장 잘 설명한 것을 고르십시오.
(각 2점)**

25. 영화 '그대' 인기 효과, 배경 음악도 음원 차트 1위 석권

① 영화는 흥행에는 성공하지 못했지만 음악은 인기를 끌었다.
② 영화가 인기를 얻자 사람들이 자기만의 배경 음악을 만들기 시작했다.
③ 영화의 인기와 함께 영화 속에 나오는 음악도 인기 순위 1위를 차지했다.
④ 영화에 나오는 효과음을 생성해 내는 프로그램의 판매가 호조를 보였다.

때 이른 첫눈 '펑펑', 데이트 명소에 연인들 '속속'

① 예년보다 일찍 첫눈이 내려 많은 곳이 연인들로 붐볐다.
② 첫눈을 보러 사람들이 밖으로 나와 많은 장소가 북적이었다.
③ 때 이른 첫눈을 축하하는 불꽃놀이 대회에 연인들이 많이 모였다.
④ 갑자기 내린 눈 때문에 데이트를 하려던 사람들이 약속을 취소했다.

27.

살인적 무더위 한 달째, 정부 경보 발령

① 폭염 속 외출을 삼가라는 정부 지시를 어기면 처벌을 받을 수 있다.
② 날씨가 너무 더워 정신이 이상해지는 사람들이 많으니 조심해야 한다.
③ 더위가 계속되지만 정부는 말로만 경고할 뿐 대책 마련에는 소극적이다.
④ 이상 고온 현상이 계속 이어지자 정부 차원의 폭염 위험 경보가 발령됐다.

※ [28~31] ( )에 들어갈 말로 가장 알맞은 것을 고르십시오. (각 2점)

28.
　　최근 한국의 웹툰이 세계 디지털 만화 시장을 선도하고 있다고 한다. 스마트폰 사용의 확대와 함께 재미있는 작품을 언제 어디서나 감상할 수 있다는 점에서 웹툰의 인기는 날로 치솟고 있다. 유료 콘텐츠가 대부분인 해외 업체와 달리 한국의 웹툰 업체들은 (　　　　　) 방식을 적극적으로 채택한 점이 성공 비결로 꼽힌다.

① 현지인의 다양한 취향에 맞춘
② 세계 여러 나라의 언어로 번역하는
③ 한국의 전통 문화를 알 수 있게 하는
④ 일정 기간이 지나면 공짜로 볼 수 있는

29.
　　비행기가 하늘을 날 수 있는 이유는 양력 때문이다. 양력은 날개 위쪽의 공기가 날개 아래쪽의 공기보다 빠르게 흐르기 때문에 생기는 힘이다. 공기의 속도가 빨라지면 압력이 낮아지기 때문에 날개 위쪽의 공기 압력이 날개 (　　　　　). 이 압력의 차이로 인해 비행기를 위로 밀어 올리는 힘인 양력이 발생하는 것이다.

① 아래쪽과 같아진다
② 아래쪽에서 없어진다
③ 아래쪽보다 낮아진다
④ 아래쪽보다 높아진다

30.

배드민턴은 라켓으로 공이 아닌 셔틀콕을 쳐서 경기하는 스포츠이다. 셔틀콕은 둥근 코르크에 약 16개의 깃털을 꽂아 만드는데, 이 깃털은 살아 있는 거위나 오리의 날개에서 뽑는다. 하지만 (   ) 배드민턴은 동물 보호 운동가들에게 많은 비난을 받아 왔다. 이 문제를 해결하기 위하여 국제 배드민턴 연맹에서는 자연 깃털이 아닌 인조 깃털 셔틀콕의 사용을 수용했다.

① 가격이 너무 비싸기 때문에
② 반려동물로서 키울 수 없게 되기 때문에
③ 동물에 고통을 주는 잔인한 제조법 때문에
④ 거위 한 마리에서 나오는 깃털이 많지 않기 때문에

31.

'개천에서 용 난다' 라는 말이 이제 옛말이 돼 버린 듯하다. 과거 사회 각 분야에서 수많은 개천의 용들이 태어나 한국은 선진국으로 발돋움할 수 있었다. 당시 많은 한국 사람들은 (   ) 어려운 환경에서도 성공할 수 있다고 생각했다. 하지만 그런 믿음은 갈수록 약해지고 있다. 이제 한국의 많은 사람들은 교육을 통한 계층 간의 이동이 점점 어려워지고 성취를 위한 기회의 불평등이 한층 더 심해졌다고 느끼고 있다.

① 운만 따르면   ② 부모를 잘 만나면
③ 착하게 살기만 하면   ④ 열심히 노력만 하면

※ **[32~34] 다음을 읽고 글의 내용과 같은 것을 고르십시오. (각 2점)**

32.

사물놀이는 꽹과리·장구·북·징의 네 가지 악기로 하는 연주인데, 야외에서 이루어지는 풍물놀이를 무대 예술로 각색한 것이다. 풍물놀이가 대규모 인원의 참가를 토대로 야외 공연의 활동성을 강조한다면 사물놀이는 악기 연주 자체에서 느낄 수 있는 감동에 주안점을 둔 공연의 형태를 띤다. 이는 풍물 특유의 볼거리보다 들을 거리를 극대화한 무대이다. 전통을 지키면서도 새로움을 가미한 사물놀이패는 관현악단과 협연하거나 재즈 밴드와 함께 공연하는 등 다채롭고 이색적인 활동을 펼치기도 한다.

① 사물놀이는 풍물놀이에서 유래한다.
② 사물놀이의 역사는 100년을 넘는다.
③ 사물놀이는 야외에서는 공연하지 않는다.
④ 사물놀이는 서양 악기를 사용하기도 한다.

33.

최근 다양한 요인으로 인해 세계 곳곳에서 꿀벌 군집의 쇠퇴 현상이 일어나고 있다. 꿀벌은 꽃에서 꽃으로 이동하며 농작물과 화훼의 수분에 아주 중요한 역할을 한다. 그렇기 때문에 꿀벌이 사라지면 농작물의 수확을 넘어 생태계 전체의 균형에 막대한 영향을 미친다. 그래서 현재 꿀벌의 쇠퇴 현상은 국제적으로도 매우 심각한 문제로 인식되고 있어 관련 기관들은 이 문제를 해결하기 위해 다양한 연구와 대책을 추진하고 있다.

① 꿀벌이 줄면 농작물이 잘 자라지 않는다.
② 꿀벌은 지역에 따라 늘기도 줄기도 한다.
③ 꿀벌이 늘면 연구 기관의 수도 증가할 것이다.
④ 꿀벌은 농작물 재배 면적이 감소로 그 수가 줄고 있다.

34.

> 유아는 주로 자신에게 익숙한 사물과 개념을 나타내는 단어부터 습득한다. 유아의 언어 습득은 주변 환경과의 상호작용을 통해 이루어지기 때문에 자주 접하는 단어를 먼저 습득하는 것이다. 예를 들면 엄마나 아빠와 같이 유아에게 친숙하고 중요한 인물의 호칭이나 생존에 필수적인 음식에 관한 단어들을 먼저 배운다. 또 자신이 노는 환경에서 자주 보는 사물의 이름이나 단어도 이 시기에 익히게 된다.

① 유아는 부모를 흉내내면서 언어를 배우게 된다.
② 유아가 생존하는 데에는 모어 습득이 필수적이다.
③ 유아는 자기에 친숙한 것과 관련한 단어부터 익히게 된다.
④ 유아의 언어 습득에 중요한 것은 아이에 대한 풍부한
   사랑이다.

35.

미메시스는 그리스어로 '모방' 또는 '흉내'를 의미하는데 문학이나 미술, 연극 등 다양한 예술 분야에서 중요한 개념으로 사용된다. 예술에서 미메시스는 작가, 예술가, 배우가 현실을 모방하거나 흉내 내는 것을 말한다. 현실 세계의 사물, 인물, 사건 등을 작품으로 표현하거나 재현해 냄으로써 관객 또는 독자의 깊은 공감을 불러일으켜 감정적 연결을 형성할 수 있다는 것이다. 그만큼 현실에 대한 왜곡 없는 재현은 좋은 작품을 만들어 내는 데 중요한 요소가 된다.

① 독자들은 작품의 재현력을 분석해 내야 한다.
② 예술은 분야가 다양해도 공통된 원리로 이루어진다.
③ 훌륭한 작품을 모방해야 작품의 호소력을 높일 수 있다.
④ 좋은 작품을 만들기 위해서는 현실을 잘 재현해 내야 한다.

36.

이타적 행동은 자신의 이익을 희생하면서 타인의 이익을 위해 행동하는 것을 말한다. 단기적으로는 개인이 손해를 보는 것 같지만 결국 이타적 행동은 타인의 신뢰를 얻을 수 있기 때문에 개인의 삶에도 긍정적인 영향을 미친다. 결과적으로 이타적 행동은 사회의 안정과 발전을 촉진하고 사회 구성원들의 삶의 질을 높이는 데 도움이 된다.

① 이타적 행동은 개인을 힘들게 하여 사회 발전을 저해한다.
② 이타적 행동은 개인의 삶은 물론 사회 전체에 도움을 준다.
③ 이타적 행동은 도리어 이기적 행동을 억제하는 데 효과를 준다.
④ 이타적 행동은 개인과 사회의 다양한 수준에서 나타날 수 있다.

37.

> 장애인 이동권은 장애인이 사회에 완전하고 효과적으로 참여할 수 있는 권리이다. 이동권이 확실히 보장되면 장애인은 교육, 취업, 문화 생활, 취미 활동 등 다양한 사회 활동에 참여할 수 있어 장애인의 자립과 사회 통합에 큰 도움이 된다. 장애인 이동권을 둘러싼 사회 갈등을 해소하기 위해서라도 정부가 앞장서 이에 대한 법률을 철저히 시행하고 사람들의 인식 개선을 촉구할 필요가 있다.

① 장애인 이동권을 보장하기 위한 법률이 제정돼야 한다.
② 장애인 이동권은 사람들의 인식이 바뀌어도 해결이 어렵다.
③ 장애인 이동권을 보장하기 위하여 정부의 역할이 중요하다.
④ 장애인 이동권은 비장애인의 이동 권리와 함께 존중돼야 한다.

38.
> 자연 속에서 멍하니 있는 것만으로도 우리의 몸과 마음은 큰 영향을 받는다. 숲이나 바닷가를 산책하거나 경치를 바라보는 것은 스트레스 해소와 정서적 안정에 긍정적인 영향을 미친다. 자연의 아름다움과 평화로움을 느끼며 바쁜 일상에서 벗어나 보는 시간은 우리의 건강과 행복에 큰 도움이 될 것이다.

① 건강과 행복을 위해서는 일상에서 벗어나야 한다.
② 자연 속 휴식은 심신의 안정과 행복에 도움을 준다.
③ 스트레스 해소를 위하여 숲과 바다를 보호해야 한다.
④ 바쁜 생활에서 벗어나면 마음의 평화를 찾을 수 있다.

※ **[39~41] 주어진 문장이 들어갈 곳으로 가장 알맞은 것을 고르십시오.**
(각 2점)

39.
> 이렇듯 한국의 전통 정원은 자연과 조화를 이루는 것을 중요한 특징으로 한다.

> 한국의 전통 정원은 한국인의 고유한 정서와 문화를 담고 있는 아름다운 공간이다. (㉠) 다양한 수목과 화초가 있으며, 연못과 다리, 정자 등 다양한 건축물이 어우러져 하나의 조화로운 세계를 이룬다. (㉡) 사람들은 정원을 거닐며 고요함과 평화로움을 느낄 수 있다. (㉢) 그래서 오늘날에도 휴식과 명상을 위한 장소로 많은 사람들에게 사랑을 받고 있다. (㉣)

① ㉠   ② ㉡   ③ ㉢   ④ ㉣

40.

> 먼저 과학자는 기존의 패러다임에 따라 연구를 수행한다.

> 　패러다임의 전환은 과학이 발전하는 방식이다. (㉠) 하지만 기존의 패러다임으로 설명할 수 없는 현상이 나타나면 새로운 패러다임이 등장한다. (㉡) 새로운 패러다임은 기존의 패러다임보다 더 많은 것을 설명할 수 있는 능력을 가진다. (㉢) 따라서 기존의 패러다임은 새로운 패러다임으로 대체된다. (㉣)

① ㉠　　　　② ㉡　　　　③ ㉢　　　　④ ㉣

41.

> 그래서 수화는 청각장애인만의 언어로 생각하기 쉽다.

> 　수화는 손과 손가락, 팔의 움직임, 표정, 몸의 동작 등 시각적 수단을 이용하여 다양한 의미를 나타낸다. (㉠) 수화는 청각장애인의 의사소통을 지원하는 중요한 수단 중 하나로, 많은 청각장애인들이 일상 대화에서 수화를 활용한다. (㉡) 하지만 수화는 시각적 특성을 가지고 있기 때문에 청각장애인이 아니더라도 누구나 사용할 수 있다. (㉢) 수화를 배워 사용해 보면 청각장애인의 커뮤니티와 문화를 이해하고 존중하는 데 도움이 될 것이다. (㉣)

① ㉠　　　　② ㉡　　　　③ ㉢　　　　④ ㉣

※   [42~43] 다음을 읽고 물음에 답하십시오. (각 2점)

소풍은 소년이 일 년 중 가장 손꼽아 기대되는 행사이다. 소풍날에는 학원에 가지 않아도 되고 친구들과 함께 마음껏 뛰어놀 수도 있다. 또 평소와 달리 엄마가 싸 주는 김밥도 실컷 먹을 수 있기 때문에 소년의 기대는 한껏 부풀어 있었다.

드디어 찾아온 소풍 당일, 간밤에 비가 많이 내려 소년은 걱정을 많이 했는데 다행히도 아침 하늘은 맑고 포근하다. 하지만 소년은 다른 안 좋은 느낌이 들었다. 목이 심하게 마르고 열도 있는 것 같았다. '어젯밤에 학원에서 돌아올 때 비를 좀 맞은 탓인가.' 소년은 걱정이 들기 시작했다.

(중략) "아이쿠, 온몸이 불덩이 같네. 어쩌지? 오늘 소풍은 못 갈 것 같구나."

"초등학교 졸업하기 전에 가는 마지막 소풍인데….."

"기다리고 기다리던 소풍이라는 건 잘 알지만 건강이 더 중요하지 않겠니? 오늘은 그냥 집에서 푹 쉬렴."

소년은 금세 시무룩해졌다. 얼마나 기다리던 소풍날이던가. 그렇게 가기 싫은 학원을 꾸역꾸역 참으며 다녔던 것도 다 오늘을 위한 것이었는데…. 소년의 눈에서 주르륵 눈물이 쏟아졌다.

(중략) 엄마는 하루 종일 소년의 곁에서 소년을 보살폈다. 그렇게 바쁘다던 회사도 오늘은 쉬었다. 엄마가 죽을 끓여 줬지만, 소년은 굳이 아침에 싸 놓은 김밥을 먹겠다고 우겼다. 그렇게라도 해야 기분이 풀릴 것 같았기 때문이다. 비록 생각보다 많이 먹지는 못했지만, 그래도 엄마가 정성껏 싸 준 김밥을 먹고 나니 기분은 한결 나아졌다. 소풍을 못 가서 아쉽기는 했지만, 아무 탈 없이 집에서 쉬면서 엄마의 사랑을

새삼 느낄 수 있어서 그런지 소년은 행복한 하루를 보냈다며 잠자리에 들었다.

42. 밑줄 친 부분에 나타난 '엄마'의 심정으로 가장 알맞은 것을 고르십시오.

① 안타깝다   ② 쓸쓸하다

③ 서운하다   ④ 섭섭하다

43. 윗글의 내용으로 알 수 있는 것을 고르십시오.

① 소년의 엄마는 전직 간호사이다.

② 초등학교를 졸업하면 소풍을 가지 않는다.

③ 소년은 소풍 가는 것을 많이 기대하고 있었다.

④ 학생들 사이에 독감이 유행해서 소풍은 연기되었다.

※ **[44~45] 다음을 읽고 물음에 답하십시오. (각 2점)**

한국 음식이라고 하면 대부분 맵고 자극적인 맛을 떠올리기 쉽다. 그 중에서도 한국 음식을 대표하는 것은 단연 고추의 매운 맛이다. 그렇지만 한국 음식이 처음부터 그렇게 매웠던 것은 아니다. 한국에 고추가 처음 전래된 것은 16세기말 무렵이라고 하니 그 이전의 한국 음식에 고추의 매운 맛은 없었던 것이다. 고추는 원래 안데스산지에서 주로 재배되던 작물인데, 남미를 침략한 스페인과 포르투갈 사람들을 통해 유럽에 전해진다. 그 후 유럽과의 무역을 통해 중국과 일본에 전해진 고추가 다시 (   ) 된다. 고추가 들어오기 전까지 한국 음식에는 향신료로 후추가 사용되었지만 후추는 한국의 토양과 기후에 잘 맞지 않아 모두 수입에 의존할 수밖에 없었다. 그렇기 때문에 후추는 값이 매우 비싼 고급품이었다. 반면, 새로 들어온 고추는 재배하기도 쉽고 한국 토양에도 잘 맞기 때문에 전국 곳곳에 널리 퍼지게 된 것이다.

44. (   )에 들어갈 말로 가장 알맞은 것을 고르십시오.

① 한국으로 건너오게   ② 한국에서 수출하게
③ 한국의 주력 상품이   ④ 한국 음식을 알리게

45. 윗글의 주제로 가장 알맞은 것을 고르십시오.

① 고추는 원래 남미에서 주로 재배되던 작물이다.
② 한국 요리에서 고추보다 후추를 사용한 요리가 고급 요리이다.
③ 유럽 국가들의 식민지 쟁탈은 다양한 작물의 확산에 도움이 되었다.
④ 한국 음식의 매운 맛은 무역을 통해 고추가 전래된 후에 널리 퍼졌다.

　　세계 여러 국가에서 정책적으로 최저임금제도를 도입하고 있다. 최저임금제도란 국가가 노사 간의 임금 결정 과정에 개입하여 임금의 최저 수준을 정하고, 사용자에게 이를 강제함으로써 저임금 노동자를 보호하는 제도이다. 하지만 한국 국내에서는 노동자를 위한 최저임금제도가 예술계에서는 제대로 보장되지 않고 있어 많은 예술인이 경제적으로 궁핍한 생활을 하며 창작 환경을 유지하는 데 어려움을 겪고 있다. 한국에서 비교적 최근에 예술인의 생활과 창작 환경에 관심을 가지기 시작한 것과 달리 많은 선진국에서는 오래전부터 예술가의 안정적 생활 유지와 창작 환경 조성을 위한 정책 시스템 구축에 많은 노력을 해 왔다. 예술가의 창작 활동은 그 나라의 문화를 대표하는 것이고, 그것을 온 국민이 향유할 수 있다면 그 또한 하나의 좋은 복지 정책이 될 것이다. 그런 차원에서라도 정부는 최저임금제도의 사각지대에 놓여 있는 예술인들을 위한 특화되고 현실적인 제도를 조속히 마련해야 할 것이다.

46. 윗글에 나타난 필자의 태도로 가장 알맞은 것을 고르십시오.

① 한국 사회의 예술에 대한 관심 저하를 경계하고 있다.
② 예술가는 노동자로서 인정받지 못하는 현실을 한탄하고 있다.
③ 예술인의 재정적 안정과 창작 환경 유지에 대해서 걱정하고 있다.
④ 최저임금제도는 어느 분야에서든 꼭 지켜져야 한다고 강조하고 있다.

47. 윗글의 내용과 같은 것을 고르십시오.

① 세계의 모든 국가에서 최저임금제도를 도입하고 있다.

② 세계에서 예술인을 정책적으로 지원하는 국가가 선진국이다.

③ 예술인은 노동자와 다르기 때문에 최저임금을 받을 수 없다.

④ 예술인을 위한 정책적 지원은 국민 복지 차원에서도 고려할 만하다.

※ [48~50] 다음을 읽고 물음에 답하십시오. (각2점)

자존감은 자기 자신에 대한 긍정적인 평가를 말한다. 자존감은 개인의 삶에 중요한 영향을 미치는 것으로 알려져 있다. 자존감이 높은 사람은 자신의 가치를 잘 알고 존중하며 자신감 있게 행동하기 때문에 학업, 직업, 대인관계, 건강 등 여러 면에서 더 성공적인 경향을 보인다. 반면, 자존감이 낮은 사람은 자신의 가치를 낮게 평가하고 매사에 (   ) 우울증, 불안 심리 등 정신 건강에 문제를 경험할 가능성도 있다. 자존감을 높이는 방법은 다양하다. 자신을 긍정적으로 생각하고, 자신의 강점에 집중하는 것이 도움이 된다. 또한, 성공 경험을 통해 자신의 능력을 인정받는 것도 자존감 형성에 좋은 영향을 미친다. 이처럼 자존감은 타고나는 것이 아니라 노력하면 향상시킬 수 있기 때문에 지금 자존감이 낮다고 자포자기하기보다는 자존감을 높이기 위한 노력을 할 필요가 있다.

48. 윗글을 쓴 목적으로 가장 알맞은 것을 고르십시오.

　　① 자존감이 낮은 사람들을 비판하려고
　　② 자존감에 관한 의학적 관점을 제시하려고
　　③ 자존감과 자신감의 상관관계를 분석하려고
　　④ 자존감 향상을 위한 노력의 중요성을 강조하려고

49. (　　　　)에 들어갈 말로 가장 알맞은 것을 고르십시오.

　　① 짜증을 내기 때문에
　　② 불평불만이 많기 때문에
　　③ 스트레스를 받기 때문에
　　④ 자신감이 부족하기 때문에

50. 윗글의 내용과 같은 것을 고르십시오.

　　① 자존감은 선천적인 것이다.
　　② 자존감과 성공은 무관하다.
　　③ 유전에 의해 자존감이 결정된다.
　　④ 자존감은 건강에 영향을 미치기도 한다.

1時間目　聞き取り・筆記　　聞き取り

[1] 正解：②

☆正解への道！　会話の内容から美容室でのやり取りであることが分かるので、正解は②です。앞머리는 어떻게 해 드릴까요?と言った男性は美容師。それに対して、아, 그냥 알아서 해 주세요.と返事をした女性は客です。

【音声スクリプト＋日本語訳】　⤓ DL 55

> ※ [1~3] 다음을 듣고 가장 알맞은 그림 또는 그래프를 고르십시오. (각 2점)
> 남자 : 앞머리는 어떻게 해 드릴까요?
> 여자 : 아, 그냥 알아서 해 주세요.
> 남자 : 네, 알겠습니다.
>
> ※ [1~3] 次を聞いて、最も適切な絵またはグラフを選んでください。（各2点）
> 男性：前髪はどのようにいたしましょうか？
> 女性：あ、お任せいたします。
> 男性：はい、分かりました。

☑ポイント表現

앞머리　前髪
그냥　ただ、そのまま、何となく

알아서 하다　うまくやる、状況に応じて適切に行う。ここでは、그냥 알아서 해 주세요를「お任せいたします」と訳した

---

[2] 正解：③

☆正解への道！　音声からは、내 핸드폰이 어디 갔지？（僕の携帯電話はどこ行ったんだ？）と言う男性に対して、女性が携帯電話を置いてある場所を指しながら、男性に教えている様子が聞き取れます。従って、正解は③です。

【音声スクリプト＋日本語訳】　⤓ DL 56

> 남자 : 내 핸드폰이 어디 갔지?

여자 : 아까 컴퓨터 책상 위에 놔 뒀잖아.

남자 : 아, 맞다. 여기 있네.

男性：僕の携帯電話はどこ行ったんだ？
女性：さっきパソコンデスクの上に置いておいたじゃない。
男性：あ、そうだ。ここにあるね。

☑ポイント表現

핸드폰　携帯電話

놔 두다　置いておく。놔は놓아が縮約した

もの

잖아　～じゃない。聞き手に既知のことを
思い出させたり、確認するときに使われる

---

[3] 正解：④

☆正解への道！　①と②は、音声前半に述べられている「外国人が知っている韓国のお酒」に関するグラフ。③と④は、音声後半に述べられている「外国人が韓国のお酒を買って飲む理由」に関するグラフです。音声の内容に合っているのは④です。①、②、③はいずれも順位が異なるので不正解。

【音声スクリプト＋日本語訳】　⤓ DL 57

남자 : 외국인들은 한국 술 중에 소주를 가장 많이 알고 있었습니다. 그 다음으로 맥주, 막걸리가 뒤를 이었는데요. 그렇다면 외국인들이 한국 술을 마시는 이유는 뭘까요? 41.5%가 '맛있어서'를 꼽았고, '향이 좋아서'는 15.3%, '한국 드라마나 영화에 나와서'가 14.8%였습니다.

男性：外国人は、韓国のお酒の中で焼酎を最もよく知っていました。その次にビール、マッコリが後に続きました。そうだとすると、外国人が韓国のお酒を飲む理由は何でしょうか？　41.5%が「おいしいから」を挙げ、「香りが良いから」は15.3%、「韓国ドラマや映画に出てくるから」が14.8%でした。

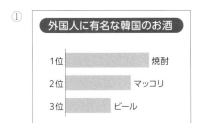

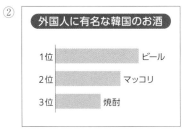

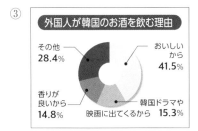

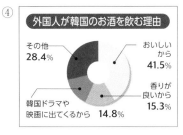

☑ポイント表現

소주[焼酎]　焼酎

뒤를 이었다　後に続いた。이었다は잇다

（続く。ㅅ変則活用）の過去形。作文問題で
もよく使われる表現

꼽다　挙げる

---

[4] 正解：③

☆正解への道！　男性は、以前女性との話題に登場した映画が、いつまで映画館
で上映しているのかを尋ねています。全ての選択肢で「～までやっている」とい
う表現はありませんが、「もう上映していない」と時期に触れている③が正解で
す。①と②は時期ではなく時間について答えているので、不正解。④は「いつ」
と聞かれての答えとしては合わないので、不正解。

【音声スクリプト＋日本語訳】　 ↓ DL 58

> ※ [4~8]다음을 듣고 이어질 수 있는 말로 가장 알맞은 것을 고르십시오. (각
> 2점)
>
> 여자 : 내가 지난번에 얘기한 영화 봤어?
>
> 남자 : 아, 맞다. 아직 못 봤는데. 그 영화 극장에서는 언제까지 한대?
>
> 여자 : (③ 어제 가 보니까 이제 안 하더라.)

第
4
章
模
試
2
回
目
▼

解
答
・
解
説

※ [4~8]次を聞いて、続く言葉として最も適切なものを選んでください。(各2点)

女性：私がこの前話した映画、見た？

男性：あ、そうだ。まだ見れていないんだけど。その映画、映画館ではい
　　　つまでやるんだって？

女性：(③ 昨日行ってみたら、もうやらないんだって。)

① 朝10時からやるんだって。

② 夜10時までには家に帰らなければいけない。

③ 昨日行ってみたら、もうやらないんだって。

④ 予約をしないと見られないんだってね。

☑ポイント表現

극장[劇場]　劇場、映画館

- ㄴ대?　間接話法 - ㄴ다고 해？の縮約形
で「～だって？」

더라　自分自身が経験したことを相手に伝
える表現で、「～だったよ」の意味。パンマ

ルなので、もう少し丁寧に言うには더라고
요や、더군요を使うと良い

예매[予売]　コンサートや映画、飛行機な
どのチケットを事前購入、予約すること

- 다네　- ㄴ다고 하네の縮約形で「～なん
だってね」

---

[5] 正解：③

☆正解への道！　特別プロジェクトのメンバーを探すのに苦労している男性に対
して、女性が社内のオンラインコミュニティを通して募集することを提案して
います。それに対し、「そうしましょうか？」とその提案に乗りつつ、「(オンラ
インコミュニティに)まだ加入していない」と返事をしている③が正解です。

【音声スクリプト＋日本語訳】　↓ DL 59

남자：아직 이번 특별 프로젝트에 적당한 사람을 못 구했어요.

여자：사내 온라인 커뮤니티에서 모집해 보는 건 어때요?

남자：(③ 그럴까요? 그런데 제가 아직 가입이 안 돼 있는데.)

男性：まだ今回の特別プロジェクトに適切な人を探せていません。

女性：社内のオンラインコミュニティで募集してみるのはどうですか？

男性：(③そうしましょうか？ ですが、私はまだ加入していないんですが。)

① もちろんです。募集はオンラインで行い、全て終わりました。

② 本当ですか？ 私であれば、いつでも最善を尽くします。

③ そうしましょうか？ ですが、私はまだ加入していないんですが。

④ その通りです。いい人を探すのはいつも大変です。

☑ポイント表現

적당하다[適当--] 適切だ、適当だ、適度
だ、ふさわしい

구하다[求--] 求める、探す、手にする

온라인 커뮤니티 オンラインコミュニティ

모집하다[募集--] 募集する

최선을 다하다[最善----] 最善を尽くす

---

[6] 正解：③

☆正解への道！ 気に入ったものがあるかと尋ねる女性に対し、ここにはないと
男性が返事をしています。ここには気に入ったものがないとのことなので、女
性が他の場所も見ようと提案している③が正解です。

【音声スクリプト＋日本語訳】 ⬇ DL 60

여자 : 뭐 마음에 드는 거 있어?

남자 : 아니. 여기는 내 취향에 맞는 게 없네.

여자 : (③ 그럼 우리 다른 데도 둘러보고 올까?)

女性：何か気に入ったものはある？

男性：いや。ここは僕の好みに合うものがないね。

女性：(③ じゃあ私たち、他のところも見てこようか？)

① ただ気の向くままに買いなさい。

② あなたも、色だけ違うものを買ったらどう？

③ じゃあ私たち、他のところも見てこようか？

④ もう少し大きいサイズがないか、私が聞いてみるわ。

☑ポイント表現

취향[趣向] 好み、趣向

마음 가는 대로 気の向くままに。直訳は「心

が行くままに」

-(으)렴 ～しなさい(命令形)

둘러보다 見回す、見渡す。ここでは、둘

러보고 올까?를 「見てこようか?」と訳した

[7] 正解：④

☆正解への道！　女性が「もう花冷えは終わったそうです」と言っていますが、これはつまり「これから寒くなることはない」という意味。従って、「冬服は（必要ないから）たんすにしまってもいい」と述べている④が正解です。

【音声スクリプト＋日本語訳】　⬇ DL 61

> 여자 : 아침에 일기예보를 보니까 이제 꽃샘추위는 끝났대요.
> 남자 : 그래요? 그럼 다시 추워지는 일은 없겠네요.
> 여자 : (④ 이제 겨울 옷은 옷장에 넣어 둬도 될 거예요.)
>
> 女性：朝、天気予報を見ると、もう花冷えは終わったそうです。
> 男性：そうなんですか？ では、再び寒くなることはなさそうですね。
> 女性：(④ もう冬服はたんすに入れておいてもいいと思います。)
>
> ① それでは、天気予報は毎日必ず見なければなりません。
> ② そうですね。春には風がかなり強く吹きます。
> ③ もちろんです。今年の冬は昨年よりもっと寒いそうです。
> ④ もう冬服はたんすに入れておいてもいいと思います。

☑ポイント表現

꽃샘추위　花冷え。春先に寒くなること

제법　なかなか、だいぶ、かなり
옷장　たんす。옷(服)＋장(収納するもの)

[8] 正解：④

☆正解への道！　今晩の予約を取りたい男性に対して、店員の女性は「予約でいっぱい（なので予約はできない）」と伝えています。それを受けて、時間を早めれば予約できる可能性があるかを尋ねている④が正解です。なお、インターネットなら予約できるかは、音声の中に情報がないため、③は不正解です。

【音声スクリプト＋日本語訳】　⬇ DL 62

남자 : 한국갈비지요? 오늘 저녁에 4명 예약하고 싶은데요.
여자 : 죄송합니다. 오늘은 예약이 꽉 차 있어서요.
남자 : (④ 그럼, 조금 일찍 다섯 시부터도 안 되나요?)

男性：韓国カルビですよね？ 今晩、4人で予約したいのですが。
女性：申し訳ありません。今日は予約でいっぱいですので。
男性：(④ それでは、少し早く、5時からもだめでしょうか？)

① それでは価格を少し下げてください。
② それはいいですね。ぜひお願いします。
③ 予約はインターネットですればいいんですよね？
④ それでは、少し早く、5時からもだめでしょうか？

☑ポイント表現
꽉 차다 ぎっしり詰まる。예약이 꽉 차다 は「予約でいっぱいだ」の意味
깎다 削る、値段を下げる

---

[9] 正解：①

☆正解への道！ **우유 사러 가는 김에 커피도 사 올까?**（牛乳を買いにいくついでに、コーヒーも買ってこようか？）という女性の提案に対して、男性が**좀 사다 줘.**（ちょっと買ってきて。）と頼んでいるので、この会話の後、女性は牛乳とコーヒーを買いにいくはず。従って、正解は①です。

【音声スクリプト＋日本語訳】 ⬇ DL 63

※ [9~12] 다음을 듣고 여자가 이어서 할 행동으로 가장 알맞은 것을 고르십시오. (각 2점)
여자 : 우유가 다 떨어졌네.
남자 : 커피도 없는 것 같던데.
여자 : 그래? 그럼 우유 사러 가는 김에 커피도 사 올까?
남자 : 응, 고마워. 좀 사다 줘.

※ [9~12] 次を聞いて、女性が続いてする行動として、最も適切なものを選んでください。(各2点)

女性：牛乳が全部なくなったね。

男性：コーヒーもないみたいだけど。

女性：そう？ じゃあ、牛乳を買いにいくついでに、コーヒーも買ってこようか？

男性：うん、ありがとう。ちょっと買ってきて。

① スーパーに行く。　　② お湯を沸かす。

③ 冷蔵庫を開ける。　　④ 牛乳を拾う。

☑ポイント表現

떨어지다　落ちる、切らす、尽きる。ここでは「なくなる」と訳した

-은/는 김에　～した/～するついでに

물을 끓이다　お湯を沸かす。直訳は「水を沸かす」

줍다　拾う（ㅂ変則活用）

---

[10] 正解：④

☆正解への道！　展示会に来た女性に対し、男性が가방은 보관함에 맡기셔도 됩니다. (かばんはロッカーにお預けになっても良いです。)と提案しているのに対し、女性はそのまま入ってもいいか尋ねています。これに対し、男性が「お好きなように」と答え、女性が了解した旨を伝えているので、かばんをロッカーに預けず、そのまま展示会場に入ると思われます。従って、正解は④。

【音声スクリプト＋日本語訳】 ⬇ DL 64

남자 : 전시회에 오셨나요? 가방은 보관함에 맡기셔도 됩니다.

여자 : 그냥 가지고 들어가도 되지요?

남자 : 네. 편하실 대로 하십시오.

여자 : 알겠습니다.

男性：展示会にいらっしゃいましたか？ かばんはロッカーにお預けになっても良いです。

女性：そのまま持って入ってもいいですよね？

男性：はい。お好きなようになさってください。

女性：分かりました。

① ロッカーに行く。　② カバンを預ける。
③ 楽に横になる。　④ 展示会場の中に入る。

☑ポイント表現

보관함[保管箱]　ロッカー、コインロッカー。ちなみに、オフィスや学校などの個人ロッカーは사물함[私物箱]

맡기다　預ける、任せる
편하다　楽だ。ここでは、편하실 대로を「お好きなように」と訳した
전시장　展示会場、展示場

---

[11] 正解：③

☆正解への道！　音声からは、コインカラオケに入ったものの、男性が現金を持っていないことが分かります。これに対して、女性は**내가 지금 바꿔올 테니까**(私が今替えてくるから)と言っているので、正解は③です。

【音声スクリプト＋日本語訳】　⤓ DL 65

남자 : 코인노래방은 처음인데 먼저 곡을 고른 다음에 돈을 넣으면 되나?
여자 : 아니. 동전을 넣은 다음에 노래를 골라야 돼. 너 동전 있어?
남자 : 아, 나 지금은 현금 없는데.
여자 : 그럼 내가 지금 바꿔 올 테니까 여기서 잠깐만 기다려.

男性：コインカラオケは初めてなんだけど、まず曲を選んだ後にお金を入れればいいのかな？
女性：違うよ。コインを入れた後に、歌を選ばなきゃ。ところで、あなた、コイン持ってる？
男性：あ、僕、今は現金ないんだけど。
女性：それなら、私が今替えてくるから、ここでちょっと待ってて。

① 歌を歌う。　② 家に帰る。
③ お金を両替しにいく。　④ 店主を呼びにいく。

☑ポイント表現

코인노래방　コインカラオケ。狭いブースが特徴。コインを入れると「〇曲で××ウォ

ン」のような形で歌える。略してコノとも
동전[銅銭]　コイン、小銭
-(으)ㄹ 테니까　～するつもりだから、

[12] 正解：④

☆正解への道！　実験室の大掃除後、상자는 어떻게 할까？（箱はどうしようか？）
と尋ねる男性に対し、女性は내가 선생님한테 어떻게 처리하면 좋을지 여쭤볼까？
（私が先生にどう処理すればいいか伺ってみようか？）と提案しています。男性
は女性の言葉に同意し、感謝の意を示していますので、女性はこの後、先生に
会いにいくはずです。従って、正解は④。

【音声スクリプト＋日本語訳】　⤓ DL 66

여자：이걸로 실험실 대청소는 다 끝난 건가?

남자：응, 그런 거 같아. 그런데 저기 있는 상자는 어떻게 할까?

여자：내가 선생님한테 어떻게 하면 좋을지 여쭤볼까?

남자：응, 그렇게 해 줄래? 고마워.

女性：これで実験室の大掃除は終わったのかな？

男性：うん、そのようだね。ところで、あそこにある箱はどうしようか？

女性：私が先生にどうすればいいか伺ってみようか？

男性：うん、そうしてくれる？ ありがとう。

① 箱を片づける。　　　② 休憩を取る。

③ 掃除を続ける。　　　④ 先生に会いにいく。

☑ポイント表現

실험실[実験室]　実験室

대청소[大掃除]　大掃除

상자　箱、~箱（箱を数える単位。例えば「1
箱」は한 상자）。同じ意味で박스（box）もよ
く使われる

여쭤보다　尋ねてみる。물어보다の尊敬語

-(으)ㄹ래?　相手の意向を尋ねる表現で、
「~する？」

치우다　移す、片づける

휴식[休息]　休憩、休息

취하다[取--]　取る

찾아가다　会いにいく、訪ねる

[13] 正解：③

☑ 正解への道！　男性が「自分には双子の兄がいる」と伝えたところ、女性は「知らなかった」と言っているので、女性は男性の双子の兄に会ったことがないと考えるのが自然。従って、正解は③です。①は、男性が写っている写真が小学校のときのものなので、不正解。②は、男性の双子の兄は現在アメリカに住んでいるので、不正解。また、写真に写っているのは男性の双子の兄なので、④も不正解。

【音声スクリプト＋日本語訳】　⬇ DL 67

※　[13~16] 다음을 듣고 들은 내용과 같은 것을 고르십시오. (각 2점)

여자 : 이거 너 초등학교 때 사진이야? 지금이랑 완전히 똑같다.

남자 : 아, 그 사진? 그거 나 아니야. 우리 형이야. 나 사실 쌍둥이거든.

여자 : 그래? 난 몰랐네.

남자 : 형은 지금 미국에 유학 가 있어.

※　[13~16] 次を聞いて、聞いた内容と一致するものを選んでください。(各2点)

女性 : これ、あなたの小学校のときの写真？　今と全く同じだね。

男性 : あ、その写真？　それは僕じゃないよ。うちの兄だ。僕、実は双子なんだよ。

女性 : そう？　私は知らなかったな。

男性 : 兄は今、アメリカに留学しているんだ。

① 男性と女性は小学生だ。

② 男性は現在、兄と一緒に暮らしている。

③ 女性は、男性の兄に会ったことがない。

④ 写真には女性の双子の兄弟が写っている。

☑ **ポイント表現**

쌍둥이　双子。ちなみに、「三つ子」は세쌍둥이

찍히다　（写真が）写る

[14] 正解：①

☑ 正解への道！　小学校の入学式を案内する放送です。10時から入学式が開催され、入学する1年生と保護者、関係者は体育館に集まるようにと述べられています。この内容から、入学式は体育館で行われることが分かるので、正解は①

です。②は「学生だけ」の部分が誤りなので、不正解。また、10時に行われるのは、団体写真の撮影ではなく入学式なので、③も不正解。また、入学式後に予定されているのはクラス別の団体写真撮影なので、④も不正解です。

【音声スクリプト＋日本語訳】　↓ DL 68

> 여자 : (딩동댕) 입학식에 오신 여러분께 안내 말씀 드립니다. 잠시 후 열 시부터 인주초등학교 입학식이 개최될 예정입니다. 이번에 입학하는 1학년생과 학부모님, 관계자 여러분께서는 체육관으로 모이시기 바랍니다. 학생들은 입학식이 끝나는 대로 반별 단체 사진 촬영이 있을 예정이니 학부모 여러분께서는 그 자리에서 잠시 기다려 주시기 바랍니다.
>
> 女性 :（ピンポンパンポン）入学式にいらっしゃった皆様にご案内申し上げます。まもなく、10時からインジュ小学校の入学式が開催される予定です。今回入学する1年生と保護者の皆様、関係者の皆様は体育館にお集まりください。生徒は入学式が終わり次第、クラス別の団体写真撮影がある予定ですので、保護者の皆様はその場でしばらくお待ちください。
>
> ① 入学式は体育館で開かれる。
> ② 体育館には学生だけ入ることができる。
> ③ 生徒は10時に団体写真を撮る。
> ④ 入学式後、保護者参観が予定されている。

☑ポイント表現

학부모[学父母]	生徒、学生の保護者	학생[学生]	学生、生徒
모이다	集まる	반별[班別]	クラス別。반[班]は「クラス」「班」
		참관[参観]	参観

---

[15] 正解：①

☆正解への道！　山火事が発生、鎮火したニュースを伝えるとともに、山火事を引き起こすような行為をしないよう注意を促す内容です。**인명 피해**（人命被害）はなかった、つまり①にあるように**사망자**（死者）はいないということなので、正解は①です。山火事の発生は昨日なので、②は不正解。③には言及がありま

せん。また、④については、山林庁が山火事防止のために、たばこの吸い殻を山林に捨てないよう呼びかけているので、不正解です。

【音声スクリプト＋日本語訳】　⤓ DL 69

남자 : 어제 인주시에서 발생한 산불은 오늘 아침에 이르러서야 진화되었습니다. 다행히 인명 피해는 없었던 것으로 밝혀졌습니다. 이번 산불은 건조한 날씨와 강풍이 겹치면서 발생했다고 합니다. 산림청은 산불 예방을 위해 산에서 화기 사용을 자제하고, 담배꽁초를 버리지 말 것을 당부했습니다. 산불은 인명과 재산 피해를 입힐 수 있는 위험한 재난입니다. 산불 예방을 위해 우리 모두가 노력해야겠습니다.

男性：昨日、インジュ市で発生した山火事は今朝になって鎮火しました。幸い人命被害はなかったことが明らかになりました。今回の山火事は、乾燥した天候と強風が重なって発生したとのことです。山林庁は、山火事予防のために山で火気の使用を控え、タバコの吸い殻を捨てないよう呼びかけました。山火事は、人命と財産被害を与えかねない危険な災害です。山火事予防のために、私たち皆が努力しなければなりません。

① 今回の火災による死者はいない。
② 今回の山火事は、今朝発生した。
③ 山火事を防げなかった責任は、山林庁が負わなければならない。
④ 山でタバコを吸うからといって、火事になったりしない。

解答・解説

☑️ポイント表現

산불[山 -]　山火事
이르러서야　至ってこそ。이르다(至る。러変則活用) + -아/어서야(〜してこそ)。ここでは、**오늘 아침에 이르러서야**を「今朝になって」と訳した
겨우　やっと、ようやく
진화되다[鎮火 --]　鎮火する
인명 피해[人命 被害]　人命被害

밝혀지다　明らかになる
강풍[強風]　強風
겹치다　重なる
산림청[山林庁]　山林庁。日本の林野庁に相当
자제하다[自制 --]　自制する、控える
담배꽁초　タバコの吸い殻
당부하다[当付 --]　頼む、要請する。ここでは「呼びかける」と訳した

391

피해를 입히다　被害を負わせる、与える

재난[災難]　災難。ここでは「災害」と訳した

화재[火災]　火災、火事

사망자[死亡者]　死亡者、死者

불이 나다　火事になる

---

[16] 正解：①

☆正解への道！　男性が女性に「人々が哲学を求める理由」について尋ねたところ、女性は哲学を学ぶ意味と、自身が書いた本も多くの人が愛してくれていることを答えています。このことから、女性が書いた本は哲学に関するものだと分かるので、正解は①となります。

【音声スクリプト＋日本語訳】　⤓ DL 70

남자 : 요즘 사람들이 철학이라는 어려운 학문을 찾는 이유가 뭐라고 생각하시나요?

여자 : 삶이라는 것이 힘들기는 하지만 그만큼 잘 살아 보고 싶기 때문이 아닐까요? 철학을 공부하면 세상을 보는 새로운 시각을 얻을 수 있고, 삶의 문제를 더 깊이 이해할 수 있습니다. 철학은 우리가 세상을 더 잘 이해하고, 삶의 목적과 의미를 찾으며, 더 나은 인생을 살 수 있게 하는 힘을 길러 줍니다. 그래서 제가 쓴 책도 이렇게 많은 분들이 사랑해 주시는 것 같습니다.

男性 : 最近、人々が、哲学という難しい学問を求める理由が何だとお考えですか？

女性 : 人生というものは大変ではありますが、それだけ豊かに生きてみたいからではないでしょうか？　哲学を勉強すれば、世の中を見る新しい視点を得ることができ、人生の問題をより深く理解することができます。哲学は私たちが世の中をよりよく理解し、人生の目的と意味を探し、より良い人生を送れるようにする力を育ててくれます。そのため、私が書いた本もこんなに多くの方々が愛してくださっているようです。

① 女性は哲学に関する文章を書いた。

② 女性は愛を素材に本を作る。

③ 女性は多くの人と恋をしてきた。

④ 女性は学問を通じて大金を稼ぐことができた。

1時間目 聞題 2時間目 聞題

解答・解説

☑ポイント表現

철학[哲学]　哲学

학문[学問]　学問

삶　生活、人生

그만큼　それだけ、そのくらい、その程度

세상[世上]　世の中

시각[視角]　視点、視角

---

[17] 正解：③

☆正解への道！　男性の最後の言葉、김 교수님은 미리 내는 걸 좋아하시는 것 같더라고(キム教授は事前に出すのがお好きなようだから)がポイント。この言葉で、男性の中心となる考えが「課題提出は前もってするのがよい」であることを示している。従って、正解は③。

【音声スクリプト＋日本語訳】 ⬇ DL 71

> ※ [17~20] 다음을 듣고 남자의 중심 생각으로 가장 알맞은 것을 고르십시오.
>   (각 2점)
>
> 남자 : 이번에 경제학 원론 과제 다 했다며? 제출은 했어?
>
> 여자 : 응, 다 하긴 했는데 아직 안 냈어. 왜? 그거 마감 다음 주 월요일까지
>   아니야?
>
> 남자 : 그렇긴 한데 김 교수님은 미리 내는 걸 좋아하시는 것 같더라고.
>
> ※ [17~20] 次を聞いて、男性の中心となる考えとして、最も適切なものを
>   選んでください。(各2点)
>
> 男性 : 今回、経済学原論の課題を全部やったんだって？ 提出はした？
>
> 女性 : うん、全部やることはやったけど、まだ出してないの。どうして？
>   それ、締め切りが来週の月曜日までじゃないの？
>
> 男性 : それはそうなんだけど、キム教授は前もって出すのがお好きなようだから。
>
> ① 経済学原論は難しすぎる。
> ② キム教授の授業は課題が多い。
> ③ 課題提出は前もってするのが良い。
> ④ 課題はみんな一緒に、力を合わせてしなければならない。

☑ポイント表現

경제학 원론[経済学 概論]　経済学原論

다며?　～なんだって？。-다고 하며?の縮約形

393

제출[提出] 提出
-긴 하다 ～しはする、～ではある。-기
는 하다の縮約形

미리 前もって、あらかじめ
과제[課題] 課題
힘을 합치다 力を合わせる

---

[18] 正解：②

☆正解への道！ 男性の最初の言葉、**아침 일찍 가볍게 운동하니까 하루가 상쾌하더라.**（朝早く軽く運動したら、一日が爽快だったよ。）が男性の中心となる考え。そして最後に**할 만해**（[朝早く軽く運動することは]する価値があるよ）と伝えることで強調している。従って、正解は②。

【音声スクリプト＋日本語訳】 ⬇ DL 72

남자：아침 일찍 가볍게 운동하니까 하루가 상쾌하더라.
여자：그래? 아침부터 운동을 하면 체력 소모가 많아서 난 못 버틸 것 같은데.
남자：나도 처음엔 좀 피곤했는데 익숙해지면 체력이 붙어서 할 만해.

男性：朝早く軽く運動したら、一日が爽快だったよ。
女性：そう？ 朝から運動をすると体力消耗がすごくて、私は耐えられなさそうだけど。
男性：僕も最初はちょっと疲れたんだけど、慣れれば体力がついてくるから、する価値があるよ。

① 運動はいつも、無理せず軽くしなければならない。
② 朝の運動は、爽快な一日を過ごすのに役立つ。
③ 運動を始めて体力消耗がひどい場合は、やめなければならない。
④ 朝に運動をできないようであれば、午後に運動すればいい。

☑ポイント表現

상쾌하다[爽快-] 爽快だ、さわやかだ
체력 소모[体力消耗] 体力消耗。ここでは、**체력 소모가 많아서**を「体力消耗がすごくて」と訳した
버티다 耐える、踏ん張る、持ちこたえる

익숙해지다 慣れる
-(으)ㄹ 만하다 十分に～できる、～する価値がある
-는 데 도움이 되다 ～するのに役立つ
심하다 ひどい、激しい、甚だしい

[19] 正解：①

☆正解への道！　男性の最後の言葉、역시 사회 현상은 한 면만 봐서는 안 되는 것 같아. 다양한 관점이 중요해. (やっぱり、社会現象は一面だけ見てはいけないようだね。多様な観点が重要だよ。)が男性の中心となる考え。다양한 관점(多様な観点)は①では다각도에서 바라보다(多角度から概観する)に言い換えられています。従って、正解は①。

【音声スクリプト＋日本語訳】　⬇ DL 73

여자 : 지난번 김 기자 강연회 참 좋았지?

남자 : 응. 현장의 생생한 이야기를 들을 수 있어서 참 좋았어.

여자 : 맞아. 일반적인 신문이나 뉴스에는 안 나오는 이야기도 많고…

남자 : 역시 사회 현상은 한 면만 봐서는 안 되는 것 같아. 다양한 관점이 중요해.

女性：この前のキム記者の講演会、本当に良かったよね？

男性：うん。現場のリアルな話が聞けて、本当に良かった。

女性：そうだよね。普通の新聞やニュースにはあまり出ない話も多くて……。

男性：やっぱり、社会現象は一面だけ見てはいけないようだね。多様な観点が重要だよ。

① 社会現象は、多角度から概観しなければならない。

② 記者の講演会は、現場の話をしなければならない。

③ 新聞とニュースは、すべての事実を伝達するわけではない。

④ 記者になるためには、新聞をたくさん読まなければならない。

☑ポイント表現

기자[記者]　記者

강연회[講演会]　講演会

참　本当に

-지?　～でしょ？、～だよね？

현장[現場]　現場

생생하다[生生 --]　生き生きしている、生々しい、リアルだ

일반적인[一般的 -]　一般的な。ここでは

「普通の」と訳した

역시　やはり

사회 현상[社会 現象]　社会現象

관점[観点]　観点

다각도[多角度]　多角度

바라보다　眺める、見渡す。ここでは、바라봐야 한다를「概観しなければならない」と訳した

전달하다[伝達 --]　伝達する

[20] 正解：④

☆正解への道！　男性の最後の言葉が、男性の中心となる考えです。この内容を端的に述べた④が正解。**고통받은 사람**（苦しむ人）は、④では**당사자**（当事者）に言い換えられています。

【音声スクリプト＋日本語訳】　⬇ DL 74

여자 : 이번 영화에 대해서 간단히 좀 소개해 주세요.

남자 : 용서에 대한 이야기를 찍고 싶었어요. 다른 사람을 용서한다는 것은 참 어려운 일이지요. 물론 용서를 구하는 것도 어려운 일입니다. 우리는 흔히 속죄하는 마음으로 신 앞에 용서를 구하지만, 그 전에 자신이 저지른 죄로 인해 고통받은 사람에게 사죄하고 용서를 구하는 것이 먼저겠지요.

女性 : 今回の映画について、簡単にちょっと紹介してください。

男性 : 許しについての話を撮りたかったのです。他人を許すということは、本当に難しいことですよね。もちろん許しを請うのも難しいことです。私たちはよく、贖罪する気持ちで神の前に許しを請いますが、その前に自らが犯した罪によって苦しむ人に謝罪し、許しを請うことが先でしょう。

① 許されない罪を犯してはならない。
② 許しを請うときは、宗教の力に頼るのがよい。
③ 罪は憎むにしても、その人そのものを憎んではならない。
④ 許しを得るためには、まず当事者に謝罪する必要がある。

☑ポイント表現

용서[容恕]　許し、容赦
물론[勿論]　もちろん
구하다[求--]　求める。ここでは、**용서를 구하다**を「許しを請う」と訳した
속죄하다[贖罪--]　贖罪する
신[神]　神

죄[罪]　罪
저지르다　犯す、しでかす
고통[苦痛]　苦痛。ここでは、**고통받은 사람**を「苦しむ人」と訳した
사죄하다[謝罪--]　謝罪する
의지하다[依支--]　頼る、もたれかかる
-되　～するにしても。後ろに「条件」が来る

자체[自体]　自体、自身。ここでは、그 사
람 자체で「その人そのもの」と訳した

당사자[当事者]　当事者

[21~22] 正解：21. ④　22. ④

☆正解への道！

21.　男性の最後の言葉、**나라마다 인기 있는 드라마가 다를 테니까 나라별로 선호
　　하는 한국 드라마에는 어떤 것들이 있는지부터 알아보세요.**（国ごとに人気が
　　あるドラマが違うはずなので、国別に好む韓国ドラマにはどんなものが
　　あるのかから調べてみてください。）が男性の中心となる考えなので、正
　　解は④。音声の**나라마다**(国ごとに)、**나라별로**(国別に)を④では**각 국가별**(各
　　国家別)と言い換えています。

22.　男性の言葉、**드라마를 좋아하는 사람들의 관심을 끌 만한 흥미로운 투어가 될
　　거 같군요**(ドラマが好きな人たちの関心を引ける興味深いツアーになりそ
　　うですね)が正解を導くポイント。この言葉から、男性は女性が立てたツ
　　アー計画を興味深いと感じていることが分かるので、正解は④です。女
　　性が男性に対して検討を依頼していることや、男性に尊敬語を使ってい
　　る(**부탁드립니다**)ことから、男性は女性の上司であることが推察されるの
　　で、①は不正解。また、②と③については言及がないので、不正解です。

【音声スクリプト＋日本語訳】　⬇ DL 75

> ※　[21-22] 다음을 듣고 물음에 답하십시오. (각 2점)
> 여자 : 부장님, 이거 이번 해외 관광객 투어 계획서 초안인데요, 검토 좀 부
> 　　　탁드립니다.
> 남자 : '드라마 주인공이 되어 떠나는 여행', 드라마를 좋아하는 사람들의
> 　　　관심을 끌 만한 흥미로운 투어가 될 것 같군요. 그런데 무슨 드라마의
> 　　　누구를 대상으로 할지 아직 구체적인 안이 나와 있지 않은 것 같네요.
> 여자 : 거기까지는 미처 생각해 보지 못했습니다.
> 남자 : 나라마다 인기 있는 드라마가 다를 테니까 나라별로 선호하는 한국
> 　　　드라마에는 어떤 것들이 있는지부터 알아보세요.
>
> ※　[21-22] 次を聞いて、問いに答えてください。(各2点)
> 女性：部長、これは今回の海外観光客ツアー計画書の草案なのですが、検
> 　　　討をちょっとお願いいたします。

男性：「ドラマの主人公になって旅立つ旅行」、ドラマが好きな人たちの関心を引ける興味深いツアーになりそうですね。ところで、何のドラマの誰を対象にするのか、まだ具体的な案が出ていないようですね。

女性：そこまではまだ考えられていません。

男性：国ごとに人気があるドラマが違うはずなので、国別に好む韓国ドラマにはどんなものがあるのかから調べてみてください。

21. 男性の中心となる考えとして、最も適切なものを選んでください。
　　① 最近、海外で韓国ドラマを見る人が増えた。
　　② ドラマの主人公と一緒に旅行する日程を確保しなければならない。
　　③ 旅行計画を立てるときは、具体的なルートを事前に確認しなければならない。
　　④ 各国家別に好む韓国ドラマを調べる必要がある。

22. 聞いた内容と一致するものを選んでください。
　　① 男性は女性の職場の部下である。
　　② 男性は夏の休暇の計画を立てている。
　　③ 男性はドラマを好んで見ない。
　　④ 男性は女性の計画が興味深いと思っている。

☑ポイント表現

투어　ツアー

초안[草案]　草案

검토[検討]　検討

관심을 끌다　関心を引く、関心を集める

안[案]　案

미처　まだ、いまだ。否定表現とともに用いる

-(으)ㄹ 테니까　~だろうから

선호하다[選好--]　好む

알아보다　調べる

주인공과 직접 여행하는　主人公と一緒に旅行する。직접[直接]は「直に」といった意味

확보하다[確保--]　確保する

계획을 짜다　計画を立てる。直訳は「計画を編む」

동선[動線]　動線。ここでは「ルート」と訳した

부하[部下]　部下

즐겨 보다　好んで見る。直訳は「楽しんで見る」

흥미롭다[興味--]　興味深い。ㅂ変則活用なので、現在連体形は흥미로운となる

＼ 🔍知っておきたい！ ／
즐겨 ～は「好んで～する」という表現です。以下も覚えておきましょう。

- 즐겨 먹다:好んで食べる
- 즐겨 읽다:好んで読む
- 즐겨 듣다:好んで聞く

[23~24] 正解：23. ④   24. ④

☆正解への道！

23. 女性の**캠프 참가비는 계좌이체만 가능한가요?**（キャンプの参加費は口座振替のみ可能でしょうか？）という質問に対して、男性が参加費の支払い方法について説明しています。従って、正解は④です。

24. 男性の**캠프에 참가하시는 분들에게 안내 메일을 보내 드렸는데**（キャンプに参加される方々に案内メールをお送りいたしましたが）から、④が正解であると導けます。①と②には言及がありません。クレジットカード決済も可能なので、③は不正解です。

【音声スクリプト＋日本語訳】 ⬇ DL 76

> ※ [23~24] 다음을 듣고 물음에 답하십시오. (각 2점)
> 남자 : 안녕하세요? 인주시 청소년과입니다. 이번에 청소년 여름 캠프에 참
>   가하시는 분들에게 안내 메일을 보내 드렸는데 확인하셨나요?
> 여자 : 네, 확인했습니다. 그런데 캠프 참가비는 계좌 이체만 가능한가요?
> 남자 : 아니요. 시청에 오셔서 직접 현금으로 내셔도 됩니다. 아니면 학부모
>   님이 오실 거면 신용카드 결제도 가능합니다. 다만 본인이 왔을 경우
>   에는 카드 결제는 안 되고 현금으로만 결제해야 됩니다.
> 여자 : 그렇군요. 잘 알겠습니다. 감사합니다.
>
> ※ [23~24] 次を聞いて、問いに答えてください。(各2点)
> 男性 : もしもし。インジュ市青少年課です。このたび、青少年サマーキャ
>   ンプに参加される方々に案内メールをお送りいたしましたが、確認
>   されましたか？
> 女性 : はい、確認しました。ところで、キャンプの参加費は口座振替のみ
>   可能でしょうか？
> 男性 : いいえ。市役所にいらして、直接現金で払われても良いです。でな
>   ければ、保護者様がいらっしゃるようであれば、クレジットカード
>   決済も可能です。ただ、本人が来た場合にはカード決済はできず、

現金でのみ決済しなければなりません。

女性：そうなんですね。よく分かりました。ありがとうございます。

23. 男性が何をしているかを選んでください。
　　① 青少年キャンプの日程を変更している。
　　② 青少年キャンプの趣旨を説明している。
　　③ 青少年キャンプの参加方法を紹介している。
　　④ 青少年キャンプの参加費の支払い方法を案内している。

24. 聞いた内容として一致するものを選んでください。
　　① インジュ市はウィンターキャンプも準備している。
　　② 保護者は、参加費の割引を受けることができる。
　　③ キャンプ参加費は現金決済のみ可能である。
　　④ キャンプ案内を参加者にメールで送った。

☑ポイント表現

안녕하세요？ こんにちは。ここでは「も
しもし」と訳した

청소년과[青少年課] 青少年課

여름 캠프 サマーキャンプ。겨울 캠프は「ウ
インターキャンプ」

메일 （パソコンの）メール。「携帯メール」
は문자[文字]

계좌 이체[計座 移替] 口座振替、振込

시청[市庁] 市役所

학부모[学父母] 保護者

신용카드 결제[信用 -- 決済] クレジット
カード決済

일정[日程] 日程

변경하다[変更 --] 変更する

취지[趣旨] 趣旨

지불[支払] 支払い

할인받다[割引 --] 割引を受ける

현금 결제[現金 決済] 現金決済

[25~26] 正解：25. ④　26. ②

☆正解への道！

25. 男性が最後に言う**어느 하나가 우수한 기술이라기보다 각자 주어진 상황에 맞**
　　게 활용하는 것이 중요합니다（どちらか一つが優秀な技術というより、それ
　　ぞれ与えられた状況に合うように活用することが重要です）が男性の中心
　　となる考えです。従って、正解はこの内容を端的に表した④です。

26. 男性の話す内容に**태양 전지의 효율이 떨어지는 사막과 같은 곳**（太陽電池の効

400

率が落ちる砂漠のような場所) とありますので、正解は②となります。

【音声スクリプト＋日本語訳】 ⬇ DL 77

※ [25~26] 다음을 듣고 물음에 답하십시오. (각 2점)

여자：태양열 발전과 태양광 발전을 혼동하는 사람들이 굉장히 많은데요, 저를 비롯해서요. 이 둘은 어떻게 다른 건가요?

남자：쉽게 이야기하자면 태양열 발전은 태양의 '열'로 터빈을 돌리거나 열전 반응을 일으켜 전기를 생성하는 것이고요. 태양광 발전은 태양의 '빛'으로 광전 반응을 일으켜 전기를 만들어 내는 것입니다. 최근에는 세계적으로 태양광 발전이 각광을 받고 있지만, 온도가 높아 태양전지의 효율이 떨어지는 사막과 같은 곳에서는 태양광 발전보다 태양열 발전이 선호되기도 합니다. 그러니까 어느 하나가 우수한 기술이라기보다 각자 주어진 상황에 맞게 활용하는 것이 중요합니다.

※ [25~26] 次を聞いて、問いに答えてください。（各2点）

女性：太陽熱発電と太陽光発電を混同する人が非常に多いのですが、私をはじめとしてなのですが。この二つはどのように異なるのでしょうか？

男性：簡単に言えば、太陽熱発電は太陽の「熱」でタービンを回したり、熱電反応を起こして電気を生成するものです。太陽光発電は太陽の「光」で光電反応を起こし、電気を作り出すものです。最近では、世界的に太陽光発電が脚光を浴びていますが、温度が高いために太陽電池の効率が落ちる砂漠のような場所では、太陽光発電より太陽熱発電が好まれたりもします。ですから、どちらか一つが優秀な技術というより、それぞれ与えられた状況に合うように活用することが重要です。

25. 男性の中心となる考えとして、最も適切なものを選んでください。
　① 太陽光発電には、太陽電池が必ず必要である。
　② 砂漠では、太陽熱発電だけが有用に使用される。
　③ 似ているが、異なる技術の開発は、技術発展の下地になる。
　④ 太陽光発電であれ太陽熱発電であれ、状況に合う技術を活用しなければならない。

26. 聞いた内容として一致するものを選んでください。
　① 太陽光発電が、太陽熱発電より優秀な技術である。
　② 砂漠では太陽電池の効率が落ちる可能性がある。

③ 最近、技術の発達で太陽熱発電を使用する国はない。

④ 太陽熱発電は夜にも可能だが、太陽光発電は不可能だ。

☑ポイント表現

태양열 발전[太陽熱 發電] 太陽熱発電

태양광 발전[太陽光 發電] 太陽光発電

혼동하다[混同--] 混同する

터빈 タービン

돌리다 回す

열전 반응[熱電 反應] 熱電反応

생성하다[生成--] 生成する

빛 光、色

광전 반응[光電 反應] 光電反応

각광을 받다[脚光---] 脚光を浴びる。

直訳は「脚光を受ける」

태양 전지[太陽 電池] 太陽電池

효율[效率] 効率

사막[砂漠] 砂漠

선호되다[選好--] 好まれる

각각[各各] それぞれ、各々

유용하다[有用--] 有用だ

밑바탕 下地、本質

[27~28] 正解：27. ③　28. ①

☆正解への道！

27. 男性はボランティア募集の案内文を見て、어때？（どう？）と女性を誘っています。従って、正解は③です。②はボランティアではなく、選手としての参加を指すので、不正解です。

28. 男性と女性のやり取りがポイント。男性がスポーツ大会でボランティアを募集しているという話をしたところ、女性が아, 그거 올 여름에 하는 거지?（あ、それ、今年の夏にやるんだよね？）と言っています。ここでの그거(それ)とは、국제 대학생 스포츠 대회(国際大学生スポーツ大会)のこと。また、올 여름は「今年の夏」で、①の금년 여름(今年の夏)は言い換え表現になります。

【音声スクリプト＋日本語訳】 ⬇ DL 78

※ [27~28]다음을 듣고 물음에 답하십시오. (각 2점)

남자 : 진희야, 너 이거 봤어? 이번에 국제 대학생 스포츠 대회에 자원봉사자를 모집한다는데, 어때?

여자 : 아, 그거 올 여름에 하는 거지? 나도 본 적이 있어. 근데 신청 아직 받

고 있어?

남자 : 응, 다음 주까지래. 홈페이지에 가서 그냥 바로 신청하면 되나 봐.

여자 : 그래? 따로 필요한 서류나 증명서 같은 건 없고?

남자 : 음, 글쎄. 이 안내문에는 딱히 안 나와 있는데. 사무국에 전화해서 물어볼까?

※ [27~28] 次を聞いて、問いに答えてください。(各2点)

男性：ジニ、君、これ見た？ 今度、国際大学生スポーツ大会にボランティアを募集するようだけど、どう？

女性：あ、それ、今年の夏にやるんだよね？ 私も見たことがあるよ。ところで、申し込みはまだ受けつけているの？

男性：うん、来週までだって。ホームページに行って、そのまますぐ申し込めばいいみたい。

女性：そう？ 他に必要な書類や証明書のようなものはなくて？

男性：うーん、そうだね。この案内文には取り立てて出ていないんだけど。事務局に電話して聞いてみようか？

27. 男性が話す意図として、適切なものを選んでください。
① 案内文の作成をお願いしようと
② 国際スポーツ大会に自ら参加しようと
③ ボランティアに一緒に参加することを提案しようと
④ チラシを配る仕事を一緒にしようとお願いしようと

28. 聞いた内容と一致するものを選んでください。
① スポーツ大会は今年の夏に開催される予定だ。
② スポーツ大会への参加は、今週まで申し込みを受けつける。
③ ボランティアの参加申込書は、郵便を通して送れば良い。
④ ボランティア参加申し込みに必要な書類は、案内文に書かれている。

☑ポイント表現

자원봉사자[自願奉仕者]　ボランティア

올 여름　今年の夏。올は「今年の」

신청[申請]　申し込み、申請

-(이)래　～なんだって。間接話法-(이)라고 해の縮約形

-나 보다　～のようだ、～らしい

증명서[証明書]　証明書

딱히　一言で言い切れないさまを表す表現。ここでは「取り立てて」と訳した

전단지[伝単紙]　チラシ

돌리다　配る、送る、回す

[29~30] 正解：29. ②　30. ④

☆正解への道！

29. 女性の最初の言葉、**팀장님께서는 드라이버가 차를 몰고 레이스에 나가기 전에 차의 상태를 최종적으로 점검하시는 일을 맡고 계시다고 들었습니다.**（チーム長は、ドライバーが車を運転してレースに出る前に、車の状態を最終的に点検する仕事を担当していらっしゃると聞きました。）に、男性が**네, 그렇습니다.**（はい、そうです。）と返答しているので、正解は②です。

30. 男性が**모든 것들이 제대로 작동하는지 천천히 직접 운전하면서 점검을 하기도 합니다**(全てのものが正常に作動するか、ゆっくり自分で運転しながら点検をしたりもします)と言っているので、正解は④。タイヤの状態もチェックするので、①は不正解。また、レース前の仕事について話しているので、②も不正解。また、③は言及がないので、不正解です。

【音声スクリプト＋日本語訳】 ⬇ DL 79

※ ［29~30］ 다음을 듣고 물음에 답하십시오. (각 2점)

여자 : 팀장님께서는 자동차 레이서가 차를 몰고 레이스에 나가기 전에 차의 상태를 최종적으로 점검하는 일을 맡고 계시다고 들었습니다.

남자 : 네, 그렇습니다. 기술 정비 팀에서 손본 차에 시동을 걸고 모든 것들이 제대로 작동하는지 천천히 직접 운전하면서 점검을 하기도 합니다. 또 공기압 등 타이어 상태도 점검하고요.

여자 : 선수들이 안전하게 수준 높은 레이스를 뛰기 위해서는 역시 팀장님의 마지막 손길을 거쳐야 하는군요.

남자 : 네. 혹시라도 레이스 도중에 차에 문제라도 생기면 정말 큰일 나거든요. 그래서 저희는 만일의 사태를 상정하고 선수들의 안전을 최우선으로 생각해서 만전을 기하고 있습니다.

※ [29～30] 次を聞いて、問いに答えてください。(各2点)

女性：チーム長は、自動車レーサーが車を運転してレースに出る前に、車
　　　の状態を最終的に点検する仕事を担当していらっしゃると聞きました。
男性：はい、そうです。技術整備チームで整備をした車にエンジンをかけ、
　　　全てのものが正常に作動するか、ゆっくり自分で運転しながら点検
　　　をしたりもします。また、空気圧などタイヤの状態もチェックしま
　　　して。
女性：選手が安全にレベルの高いレースを走るためには、やはりチーム長
　　　の最後の点検を経なければならないのですね。
男性：はい。もし、レース途中に車に問題でも起こったら、本当に大変な
　　　ことになるんですよ。ですから、私たちは万一の事態を想定して、
　　　選手の安全を最優先に考え、万全を期しています。

29. 男性が誰なのかを選んでください。
　　① ドライバーを訓練する人
　　② レース前の自動車の最終点検をする人
　　③ 自動車レースで優勝するための戦略を立てる人
　　④ 自動車の性能を高めるために技術開発をする人

30. 聞いた内容と一致するものを選んでください。
　　① タイヤの状態は点検しなくてもいい。
　　② 男性はレースが終わると仕事を始める。
　　③ レース前の最終点検は、ドライバーと一緒に行う。
　　④ 男性は最後の点検をするとき、自分で車を運転したりもする。

☑ポイント表現

팀장님　チーム長様、チームリーダー様。
팀장（チーム長、チームリーダー）の尊敬語。
ここでは日本語らしい自然さを考慮し、「チー
ム長」と訳した
레이서　レーサー
차를 몰다　車を運転する
레이스　レース
최종적[最終的]　最終的
점검하다[点検--]　点検する

일을 맡다　仕事を引き受ける、仕事を担
当する
기술 정비[技術 整備]　技術整備
손보다　手を加える、整備する、修理する
시동을 걸다[始動---]　エンジンをかける
제대로　正しく、きちんと。ここでは「正
常に」と訳した
작동하다[作動--]　点検する
공기압[空気圧]　空気圧
타이어　タイヤ

405

체크하다　チェックする	만전을 기하다[万全 - 期--]　万全を期す
손길을 거치다　手を加える、手を経る。	훈련시키다[訓練---]　訓練する
ここでは「点検を経る」と訳した	경주[競走]　競走、レース
큰일 나다　大変なことになる	전략을 짜다[戦略 - --]　戦略を立てる。
만일의 사태[万一 - 事態]　万一の事態	直訳は「戦略を編む」
상정하다[想定--]　想定する	성능[性能]　性能
최우선[最優先]　最優先	

[31~32] 正解：31. ③　32. ③

☆正解への道！

31. 新たに導入しようとしている学習管理システムに関して、女性は簡単に個人情報が知られて問題になりそうだと懸念していますが、男性は「(個人情報の共有は)やむを得ない面もある。互いに競争になったら、成績を上げるのに役立つ」と述べています。従って、正解は③です。

32. 女性の意見を聞いても、男性はそれを受け入れず、終始自身の立場を貫いています。従って、正解は③。①は女性の態度です。

【音声スクリプト＋日本語訳】　⬇ DL 80

※ [31~32] 다음을 듣고 물음에 답하십시오. (각 2점)

남자 : 부장님, 이번에 도입하려는 학습 관리 시스템 말인데요. 학생들에게 학습 자료를 바로 공유하고 서로 공부 시간도 비교할 수 있어서 효율적인 학습 관리가 가능할 거 같습니다.

여자 : 그런데 개인 정보 유출 문제가 생길 수도 있을 거 같은데요.

남자 : 그렇기는 하지만 불가피한 면도 있으니까 학생들과 학부모의 동의를 구하면 괜찮지 않을까요? 서로 경쟁이 붙으면 성적을 올리는 데 도움이 많이 될 겁니다.

여자 : 그래도 역시 개인 정보 문제는 민감한 부분이니까 조금 더 신중하게 검토해 봅시다.

※ [31~32] 次を聞いて、問いに答えてください。(各2点)

男性 : 部長、今回導入しようとしている学習管理システムのことなのですが。学生に、学習資料をすぐに共有し、互いに勉強時間も比較できるので、効率的な学習管理が可能なようです。

女性：しかし、個人情報流出問題が起きる可能性もありそうですが。

男性：そうではありますが、避けられない面もあるので、学生と保護者の
　　　同意を求めればいいのではないでしょうか？　互いに競争になったら、
　　　成績を上げるのに大いに役立つでしょう。

女性：それでも、やはり個人情報の問題は敏感な部分ですから、もう少し
　　　慎重に検討してみましょう。

31. 男性の中心となる考えとして、最も適切なものを選んでください。
　　① 保護者間の競争が、学生の成績向上に役立つ。
　　② 個人情報を利用するためには保護者の同意が必要である。
　　③ 学生の成績向上のためには、個人情報を利用できる。
　　④ 学生の成績を高めるためには、資料をたくさん提供しなければならない。

32. 男性の態度として、最も適切なものを選んでください。
　　① 予想される問題点を懸念している。
　　② 問題の解決策を要求している。
　　③ 自分の意見を一貫して主張している。
　　④ 相手の意見に積極的に同意している。

☑ポイント表現

도입하다[導入--]　導入する

말인데요　～のことなんですが。話を切り
出すときに、やや婉曲的な表現として使う

학습 자료[学習資料]　学習資料

공유하다[共有--]　共有する

효율적[効率的]　効率的

유출[流出]　流出

불가피하다[不可避--]　不可避だ、避け
られない

동의를 구하다[同意-求--]　同意を求め
る

경쟁이 붙다　競争になる。直訳は「競争が
つく」

- 는 데 도움이 되다　～するのに役立つ

민감하다[敏感--]　敏感だ

제공하다[提供--]　提供する

성적 향상[成績向上]　成績向上

해결 방안[解決方策]　解決策

일관되다[一貫--]　一貫している

☆正解への道！

33. 떡의 위상을 짐작할 수 있습니다(餅の位置づけを推察することができます)
がポイント。위상[位相]は「(物事、事物の)位置づけ、意味合い、地位」
の意味を持ちますが、この言葉を의미[意味]と言い換えている④が正解です。

34. 文章の後半に「餅に関する慣用表現」が出てきますので、正解は③です。
餅の材料に関する記述はないので、①は不正解。音声の内容からは、今
の韓国の人たちも餅を食べていることが分かるので、②も不正解。また
떡값(餅代)はボーナスを意味するので、④も不正解です。

【音声スクリプト＋日本語訳】 ⬇ DL 81

※ [33~34]다음을 듣고 물음에 답하십시오. (각 2점)

여자 : 떡은 한국의 전통 음식 가운데 하나인데 곡식 가루를 찌거나, 그 찐
것을 치거나 빚어서 만드는 음식을 통틀어 이릅니다. 식량이 풍족하
지 않았던 옛날에는 밥을 지어 먹을 쌀도 부족했기 때문에 떡을 해 먹
는다는 것은 그 자체로 매우 사치스러운 행위 중의 하나였습니다. 따
라서 특별한 잔칫날에만 떡을 만들어 먹고 이웃들에게 나눠 줬던 것
이죠. 그러다 보니 한국어에서는 떡이 '귀하고 좋은 것' 이라는 뜻을
나타내기도 합니다. 예를 들면 '그림의 떡' 이라든지 '어른 말을 들으
면 자다가도 떡이 생긴다', 명절 때 회사에서 직원들에게 주는 보너스
를 '떡값' 이라고 하는 것을 보면 떡의 위상을 짐작할 수 있습니다.

※ [33~34] 次を聞いて、問いに答えてください。(各2点)

女性 : 餅は韓国の伝統料理の一つであるが、穀物の粉を蒸したり、その蒸し
たものをついたりこねて作る料理をひっくるめて言います。食糧が豊
かでなかった昔には、ご飯を炊いて食べる米も不足していたため、餅
を作って食べるということは、それ自体非常に贅沢な行為のうちの一
つでした。従って、特別な祝宴の日にだけ餅を作って食べ、隣人た
ちに分けてあげたのでした。そうしてみると、韓国語では餅が「貴重
で良いもの」という意味を表したりもします。例えば「絵に描いた餅」
だとか「大人の言葉を聞けば、寝ていても餅ができる」、伝統的な祝
祭日のときに会社で社員に与えるボーナスを「餅代」ということを見
れば、餅の位置づけを推察することができます。

33. 何についての内容なのか、適切なものを選んでください。
   ① 韓国の伝統行事と餅
   ② 韓国の米の生産量と餅の関係
   ③ 韓国で餅を作る伝統方式
   ④ 韓国社会で餅が持つ意味

34. 聞いた内容と一致するものを選んでください。
   ① 米で作ったものだけを餅という。
   ② 餅は昔の食べ物であり、今は食べない。
   ③ 韓国語には餅と関連した慣用表現がある。
   ④ 餅を作るときにかかる費用を餅代という。

☑ポイント表現

떡　餅
곡식 가루[穀食 --]　穀物の粉
찌다　蒸す
(떡을)치다　(餅を)つく
빚다　こねる
통틀어　ひっくるめて
이르다　言う
풍족하다[豊足 --]　豊かだ
밥을 짓다　ご飯を炊く、ご飯を作る。짓
다는ㅅ変則活用
(밥을)해 먹다　(ご飯を)作って食べる
사치스럽다[奢侈 ---]　贅沢だ(ㅂ変則活用)
잔칫날　祝宴の日。잔치(祝宴)＋날(日)
나누다　分ける、分かち合う
그러다 보니　そうしているうちに、そう

してみると
귀하다[貴 --]　貴重だ
그림의 떡　絵に描いた餅。直訳は「絵の餅」
어른 말을 들으면 자다가도 떡이 생긴
다　大人の言葉を聞けば、寝ていても餅が
できる。「大人の言葉に従っていれば、いい
ことが起きる」という意味
명절[名節]　秋夕や正月などの、韓国の伝
統的な祝祭日
직원[職員]　職員、社員
보너스　ボーナス
떡값　餅代。名節の際のボーナス
위상[位相]　位相、位置づけ、意味合い、
地位
짐작하다[斟酌 --]　推し量る、推察する

\ 🔍 知っておきたい！ /
韓国の餅は種類も豊富で、韓国の人々の食生活に深く浸透した食べ物です。
そのため餅に関することわざも多く存在します。（左が直訳、右が意味）
• 누워서 떡 먹기　「横になって餅食べる／朝飯前」
• 싼 게 비지떡　「安いのがおから餅／安かろう悪かろう」
• 미운 아이(놈) 떡 하나 더 준다　「嫌なやつに餅一つさらにあげる／嫌な人にはむしろ

良い待遇をしないといけない」

- 남의 떡이 더 커 보인다　「他人の餅がより大きく見える／隣の芝は青い」
- 떡 본 김에 제사 지낸다　「餅を見たついでに法事をする／偶然良いチャンスが来た時に、済まそうとしていた仕事をしてしまう。行き掛けの駄賃」
- 떡 줄 사람은 생각도 안 하는데 김칫국부터 마신다　「餅をくれる人は（あげようと）思わないのに、キムチの汁から飲む／捕らぬ狸の皮算用」
- 보기 좋은 떡이 먹기도 좋다　「見た目が良い餅は食べてもおいしい／見かけが良いものは内容も良い」

[35~36] 正解：35. ④　36. ③

☆正解への道！

35.　男性は、フェアトレード協同組合が創立10周年を迎えるに当たり、今までの歩みとお世話になった人たちへの感謝、そしてフェアトレードの価値を広めるために、ますます努力していくことを伝えています。従って、正解は④。

36.　우리는 커피, 차, 초콜릿, 과일, 견과류 등 다양한 공정 무역 상품을 국내에 소개하고 판매함으로써(私たちはコーヒー、お茶、チョコレート、果物、ナッツ類などさまざまなフェアトレード商品を国内に紹介して販売することで)とあるので、正解は③。

【音声スクリプト＋日本語訳】　⬇ DL 82

※　[35~36] 다음을 듣고 물음에 답하십시오. (각 2점)

남자 : 오늘은 우리 공정 무역 협동조합이 창립 10주년을 맞는 뜻깊은 날입니다. 지난 10년 동안, 우리 조합은 공정 무역을 통해 소외된 개발도상국 생산자들의 삶을 개선하고, 지속 가능한 발전을 이루기 위해 노력해 왔습니다. 우리는 커피, 차, 초콜릿, 과일, 견과류 등 다양한 공정 무역 상품을 국내에 소개하고 판매함으로써 공정 무역에 대한 인지도를 높이고, 공정 무역 상품의 소비 확대를 촉진해 왔습니다. 이러한 노력의 결과, 우리 공정 무역 협동조합은 지난 10년 동안 괄목할 만한 성장을 이루었습니다. 이 자리를 빌려, 우리 조합의 성장에 기여해 주신 회원 여러분과 관계자 여러분께 감사의 말씀을 드립니다. 앞으로도 공정 무역의 가치를 확산하기 위해 더욱 더 노력하겠습니다.

※ [35~36] 次を聞いて、問いに答えてください。（各2点）

男性：今日は、私たちのフェアトレード協同組合が創立10周年を迎える意
味深い日です。 過去10年間、私たちの組合は、フェアトレードを通
じて疎外された開発途上国の生産者の生活を改善し、持続可能な発
展を成し遂げるために努力してきました。私たちはコーヒー、お茶、
チョコレート、果物、ナッツ類などさまざまなフェアトレード商品を
国内に紹介して販売することで、フェアトレードに対する認知度を
高め、フェアトレード商品の消費拡大を促進してきました。このよ
うな努力の結果、私たちのフェアトレード協同組合は、過去10年間
に目覚ましい成長を遂げました。この場を借りて、我が組合の成長
に寄与してくださった会員の皆様と関係者の皆様に感謝申し上げます。
これからもフェアトレードの価値を広めるために、ますます努力します。

35. 男性が何をしているかを選んでください。
　① フェアトレードの正当性について演説している。
　② 協同組合を新たに作るために、決意している。
　③ フェアトレードに対する関心と支援をお願いしている。
　④ 組合創立10周年を迎え、所感と展望を明らかにしている。

36. 聞いた内容と一致するものを選んでください。
　① フェアトレードは先進国の消費者の生活を大幅に改善してきた。
　② フェアトレード協同組合は、今後10年だけ事業を行う予定である。
　③ この組合のフェアトレード商品には、コーヒーやお茶、チョコレー
　　トなどがある。
　④ 組合のさまざまな活動にもかかわらず、まだフェアトレードの認知
　　度は低い。

☑ポイント表現

공정 무역[公正 貿易]　フェアトレード
협동조합[協同組合]　協同組合
창립[創立]　創立
소외되다[疏外 --]　疎外される
개발도상국[開発途上国]　開発途上国
삶　生活、人生
개선하다[改善 --]　改善する

지속 가능하다[持続 可能 --]　持続可能だ
이루다　成す、成し遂げる
견과류[堅果類]　ナッツ類
-(으)ㅁ으로써　~することによって
인지도[認知度]　認知度
촉진하다[促進 --]　促進する
괄목하다[刮目 --]　目覚ましい、注目する
기여하다[寄与 --]　寄与する

확산하다[拡散--]　拡散する。ここでは「広める」と訳した	소감[所感]　感想、所感
정당성[正当性]　正当性	전망[展望]　展望
연설하다[演説--]　演説する	- 에도 불구하고　（名詞について）～にもかかわらず
다짐하다　決意する、決心する、念を押す	

[37~38] 正解：37. ②　38. ④

☆正解への道！

37.　女性の中心となる考えは、**이러한 복고풍 패션의 인기는 한참 계속될 것 같습니다.**（このような復古風ファッションの人気は、しばらく続きそうです。）に表れています。従って、正解はこの考えを短くまとめた②です。

38.　**2000년대 초반의 패션을 현대적으로 재해석한 스타일입니다.**（2000年代初めのファッションを現代的に再解釈したスタイルです。）から、④が正解であることを導けます。レトロアイテムは多様なので、①は不正解。数年前から人気なので、②も不正解。女性の中心となる考えにもあるように、復古調ファッションの人気はしばらく続きそうなので、③も不正解です。

【音声スクリプト＋日本語訳】　⬇DL 83

> ※　[37~38] 다음을 듣고 물음에 답하십시오. (각 2점)
> 남자 : 요즘 패션 트렌드 중 하나는 단연 레트로라고 할 수 있습니다.
> 여자 : 네, 맞습니다. 최근 몇 년 동안 꾸준히 이어져 온 복고 열풍은 올해도 계속되고 있어, 다양한 레트로 아이템들이 큰 인기를 끌고 있습니다. 그 중에서도 크게 주목을 받고 있는 것이 바로 Y2K 패션인데요. 2000년대 초반의 패션을 현대적으로 재해석한 스타일입니다. 과장된 실루엣, 화려한 컬러, 발랄한 패턴 등이 특징적이지요. 이러한 복고풍 패션의 인기는 한참 계속될 것 같습니다.
>
> ※　[37~38]次を聞いて、問いに答えてください。(各2点)
> 男性 : 最近のファッショントレンドのうちの一つは、断然レトロと言えます。
> 女性 : はい、そうです。最近数年間、ずっと続いてきたレトロブームは今年も続いていて、さまざまなレトロアイテムが大きな人気を集めています。その中でも大きく注目されているのが、まさにY2Kファッションなのですが。2000年代初めのファッションを現代的に再解釈

したスタイルです。誇張されたシルエット、派手なカラー、はつら
つとしたパターンなどが特徴的ですよね。このような復古風ファッショ
ンの人気は、しばらく続きそうです。

37. 女性の中心となる考えとして、最も適切なものを選んでください。
   ① レトロファッションは、これから流行するだろう。
   ② 復古風ファッションの人気は簡単には消えないだろう。
   ③ 復古風ファッションを、レトロファッションと呼ぶこともある。
   ④ 昔のファッションを再解釈したスタイルは、いつも人気がある。

38. 聞いた内容と一致するものを選んでください。
   ① 復古風アイテムは種類が多くない。
   ② 今年からレトロファッションが流行し始めた。
   ③ 今後、何年か後にはレトロブームもすたれるだろう。
   ④ 昔のファッションを再解釈したスタイルが、最近人気を集めている。

☑ポイント表現

패션 트렌드　ファッショントレンド

단연[斷然]　断然

레트로　レトロ

꾸준히　絶え間なく、ずっと、粘り強く

복고 열풍[復古 熱風]　レトロブーム

레트로 아이템　レトロアイテム

Y2K　Year 2000、つまり2000年のこと。
Kは1000を表す

재해석하다[再解釈--]　再解釈する

과장되다[誇張--]　誇張される

실루엣　シルエット

컬러　カラー

발랄하다[潑剌--]　はつらつとしている

패턴　パターン

복고풍 패션[復古風 --]　復古風ファッショ
ン、レトロファッション

한참　しばらく。당분간[当分間]（当分の
間）に言い換え可能

사그라지다　鎮まる、弱まる、朽ち果てる。
ここでは「すたれる」と訳した

\ 🔍知っておきたい！ /

流行に関する言葉をまとめました。一緒に覚えておきましょう。

・유행을 타다[流行- --]：流行に乗る、はやりに乗っかる

・한물가다：流行や旬が過ぎる

・열풍[熱風]：ブーム

・신조어[新造語]：流行語

☆正解への道！

39. 男性の**정부는 10년간 저출산 정책이 그다지 성공적이었다고 판단하지 않는 거군요**(政府は10年間の少子化政策がそれほど成功的だったと判断していないのですね)と、それを受けた女性の**정부도 정책의 방향 전환을 검토하기 시작한 것이지요**(政府も政策の方向転換を検討し始めたのです)が正解を導くポイント。この対話の前には、「10年間の政府の少子化政策が成功的ではなかったと判断されたので、政府が新政策を発表した」という内容が話されていたと考えるのが適切です。従って、正解は②です。

40. 女性の話に**지금까지의 경제적 지원책**(これまでの経済的支援策)があるので、ここから正解の③にたどりつけます。来年には出生率がさらに下がるという専門家の予想があるので、①は不正解。また、「10年」はこれまでの少子化政策が行われた年数なので、②も不正解。④は言及がありません。

【音声スクリプト＋日本語訳】　⤓ DL 84

※ [39~40] 다음을 듣고 물음에 답하십시오. (각 2점)

남자 : 그렇다면 정부는 10년간 저출산 정책이 그다지 성공적이지 않았다고 판단하는 거군요.

여자 : 네. 내년에는 출산율이 더 떨어질 것이라는 전문가들의 예상이 나오자 정부도 정책의 방향 전환을 검토하기 시작한 것이죠. 물론 지금까지의 경제적 지원책이 전혀 성과가 없었다고는 할 수 없습니다. 하지만 아이를 낳고 말고 하는 것이 단순히 정부로부터 경제적 지원이 있느냐 없느냐 하는 것 때문은 아닙니다. 지금과 같은 장시간 노동이 만연해 있다면 백약이 무효일 것입니다. 육아 휴직의 확대와 경력 단절의 방지, 유연 근무나 재택 근무 등으로 엄마도 아빠도 일하면서 아이 키우기 좋은 환경을 만들기 위한 방안이 절실합니다.

※ [39~40] 次を聞いて、問いに答えてください。(各2点)

男性：そうだとすれば、政府は10年間の少子化政策がそれほど成功的ではなかったと判断しているのですね。

女性：はい。来年には出生率がさらに下がるだろうという専門家の予想が出るや、政府も政策の方向転換を検討し始めたのです。もちろん、これまでの経済的支援策が全く成果がなかったとは言えません。しかし、子どもを産むか産まないかということは、単に政府からの経

済的支援があるかないかということが理由ではありません。今のような長時間労働が蔓延していれば、何も役に立たないでしょう。育児休業の拡大とキャリア断絶の防止、フレックス勤務や在宅勤務などで、ママもパパも働きながら子育てしやすい環境を作るための方策が切実です。

39. この対話の前の内容として、最も適切なものを選んでください。
　　① 出生率計算のための新しい指標が開発された。
　　② 新しい少子化政策についての政府の発表があった。
　　③ 政府の少子化政策を肯定するメディア報道があった。
　　④ 政府は、少子化改善のための政策諮問委員を新たに選んだ。

40. 聞いた内容と一致するものを選んでください。
　　① 専門家らは今後、出生率が上がるものと予想した。
　　② 新しい少子化政策は、今後10年間進められるだろう。
　　③ これまで政府は、主に経済的な助けを与える政策を施行してきた。
　　④ 若い親たちは、政府が既存政策を維持し続けることを望んでいる。

☑ポイント表現

그렇다면　それならば、そうだとすれば
저출산 정책[低出産 政策]　少子化政策
그다지　(後ろに否定表現を伴って)それほど～でない
출산율[出産率]　出産率
-자　～するや、～するとすぐに
전환[転換]　転換
검토하다[検討--]　検討する
경제적 지원책[経済的 支援策]　経済的支援策
전혀　(後ろに否定表現を伴って)全く～でない
-고 말고 하는　～するかしないかという
있느냐 없느냐 하는　あるかないかという
장시간 노동[長時間 労働]　長時間労働
만연하다[蔓延--]　蔓延している

백약이 무효다[百薬-無効-]　何も役に立たない。直訳は「百薬が無効だ」
육아 휴직[育児 休職]　育児休業
확대[拡大]　拡大
경력 단절[経歴 断絶]　キャリア断絶。キャリアが断たれること
유연 근무[柔軟 勤務]　フレックス勤務
재택 근무[在宅 勤務]　在宅勤務
아이 키우기　子育て
방안[方案]　方策、方案
절실하다[切実--]　切実だ
지표[指標]　指標
언론 보도[言論 報道]　メディア報道。언론[言論]は「マスコミ」「メディア」のこと
정책 자문 위원[政策 諮問 委員]　政策諮問委員
시행하다[施行--]　施行する

415

☆正解への道！

41. 講演は、直立歩行ができるロボットの作動原理を、人間の構造と比較しながら紹介する内容です。従って、正解は④。

42. 正解を導くヒントは、音声の로봇의 경우, 카메라, 레이저 스캐너, 초음파 센서, 자이로스코프 등과 같은 센서를 통해 주변 환경을 감지하고(ロボットの場合、カメラ、レーザースキャナー、超音波センサー、ジャイロスコープなどのようなセンサーを通じて周辺環境を感知し)にあります。この内容を端的に表した②が正解。①は、音声内容から、今後もさらに発展すると予想されるため、不正解。③は言及がありません。ロボットは、人間の多様な感覚の代わりにセンサーを使って周辺環境を感知するので、④も不正解です。

【音声スクリプト＋日本語訳】　⤓ DL 85

※　[41~42] 다음을 듣고 물음에 답하십시오. (각 2점)

여자 : 자, 이것이 직립 보행을 할 수 있는 로봇입니다. 물론 동물처럼 네 다리로 걷는 로봇도 있지만 이것은 우리 인간처럼 두 다리로 걷는 로봇이지요. 이러한 직립 보행 로봇의 작동 원리는 일반적으로 인간과 유사한 구조를 가집니다. 인간은 시각이나 청각과 같은 다양한 감각을 이용하여 주변 환경을 파악하고 그 정보를 토대로 뇌가 보행 동작을 제어합니다. 로봇의 경우, 카메라, 레이저 스캐너, 초음파 센서, 자이로스코프 등과 같은 센서를 통해 주변 환경을 감지하고, 그 정보를 토대로 제어 시스템이 보행 동작을 제어합니다. 사용하는 도구나 수단은 다르지만 원리는 같은 것이지요. 이러한 직립 보행을 할 수 있는 로봇의 기술은 앞으로도 더욱 발전할 것으로 예상됩니다. 로봇 기술이 계속 발전함에 따라, 로봇은 우리 생활에 더욱 친숙하게 다가올 겁니다.

※　[41~42]次を聞いて、問いに答えてください。(各2点)

女 : さあ、これが、直立歩行ができるロボットです。もちろん、動物のように四足で歩くロボットもありますが、これは私たち人間のように二足で歩くロボットですね。このような直立歩行ロボットの作動原理は、一般的に人間と類似した構造を持っています。人間は、視覚や聴覚のようなさまざまな感覚を利用して周辺環境を把握し、その情報をもと

に脳が歩行動作を制御します。ロボットの場合、カメラ、レーザースキャナー、超音波センサー、ジャイロスコープなどのようなセンサーを通じて周辺環境を感知し、その情報をもとに制御システムが歩行動作を制御します。使用する道具や手段は違いますが、原理は同じものなのですね。このような直立歩行ができるロボットの技術は、今後もさらに発展することが予想されます。ロボット技術が発展し続けるにつれ、ロボットは私たちの生活により身近になるでしょう。

41. この講演の中心となる内容として、最も適切なものを選んでください。
　　① ロボットの直立歩行には、カメラセンサーが最も重要である。
　　② ロボット技術の発展のための人間の努力は、すでに終わった。
　　③ ロボットが人間の生活にもっと深く関与するまでには、まだ遠い。
　　④ 直立歩行ロボットの作動原理は、人間の歩行原理と同一である。

42. 聞いた内容と一致するものを選んでください。
　　① 直立歩行ロボットの技術は、すでに限界に達した。
　　② センサーはロボットが周辺環境を感知するのに使用される。
　　③ 二足で歩くロボットは、四足で歩くロボットより優れている。
　　④ ロボットは、人間のように視覚と聴覚を利用して、動作を制御する。

☑ポイント表現

자　さあ、さて
직립 보행[直立 歩行]　直立歩行。直立の発音は[징닙]
로봇　ロボット
작동 원리[作動 原理]　作動原理
유사하다[類似 --]　類似している、似ている
시각[視覚]　視覚
청각[聴覚]　聴覚
토대로[土台-]　土台に、(〜を)もとに
뇌[脳]　脳

제어하다[制御 --]　制御する
레이저 스캐너　レーザースキャナー
초음파 센서[超音波 --]　超音波センサー
자이로스코프　ジャイロスコープ
감지하다[感知 --]　感知する
원리[原理]　原理
친숙하다[親熟 --]　親しみやすい、親しい、なじみのある。ここでは、**친숙하게 다가올 겁니다**を「身近になるでしょう」と訳した。다가오다は「近づく」
관여하다[関与 --]　関与する
뛰어나다　優れている

43. 音声では、マシュマロ実験の内容を示したあと、その結果について述べられています。マシュマロを食べるのを15分間我慢して、もう一つのマシュマロを手に入れた子どもは、成人になって成功した場合が多く、子どもたちの自己統制力と衝動性の違いが成人後にも持続することが分かったとあることから、正解は④と導けます。

44. 音声の後半部分がポイントです。**自己統制力과 충동성의 차이가 성인이 된 후에도 지속된다는 것을 보여 주었다**(自己統制力と衝動性の違いが、成人になった後にも持続するということを示してくれた)とあるので、正解は④です。

【音声スクリプト＋日本語訳】　⤓ DL 86

※　[43~44] 다음을 듣고 물음에 답하십시오. (각 2점)

남자：마시멜로 실험은 1960년대 후반 미국 스탠퍼드 대학의 월터 미셸(Walter Mischel) 교수가 수행한 실험이다. 이 실험에서는 네 살짜리 아이들을 대상으로 15분 동안 마시멜로를 먹지 않고 기다리면 두 개를 주겠다고 제안을 한다. 실험 결과, 3분의 1의 아이들은 15분 동안 참고 기다려 마시멜로를 하나 더 얻었고, 나머지 아이들은 15분을 참지 못하고 중간에 마시멜로를 먹어 버렸다. 그 후 그 아이들을 추적 조사한 결과, 15분 동안 마시멜로 먹는 것을 참고 기다린 아이들은 성인이 돼서 학업 성취도와 사회성, 직업적 성공 등에서 더 좋은 결과를 보였다. 미셸 교수는 이 실험을 통해 아이들의 자기 통제력과 충동성의 차이가 성인이 된 후에도 지속된다는 걸 보여 주었다.

※　[43~44]次を聞いて、問いに答えてください。(各2点)

男性：マシュマロ実験は1960年代後半、米国のスタンフォード大学のウォルター・ミシェル(Walter Mischel)教授が行った実験である。この実験では、4歳の子どもたちを対象に、15分間マシュマロを食べずに待てば、二つあげると提案をする。実験の結果、3分の1の子どもたちは15分間我慢して待ってマシュマロをもう一つもらい、残りの子どもたちは15分を我慢できず、途中でマシュマロを食べてしまった。その後、その子どもたちを追跡調査した結果、15分間マシュマロを食べるのを我慢して待った子どもたちは、成人になって学業成就度と社会性、職業的成功などでより良い結果を見せた。ミシェル教授

はこの実験を通じて、子どもたちの自己統制力と衝動性の違いが、
成人になった後にも持続するということを示してくれた。

43. 何についての内容なのか、適切なものを選んでください。
　① マシュマロの製作方法
　② 学業成就度と成功の相関関係
　③ 子どもを対象とした実験の倫理的な議論
　④ 自己統制力と衝動性が成功に及ぼす影響

44. 自己統制力がある子どもが、成人になって成功する可能性が高い理由と
　して、合うものを選んでください。
　① 多様な経験をすることができるので
　② 両親が子どもをよく統制したので
　③ 成人になると統制力が必要なくなるので
　④ 自己統制力は成人になった後も持続するので

☑ポイント表現

마시멜로 실험[---- 実験]　マシュマロ実験。子ども時代の自制心と、将来の社会的成果の関連性を調査した著名な実験

수행하다[遂行--]　行う、遂行する

짜리　～に値するもの、～くらいのもの。짜리は日本語訳には表れにくい表現で、本文に出てくる네 살짜리は「4歳」の意味。値段を表す際にもよく使われる。例えば100원짜리は100ウォンを意味する

-을/를 대상으로[-/- 対象--]　～を対象に

제안[提案]　提案

참다　我慢する

중간에[中間-]　途中で

-아/어버리다　～してしまう

추적조사하다[追跡調査--]　追跡調査する

성인[成人]　成人

학업 성취도[学業 成就度]　学業成就度

지속되다[持続--]　持続する

자기 통제력[自己 統制力]　自己統制力

충동성[衝動性]　衝動性

차이[差異]　差、違い

상관 관계[相関 関係]　相関関係

윤리적 논의[倫理的 論議]　倫理的な議論

[45~46] 正解：45. ④　46. ③

☆正解への道！

45.　音声に집현전은 폐지되었지만 조선 왕조 전반의 정치와 문화 발전에 중요한 영향을 미쳤습니다(集賢殿は廃止されましたが、朝鮮王朝全般の政治と文化発展に重要な影響を及ぼしました)とありますので、正解は④です。①は

世祖の時代に廃止されたので、不正解。また、②を行ったのは太祖なので、不正解。集賢殿は国王の諮問機関だったので、③も不正解です。

46. 女性は、集賢殿がどういった役割を果たしてきたか、またその業績や影響の大きさを伝えています。従って、正解は女性が述べていることを端的にまとめている③です。音声では、集賢殿と弘文館の比較については述べられていないので、①は不正解。また、集賢殿の役割については伝えていますが、分析はなされていないので②も不正解。書籍の編纂事業についての詳しい描写はなされていないので、④も不正解。

【音声スクリプト＋日本語訳】 ⬇ DL 87

※ [45~46] 다음을 듣고 물음에 답하십시오. (각 2점)

여자: 집현전은 조선 시대 초기에 유학을 연구하던 기관입니다. 태조는 조선을 세운 후 고려의 제도를 그대로 따라 집현전을 남겨 두었는데, 그 후 세종이 왕이 된 후 집현전을 확대해서 연구 기관으로 만들었습니다. 집현전에는 약 20명의 학자가 있었습니다. 이들은 유학을 비롯한 다양한 학문을 연구했습니다. 집현전은 국왕의 자문 기관으로도 기능하며 국정에 대한 학자들의 의견을 들었습니다. 세종이 죽고 훗날 세조가 왕이 되자 집현전은 폐지되었지만 조선 왕조 전반의 정치와 문화 발전에 중요한 영향을 미쳤습니다. 특히 다양한 서적의 편찬 사업을 통해 조선의 학문적 기초를 닦는 데 크게 공헌했고, 유교 정치를 정착시켰으며, 많은 학자적 관료를 배출했습니다. 폐지 후 그 기능은 홍문관에서 대신하게 되었습니다.

※ [45~46] 次を聞いて、問いに答えてください。(各2点)

女性: 集賢殿は、朝鮮時代初期に儒学を研究していた機関です。太祖は朝鮮を建国した後、高麗の制度をそのまままねて集賢殿を残しておきましたが、その後、世宗が王になった後、集賢殿を拡大して研究機関にしました。集賢殿には約20人の学者がいました。彼らは、儒学をはじめとするさまざまな学問を研究しました。集賢殿は国王の諮問機関としても機能し、国政に対する学者の意見を聞きました。世宗が亡くなり、後に世祖が王になると集賢殿は廃止されましたが、朝鮮王朝全般の政治と文化発展に重要な影響を及ぼしました。特に、多様な書籍の編纂事業を通じて、朝鮮の学問的基礎を磨くのに大きく貢献し、儒教政治を定着させつつ、多くの学者的官僚を輩出しま

した。廃止後、その機能は弘文館で代わりをするようになりました。

45. 聞いた内容と一致するものを選んでください。
　　① 集賢殿は、世祖の時に一層発展することになる。
　　② 世宗は、高麗の制度をそのまま継承しようとした。
　　③ 集賢殿の学者は、王に政治的助言をしてはならなかった。
　　④ 集賢殿は、朝鮮の学問発展と文化発展に大きな影響を及ぼした。

46. 女性の話し方として、適切なものを選んでください。
　　① 集賢殿と弘文館を比較している。
　　② 集賢殿の設置の目的を分析している。
　　③ 集賢殿の役割と業績を説明している。
　　④ 集賢殿の学者たちの書籍編纂の様子を描写している。

☑ポイント表現

집현전[集賢殿]　朝鮮時代初期に設置された、学問研究のための官庁

유학[儒学]　儒学

태조[太祖]　朝鮮王朝の初代王である李成桂のこと

세우다　立てる、起こす、止める。ここでは、**조선을 세우다**を「朝鮮を建国する」と訳した

그대로 따라　そのまま従って。ここでは「そのまままねて」と訳した

남겨 두다　남기다(残す)＋－아/어 두다(〜しておく)

세종[世宗]　朝鮮王朝の第4代王。ハングルを創製した王

확대하다[拡大--]　拡大する

국왕[国王]　国王

자문 기관[諮問 機関]　諮問機関

국정[国政]　国政

훗날　後々、後日、将来。発音は[**훈날**]

세조[世祖]　朝鮮王朝の第7代王

폐지되다[廃止--]　廃止される

조선 왕조[朝鮮 王朝]　朝鮮王朝

전반[全般]　全般

영향을 미치다[影響----]　影響を及ぼす

서적[書籍]　書籍

편찬 사업[編纂 事業]　編纂事業

닦다　磨く

공헌하다[貢献--]　貢献する

정착시키다[定着--]　定着させる

관료[官僚]　官僚

배출하다[輩出--]　輩出する

홍문관[弘文館]　朝鮮王朝の行政及び研究機関

대신하다[代身--]　代わる、代わりをする

한층[-層]　一層

계승하다[継承--]　継承する

조언[助言]　助言

업적[業績]　業績

묘사하다[描写--]　描写する

[47~48] 正解：47. ③　48. ①

47. ハードパワーは軍事力や経済力など、ソフトパワーは文化、政治、社会、外交などを指すことを押さえつつ、最後まで集中して音声を聞いていきます。正解を導くポイントは、하드 파워는 상대방을 강제로 복종시키는 데 효과적일 수는 있지만, 상대방의 반발을 불러일으킬 수 있습니다. (ハードパワーは、相手を無理やり服従させるのに効果的になり得ますが、相手の反発を呼び起こす可能性があります。)の一文にあります。하드 파워(ハードパワー)を軍事力(軍事力)に言い換え、なおかつ音声の内容に一致する内容を述べている③が正解です。

48. 男性は、ハードパワーとソフトパワーとを比較説明しながら、ソフトパワーの効果を高く評価しています。従って、正解は①です。なお、ハードパワーとソフトパワーを比較していますが、相関関係については述べられていないので、③は不正解。

【音声スクリプト＋日本語訳】　⤓ DL 88

※　[47~48] 다음을 듣고 물음에 답하십시오. (각 2점)

여자 : 박사님, 과거에는 국력을 평가할 때 군사력이나 경제력과 같은 하드 파워를 중시하는 경향이 강했는데요. 최근에는 소프트 파워가 중요하게 언급되고 있습니다.

남자 : 소프트 파워는 1990년대에 처음으로 제기된 개념으로, 문화, 정치, 사회, 외교 등 비물질적 자원을 통해 상대방의 자발적인 동의를 얻어서, 원하는 결과를 달성하는 힘을 말합니다. 상대방을 강제로 복종시키는 것이 아니라 상대방의 마음을 사로잡아 자발적으로 순응하도록 유도한다는 점에서 하드 파워와 차이가 있습니다. 하드 파워는 상대방을 강제로 복종시키는 데 효과적일 수는 있지만 상대방의 반발을 불러일으킬 수 있습니다. 반면, 소프트 파워는 상대방의 자발적인 동의를 얻어내기 때문에 상대방의 저항을 최소화하고 장기적으로 지속 가능한 관계를 형성하는 데 도움이 됩니다.

※　[47~48] 次を聞いて、問いに答えてください。(各2点)

女性 : 博士、過去には国力を評価する際に、軍事力や経済力のようなハードパワーを重視する傾向が強かったのですが。最近では、ソフトパワーが重要なものとして言及されています。

男性：ソフトパワーは1990年代に初めて提起された概念で、文化、政治、社会、外交など非物質的資源を通じて相手の自発的な同意を得て、望む結果を達成する力を意味します。相手を無理やり服従させるのではなく、相手の心をとらえて、自発的に順応するよう誘導するという点で、ハードパワーと違いがあります。ハードパワーは、相手を無理やり服従させるのに効果的になり得ますが、相手の反発を呼び起こす可能性があります。一方、ソフトパワーは相手の自発的な同意を得るため、相手の抵抗を最小化し、長期的に持続可能な関係を形成するのに役立ちます。

47. 聞いた内容と一致するものを選んでください。
　　① ソフトパワーは21世紀に入って提起された概念である。
　　② 最近、国際関係ではハードパワーが重要視されている。
　　③ 軍事力による服従は、相手国の反発を招き得る。
　　④ 経済力を使えば、相手が自ら服従するようにさせることができる。

48. 男性の態度として、適切なものを選んでください。
　　① ソフトパワーの価値を高く評価している。
　　② ソフトパワーの活用策を検討している。
　　③ ハードパワーとソフトパワーの相関関係を比較している。
　　④ ハードパワーが国際関係に与える影響を懸念している。

☑ポイント表現

국력[国力]　国力。発音は[궁녁]
평가하다[評価--]　評価する
군사력[軍事力]　軍事力
하드 파워　ハードパワー。軍事力や経済力など
소프트 파워　ソフトパワー。文化、政治、社会、外交など
경향[傾向]　傾向
언급되다[言及--]　言及される
제기되다[提起--]　提起される
개념[概念]　概念
비물질적[非物質的]　非物質的

자원[資源]　資源
자발적[自発的]　自発的
동의[同意]　同意
강제로[強制-]　強制で、無理やり
복종시키다[服従---]　服従させる
사로잡다　心をとらえる、魅了する
순응하다[順応--]　順応する
유도하다[誘導--]　誘導する
불러일으키다　呼び起こす、招く
저항[抵抗]　抵抗
형성하다[形成--]　形成する
상관관계[相関関係]　相関関係

☆正解への道！

49. 같은 내용을 두고 서로 해석이 달라 다툼이 생기는 경우도 있고요(同じ内容を
巡って互いに解釈が異なり、争いが起こる場合もありまして)とあるので、
正解が③であることを導けます。憲法裁判所は独立裁判機関ですので、①
は不正解。②については言及がありません。また、憲法裁判所の役割はま
すます重要になっていると述べられているので、④も不正解です。

50. 音声の中で、男性は憲法裁判所の役割と重要性について述べていますので、
正解は③です。①、②、④については言及がありません。

【音声スクリプト＋日本語訳】　↓ DL 89

※　[49~50] 다음을 듣고 물음에 답하십시오. (각 2점)

남자 : 한국은 헌법에 따라 국가를 운영하는 입헌주의 국가입니다. 헌법은
국민의 기본적인 인권을 보장하기 위한 최상위의 법이지만 시대의
변화에 맞지 않는 내용을 담고 있을 때도 있습니다. 또 가끔은 같은
내용을 두고 서로 해석이 달라 다툼이 생기는 경우도 있고요. 여러분
은 이럴 때 어떻게 해야 한다고 생각하시나요? 이처럼 헌법의 내용을
바로잡거나 헌법과 관련된 분쟁을 다루는 특별 재판소가 바로 ‘헌법
재판소’입니다. 헌법재판소는 헌법의 수호와 국민의 기본권 보호를
목적으로 하는 독립 재판 기관으로서 입법부, 행정부, 사법부의 권
한을 견제하고 균형을 유지하는 역할을 합니다. 헌법재판소의 역할
은 더욱더 중요해지고 있으며, 헌법재판소의 활동은 국민의 삶에 큰
영향을 미치고 있습니다.

※　[49~50] 次を聞いて、問いに答えてください。(各2点)

男性：韓国は、憲法に従って国家を運営する立憲主義国家です。憲法は、
国民の基本的な人権を保障するための最上位の法ですが、時代の変
化に合わない内容を盛り込んでいるときもあります。また、時には
同じ内容を巡って互いに解釈が異なり、争いが起こる場合もありま
して。皆さんはこのようなとき、どのようにしなければならないと
お考えになりますか？ このように、憲法の内容を正したり、憲法と
関連した紛争を扱う特別裁判所がまさに「憲法裁判所」です。憲法裁

判所は、憲法の守護と国民の基本権保護を目的とする独立裁判機関として、立法府、行政府、司法府の権限を牽制し、バランスを保つ役割をします。憲法裁判所の役割はますます重要になっていて、憲法裁判所の活動は国民の暮らしに大きな影響を及ぼしています。

49. 聞いた内容と一致するものを選んでください。
　① 憲法裁判所は司法府に所属している。
　② 憲法は時代の変化と関係なく、そのまま維持される。
　③ 憲法はどのように解釈するかによって、紛争が生じることもありうる。
　④ 今後、社会がさらに発展すれば、憲法裁判所の役割は縮小されるだろう。

50. 男性の話し方として、適切なものを選んでください。
　① 憲法裁判所の役割拡大を主張している。
　② 憲法裁判所の歴史的意義を説明している。
　③ 憲法裁判所の役割と重要性を強調している。
　④ 憲法裁判所の改善方向に積極的に同意している。

☑ポイント表現

헌법[憲法]　憲法

운영하다[運營--]　運営する

입헌주의 국가[立憲主義 国家]　立憲主義国家

인권[人権]　人権

보장하다[保障--]　保障する

최상위[最上位]　最上位

담다　入れる、盛る、込める

가끔은　たまには。ここでは「時には」と訳した

-을/를 두고　～を巡って

해석[解釈]　解釈

바로잡다　直す、正す

헌법재판소[憲法裁判所]　憲法裁判所

수호[守護]　守護

독립[独立]　独立。독립の発音は[동닙]

재판 기관[裁判 機関]　裁判機関

입법부[立法府]　立法府

행정부[行政府]　行政府

사법부[司法府]　司法府

권한[権限]　権限

견제하다[牽制--]　牽制する

균형을 유지하다[均衡-維持--]　バランスを保つ

소속되다[所属--]　所属する

유지되다[維持--]　維持される

-느냐에 따라　～するのかによって

축소되다[縮小--]　縮小される

의의[意義]　意義

개선 방향[改善 方向]　改善方向

동의하다[同意--]　同意する

[51]

模範解答： ㉠ 누구나 참가할 수 있습니다(誰でも参加できます)、누구든지 참가 가능합니다(誰でも参加可能です)、누구나 신청할 수 있습니다(誰でも申し込むことができます)、누구나 환영합니다(誰でも歓迎します)など　㉡ 추첨으로 선발하겠습니다(抽選で選抜します)、선착순으로 정하겠습니다(先着順で決めます)など

☆正解への道！

㉠　まず、㉠が含まれる文の前に**참가자를 모집하고 있습니다**(参加者を募集しています)とあります。そして、㉠の直前に**인주시에 사는 중고등학생이라면**(インジュ市に住む中高生であれば)とあるので、カッコには「誰でも参加できる」という内容が入るのが適切です。文中の**참가자**(参加者)という単語から、**참가하다**(参加する)を連想して活用するのが、一番シンプルな解答。そのほか、**신청하다**(申し込む)や**환영하다**(歓迎する)を使うのも適切です。

㉡　㉡の直前に**지원자가 30명을 넘는 경우에는**(志願者が30名を超える場合には)とあるので、その後ろには30人の選び方についての情報が入ります。従って、「抽選で選抜する」、あるいは「先着順で決める」といった内容が入るのが適切です。なお、「先着順」は**선착순**と表記しますが、よく**선작순**と誤記しやすいので、注意してください。

【問題文の日本語訳】 ※カッコ部分には、模範解答の一番目の日本語訳を入れています。

> ※[51~52]次の文章の㉠と㉡に、適切な言葉をそれぞれ書いてください。
> （各10点）
>
> 件名：自然の中の青少年キャンプ参加者募集
> 差出人　インジュ市青少年課〈inju○○○@△△△〉
> 宛先
>
> こんにちは。インジュ市青少年課です。
> 今度の7月30日（金）から8月1日（日）まで、2泊3日で開かれるインジュ市青少年キャンプの参加者を募集しています。
> インジュ市に住む中高生であれば（㉠誰でも参加できます）。

募集人数は30名で、志願者が30名を超える場合には（ⒸⒸ抽選で選抜します）。詳細は、添付ファイルを参考になさるか、インジュ市青少年課までお問い合わせください。

☑ポイント表現

캠프 キャンプ
청소년과[青少年課] 青少年課
중고등학생[中高等学生] 中高生
모집 인원[募集 人員] 募集人数、募集人員

지원자[志願者] 志願者
자세하다[仔細 --] 詳しい、細かい。ここでは、**자세한 내용**を「詳細」と訳した
문의하다[問議 --] 問い合わせる

---

[52]

模範解答： ⓐ 독서를 통해 얻는(読書を通じて得る)、책을 통해 얻는(本を通じて得る)、책을 읽고 얻는(本を読んで得る)、간접적으로 경험하는(間接的に経験する)、다른 사람의 경험을 통해 얻는(他の人の経験を通じて得る)など ⓑ 현실적으로 그것은 불가능하다(現実的にそれは不可能だ)、다 해 볼 수는 없다(全部やってみることはできない)、실제로는 불가능하다(実際には不可能だ)、그것은 불가능한 일이다(それは不可能なことだ)など

☆正解への道！

ⓐ ⓐの直前に**경험에는 직접 몸으로 경험하는 것도 있고**(経験には直接体で経験するものもあり)とあるので、ⓐにはこれとは対比的な表現が入ります。従って、ⓐには「直接体で経験できないもの」という内容の文章が入ると推察されます。さらに、本文の最後には**그러므로 우리는 많은 책을 읽어야 한다.**(それゆえに、私たちはたくさんの本を読まなければならない。)とあり、筆者が「直接体で体験できないもの」のうち、ここでは本を読むことの大切さを訴えたいということが分かります。模範解答のように、**독서를 통해 얻는**(読書を通じて得る)といったものが入ると良いでしょう。なお、カッコの後ろには**것**が来ているので、解答する文は連体形にする必要があります。

ⓑ カッコの直前に**모든 것을 다 우리가 직접 체험할 수 있다면 무엇보다 좋겠지만**(全てのことを全部、私たちが直接体験できるなら何より良いが)とあるので、カッコにはこれとは反対の内容、つまり「実際には全ては経験できない」という内容の文章が入るのが適切です。**불가능하다**(不可能だ)や**해 볼 수는 없다**(やってみることはできない)などを使うと良いでしょう。

　　人間は現実に安住せず、常により高い理想を追求する。しかし、理想を実現するためには、それに見合う知識が必要だ。知識はさまざまな経験を通じて得ることができるが、経験には直接体で経験するものもあり、(㋐読書を通じて得る)ものもある。もちろん、全てのことを全部、私たちが直接体験できるなら何より良いが、(㋑現実的にそれは不可能だ)。それゆえに、私たちはたくさんの本を読まなければならない。

☑ポイント表現

안주하다[安住 --]　安住する

이상[理想]　理想

추구하다[追求 --]　追及する

그러므로　従って、ゆえに

---

[53]

模範解答と日本語訳：

　인주시에서는 2015년 2개에 불과했던 여성을 위한 직업 훈련 과정이 2024년에는 10개로 5배나 증가했다. 한편, 해당 기간 여성의 경제 활동률 역시 8.7% 상승했다. 직업 훈련 과정의 증가가 여성들에게 더 많은 경제 활동의 기회를 제공해 주었다고 볼 수 있다. 이처럼 직업 훈련 과정의 확충은 앞으로도 여성들에게 전문 기술과 역량을 갖출 기회를 제공하여 여성의 경제적 독립성을 확보하는 데 도움을 줄 것이다. 아울러 이는 여성의 사회적 발언권 및 결정권을 강화시켜 줌으로써 사회와 경제의 균형 잡힌 발전에도 기여할 것이다. (300字)

　インジュ市では、2015年に2個に過ぎなかった女性のための職業訓練課程が、2024年には10個で、5倍も増加した。一方、該当期間の女性の経済活動率もまた、8.7%上昇した。職業訓練課程の増加が、女性たちにより多くの経済活動の機会を提供したと見ることができる。このように、職業訓練課程の拡充は、今後も女性たちに専門技術と力量を備える機会を提供し、女性の経済的な独立性を確保するのに役立つはずだ。合わせて、これは、女性の社会的発言権および決定権を強化させることで、社会と経済のバランスが取れた発展にも寄与するだろう。

☆正解への道！　提示されている資料は①「棒グラフ」、②「折れ線グラフ」、③「原因」、④「展望」の4つですが、作文ではこれら全てに言及する必要があります。書く順番は①→②→③→④。字数内に収めるため、①と②については、それぞ

れの年の数値に関して言及するのではなく、グラフの内容をコンパクトに表現
しています。また、③の「原因」に当たる「女性のための職業訓練課程の増加」が、
④の「展望」へとつながるように書かれています。

【問題文の日本語訳】

※53. 次は、「インジュ市のキャリアを断たれた女性の規模変化」に対する資
料である。この内容を200～300字の文章で書いてください。ただし、
文章のタイトルは書かないでください。(30点)

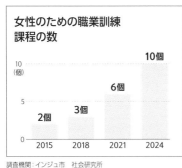

原因　女性の職業訓練課程の増加

展望　専門技術と力量を備えた女性の増加、女性の経済活動
の増加、社会と経済のバランスが取れた発展

調査機関：インジュ市　社会研究所

☑ポイント表現

직업 훈련 과정[職業 訓練 課程]　職業訓
練課程

경제 활동률[経済 活動率]　経済活動率

추이[推移]　推移

역량[力量]　力量

갖추다　備える

균형 (이) 잡히다[均衡 ---]　バランスが
取れる

불과하다[不過--]　(~に)過ぎない。-에
불과하다の形でよく使われる

해당[該当]　該当

역시　~もまた

상승하다[上昇--]　上昇する

확충[拡充]　拡充

경제적 독립성[経済的 独立性]　経済的な
独立性

확보하다[確保--]　確保する

사회적 발언권[社会的 発言権]　社会的発
言権

결정권[決定権]　決定権

강화시키다[強化---]　強化させる

-(으)ㅁ으로써　~することによって

기여하다[寄与--]　寄与する

[54]

模範解答と日本語訳：

　한국에서는 오래전부터 중고등학생의 교복 착용을 당연한 것으로 여겨 왔지만 최근에는 이에 대한 찬반 논란이 거세게 일고 있다. 이는 교복 착용이 단순한 옷차림을 넘어 교육 철학, 개인의 자유, 사회적 이념 등 다양한 가치관과 맞물려 있는 복잡한 문제이기 때문이다.

　찬성 입장에서는 학교에 대한 소속감의 형성, 경제적 격차의 완화, 학교 생활에 대한 집중 등을 장점으로 강조한다. 즉, 교복은 학생 간의 공동체 의식을 함양하고 과도한 복장 경쟁으로 인한 상대적 박탈감을 줄이며 학생들이 학업에 집중할 수 있게 돕는다는 것이다.

　한편, 반대 입장에서는 개성의 억압, 표현의 자유 침해, 경제적 부담 등을 지적한다. 교복은 개성 표현을 제한하고 창의성을 저해하며 자신의 취향에 맞는 옷을 입을 자유를 침해한다는 것이다. 또 요즘에는 교복 비용도 많이 올라 교복이 오히려 경제적으로 부담스럽다는 우려도 존재한다.

　이처럼 교복 착용에 대한 양쪽의 입장은 모두 그 나름의 일리가 있다. 따라서 교복 착용의 장단점을 객관적으로 평가하고 학생과 교사, 그리고 학부모의 의견을 충분히 수렴하여 각 학교 실정에 맞는 최선의 선택을 하는 것이 중요하다. 그리고 교복 착용을 결정했다면 그 장점을 극대화하고 단점은 최소화하기 위한 노력도 필요하다. 예를 들어 다양한 디자인의 교복을 선택할 수 있게 하거나 재활용 소재를 이용하여 원가를 절감하는 방안도 고려해 볼 수 있을 것이다. (700字)

　韓国では昔から、中高生の制服着用を当然のことと考えてきたが、最近ではこれに対する賛否の論争が激しく起こっている。これは制服着用が単純な服装を超えて、教育哲学、個人の自由、社会的理念など、多様な価値観と密接に関係する複雑な問題であるためである。

　賛成の立場では、学校に対する所属感の形成、経済的格差の緩和、学校生活に対する集中などを長所として強調する。すなわち、制服は学生間の共同体意識を涵養し、過度な服装競争による相対的な剥奪感を減らし、学生たちが学業に集中できるように助けるということである。

　一方、反対の立場では個性の抑圧、表現の自由の侵害、経済的負担などを指摘する。制服は個性表現を制限し、創造性を阻害し、自分の好みに合う服を着る自由を侵害するということである。また、最近では制服の費用も大幅に値上がりし、制服がかえって経済的に負担になるという懸念も存在する。

　このように、制服着用に対する双方の立場は、いずれもそれなりの一理がある。従って、制服着用の長所と短所を客観的に評価し、生徒と教師、そして保護者の意見を十分に取りまとめて、各学校の実情に合う最善の選択をすることが重要で

ある。そして、制服着用を決定したとすれば、その長所を最大化し、短所は最小化するための努力も必要である。例えば、多様なデザインの制服を選択できるようにしたり、リサイクル素材を利用して原価を節減する方策も、考慮してみることができるであろう。

☆正解への道！　問題文で提示された3つの質問は、①制服着用の長所、②制服着用の問題点、③制服着用を決定する方法です。序論に当たる1段落目では、制服着用に関する賛否論争や制服着用がもたらす問題点について紹介しています。そして、2段落目では①に対する自分の考えを賛成派の立場から、3段落目では②に対する自分の考えを反対派の立場から論じています。4段落目では、制服着用の賛成派、反対派の意見をまとめつつ、③に対する自分の考えを書いています。1〜4段落目の内容を少々コンパクトにして、「結論」の段落を設けてもOK。その場合は、内容はあくまでも前段までの「まとめ」に留め、新しい内容は書かないようにします。

【問題文の日本語訳】

> ※54.　次を参考にして、600〜700字で文章を書いてください。ただし、問題をそのまま書き写さないでください。（50点）
>
> > 　韓国で制服は長い間、学校教育の象徴のようであった。しかし、個性と創造力が重視されるこのごろ、制服着用に対する議論が活発に行われるようになった。以下の内容を中心に、「制服着用の賛否の論争」に対する自分の意見を書きなさい。
> >
> > ・制服を着用すると、どのような良い点があるのか？
> >
> > ・制服着用の問題点は何か？
> >
> > ・制服の着用をどうやって決定すれば良いのか？

☑ポイント表現

교복[校服]　制服
창의력[創意力]　創造力。창의성は「創造性」
착용[着用]　着用
찬반 논란[賛反 論難]　賛否の論争
거세게 일다　激しく起こる

옷차림　服装、身なり
맞물리다　かみあう、密接に関係する
소속감[所属感]　所属感。自分の居場所があるという感覚
격차[格差]　格差
완화[緩和]　緩和

공동체 의식[共同体 意識]　共同体意識

함양하다[涵養 -]　養う、涵養する

박탈감[剥奪感]　剥奪感。「当然得られると思ったものを、奪われたと感じることで生まれる不満」といった意味

억압[抑圧]　抑圧

침해[侵害]　侵害

취향[趣向]　好み、趣向

그 나름　それなり

일리가 있다[一理 - --]　一理がある

장단점[長短点]　長所(장점)と短所(단점)

학부모[学父母]　生徒の親、保護者

수렴하다[収斂 --]　収斂する、取りまとめる

극대화[極大化]　極大化、最大化

최소화[最小化]　最小化

재활용[再活用]　リサイクル、再活用

원가[原価]　原価

절감하다[節減 --]　節減する

방안[方案]　方策

고려하다[考慮 --]　考慮する

[1～2] 正解：1.③　2.④

☆正解への道！

1. ①～④は全て「도착하다(到着する)＋語尾」となっています。「家に(到着○○)、友達に電話をした。」なので、カッコの中は「到着後」「到着してすぐ」といったものが入るのが自然です。従って、選択肢の中では③が適切な表現です。

2. ①～④には、いずれも形容詞の피곤하다(疲れている)が使われています。①と②は形容詞には使えない表現なので不正解。また、③の-기 마련이다は、個人的な内容には使えません。従って、正解は④です。

【日本語訳】

> ※　[1～2] (　　　　　)に入る言葉として、最も適切なものを選んでください。
> 　（各2点）
> 1. 家に(　　　　　)友達に電話をした。
> 　① 到着しながら　　　② 到着するか
> 　③ 到着してすぐ　　　④ 到着していたら
>
> 2. 私も最近仕事をしすぎているせいか、(　　　　　　)。
> 　① 疲れやすいです　　② 疲れにくいです
> 　③ 疲れるものです　　④ 疲れることこの上ないです

☑ポイント表現

1.
-(으)면서　～しながら, ～とともに。同時の意味を表す

-든지　～するか(選択)、～するとか(例示)、～しようが。「複数の選択肢からどれを選んでも同じ」のニュアンスを伝える表現

-자마자　～するとすぐに

-다가는　～していたら。前で述べた行動を続けていたところ、良くない状況になることを述べるときの表現

2.
-아/어서 그런지　～だからそうなのか

-기 쉽다　～しやすい、～するのが簡単だ

-기 힘들다　～しにくい、～するのが難しい

-기 마련이다　～するものだ。一般的な事

実などを述べ、起こるのが当然だというニュアンスで使う

- -기 짝이 없다 ～することこの上ない。直訳は「～することに対がない」

[3～4] 正解： 3. ① 　4. ①

☆正解への道！

3. 창문을 여니까（窓を開けると）の-(으)니까は「～すると」の意味で、前提や条件を表します。これと同じ表現は-자なので、正解は①です。なお、②の-거든は仮定の表現なので不正解です。

4. 감사할 따름입니다（感謝するばかりです）の-(으)ㄹ 따름이다と同じ「～するばかりだ」の意味を持つ表現は、①の-(으)ㄹ 뿐이다です。他の表現もTOPIK Ⅱに頻出のものばかりですので、「ポイント表現」でしっかりチェックしておきましょう。

【日本語訳】

> ※ [3～4] 下線を引いた部分と、意味が最も似ているものを選んでください。（各2点）
>
> 3. 窓を開けると、美しい風景が目に入った。
>   ① 開けると　　② 開ければ　　③ 開けたのに　　④ 開けるから
>
> 4. こんなに大きな賞をくださって、感謝するばかりです。
>   ① 感謝するばかりです　　② 感謝するところでした
>   ③ 感謝するに値しました　　④ 感謝するほどです

3.

- 자　～すると。前提、条件を表す。- 자の
前の動作が、- 자の後ろの動作の前提になる

- 거든　～したら、～ならば。仮定を表す

- 더니　～したのに、～していたが。過去
と現在の対比をする表現。例:아침까지는 흐
리더니 지금은 비가 와요.（朝まで曇ってた
のに、今は雨が降っています。）また、「～す
ると、～するなり、～するや」の意味もある

4.

-(으)ㄹ 따름이다　～するばかりだ、～

する次第だ

-(으)ㄹ 뿐이다　～するばかりだ

-(으)ㄹ 뻔하다　～するところだった。
하마터면 -(으)ㄹ 뻔했다（あやうく～すると
ころだった）のように、하마터면とともに使
うことが多い

-(으)ㄹ 만하다　～する価値がある、～
するに値する、～できる

-(으)ㄹ 지경이다[- 地境 --]　～するほ
どだ。否定的なニュアンスがある。例:할일
이 너무 많아 바빠서 죽을 지경이다.（するこ
とが多過ぎて、忙しくて死にそうだ。）

＼ 🔍知っておきたい！ ／

-(으)ㄹ 뿐이다は「名詞＋뿐이다」の形も可能ですが、-(으)ㄹ 따름이다は「名
詞＋따름이다」の形は使えませんので、注意しましょう。

[5～8] 正解： 5. ①　6. ②　7. ①　8. ④

☆正解への道！

5.　꿈나라(夢の国)は、寝ている間に見る꿈(夢)の比喩的な表現です。목이 편한
は「首が楽な」という意味。従って、眠り関連で首を支える①が正解です。

6.　신간(新刊)、베스트셀러(ベストセラー)、스테디셀러(ロングセラー)といっ
た本に関する単語から、正解の②を導けます。양식(糧)という言葉から③
の쌀가게(米屋)を選んでしまわないように注意しましょう。

7.　플라스틱 없이(プラスチックなしで)、지구가 웃는다(地球が笑う)、플라스
틱 사용 줄이기(プラスチックの使用を減らすこと)の表現から、①が正解で
あることが分かります。

8.　새치기(割り込み)、안으로 들어가실 때(中に入られるとき)、앞사람을 밀지
마세요(前の人を押さないでください)の表現から、④の입장 안내(入場案内)
を正解として選べます。

【日本語訳】

※ [5~8] 次は何についての文なのか、選んでください。（各2点）

5. 夢の国が天国に‼
   首が楽なオーダーメイドの寝床を経験してみてください。
   ① 枕　　　② 座布団　　　③ ソファ　　　④ パジャマ

6. 新刊からベストセラー、ロングセラーまで
   心の糧をきちんと積んでみてください。
   ① 食堂　　　② 書店　　　③ 米屋　　　④ 不動産

7. プラスチックなしで暮らす日、地球が笑う！
   プラスチックの使用を減らすことは選択ではなく、必須です。
   ① 環境保護　　　② 健康管理　　　③ 物資の節約　　　④ 過剰な消費の禁止

8. ❶割り込みは絶対にしないでください。
   ❷中に入られるとき、前の人を押さないでください。
   ① チケット予約　　　② 食事マナー　　　③ 購入申し込み　　　④ 入場案内

☑ポイント表現

5.
맞춤　オーダーメイド
잠자리　寝床。잠(睡眠、眠り) + 자리(場所)
방석[方席]　座布団
소파　ソファ
잠옷　パジャマ、寝間着。잠(睡眠、眠り) + 옷(服)。파자마とも

6.
스테디셀러　ロングセラー
양식[糧食]　糧、糧食
차곡차곡　きちんと。物を整然と積んだり重ねたりした様子
쌓다　積む
서점[書店]　書店

7.
플라스틱　プラスチック
줄이기　減らすこと。줄이다(減らす) + -기(名詞化の語尾)
환경 보호[環境 保護]　環境保護
물자 절약[物資 節約]　物資の節約
과소비 금지[過消費 禁止]　過剰な消費の禁止。과소비は「過剰な消費、浪費」

8.
새치기　割り込み
밀다　押す。ちなみに「引く」は당기다。韓国ではよく、ドアに미시오(押してください)、당기시오(引いてください)と表示されている
예절[礼節]　マナー、礼節
입장 안내[入場 案内]　入場案内

[9～12] 正解： 9．③　 10．③　 11．③　 12．④

☆正解への道！

9. **본교 학생**(本学の学生)とはつまり「この学校の学生」ということなので、**이 학교 학생만**(この学校の学生だけ)とある③が正解です。謝礼に関する記載はないので、①は不正解。また、8月の1カ月間は「申し込み期間」ですので、②も不正解。また、参加の受付は電子メールなので、④も不正解です。

10. グラフを見ると、2022年にコメの消費量と肉類の消費量が逆転しています。従って、正解は③です。肉類の消費量は、2013年が42キロ、2022年が58キロで、2倍には達していないので、①は不正解。コメの消費量は年々落ち続けているので、②も不正解。また、肉類の消費量は2018年、2020年と同じ54キロで変化がないので、この間は停滞していると見ることができます。

11. 韓国式の「数え年」は、生まれた年度に1歳になり、新年初日(1月1日)に1歳ずつ年を取る方式なので、満年齢より年齢が増えます。従って、正解は③。①と④については言及がありません。また、新年の1月1日を基準に年を取るのは数え年なので、②は不正解です。

12. 文章全体を読むと、韓国、日本、中国の3国では、箸を使って食事をすることが述べられていますので、正解は④です。茶碗を手に持って食べるのは日本なので、①は不正解。②は言及がありません。また、中国の箸は韓国の箸より長いので、③は不正解です。

【日本語訳】

> ※ [9～12] 次の文章またはグラフの内容と一致するものを選んでください。
> （各2点）
>
> 9. 2学期の交換留学生トゥミを探しています。
>   ■ 活動期間：2025年度 2学期

■対象：外国人学生と交流したい本学の学生
■申し込み期間：2025年8月1日～8月31日
■申し込み方法：国際交流課ホームページより、申し込み書ダウンロード後、電子メールで受付(E-mail：global-communication@alc.ac.kr)

トウミ活動をされた方には、ボランティア活動証明書を発行いたします。

① 活動に応じて、謝礼を請求することができる。
② トウミ活動は8月の1ヵ月間行われる。
③ この学校の学生だけがトウミとして活動できる。
④ 参加したい人は電話で連絡すればよい。

10.

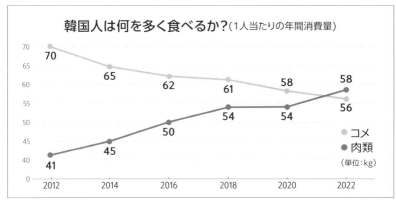

① 肉類の消費量は2012年以降、2倍に増えた。
② コメの消費量は、今後も増え続ける見込みだ。
③ 2022年に、韓国人はコメより肉類を多く食べる。
④ 2010年代に入って、肉類の消費量は停滞したことがない。

11. これまで、韓国では「数え年」「年度内年齢」「満年齢」の計3つの年齢計算法を使用してきた。しかし、2023年6月28日から「満年齢統一法」が正式に施行され、特別な言及がなければ常に「満年齢」を意味するようになった。韓国式の「数え年」は、生まれた年度に1歳になり、新年初日に1歳ずつ年を取る方式だ。 反面、「満年齢」は0歳から始まり、誕生日を基準に1歳ずつ増えることになる。今回の法律制定で年齢の計算法が統一され、韓国国民の年齢は1歳または2歳まで若くなった。

① 今後、韓国式の「数え年」は使用してはいけない。

②「満年齢」では新年の1月1日を基準に年を取る。

③「数え年」で計算すれば、「満年齢」の時より年齢が増える。

④「年齢計算法」とは関係なく、最近の韓国人は年齢より若く見える。

12. 韓国では食事するとき、器をテーブルの上に置き、スプーンと箸で食べ物を食べる。 日本人は先の尖った箸を使用するが、食べ物をこぼさないように茶碗を持って食べる。 一方、中国には揚げたり炒めた料理が多いが、これらはだいたい油が多く熱いので、中国の箸は韓国よりも長い。 このように、国ごとに異なる食事方法と多様な食べ物は、その国の文化をよく示してくれる。

① 韓国では、茶碗を手に持ってご飯を食べる。

② 日本では、ご飯を食べるときにスプーンを使用する。

③ 中国では、韓国よりさらに短い箸を使用する。

④ 韓中日、東アジアの3国ではいずれも箸を使用する。

☑ ポイント表現

9.

교환학생[交換学生]　交換留学生。協定校同士が1年程度、互いの学生を交換する制度を利用して通う留学生を指す

도우미　돕다(助ける)の名詞形도움＋이(〜する人)。ヘルパー、アシスタント、サポートする人、お手伝いさん、助手などを意味する。大学における도우미制度については、「知っておきたい！」を参照のこと

본교[本校]　本学、本校

국제교류처[国際交流処]　国際交流課

다운로드　ダウンロード

전자우편[電子郵便]　電子メール。이메일と同じ意味

접수[接受]　受付。ちなみに「受付場所」は접수처[接受処]

자원봉사 활동 증명서[自願奉仕 活動 証明書]ボランティア活動証明書

발급하다[発給--]　発給する

사례비[謝礼費]　謝礼

청구하다[請求--]　請求する

10.

육류[肉類]　肉類。発音は[융뉴]

소비량[消費量]　消費量

-(으)ㄹ 전망이다[- 展望--]　〜する見込みだ、〜する見通しだ

정체되다[停滞--]　停滞する

11.

그 동안　この間。ここでは「これまで」と訳した

세는 나이　数え年。直訳は「数える年」。生まれたときに1歳で、新年初日(1月1日)に1歳ずつ年を取る方式で、한국 나이(韓国の歳)ともいう

연 나이　年度内年齢。現在の年度から生まれた年度を引いて算出する

만 나이　満年齢。生まれたときは0歳、誕

生日に1歳年を取る数え方で、世界でも広く用いられている

만 나이 통일법 満年齢統一法。2023年に韓国で施行された法律

시행되다[施行--] 施行される

별다르다[別---] 特別だ

법률 제정[法律 制定] 法律制定

나이보다 젊어 보인다 年齢より若く見える。反対の表現は나이보다 늙어 보이다(年齢より老けて見える)、나이가 들어 보이다(年を取って見える)

12.

그릇 器

상[床] お膳、テーブル

끝 先、端

뾰족하다 尖っている

숟가락 スプーン

젓가락 箸。숟가락(スプーン)と젓가락(箸)を合わせて수저という

음식을 흘리다 食べ物をこぼす

튀기다 揚げる

볶다 炒める

대체로[大体] だいたい、おおむね

한중일 韓中日、韓国と中国と日本

\ 🔍 知っておきたい！ /

大学における**도우미**制度は、韓国人学生が、外国人留学生の韓国語学習や留学生活をサポートする制度です。外国人留学生にとっては、韓国人の友達作りのきっかけとなったり、授業以外で韓国語を話す機会にもなりますし、留学生活の不安を減らすこともできます。また、韓国人学生にとっては、単位を取得できる、ボランティア活動の経歴になるなどのメリットがあるようです。（韓国では、就職活動の際に「ボランティア活動証明書」が役に立つとのこと）

[13~15] 正解：13. ①　14. ③　15. ④

☆正解への道！

13. ①～④は(나)または(다)が1番目に置かれています。(나)は예를 들어(例えば)から始まっていて、これは何かの内容を受ける必要があるので、1番目には来ません。従って、1番目に来るのは(다)です。ここで正解が①か②に絞られます。まず「ソウルの多くの在来市場が消えた」という内容の文の次に来るのは、それに相反する内容のもの、つまり「しかし、いくつかの市場はそのまま残っている」という(가)が来るのが自然です。そして、「いくつかの市場」の例として、南大門市場を紹介する流れです。従って、正解は①です。

14. ①～④は(다)または(라)が1番目に置かれています。(라)は알고 보니(後で分かったのだが)から始まっていて、これは何かの内容を受ける必要があるので、文頭には来ません。従って、1番目に来るのは(다)です。こ

こで正解が③か④に絞られます。③と④を見ると、２番目に来るのは両方とも(나)、つまり「家で簡単にパーティーをした」という内容です。この後の流れを考えると、「友達が私に、朝食にワカメスープは食べたか尋ねた」→「後で分かったのだが、韓国では誕生日の朝にワカメスープを食べるそうだ」が自然なので、正解は③。

15. ①～④は(나)または(다)が1番目に置かれています。(다)は이로 인해(これによって)から始まっていて、これは何かの内容を受ける必要があるので、文頭には来ません。従って、１番目に来るのは(나)です。ここで正解が③か④に絞られます。(나)の内容を受けているのは、이로 인해(これによって)から始まっている(다)。(다)に出てくる열량의 차(熱量の差)は、(라)の이러한 열에너지 불균형(このような熱エネルギーの不均衡)につながります。そして、(라)の대규모 대기순환(大規模な大気循環)は(가)の이(これ)とつながるので、正解は④。

【日本語訳】

※ [13～15] 次を順序通りに配列したものを選んでください。(各2点)

13. (가) しかし、いくつかの市場はそのまま残っている。
    (나) 例えば、南大門市場はソウルを代表する在来市場である。
    (다) ソウルの在来市場は、急速な産業化と都市化によって多く消えた。
    (라) 今日も1日に30万人を超える人々が南大門市場を訪れている。
    ① (다)-(가)-(나)-(라)　　　② (다)-(라)-(가)-(나)
    ③ (나)-(가)-(라)-(다)　　　④ (나)-(라)-(가)-(다)

14. (가) ある友達が私に、朝食にワカメスープは食べたかと尋ねた。
    (나) 韓国の友達を呼んで、うちで簡単にパーティーをした。
    (다) 私は先月韓国に来て、初めて韓国で誕生日を迎えた。
    (라) 後で分かったのだが、韓国では誕生日の朝にワカメスープを食べるのだそうだ。
    ① (라)-(나)-(다)-(가)　　　② (라)-(나)-(가)-(다)
    ③ (다)-(나)-(가)-(라)　　　④ (다)-(나)-(라)-(가)

15. (가) これを台風という。
    (나) 自転は地球に昼と夜、そして季節の変化をもたらす。
    (다) これによって、地球には太陽から受ける熱量の差が発生する。

(라) このような熱エネルギー不均衡の解消のために、大規模な大気循
環が起きる。

① (다)-(가)-(라)-(나)　　　② (다)-(나)-(라)-(가)
③ (나)-(가)-(라)-(다)　　　④ (나)-(다)-(라)-(가)

☑ポイント表現

13.
남대문시장[南大門市場]　南大門市場。ソウル中心部にある市場
재래시장[在来市場]　在来市場。昔ながらのスタイルの市場のこと
산업화[産業化]　産業化
도시화[都市化]　都市化
- 로 인해[-- 因 -]　~によって

14.
미역국　ワカメスープ。韓国では、誕生日の日の朝に食べるものとして知られている。しかし、試験日には食べてはいけない。理由は、「ヌルヌルしているワカメのようにスベっ

ては(=試験に落ちては)いけない」ため
- 았 / 었냐고　~したかと。疑問文の間接話法
파티　パーティー
알고 보니　後で分かったのだが。直訳は「知ってみると」

15.
태풍[台風]　台風
자전[自転]　自転
계절[季節]　季節。類似表現に시즌(シーズン)がある
열량[熱量]　熱量
불균형[不均衡]　不均衡
대기순환[大気循環]　大気循環

[16~18] 正解：16. ② 　17. ③ 　18. ④

☆正解への道！

16. カッコ前後の対比関係に注目。カッコの前では既存のAI、カッコの後ろでは生成系AIに関して述べられています。カッコの後ろにある**생성형 인공지능은 기존 데이터에 대한 단순한 이해를 넘어**(生成系AIは既存データに対する単純な理解を超えて)という部分から、「単純な理解」をするのは既存のAIであることが読み取れます。従って、カッコに入るのは②です。

17. カッコの後ろにある**기원**(起源)がポイントです。「起源」とはすなわち「物事の始まり」の意味ですので、カッコに入るのは何かの始まりについての内容となります。従って、**어떻게 생겨난 것인지**(どのようにして誕生したのか)が含まれている③が正解となります。

18. カッコの前、**이 영역의 손상은 문장 이해에 어려움을 초래하여**(この領域の損

442

傷は文章理解に困難をもたらし)がポイント。**이 영역**(この領域)とは**베르니케 영역**(ウェルニッケ野)を指します。従って、カッコには文章理解に困難を招くことを示す、④が入ります。

【日本語訳】

※ [16~18] (　　　　　)に入る言葉として、最も適切なものを選んでください。
（各2点）

16. 生成系AIは、既存コンテンツのパターンを活用して推論した結果で、新しいコンテンツを作り出す技術を指す。既存のAIが単純にデータとパターンだけを学習して(　　　　　)、生成系AIは既存データに対する単純な理解を超えて、新しい成果物を誕生させる段階にまで到達した。
① 新しい可能性を探索したならば
② 対象を理解するにとどまっていたとしたら
③ 独創的なコンテンツを作り出すとしたら
④ これまでになかった結果を導き出すとしたら

17. 生命体とは、生命を持った全てのものを指す。生命体は細胞から成っていて、細胞はDNAを持っている。生命体は栄養素を摂取し、エネルギーを生成し、生殖して繁殖する。このような生命体が(　　　　　)、その起源はまだ明らかになっていないが、生命体が地球の生態系を維持する上で不可欠な役割を果たしているという事実は、疑う余地がない。
① 過去にいつ絶滅したのか
② いつ宇宙に広がっていくのか
③ 地球上にどのようにして誕生したのか
④ 地球外生命体とどのような関連があるのか

18. 人間の脳で言語能力をつかさどる部位は、大きくブローカ野とウェルニッケ野に分けることができる。ブローカ野は言語処理に関与するが、大脳の左正面に位置する。この領域の損傷は言語表現能力に影響を与え、文法的側面の困難さをもたらす。ウェルニッケ野は言語理解と関連がある部位で、ブローカ野と隣接していて、主に左大脳半球に位置する。この領域の損傷は文章理解に困難をもたらし、(　　　　　)。
① 話はできても文は書けない
② 自分が言うことを耳で聞けなくなる
③ 他人とコミュニケーションするとき、いつもメモをしようとする

④ 他人が言った内容を理解できなくなる

☑**ポイント表現**

16.

생성형 인공지능[生成型 人工知能] 生成系AI

기존 콘텐츠[既存 ---] 既存コンテンツ

패턴 パターン

추론하다[推論--] 推論する

가리키다 指す

단순하다[単純--] 単純だ

결과물[結果物] 結果物、成果物、結果

탄생시키다[誕生---] 誕生させる

탐색하다[探索--] 探索する、探す

그치다 とどまる

독창적[独創的] 独創的

도출하다[導出--] 導き出す

17.

생명체[生命体] 生命体

세포[細胞] 細胞

이루어지다 成る、成り立つ、成し遂げられる

섭취하다[摂取--] 摂取する

생식하다[生殖--] 生殖する

번식하다[繁殖--] 繁殖する

기원[起源] 起源

생태계[生態系] 生態系

필수적인[必須的-] 必須の、欠かせない、不可欠な

의심하다[疑心--] 疑う。의심할 여지가 없다는「疑う余地がない」の意味

멸종하다[滅種--] 絶滅する

생기다 できる、生じる。ここでは「誕生する」と訳した

외계 생명체[外界 生命体] 地球外生命体

18.

뇌[脳] 脳

관장하다[管掌--] つかさどる、管掌する

브로커 영역[--- 領域] ブローカ野

베르니케 영역[---- 領域] ウェルニッケ野

대뇌[大脳] 大脳

손상[損傷] 損傷

초래하다[招来--] もたらす、招く、招来する

인접하다[隣接--] 隣接する

대뇌 반구[大脳 半球] 大脳半球

소통하다[疎通--] 意思疎通する、コミュニケーションする

\ 🔍知っておきたい！/

外界 生命体(地球外生命体)に関連する表現をいくつか覚えておきましょう。

・외계인[外界人]：宇宙人

・우주인[宇宙人]：宇宙飛行士。우주 비행사[宇宙飛行士]とも言う

・ＵＦＯ(発音は[유에프오])：UFO

・행성[行星]：惑星

\ これも 🔍知っておきたい！/

Instagramでは소통하다を「仲良くしよう」という意味で使われる。例えば、

アップした写真に소통해요というコメントがあれば、「フォローし合って、仲良くしましょう」というニュアンスで捉えてOK。

[19~20] 正解：19. ③　20. ③

☆正解への道！

19. カッコの前後がポイント。カッコの前では「ノイズマーケティングはブランドの認知度を高める」と述べているのに対して、カッコの後ろでは「ブランドイメージに害を及ぼす可能性もある」となっています。カッコの前後で相反した内容が述べられているので、③の오히려（むしろ）が入ると自然な流れになります。

20. この文のテーマは、最後の**社会的 책임과 윤리적 기준을 준수하는 마케팅 전략을 추구하는 것이 중요하다**（社会的責任と倫理的な基準を遵守するマーケティング戦略を追求することが重要である）。従って、正解は③となります。①の内容は文中で触れられていますが、文のテーマではありません。

【日本語訳】

※　[19~20]次を読んで、問いに答えてください。（各2点）
　　ノイズマーケティングは製品やサービスを宣伝するとき、世間の注目を集めるために、故意に議論を引き起こすマーケティング戦略を言う。大衆の感情を刺激して、製品またはブランドの認知度を高めるのに使われる。このような戦略は、多くの人々の関心を呼び集め、メディア露出を高めることができるが、同時に人々にネガティブな反応を呼び起こし、（　　　　　　）ブランドイメージに害を及ぼす可能性もある。従って、製品やブランドの価値とイメージを向上させることにだけ血眼になるより、社会的責任と倫理的な基準を遵守するマーケティング戦略を追求することが重要である。

19. （　　　　　　）に入る言葉として、最も適切なものを選んでください。
　　① 一層　　② どうしても　　③ むしろ　　④ そもそも

20. 上の文章のテーマとして、最も適切なものを選んでください。
　　① ノイズマーケティングは、ネガティブな感情を感じさせる。
　　② 大衆の感情的な反応を呼び起こすのは、良い宣伝方法である。
　　③ マーケティング戦略を立てるときは、倫理的・社会的側面を考慮しな

けれればならない。
④ 宣伝を成功的にするためには、ノイズマーケティングを使用しなければならない。

노이즈 마케팅　ノイズマーケティング

홍보하다[弘報--]　広報する、宣伝する、PRする

세간[世間]　世間。近い意味の表現に세상[世上]がある

주목을 끌다　注目を集める

고의적[故意的]　故意的。ここでは、고의적으로を「故意に」と訳した

논란[論難]　議論

인지도[認知度]　認知度

노출[露出]　露出

불러 모으고　呼び集め(て)

부정적인[否定的-]　ネガティブな、否定的な

불러일으키다　呼び起こす

해를 끼치다　害を及ぼす

혈안이 되다[血眼---]　血眼になる

윤리적 기준[倫理的 基準]　倫理的な基準

준수하다[遵守--]　遵守する

마케팅 전략[--- 戦略]　マーケティング戦略

추구하다[追求--]　追求する

한층[-層]　一層

차마　どうしても

오히려　むしろ、かえって

애당초[- 当初]　そもそも、初め、最初

전략을 세우다[戦略 - ---]　戦略を立てる。近い意味の表現に전략을 짜다がある

[21~22] 正解：21. ②　22. ①

☆正解への道！

21.　選択肢はすべてことわざ。カッコの直後に라는 속담처럼(ということわざのように)が置かれていて、その後に마음을 다잡고 일단 시작하는 것이 중요하다(気を引き締めていったん始めることが重要だ)と続きます。この内容と合うのは正解の②。

22.　最後の一文の内容を短くまとめたのが①なので、これが正解です。「悪い習慣を直すべき」ということがこの文章の主張なので、②と③は不正解。④については言及がないので、不正解です。

【日本語訳】

※　[21〜22]次を読んで、問いに答えてください。(各2点)

私たちは誰もがさまざまな習慣に従って行動する。習慣による自動的な反応は、私たちの日常を支える重要な要素のうちの一つである。しかし、時に習慣は私たちを良くない方向に導くこともある。いったん、習慣が一度身につくと、直すのが容易ではない。だからといって、習慣を変えることが全く不可能なことではない。容易ではないだろうが、（　　　　　　　）ということわざのように、気を引き締めていったん始めることが重要だ。悪い習慣を直すことは、私たちが困難を克服し、より良い人生を生きるための第一歩なのである。

21.（　　　　　）に入る言葉として、最も適切なものを選んでください。
　　① 井の中の蛙　　　　　　② 千里の道も一歩から
　　③ 猿も木から落ちる　　　④ 船頭多くして船山に上る

22. 上の文章の内容と一致するものを選んでください。
　　① 悪い習慣を直せば、より良い人生を送ることができる。
　　② 習慣に従って行動すれば、幸福な人生を送ることができる。
　　③ 困難を克服するためには、習慣に従って生きなければならない。
　　④ 習慣を自動反応の段階にまで引き上げれば、成功できる。

☑ポイント表現

지탱하다[支撑--]　支える、持ちこたえる
이끌다　導く、引っ張る
한번　（試しに）一度。分かち書きが異なる
한 번は「(回数の)一度」なので注意
습관이 몸에 배다　習慣が身につく
속담[俗談]　ことわざ
마음을 다잡다　気を引き締める
극복하다[克服--]　克服する

첫걸음　第一歩
우물 안 개구리　井の中の蛙
천 리 길도 한 걸음부터[千 里 -- - ----]
千里の道も一歩から
원숭이도 나무에서 떨어진다　猿も木から落ちる
사공이 많으면 배가 산으로 간다[沙工 ----- -- 山-- --]　船頭多くして船山に上る
끌어올리다　引き上げる

[23〜24] 正解：23. ③　24. ①

☆正解への道！

23.　目頭が熱くなった私の心情は、下線部分直後の그녀와 함께한 행복한 시간들이 나를 지금의 모습으로 성장시켜 줬고, 그것은 언제나 나에게 따뜻한 추억으로 남을 것이다. (彼女と一緒に過ごした幸せな時間が私を今の姿に成長

させてくれたし、それはいつも私に温かい思い出として残るだろう。)に
表れています。この内容を端的に表した③が正解。①は本文に「心残り」
と読み取れる部分がないので、不正解です。

24. 冒頭部分に、그 친구 이름은 유이. 같은 유치원과 초등학교를 다니며(その友
達の名前はユイ。同じ幼稚園と小学校に通い)とあるので、①が正解。ユ
イに宛てて手紙は書いていないので、②は不正解。③と④は言及がなく、
不正解です。

【日本語訳】

※ [23〜24]次を読んで、問いに答えてください。(各2点)

　幼い頃、隣りに同年代の友達が住んでいた。その友達の名前はユイ。同
じ幼稚園と小学校に通い、いつも私たちは多くのことをともにした。しかし、
成長とともに私たちの仲は次第に変わっていった。中学校に上がるや、私た
ちは関心を持ってすることや、気の合う友達、全てが変わった。ユイは私が
よく知らない友達と遊び始め、私も新しい友達と会うようになった。ますま
す二人が一緒にいる時間が減り、いつの間にか私たちは疎遠になっていた。
そして、高校に入ると私は引っ越すことになり、その後ユイに会えなかった。
　数日前、部屋の掃除をしていて、幼い頃ユイとやり取りした手紙の束を
発見した。久しぶりにその手紙を読むやいなや、ユイとともに過ごした時
間が次々と浮び上がり、目頭が熱くなった。彼女と一緒に過ごした幸せな
時間が私を今の姿に成長させてくれたし、それはいつも私に温かい思い出
として残るだろう。いつかまたユイと会って、昔話ができたらなと思う。

23. 下線を引いた部分に表れた「私」の心情として、最も適切なものを選んで
　　ください。
　　① 懐かしくて心残りだ　　　② 悲しくて寂しい
　　③ 嬉しくて満足だ　　　　　④ 寂しくて心配だ

24. 上の文章の内容と一致するものを選んでください。
　　① 私はユイと同じ幼稚園に通っていた。
　　② 私は久しぶりにユイに手紙を書いた。
　　③ 私は大学に入学して、ユイと再会した。
　　④ 私は小学校の時から同じ家で暮らしている。

☑ポイント表現

시절[時節] （人の人生を区分した）時代、時期、頃、季節。「学生時代」は학창 시절[学窓 時節]。ちなみに、시대[時代]は歴史上の時代のことを指す

이웃 （境界を接している）隣り、近所

또래 同年代

어울리다 つき合う、似合う。ここでは、어울리는 친구を「気の合う友達」と訳した

어느새 いつの間にか、いつしか

소원하다[疎遠--] 疎遠だ

이사를 가다[移徙---] 引っ越しする

주고받다 やり取りする

뭉치 束、塊。ちなみに「札束」は돈뭉치

새록새록 （思い出などが）次々と、相次いで

떠오르다 浮かび上がる

눈시울이 붉어지다 目頭が熱くなる。直訳は「目頭が赤くなる」。泣きそうになるほど嬉しいことや悲しいことがあったときに使う表現。似た表現に눈시울을 적시다(目頭を濡らす)がある

그녀 彼女

추억[追憶] 思い出、追憶

옛이야기 昔話

그립다 懐かしい、恋しい

아쉽다 心残りだ、残念だ

쓸쓸하다 （一人でいて）寂しい

서운하다 （相手から期待していたものが得られず）寂しい

[25~27] 正解：25. ③   26. ①   27. ④

☆正解への道！

25. 本文の인기 효과(人気効果)が인기와 함께(人気とともに)、本文の배경 음악(BGM)が영화 속에 나오는 음악(映画の中に出てくる音楽)、本文の차트 1위 석권(チャート1位を席巻)が인기 순위 1위를 차지했다(人気ランキング1位を占めた)に言い換えられている③が正解です。

26. 本文の때 이른 첫눈 '펑펑' (早めの初雪「しんしん」)が예년보다 일찍 첫눈이 내려(例年より早く初雪が降り)、本文の데이트 명소에 연인들 '속속' （デートスポットに恋人たち「続々」）が많은 곳이 연인들로 붐볐다(多くの場所が恋人たちで混み合った)に言い換えられている①が正解です。

27. 本文の살인적 무더위(殺人的な蒸し暑さ)が이상 고온 현상(異常高温現象)、本文の정부 경보 발령(政府が警報発令)が정부 차원의 폭염 위험 경보가 발령됐다(政府レベルの猛暑危険警報が発令された)に言い換えられている④が正解。

【日本語訳】

※ [25〜27]次の新聞記事の見出しを、最もよく説明したものを選んでください。(各2点)

25. 映画「あなた」の人気効果、BGMも音源チャート1位を席巻
  ① 映画は興行には成功できなかったが、音楽は人気を集めた。
  ② 映画が人気を得ると、人々は自分だけのBGMを作り始めた。
  ③ 映画の人気とともに、映画の中に出てくる音楽も、人気ランキング1位を占めた。
  ④ 映画に出てくる効果音を生成するプログラムの販売が好調を見せた。

26. 早めの初雪「しんしん」、デートスポットに恋人たち「続々」
  ① 例年より早く初雪が降り、多くの場所が恋人たちで混み合った。
  ② 初雪を見に人々が外に出て、多くの場所がにぎわっていた。
  ③ 早い初雪を祝う花火大会に、恋人たちがたくさん集まった。
  ④ 突然降った雪のせいで、デートをしようとした人たちが約束を取り消した。

27. 殺人的な蒸し暑さから1カ月目、政府が警報発令
  ① 猛暑の中、外出を控えろという政府の指示に反すると、処罰を受ける可能性がある。
  ② 天気があまりに暑くて、精神が異常をきたす人が多いので、気をつけなければならない。
  ③ 暑さが続いているが、政府は言葉でのみ警告するだけで、対策の準備には消極的だ。
  ④ 異常高温現象が続くや、政府レベルの猛暑危険警報が発令された。

☑ポイント表現

25.
그대　あなた、君。歌の歌詞や時代劇でよく用いられる
배경 음악[背景 音楽]　BGM
음원[音源]　音源。CDのみならず、ストリーミングやダウンロードも含む
석권[席巻]　席巻
흥행[興行]　興行、ヒット。흥행곡は「ヒット曲」、つまり興行的に成功した曲のこと
인기를 얻다　人気を得る
-자　〜するや(いなや)、〜すると
순위[順位]　順位。ここでは「ランキング」と訳した
차지하다　占める
호조[好調]　好調
26.
때 이른　早めの。「早い」の意味の이르다(早

い)は르変格活用

첫눈 初雪

펑펑 しんしん(雪が降る様子)。例：눈이 펑펑 내리다.(雪がしんしんと降る。)

데이트 명소[--- 名所] デートの名所。ここでは「デートスポット」と訳した

연인[恋人] 恋人(文語的な表現)。애인[愛人]も「恋人」の意味で、会話ではこちらが使われる

속속[続続] 続々、次から次へと

붐비다 混み合う

북적이다 にぎわう

불꽃놀이 花火大会。불꽃は「花火」、놀이は「遊び」

취소하다[取消--] 取り消す

27.

살인적[殺人的] 殺人的

무더위 蒸し暑さ

경보 발령[警報 発令] 警報発令

폭염[暴炎] 猛暑

삼가다 慎む、遠慮する、控える

어기다 (約束を)破る、違反する。ここでは「反する」と訳した

처벌[処罰] 処罰

정신이 이상해지는[精神 - 異常 ---] 精神がおかしくなる。ここでは「精神に異常をきたす」と訳した

조심하다[操心 --] 気をつける

더위 暑さ。ちなみに「寒さ」は추위

경고하다[警告 --] 警告する

대책 마련[対策 -] 対策の準備、対策作り

소극적[消極的] 消極的

현상[現象] 現象

\　◯知っておきたい！　/

韓国では、「初雪が降った日に告白すると、恋が叶う」「初雪が降ると、恋人に連絡する」などといわれ、好きな人や恋人がいる人にとっては、特別にロマンチックな日です。初雪のシーンは、さまざまな韓国ドラマや映画に登場しています。

[28~31] 正解：28. ④　29. ③　30. ③　31. ④

☆正解への道！

28. -와 달리(〜と異なり)という表現が、正解を導くポイントです。この表現の前に**유료 콘텐츠가 대부분인 해외 업체**(有料コンテンツが大部分の海外企業)とあるので、カッコの後ろにはそれとは反対の内容が来ます。従って、「無料コンテンツ」の内容を含む④が正解。

29. 冒頭部分の「翼の上側の空気が翼の下側の空気より速く流れると、揚力が生まれる」「空気の速度が速くなると圧力が低くなる」といった内容から、「空気の流れが速い翼の上側のほうが、下側より圧力が低い」ことが分かります。従って、正解は③です。

30. カッコの前にある**이 깃털은 살아 있는 거나나 오리의 날개에서 뽑는다**(この
羽毛は、生きているガチョウやアヒルの羽から抜く)がポイント。シャト
ルコックの製造方法が動物に苦痛を与える残忍な方法と解釈できるので、
正解は③です。

31. 冒頭のことわざ**개천에서 용 난다**(ドブから龍が出る)は、「鳶が鷹を生む」
の意味です。カッコの前に置かれている**당시**(当時)は、このことわざが
通用した時代のこと。また、文章後半のほうにある**교육을 통한 계층 간의
이동이 점점 어려워지고**(教育を通じた階層間の移動がだんだん難しくなり)
も考慮すると、カッコには「努力さえすれば」という内容が入りますので、
正解は④です。

【日本語訳】

※ [28~31]( )に入る言葉として、最も適切なものを選んでください。
（各2点）

28. 最近、韓国のウェブトゥーンが世界の電子コミック市場をリードしてい
るという。スマートフォン使用の拡大とともに、面白い作品をいつでも
どこでも鑑賞できるという点で、ウェブトゥーンの人気は日増しに高
まっている。有料コンテンツが大部分の海外企業と異なり、韓国のウェ
ブトゥーン企業は( )方式を積極的に採用した点が、成功の秘
訣として挙げられる。
① 現地の人の多様な好みに合わせた
② 世界各国の言語に翻訳する
③ 韓国の伝統文化を知ることができるようにする
④ 一定期間が過ぎれば無料で見られる

29. 飛行機が空を飛べる理由は、揚力のためだ。揚力は、翼の上側の空気が
翼の下側の空気より速く流れるために生じる力である。空気の速度が速
くなると圧力が低くなるため、翼の上側の空気の圧力が翼の( )。
この圧力の差によって、飛行機を上に押し上げる力である揚力が発生す
るのである。
① 下側と同じになる　　　② 下側からなくなる
③ 下側より低くなる　　　④ 下側より高くなる

30. バドミントンはラケットで、ボールではないシャトルコックを打って競技

するスポーツである。シャトルコックは丸いコルクに約16枚の羽毛を挿
して作るが、この羽毛は、生きているガチョウやアヒルの羽から抜く。
しかし、（　　　　　　）、バドミントンは動物保護運動家たちに多くの非
難を受けてきた。この問題を解決するために、国際バドミントン連盟では、
自然の羽毛ではない人工羽毛シャトルコックの使用を受け入れた。
① 価格があまりにも高いので
② ペットとして飼えなくなるため
③ 動物に苦痛を与える残酷な製造方法のため
④ ガチョウ一羽から出る羽毛が多くないため

31. 「ドブから龍が出る」という言葉が、今や昔の言葉になってしまったよう
だ。過去、社会の各分野で数多くのドブの龍が生まれ、韓国は先進国に
飛躍することができた。当時、多くの韓国人は、（　　　　　　）難しい環
境でも成功できると考えた。しかし、そのような信頼はますます弱くなっ
ている。今や韓国の多くの人々は、教育を通じた階層間の移動がだんだ
ん難しくなり、成就のための機会の不平等がさらに一層甚だしくなった
と感じている。
① 運さえ伴えば　　　　② 親にうまく会えば
③ 善良に生きさえすれば　④ 一生懸命努力さえすれば

☑ **ポイント表現**

28.
웹툰 ウェブトゥーン。웹(web、ウェブ)＋
툰(cartoon、漫画)。スマートフォンで読みや
すい、コマが縦に流れる電子コミックを指す
디지털 만화 시장[デジタル 漫画 市場]
電子コミック市場
선도하다[先導--] 先導する、リードする
감상하다[鑑賞--] 鑑賞する
날로 日増しに
치솟다 上昇する、湧き上がる。ここでは「高
まる」と訳した
업체[業体] 業者、企業
채택하다[採択--] 採択する、選び取る。
ここでは「採用する」と訳した

-(으)로 꼽히다 ～として挙げられる
현지인[現地人] 現地の人、地元民
취향[趣向] 趣向、好み
여러 나라 いくつかの国、各国
공짜 無料、タダ
29.
양력[揚力] 揚力
날개 翼
압력[圧力] 圧力
30.
배드민턴 バドミントン
라켓 ラケット
셔틀콕 シャトルコック
치다 打つ
둥글다 丸い

453

코르크 コルク

깃털 羽毛。ここでは、**16個の깃털**を「16枚の羽毛」と訳した

꽂다 挿す

거위 ガチョウ

오리 アヒル、カモ

비난을 받다[非難 - - -] 非難を受ける

연맹[連盟] 連盟

인조[人造] 人造、人工

수용하다[受容 --] 受容する、受け入れる

고통을 주다[苦痛 - --] 苦痛を与える

잔인하다[残忍 --] 残忍だ、残酷だ

제조법[製造法] 製造法、製造方法

31.

개천에서 용 난다 ドブから龍が出る。「鳶が鷹を生む」の意味

옛말 昔の言葉

발돋움하다 飛躍する、背伸びする

믿음 信頼

갈수록 ますます、より一層

계층[階層] 階層

점점[漸漸] だんだん、ますます、いよいよ

성취[成就] 成就、成し遂げること

불평등[不平等] 不平等

한층 더[- 層 -] さらに一層

심해지다 甚だしくなる、ひどくなる、激しくなる

\ 🔍知っておきたい！ /

韓国映画「パラサイト　半地下の家族」(原題:기생충[寄生虫])でも描かれているように、韓国社会においても格差問題は深刻なものとなっています。ここでは、格差問題に関する表現を紹介します。

• 양극화 사회[両極化 社会] :格差社会。「両極化」とはつまり「中間がない」こと
• 빈부격차[貧富格差] :貧富の格差
• 가난의 대물림[--- 代 --] :貧困の連鎖。대물리다は「遺す、代々伝わる」
• 수저 계급론[-- 階級論] :親の資産や職業、収入により子ども世代の階層が決まるため、本人がいくら努力しても階層上昇は望めないとする階級論。수저론(スプーン論。수저は一般的に「スプーンと箸」を指すが「スプーン」だけを指す場合もある)ともいう。いわゆる「親ガチャ」に近い概念。금수저[金 --](金のスプーン。何もしなくても裕福に暮らしていける人)や、흙수저(泥のスプーン。貧しく、いくら努力しても現状から抜け出すのが難しい人)などの表現もある

[32~34] 正解：32. ①　33. ①　34. ③

☆正解への道！

32.　冒頭の一文がポイント。ここで、サムルノリは「プンムルノリを脚色したもの」と述べられていて、プンムルノリに由来したものであることが分かります。従って、正解は①。

33. 꿀벌은 꽃에서…で始まる一文と、それに続く그렇기 때문에 꿀벌이 사라지면 농작물의 수확을 넘어(そのため、ミツバチが消えると、農作物の収穫を超え)がポイント。ミツバチは農作物や草花の受粉に重要な役割を果たすので、ミツバチが消えると農作物の生育や収穫に影響を及ぼすことが、この部分から読み取れます。従って、正解は①です。

34. 冒頭の一文、유아는 주로 자신에게 익숙한 사물과 개념을 나타내는 단어부터 습득한다.（幼児は、主に自分になじみのある物や概念を表す単語から習得する。）がポイントです。正解は、本文の습득하다（習得する）を익히다（身につける）に言い換えつつ、同じような内容を伝える③です。なお、本文の後半部分では具体例を並べているので、この部分を読んでも正解にたどり着けるでしょう。

【日本語訳】

※ [32~34]次を読んで、文章の内容と一致するものを選んでください。
（各2点）

32. サムルノリはケンガリ・チャング・プク・チンの4種類の楽器で行う演奏だが、野外で行われるプンムルノリを舞台芸術に脚色したものである。プンムルノリが大規模な人数の参加をもとに、野外公演の活動性を強調するとすれば、サムルノリは楽器演奏自体から感じられる感動にポイントを置いた、公演の形態を帯びる。これはプンムル特有の見どころより、聞きどころを最大化した舞台である。伝統を守りながらも、新しさを加味したサムルノリ団は、管弦楽団と共演したり、ジャズバンドとともに公演するなど、多彩で異色の活動を展開したりもする。
　① サムルノリはプンムルノリに由来する。
　② サムルノリの歴史は100年を超える。
　③ サムルノリは野外では公演しない。
　④ サムルノリは西洋楽器を使用したりもする。

33. 最近、多様な要因によって、世界のあちこちでミツバチの群れの衰退現象が起きている。　ミツバチは花から花に移動し、農作物や草花の受粉に非常に重要な役割をする。そのため、ミツバチが消えると、農作物の収穫を超え、生態系全体のバランスに莫大な影響を及ぼす。そのため、現在、ミツバチの衰退現象は国際的にも非常に深刻な問題と認識されており、関連機関はこの問題を解決するために、さまざまな研究と対策を

推進している。

① ミツバチが減ると、農作物がよく育たない。

② ミツバチは、地域によって増えたりも減ったりもする。

③ ミツバチが増えれば、研究機関の数も増えるだろう。

④ ミツバチは、農作物の栽培面積の減少により、その数が減っている。

34. 幼児は、主に自分になじみのある物や概念を表す単語から習得する。幼児の言語習得は、周辺環境との相互作用を通じてなされるため、頻繁に接する単語を先に習得するのだ。例えば、ママやパパのように、幼児に親近感があって重要な人物の呼称や、生存に欠かせない食べ物に関する単語を先に学ぶ。また、自分が遊ぶ環境で頻繁に見る物の名前や単語も、この時期に身につけるようになる。

① 幼児は、親の真似をしながら言語を学ぶようになる。

② 幼児が生存するには、母語の習得が欠かせない。

③ 幼児は、自分に親近感があることと関連した単語から身につけるようになる。

④ 幼児の言語習得に重要なことは、子どもに対する豊かな愛である。

☑ポイント表現

32.

사물놀이[四物--] サムルノリ。ケンガリ・チャング・プク・チンの4つの楽器を用いて演奏する、韓国の音楽のジャンルの一つ。사물[四物]は「4つのもの」の意味。全体で「4つの楽器を用いる遊び」といった意味

꽹과리 ケンガリ。手で持って演奏する小さいドラ

장구 チャング。バチと手を使って打つ打楽器で、砂時計のような形をしている

북 プク。太鼓

징 台に吊るして演奏する大きいドラ

풍물놀이[風物--] プンムルノリ。直訳は「風物遊び」。풍물[風物]、농악[農楽]とも

각색하다[脚色--] 脚色する

인원[人員] 人員。ここでは「人数」と訳した

주안점[主眼点] 主眼点、重要な点、ポイント

띠다 帯びる

볼거리 見どころ

들을 거리 聞きどころ

가미하다[加味--] 加味する

사물놀이패 サムルノリ団。패は「グループ、仲間」

관현악단[管弦楽団] 管弦楽団

협연하다[協演--] 共演する

다채롭다[多彩--] 多彩だ

이색적인[異色的-] 異色の

펼치다 展開する、繰り広げる

33.

세계 곳곳에서 世界のあちこちで

꿀벌 ミツバチ

군집[群集] 群集、群れ

쇠퇴 현상[衰退 現象] 衰退現象

농작물[農作物] 農作物

화훼[花卉] 花卉(かき)。花の咲く草花のこと。ここでは「草花」と訳した

수분[受粉] 受粉

수확[收穫] 収穫

생태계[生態系] 生態系

균형[均衡] 均衡、バランス

막대하다[莫大--] 莫大だ

추진하다[推進--] 推進する

자라다 育つ

늘다 増える。似た表現に증가하다[増加--]がある。反対語は줄다(減る)で、似た表現に감소하다[減少--]がある

재배 면적[栽培 面積] 栽培面積

34.

유아[幼児] 幼児

익숙하다 慣れている、なじみだ、よく知っている

사물[事物] 物、事物

상호작용[相互作用] 相互作用

습득하다[習得--] 習得する

친숙하다[親熟--] 親近感がある、親しい、慣れている

호칭[呼称] 呼称

필수적인[必須的-] 必須の、欠かせない、不可欠な

익히다 身につける

흉내(를) 내다 真似する

풍부하다[豊富--] 豊富だ、豊かだ

＼ 🔍 知っておきたい！ ／

꿀벌(ミツバチ)に関連した言葉をまとめました。ついでに覚えておきましょう。

• 벌:ハチ
• 말벌:スズメバチ
• 여왕벌[女王-]:女王バチ
• 일벌:働きバチ
• 벌에 쏘이다:ハチに刺される

[35~38] 正解 : 35. ④   36. ②   37. ③   38. ②

☆正解への道！

35. この文章のテーマは、最後に置かれた현실에 대한 왜곡 없는 재현은 좋은 작품을 만들어 내는 데 중요한 요소가 된다(現実に対する歪曲のない再現は、良い作品を作り出す上で、重要な要素になる)。この内容を端的に表しているのが、正解の④。本文の현실에 대한 왜곡 없는 재현(現実に対する歪曲のない再現)を、④では현실을 잘 재현해 내야 한다(現実をうまく再現しなければならない)と言い換えています。

36. この文章のテーマは、最後に置かれた결과적으로 이타적 행동은 사회의 안정과 발전을 촉진하고 사회 구성원들의 삶의 질을 높이는 데 도움이 된다.(結果的に、利他的行動は社会の安定と発展を促し、社会構成員の生活の質を高めるのに役立つ)。この内容をまとめた②が正解です。②に含まれる

개인의 삶(個人の生活)や 사회 전체에 도움을 준다(社会全体に役立つ)といっ
た表現は、本文の言い換え表現です。

37. この文章のテーマは最後の一文にあるので、その内容をまとめたものが
正解となります。正解の③には、本文の**정부가 앞장서**(政府が先頭に立っ
て)にも内容がつながる、**정부의 역할이 중요하다**(政府の役割が重要であ
る)が含まれています。

38. この文章のテーマは最後に置かれた一文です。**자연의 아름다움과 평화로움
을 느끼며 바쁜 일상에서 벗어나 보는 시간**(自然の美しさと平和を感じなが
ら、忙しい日常から抜け出してみる時間)とはつまり「自然の中の休息」
のことを指すので、正解は②。なお、④は心の平和を見いだせるとは言っ
ていないため、不正解です。

【日本語訳】

※ [35～38]次を読んで、文章のテーマとして最も適切なものを選んでくだ
さい。(各2点)

35. ミメシスはギリシャ語で「模倣」または「まね」を意味するが、文学や美術、
演劇など、さまざまな芸術分野で重要な概念として使用される。芸術に
おいてミメシスは、作家、芸術家、俳優が現実を模倣したり、まねする
ことを言う。現実世界の事物、人物、事件などを作品で表現したり再現
することで、観客または読者の深い共感を呼び起こし、感情的なつなが
りを形成することができるということだ。それだけ、現実に対する歪曲の
ない再現は、良い作品を作り出す上で、重要な要素になる。
① 読者は、作品の再現力を分析しなければならない。
② 芸術は分野が多様であっても、共通した原理で構成される。
③ 立派な作品を模倣してこそ、作品の訴求力を高めることができる。
④ 良い作品を作るためには、現実をうまく再現しなければならない。

36. 利他的行動は、自分の利益を犠牲にしながら、他人の利益のために行動
することを言う。短期的には個人が損をするようだが、結局、利他的行
動は他人の信頼を得ることができるため、個人の生活にもポジティブな
影響を及ぼす。結果的に、利他的行動は社会の安定と発展を促し、社会
構成員の生活の質を高めるのに役立つ。
① 利他的行動は個人を苦しめ、社会の発展を阻害する。

② 利他的行動は個人の生活はもちろん、社会全体に役立つ。

③ 利他的行動は、かえって利己的行動を抑制するのに効果を与える。

④ 利他的行動は、個人と社会の多様な水準で現れうる。

37. 障がい者の移動権は、障がい者が社会に完全で効果的に参加できる権利である。移動権が確実に保障されれば、障がい者は教育、就業、文化生活、趣味活動など、多様な社会活動に参加することができ、障がい者の自立と社会統合に大きく役立つ。障がい者の移動権を取り巻く社会の葛藤を解消するためにも、政府が先頭に立って、これに対する法律を徹底的に施行し、人々の認識改善を促す必要がある。

① 障がい者の移動権を保障するための法律が制定されなければならない。

② 障がい者の移動権は、人々の認識が変わっても解決が難しい。

③ 障がい者の移動権を保障するために、政府の役割が重要である。

④ 障がい者の移動権は、非障がい者の移動の権利とともに尊重されなければならない。

38. 自然の中でぼんやりしているだけでも、私たちの体と心は大きな影響を受ける。森や海辺を散策したり、景色を眺めることは、ストレス解消と情緒的安定にポジティブな影響を及ぼす。自然の美しさと平和を感じながら、忙しい日常から抜け出してみる時間は、私たちの健康と幸せに大きく役立つだろう。

① 健康と幸福のためには、日常から抜け出さなければならない。

② 自然の中の休息は、心身の安定と幸福に役立つ。

③ ストレス解消のために、森と海を保護しなければならない。

④ 忙しい生活から抜け出せば、心の平和を見いだすことができる。

☑ポイント表現

35.

그리스어[---語] ギリシア語

모방[模倣] 模倣

흉내 まね

연결[連結] 連結、つながり

왜곡[歪曲] 歪曲

재현력[再現力] 再現力。発音は[재현녁]

漢字語の合成語の場合、後ろに력(力)のよう

な語が来てㄴ＋ㄹとなっても、流音化しない。

従って、ㄹがㄴとなりㄴ＋ㄴの発音となる

호소력[呼訴力] 訴求力、訴える力

높이다 高める

36.

이타적[利他的] 利他的

희생하다[犧牲--] 犠牲にする

손해를 보다[損害- ---] 損をする

신뢰를 얻다[信頼- ---] 信頼を得る

긍정적인 영향을 미치다[肯定的 - 影響 - ----]ポジティブな影響を及ぼす。긍정적인の反対表現は부정적인[否定的 -]で「ネガティブな、否定的な」

촉진하다[促進 --] 促進する、促す

저해하다[阻害 --] 阻害する

도리어 かえって、逆に(오히려と意味が近い)、むしろ(차라리と意味が近い)

억제하다[抑制 --] 抑制する

나타나다 現れる

37.

장애인[障碍人] 障がい者

이동권[移動権] 移動権。人が自由に移動する権利

참여하다[参与 --] 参加する、参与する

보장되다[保障 --] 保障される

취업[就業] 就業

통합[統合] 統合

- 을 / 를 둘러싼 ～をめぐる、～を取り巻く

갈등[葛藤] 葛藤

앞장서다 先頭に立つ、先駆ける

철저히[徹底 -] 徹底的に

시행하다[施行 --] 施行する

인식 개선[認識 改善] 認識改善

촉구하다[促求 --] 促す、催促する

제정되다[制定 --] 制定される

존중되다[尊重 --] 尊重される、リスペクトされる

38.

멍하니 ぼうっと、ぼんやり(と)

숲 森

바닷가 海辺

산책하다[散策 --] 散策する、散歩する

경치를 바라보다[景致 - ----] 景色を眺める

정서적 안정[情緒的 安定] 情緒的安定

벗어나다 抜け出す

휴식[休息] 休息、休み

심신[心身] 心身

보호하다[保護 --] 保護する

찾다 探す、見いだす、見つける

\ ○知っておきたい！ /
멍하니(ぼうっと)の関連表現を紹介します。불멍や물멍は心が癒されるとして、最近韓国でも人気です。
• 멍하다：ぼうっとする
• 멍 때리다：ぼうっとする。멍＋때리다(打つ)。比較的若い人たちが使う表現
• 불멍：たき火などを眺めてぼうっとすること。불(火)＋멍
• 물멍：水槽などをぼうっと眺めること。물(水)＋멍

\ これも ○知っておきたい！ /
障がいに関連する表現を紹介します。
• 교통약자석[交通弱者席]：(地下鉄や電車の)優先席
• 사회적 취약층[社会的 脆弱層]：社会的弱者の人々
• 배리어프리：バリアフリー

☆正解への道！

39. 「与えられた文」の冒頭にある**이렇듯**(このように)に続いて、「自然と調和を成す」という韓国の伝統庭園の特徴が述べられています。そのため、「与えられた文」の前に同様の内容が来ます。ⓒの前で「自然と調和を成す」様子の描写があるので、正解は②。

40. 「与えられた文」の冒頭にある**먼저**(まず)がポイント。文中に**기존의 패러다임**(既存のパラダイム)が何度か登場しますが、**먼저**(まず)があることで、「与えられた文」の中にある**기존의 패러다임**(既存のパラダイム)が最初に来ることが分かります。また、ⓘの後ろを見ると、**하지만**(しかし)で始まる「与えられた文」と反対の内容の文が置かれています。この2点を踏まえれば、①の正解を導けます。

41. 「与えられた文」の冒頭にある**그래서**(そのため)がポイント。**그래서**(そのため)の前には、**수화는 청각장애인만의 언어로 생각하기 쉽다**(手話は聴覚障がい者だけの言語と考えがちだ)と考える理由が来ます。その内容が述べられているのは、ⓒの前の文です。さらに、ⓒの後ろを見ると、**하지만**(しかし)で始まる「与えられた文」と反対の内容の文が置かれています。この2点を踏まえれば、②の正解を導けます。

【日本語訳】

※　[39〜41] 「与えられた文」が入る場所として、最も適切なものを選んでください。（各2点）

39. このように、韓国の伝統庭園は、自然と調和を成すことを重要な特徴とする。

　韓国の伝統庭園は、韓国人特有の情緒と文化を込めた美しい空間である。（　㋐　）さまざまな樹木と草花があり、池と橋、東屋など多様な建築物が合わさり、一つの調和の取れた世界を成す。（　㋑　）人々は、庭園を散策しながら、静けさと平和さを感じることができる。（　㋒　）そのため、今日でも休息と瞑想のための場所として、多くの人々に愛されている。（　㋓　）

①㋐　　　②㋑　　　③㋒　　　④㋓

40. まず、科学者は、既存のパラダイムに従って研究を遂行する。

　　パラダイムの転換は、科学が発展する方式である。（　㋐　）しかし、既存のパラダイムで説明できない現象が現れれば、新しいパラダイムが登場する。（　㋑　）新しいパラダイムは既存のパラダイムより、より多くのことを説明できる能力を持つ。（　㋒　）従って、既存のパラダイムは、新しいパラダイムに取って代わられる。（　㋓　）

①㋐　　　②㋑　　　③㋒　　　④㋓

41. そのため、手話は聴覚障がい者だけの言語と考えがちだ。

　　手話は手と指、腕の動き、表情、体の動作など、視覚的手段を利用してさまざまな意味を表す。（　㋐　）手話は聴覚障がい者のコミュニケーションを支援する重要な手段の一つで、多くの聴覚障がい者が日常会話で手話を活用する。（　㋑　）しかし、手話は視覚的な特性を持っているため、聴覚障がい者でなくても誰でも使用できる。（　㋒　）手話を学んで使ってみると、聴覚障がい者のコミュニティと文化を理解し、尊重するのに役立つだろう。（　㋓　）

①㋐　　　②㋑　　　③㋒　　　④㋓

☑ポイント表現

39.
이렇듯　このように
특징[特徴]　特徴
고유하다[固有--]　固有だ、特有だ。ここでは、**한국인의 고유함을**「韓国人特有の」と訳した
정서[情緒]　情緒
수목[樹木]　樹木
화초[花草]　草花
연못[蓮-]　池
정자[亭子]　東屋（あずまや）。庭園などに設置された休憩場所
조화롭다[調和--]　調和している、調和が取れている

거닐다　散策する、ぶらぶら歩く
고요함　静けさ。고요하다(静かだ) + -(으)ロ（名詞化の語尾）
명상[瞑想]　瞑想
사랑을 받다　愛される。直訳すると「愛を受ける」
40.
기존[既存]　既存
패러다임　パラダイム
수행하다[遂行--]　遂行する
전환[転換]　転換
대체되다[代替--]代替される、取って代わられる
41.
수화[手話]　手話

청각장애인[聴覚障碍人] 聴覚障がい者	일상 대화[日常 対話] 日常会話
시각적[視覚的] 視覚的	- 이/가 아니더라도 ～でなくても
의사소통[意思疎通] 意思疎通、コミュニ	누구나 誰でも
케이션	커뮤니티 コミュニティ
지원하다[支援--] 支援する	

[42~43] 正解：42. ① 43. ③

☆正解への道！

42. 母の心情が分かるのは、少年に対して**기다리고 기다리던 소풍이라는 건 잘 알지만**（待ちに待った遠足だということはよく分かっているけれど）の部分。ここから、母が息子が遠足に行けないことを残念がっていることが分かるので、正解は①です。

43. 少年の気持ちが書かれた**얼마나 기다리던 소풍날이던가.**（どれだけ待っていた遠足の日だったか。）という文から、正解の③を導けます。①、②、④は言及がありません。

【日本語訳】

> ※ [42~43]次を読んで、問いに答えてください。（各2点）
>
> 遠足は、少年が遠足は一年で最も指折り数えて楽しみにしている行事だ。遠足の日には塾に行かなくてもいいし、友達と一緒に思い切り走り回って遊ぶこともできる。また、普段と違って、母が作ってくれるのり巻きも思う存分食べられるので、少年の期待は思い切りふくらんでいた。
>
> ついに訪れた遠足当日、昨夜雨がたくさん降って少年はとても心配したが、幸いにも朝の空は澄んで暖かい。しかし、少年は別の良くない感じがした。のどがひどく渇いて、熱もあるようだった。「昨日の夜、塾から帰ってくる時に雨に少し打たれたせいかな」。少年は心配になり始めた。
>
> （中略）「まあ、全身が火の玉みたいだね。どうしよう？ 今日の遠足には行けなさそうだね」
>
> 「小学校を卒業する前に行く最後の遠足なのに……」
>
> 「待ちに待った遠足だということはよく分かっているけれど、健康のほうがもっと重要じゃない？ 今日は家でゆっくり休みなさい」
>
> 少年はたちまちふくれっ面になった。どれだけ待っていた遠足の日だったか。あんなに行きたくなかった塾にどうにか耐えて通ったのも、全て今

日のためだったのに……。少年の目からぼろぼろと涙があふれた。

　（中略）母は、一日中少年のそばで少年の世話をした。あんなに忙しかった会社も今日は休んだ。母がおかゆを作ってくれたが、少年はあえて朝に作っておいたのり巻きを食べると言い張った。そうでもしてこそ、気分がほぐれそうだったからだ。思ったよりたくさん食べられなかったが、それでも母が真心込めて作ってくれたのり巻きを食べたら、気分は一層良くなった。遠足に行けなくて残念ではあったが、無事に家で休みながら母の愛を改めて感じることができたからか、少年は幸せな一日を過ごしたと言いながら、寝床に入った。

42. 下線を引いた部分に表れた「母」の心情として、最も適切なものを選んでください。
　　① 残念だ、もどかしい　　　② (孤独で)寂しい
　　③ 寂しい、名残惜しい　　　④ (相手の反応が期待外れで)寂しい

43. 上の文章の内容から分かることを選んでください。
　　① 少年の母は元看護師だ。
　　② 小学校を卒業したら、遠足に行かない。
　　③ 少年は、遠足に行くのをとても楽しみにしていた。
　　④ 学生の間でインフルエンザが流行していたので、遠足は延期された。

☑ポイント表現

소풍[逍風]　遠足

손꼽아　指折り数えて

기대되다[期待--]　期待される、楽しみだ

마음껏　思い切り

뛰어놀다　走り回って遊ぶ

싸다　(弁当を)作る、包む

김밥　のり巻き、キンパ。韓国では遠足のお弁当の定番メニュー

실컷　思う存分

한껏[限-]　思い切り、ひときわ

부풀다　ふくらむ

간밤　昨夜、昨晩

포근하다　暖かい、ぽかぽかしている、ふ

かふかしている

심하게[甚--]　ひどく

목이 마르다　のどが渇く。直訳は「首が渇く」

비를 맞다　雨に打たれる、雨に降られる

탓　～のせい、～のため。悪いことが起こったときの原因などを表す

아이쿠　おや、やれやれ、まあ。「大変なことになった」というニュアンス

불덩이　火の玉、火だるま

-(으)렴　～しなさい(命令の意味)

금세　たちまち、すぐに

시무룩해졌다　ふくれっ面になった。시무룩하다는「ふくれっ面をしている、仏頂面を

している」

-(이)던가 ～だったかな、～したのかな。
過去を回想しながら自問する様子

꾸역꾸역 참다 (無理に我慢して)どうに
か耐える

주르륵 ぼろぼろと、ざあざあと

쏟아지다 こぼれる、降り注ぐ、あふれる

보살피다 世話をする、面倒を見る

죽을 끓이다 おかゆを作る。直訳は「おか
ゆを煮る」。韓国では具合の悪いときに、よ
くおかゆを食べる

굳이 あえて

우기다 言い張る

기분이 풀리다 気分がほぐれる

정성껏 真心込めて

한결 ひとしお、一層、はるかに

아무 탈 없이 無事に。탈は「故障、事故」
「病気」の意味

- 아/어서 그런지 ～だからそうなのか

잠자리에 들다 寝床に入る、床に就く、
寝る

안타깝다 残念だ、もどかしい

쓸쓸하다 (孤独で)寂しい

서운하다 寂しい、名残惜しい

섭섭하다 (相手の反応が期待外れで)寂し
い

독감[毒感] インフルエンザ、悪性の風邪

[44~45] 正解：44. ① 45. ④

☆正解への道！

44. カッコの前をさかのぼると、**한국에 고추가 처음 전래된 것은 16세기 말 무렵**
（韓国にトウガラシが初めて伝来したのは16世紀頃）と述べられています。
そして、カッコの直前に**다시**（再び）とあることから、「韓国に伝来したこ
と」に関する内容が入ることが分かります。従って、正解は①。

45. この文章のテーマは「韓国料理を代表する味が、トウガラシの辛い味になっ
た経緯」なので、正解は④です。①は本文で述べられていますが、テーマ
とは言えないので不正解。また、コショウが高級品であったことは本文
で述べられていますが、料理の値段についての言及はないため不正解。
③は言及がないため、不正解です。

【日本語訳】

※ [44～45] 次を読んで、問いに答えてください。（各2点）
韓国料理といえばたいてい、辛くて刺激的な味を思い浮かべがちだ。そ
の中でも、韓国料理を代表するのは、断然トウガラシの辛い味である。し
かし、韓国料理が最初からそんなに辛かったのではない。 韓国にトウガラ
シが初めて伝来したのは16世紀末頃だというので、それ以前の韓国料理に

トウガラシの辛い味はなかったということだ。トウガラシはもともとアンデス山地で主に栽培されていた作物だが、南米を侵略したスペインとポルトガルの人々を通じて、ヨーロッパに伝わる。その後、ヨーロッパとの貿易を通じて中国と日本に伝えられたトウガラシが、再び（　　　　　　　）なる。トウガラシが入ってくる前まで、韓国料理には香辛料としてコショウが使用されたが、コショウは韓国の土壌と気候にあまり合わなかったので、すべて輸入に依存せざるを得なかった。そのため、コショウは値段が非常に高い高級品だった。反面、新しく入ってきたトウガラシは栽培もしやすく、韓国の土壌にもよく合うため、全国各地に広がったのである。

44. （　　　　　　）に入る言葉として、最も適切なものを選んでください。
 ① 韓国に渡ってくるように
 ② 韓国から輸出するように
 ③ 韓国の主力商品に
 ④ 韓国料理を伝えるように

45. 上の文章のテーマとして、最も適切なものを選んでください。
 ① トウガラシは、もともと南米で主に栽培されていた作物である。
 ② 韓国料理において、トウガラシよりコショウを使った料理が高級料理である。
 ③ ヨーロッパ国家の植民地からの争奪は、さまざまな作物の拡散に役立った。
 ④ 韓国料理の辛い味は、貿易を通じてトウガラシが伝わった後に広まった。

☑ポイント表現

대부분［大部分］　大部分、たいてい、おおかた

떠올리다　思い浮かべる、思い出す

단연(히)［断然］　断然

고추　トウガラシ

전래되다［伝来--］　伝来する、伝わる。トウガラシは、韓国に二度にわたって伝来したとされている。一度目は16世紀末ごろで、二度目は日本から入ってきたといわれる

무렵　（～の)頃

원래［元来］　もともと、元来

안데스산지［---山地］　アンデス山地、アンデス山脈。南米大陸の西側にある

재배되다［栽培--］　栽培される

작물［作物］　作物

남미［南米］　南米

침략하다［侵略--］　侵略する

스페인　スペイン

포르투갈　ポルトガル

유럽　ヨーロッパ

전해지다　伝えられる

후추　コショウ	알리다　知らせる、伝える
토양[土壌]　土壌	식민지 쟁탈[植民地 争奪]　植民地からの争奪
기후[気候]　気候、天気	
퍼지다　広がる	확산[拡散]　拡散
건너오다　渡ってくる	널리 퍼지다　広く広がる。ここでは「広まる」と訳した
수출하다[輸出--]　輸出する	
주력 상품[主力 商品]　主力商品	

[46~47] 正解：46. ③　47. ④

☆正解への道！

46. この文章の場合、筆者の考えを端的にまとめているのが最後の一文です。これを見ることで、著者の態度を判断できます。最後の一文に含まれる **조속히 마련해야 할 것이다**（早急に用意しなければならないであろう）に、筆者が芸術家の経済的安定と創作環境の維持に関して懸念を持ち、心配している気持ちが表れています。従って、正解は③。

47. 예술가의 창작 활동은 그 나라의 문화를 대표하는 것이고, 그것을 온 국민이 향유할 수 있다면 그 또한 하나의 좋은 복지 정책이 될 것이다.（芸術家の創作活動はその国の文化を代表するものであり、それを全国民が享有できるならば、それもまた一つの良い福祉政策になるだろう。）と内容が重なる④が正解です。なお、本文では「芸術家を政策的に支援する国＝先進国」とまでは断定してはいないので、②は不正解です。

【日本語訳】

> ※　[46~47]次を読んで、問いに答えてください。（各2点）
> 　世界のさまざまな国家で、政策的に最低賃金制度を導入している。最低賃金制度とは、国家が労使間の賃金決定過程に介入して賃金の最低水準を定め、使用者にこれを強制することによって、低賃金労働者を保護する制度である。しかし、韓国国内では、労働者のための最低賃金制度が芸術界ではきちんと保障されておらず、多くの芸術家が、経済的に窮乏した生活をしながら創作環境を維持するのに、困難を経験している。韓国で比較的最近、芸術家の生活と創作環境に関心を持ち始めたのとは異なり、多くの先進国では、かなり前から芸術家の安定的な生活維持と創作環境作りのための政策システム構築に、多くの努力をしてきた。芸術家の創作活動はそ

の国の文化を代表するものであり、それを全国民が享有できるならば、それもまた一つの良い福祉政策になるだろう。そのような次元からでも、政府は、最低賃金制度からこぼれ落ちた場所に置かれている芸術家のための、特化された現実的な制度を、早急に用意しなければならないであろう。

46. 上の文章に表れた筆者の態度として、最も適切なものを選んでください。
　　① 韓国社会の芸術に対する関心の低下を警戒している。
　　② 芸術家は、労働者として認められていない現実を嘆いている。
　　③ 芸術家の財政的な安定と創作環境の維持について心配している。
　　④ 最低賃金制度は、どの分野でも必ず守られなければならないと強調している。

47. 上の文章の内容と一致するものを選んでください。
　　① 世界の全ての国家で、最低賃金制度を導入している。
　　② 世界で、芸術家を政策的に支援する国が、先進国である。
　　③ 芸術家は労働者と異なるため、最低賃金を受け取ることができない。
　　④ 芸術家のための政策的支援は、国民福祉のレベルでも考慮に値する。

☑ポイント表現

정책적으로[政策的-]　政策的に

최저임금제도[最低賃金制度]　最低賃金制度

도입하다[導入--]　導入する

노사 간[労使 間]　労使間

개입하다[介入--]　介入する

강제[強制]　強制

-(으)ロ로써　～することによって

저임금[低賃金]　低賃金

예술계[芸術界]　芸術界、芸術分野の世界

예술인[芸術人]　芸術家

궁핍하다[窮乏--]　窮乏する

창작[創作]　創作

어려움을 겪다　困難を経験する。어려움は「難しさ、困難」

조성[造成]　造成、作ること。ここでは「作り」と訳した

온 국민[- 国民]　全国民。온は「全ての、あらゆる」

향유하다[享有--]　享有する

복지[福祉]　福祉

사각지대[死角地帯]　死角になっている場所、こぼれ落ちた場所。ここでは、사각지대에 놓여 있는 예술인들を「こぼれ落ちた場所に置かれている」と訳した。복지 사각지대[福祉 死角地帯]、つまり「福祉からこぼれ落ちた層、人々」といった表現もよく使われる

특화되다[特化--]　特化される

조속히[早速-]　速やかに、早急に

마련하다　準備する、用意する

경계하다[警戒--]　警戒する

인정받다[認定--]　認められる、認定される

한탄하다[恨歎--]　嘆く

468

지원하다[支援--] 支援する
-(으)ㄹ 만하다 ~する価値がある、~

するに値する、~できる

[48~50] 正解：48. ④ 49. ④ 50. ④

☆正解への道！

48. 筆者がこの文章を書いた目的は、最後の자존감을 높이기 위한 노력을 할 필요가 있다(自尊感情を高めるための努力をする必要がある)に表れています。従って、正解はこの内容を端的にまとめた④です。

49. カッコの前に置かれた文では、自尊感情が高い人に関して「自信を持って行動する」などと述べられています。その後、반면(反面)に続いて、自尊感情が低い人に焦点を当てています。そのため、カッコに入るのは「自信が持てない」といった内容です。従って、正解は④。

50. 本文の자존감이 낮은 사람은 … 우울증, 불안 심리 등 정신 건강에 문제를 경험할 가능성도 있다(自尊感情が低い人は…うつ病、不安心理など精神の健康問題を経験する可能性もある)がポイント。この内容を言い換えている④が正解です。

【日本語訳】

※ [48~50]次を読んで、問いに答えてください。(各2点)
　自尊感情は、自分自身に対する肯定的な評価をいう。自尊感情は、個人の人生に重要な影響を及ぼすものと知られている。自尊感情が高い人は、自分の価値をよく知り、尊重しながら自信を持って行動するため、学業、職業、対人関係、健康など、さまざまな面でより成功的な傾向を見せる。反面、自尊感情が低い人は自分の価値を低く評価し、何事にも(　　　　　　)、うつ病、不安心理など精神の健康問題を経験する可能性もある。自尊感情を高める方法は多様である。自分自身をポジティブに考え、自分の強みに集中することが役に立つ。また、成功経験を通じて自分の能力を認められることも、自尊感情の形成に良い影響を及ぼす。このように、自尊感情は生まれつきのものではなく、努力すれば向上させることができるため、今、自尊感情が低いと自暴自棄になるよりは、自尊感情を高めるための努力をする必要がある。

48. 上の文章を書いた目的として、最も適切なものを選んでください。
   ① 自尊感情が低い人々を批判しようと
   ② 自尊感情に関する医学的観点を提示しようと
   ③ 自尊感情と自信の相関関係を分析しようと
   ④ 自尊感情向上のための努力の重要性を強調しようと

49. (　　　　　　　　)に入る言葉として、最も適切なものを選んでください。
   ① いらいらするので
   ② 不平不満が多いので
   ③ ストレスを受けるので
   ④ 自信が不足しているので

50. 上の文章の内容と一致するものを選んでください。
   ① 自尊感情は先天的なものである。
   ② 自尊感情と成功は無関係だ。
   ③ 遺伝によって、自尊感情が決定される。
   ④ 自尊感情は健康に影響を及ぼすこともある。

☑ポイント表現

자존감[自尊感] 自尊感情、自己肯定感。ちなみに、자존심[自尊心]は「自尊心、プライド」

자기 자신[自己 自身] 自分自身。자신[自身]だけでもよく使われるが、日本語訳は「自身」「自分」「自分自身」などとなる

자신감 있게[自信感 --] 自信を持って。直訳は「自信感があって」

매사[毎事] 事ごとに、全てのこと。ここでは매사에で「何事にも」と訳した

우울증[憂鬱症] うつ病

강점[強点] 強み。反対語は약점[弱点]で「弱み」の意味

타고나다 持って生まれる

향상시키다[向上 ---] 向上させる

자포자기하다[自暴自棄 --] 自暴自棄になる

짜증을 내다 腹を立てる、いらいらする

선천적[先天的] 先天的

유전[遺伝] 遺伝

무관하다[無関 --] 無関係だ。무관계하다[無関係 --]の縮約形

🔖 聞き取り問題の冒頭の音声について

聞き取り問題に入る前に、以下のような内容の音声が流れます。内容を知って
おけば安心できると思いますので、ざっと目を通しておくことをおすすめします。
なお、今後内容が変更される可能性もありますので、参考程度にしてください。

♪음악 (아리랑)

안녕하십니까? 듣기 평가를 위한 안내 말씀 드립니다.

잠시 후 시험이 시작되오니 감독관과 수험생 여러분은 본 안내를
들으며 잡음 없이 소리가 잘 들리는지 소리의 크기가 적당한지, 또
시험장 주변에서 소음이 들리지 않는지 확인해 주시기 바랍니다.

문제가 있을 경우, 감독관은 본 안내를 정지시킨 후 조치를 취해
주십시오.
음악이 끝나면 듣기 평가가 시작됩니다. 감사합니다.

♪음악

제 ○○회 한국어능력시험 2(이) 듣기

아래 1번부터 50번까지는 듣기 문제입니다. 문제를 잘 듣고 질문
에 맞는 답을 고르십시오.

(듣기 평가)

【日本語訳】

♪音楽（アリラン）

こんにちは。聞き取り評価のための案内を申し上げます。

まもなく試験が開始されますので、監督官と受験生の皆さんはこの案内を聞き、雑音なく音がよく聞こえるか、音の大きさが適当か、また、試験場の周囲で騒音が聞こえないか、確認をしていただきますようお願いします。

問題がある場合、監督官はこの案内を停止させた後、適切に対応してください。
音楽が終わったら、聞き取り評価が始まります。ありがとうございます。

♪音楽

第○○回　韓国語能力試験 Ⅱ　聞き取り

次の1番から50番までは、聞き取り問題です。問題をよく聞いて、質問に合う答えを選んでください。

（聞き取り評価）

解答用紙【1時間目　聞き取り用】

※必要に応じて、拡大コピーなどしてご活用ください。

1	① ② ③ ④	26	① ② ③ ④
2	① ② ③ ④	27	① ② ③ ④
3	① ② ③ ④	28	① ② ③ ④
4	① ② ③ ④	29	① ② ③ ④
5	① ② ③ ④	30	① ② ③ ④
6	① ② ③ ④	31	① ② ③ ④
7	① ② ③ ④	32	① ② ③ ④
8	① ② ③ ④	33	① ② ③ ④
9	① ② ③ ④	34	① ② ③ ④
10	① ② ③ ④	35	① ② ③ ④
11	① ② ③ ④	36	① ② ③ ④
12	① ② ③ ④	37	① ② ③ ④
13	① ② ③ ④	38	① ② ③ ④
14	① ② ③ ④	39	① ② ③ ④
15	① ② ③ ④	40	① ② ③ ④
16	① ② ③ ④	41	① ② ③ ④
17	① ② ③ ④	42	① ② ③ ④
18	① ② ③ ④	43	① ② ③ ④
19	① ② ③ ④	44	① ② ③ ④
20	① ② ③ ④	45	① ② ③ ④
21	① ② ③ ④	46	① ② ③ ④
22	① ② ③ ④	47	① ② ③ ④
23	① ② ③ ④	48	① ② ③ ④
24	① ② ③ ④	49	① ② ③ ④
25	① ② ③ ④	50	① ② ③ ④

解答用紙【1時間目　作文用】

※必要に応じて、拡大コピーなどしてご活用ください。

解答用紙【2時間目　読解用】

※必要に応じて、拡大コピーなどしてご活用ください。

1	① ② ③ ④		26	① ② ③ ④
2	① ② ③ ④		27	① ② ③ ④
3	① ② ③ ④		28	① ② ③ ④
4	① ② ③ ④		29	① ② ③ ④
5	① ② ③ ④		30	① ② ③ ④
6	① ② ③ ④		31	① ② ③ ④
7	① ② ③ ④		32	① ② ③ ④
8	① ② ③ ④		33	① ② ③ ④
9	① ② ③ ④		34	① ② ③ ④
10	① ② ③ ④		35	① ② ③ ④
11	① ② ③ ④		36	① ② ③ ④
12	① ② ③ ④		37	① ② ③ ④
13	① ② ③ ④		38	① ② ③ ④
14	① ② ③ ④		39	① ② ③ ④
15	① ② ③ ④		40	① ② ③ ④
16	① ② ③ ④		41	① ② ③ ④
17	① ② ③ ④		42	① ② ③ ④
18	① ② ③ ④		43	① ② ③ ④
19	① ② ③ ④		44	① ② ③ ④
20	① ② ③ ④		45	① ② ③ ④
21	① ② ③ ④		46	① ② ③ ④
22	① ② ③ ④		47	① ② ③ ④
23	① ② ③ ④		48	① ② ③ ④
24	① ② ③ ④		49	① ② ③ ④
25	① ② ③ ④		50	① ② ③ ④

解答分析表　　模試1回目　聞き取り

問題番号	第1回　　月　　日　　分		第2回　　月　　日　　分		第3回　　月　　日　　分	
	解答	正誤	解答	正誤	解答	正誤
1						
2						
3						
4						
5						
6						
7						
8						
9						
10						
11						
12						
13						
14						
15						
16						
17						
18						
19						
20						
21						
22						
23						
24						
25						

※必要に応じて、拡大コピーなどしてご活用ください。　※日付とかかった時間を記入しましょう。
※「解答」欄には自分が解答した選択肢の番号を、「正誤」欄には正解だった場合は「○」を、不正解だった場合は
　「×」を記入しましょう。

原案：高尾侑里さん（杉山明枝先生のTOPIK II対策講座の受講生）

	第1回		第2回		第3回	
	解答	正誤	解答	正誤	解答	正誤
26						
27						
28						
29						
30						
31						
32						
33						
34						
35						
36						
37						
38						
39						
40						
41						
42						
43						
44						
45						
46						
47						
48						
49						
50						

解答分析表　　模試1回目　読解

問題番号	第1回　　　月　　日 分		第2回　　　月　　日 分		第3回　　　月　　日 分	
	解答	正誤	解答	正誤	解答	正誤
1						
2						
3						
4						
5						
6						
7						
8						
9						
10						
11						
12						
13						
14						
15						
16						
17						
18						
19						
20						
21						
22						
23						
24						
25						

※必要に応じて、拡大コピーなどしてご活用ください。　※日付とかかった時間を記入しましょう。
※「解答」欄には自分が解答した選択肢の番号を、「正誤」欄には正解だった場合は「○」を、不正解だった場合は「×」を記入しましょう。

原案：高尾侑里さん（杉山明枝先生のTOPIK II 対策講座の受講生）

	第1回		第2回		第3回	
	解答	正誤	解答	正誤	解答	正誤
26						
27						
28						
29						
30						
31						
32						
33						
34						
35						
36						
37						
38						
39						
40						
41						
42						
43						
44						
45						
46						
47						
48						
49						
50						

解答分析表　　模試2回目　聞き取り

問題番号	第1回 　　月　　日　　　分 解答	正誤	第2回 　　月　　日　　　分 解答	正誤	第3回 　　月　　日　　　分 解答	正誤
1						
2						
3						
4						
5						
6						
7						
8						
9						
10						
11						
12						
13						
14						
15						
16						
17						
18						
19						
20						
21						
22						
23						
24						
25						

※必要に応じて、拡大コピーなどしてご活用ください。　※日付とかかった時間を記入しましょう。
※「解答」欄には自分が解答した選択肢の番号を、「正誤」欄には正解だった場合は「○」を、不正解だった場合は
「×」を記入しましょう。

原案：高尾侑里さん（杉山明枝先生のTOPIK II対策講座の受講生）

	第1回		第2回		第3回	
	解答	正誤	解答	正誤	解答	正誤
26						
27						
28						
29						
30						
31						
32						
33						
34						
35						
36						
37						
38						
39						
40						
41						
42						
43						
44						
45						
46						
47						
48						
49						
50						

解答分析表　　模試2回目　読解

問題番号	第1回　　　月　　日　　分		第2回　　　月　　日　　分		第3回　　　月　　日　　分	
	解答	正誤	解答	正誤	解答	正誤
1						
2						
3						
4						
5						
6						
7						
8						
9						
10						
11						
12						
13						
14						
15						
16						
17						
18						
19						
20						
21						
22						
23						
24						
25						

原案：高尾侑里さん（杉山明枝先生のTOPIK II 対策講座の受講生）

	第1回		第2回		第3回	
	解答	正誤	解答	正誤	解答	正誤
26						
27						
28						
29						
30						
31						
32						
33						
34						
35						
36						
37						
38						
39						
40						
41						
42						
43						
44						
45						
46						
47						
48						
49						
50						

最短で合格する韓国語能力試験 TOPIK Ⅱ

発行日	2024年7月29日
著者	杉山明枝（解答・解説） 金恩愛、朴鍾厚、金兌妍（作問）
編集	株式会社アルク　出版編集部
校正	河井佳
デザイン・DTP	洪永愛（Studio H2）
イラスト	shoko wada（問題文）、hime（杉山明枝先生）
ナレーション	朴ヘレナ、イ・ジェウク
録音・編集	株式会社メディアスタイリスト
印刷・製本	シナノ印刷株式会社
発行者	天野智之
発行所	株式会社アルク 〒141-0001　東京都品川区北品川6-7-29　ガーデンシティ品川御殿山 Website: https://www.alc.co.jp/

落丁本、乱丁本は弊社にてお取替えいたしております。
Webお問い合わせフォームにてご連絡ください。
https://www.alc.co.jp/inquiry/

地球人ネットワークを創る

アルクのシンボル
「地球人マーク」です。